财经易文

www.ewinbook.com

定位：攻心之战

〔第3卷〕

攻心战术

以逸待劳 避实击虚

刘松涛 著

中国财政经济出版社

图书在版编目（CIP）数据

攻心战术：以逸待劳，避实击虚/刘松涛著．—北京：中国财政经济出版社，2012.1

（定位：攻心之战；3）

ISBN 978－7－5095－3328－4

Ⅰ.①攻…　Ⅱ.①刘…　Ⅲ.①市场营销学　Ⅳ.①F713.50

中国版本图书馆CIP数据核字（2011）第267146号

责任编辑：王　丽　　封面设计：华乐功
版式设计：孙志云　　责任校对：孙志敏

中国财政经济出版社出版
URL：http：//www.cfeph.cn
E-mail：win@ewinbook.com

社址：北京海淀区阜成路甲28号　邮政编码：100142
发行电话：010－88190406
三河市祥达印装厂印刷　各地新华书店经销
787×1092毫米　16开　24印张　310千字
2012年1月第1版　2012年1月北京第1次印刷
定价：49.80元
ISBN 978－7－5095－3328－4/F·2818
（图书出现印装问题，本社负责调换）

世界上最难的事情
是那些无形的东西
无形的东西
往往起着决定性作用

营销之战
攻心尤难
攻心尤为有效

善攻者，动于九天之上
善守着，藏于九地之下
攻守之间
在于无形
此善战者神妙之所

运用之妙
存乎一心
攻心之战
贵在于此

作者简介

刘松涛，拥有多年教育管理工作背景，以及企业管理工作背景。深入研究定位理论，重新构建定位思想的理论体系，历时 9 年撰写《定位：攻心之战》——全球第一套、全案例定位理论系列教科书。本套定位理论教科书包括四个分卷：（1）《心战之地：存亡之道，不可不察》、（2）《心战法则：攻城为下，攻心为上》、（3）《攻心战术：以逸待劳，避实击虚》、（4）《攻心战略：求之于势，不责于人》。开创了"定位理论"研究的新领域，将《孙子兵法》的谋略思想引入了营销战争这个新战场——首创运用《孙子兵法》的军事谋略思想，详细解读"定位理论"的营销策略方法，以此致力于传播定位理论的营销思想，推动定位理论的中国化理解与运用。

目 录

前 言 …………………………………………………………………… (1)
卷首语 定位的战术 ………………………………………………………… (1)

第1章 营销假设：理清前提性的营销理论假设 ……………………………… (1)

1.1 面向顾客需求…………………………………………………………… (2)

传统的营销理论认为，营销活动应该面向顾客需求，营销就是满足顾客的需求。问题的关键在于，所有竞争参与者都以相似的产品满足顾客相同需求，面向顾客需求的营销理论假设就难以有效解决营销问题。这就是面向顾客需求的问题。

1.2 面向竞争对手 ………………………………………………………… (10)

定位的营销理论认为，营销活动应该面向竞争对手，针对竞争对手采取相应的营销行动。在市场参与者相互竞争的过程中，顾客的需求获得了充分的满足。这就是说，营销活动的出发点首先应该从竞争对手开始，应该从竞争对手身上寻求竞争策略的突破口。

1.3 营销就是战争 ………………………………………………………… (19)

如果营销理论的前提假设需要面向竞争对手，那么营销活动就意味着是一场战争。品牌则变成了营销战争的基本作战单位。品牌所要占领的目标就是人们的心智空间。或者说，企业应该运用品牌这种作战单位，在人们心智中占据一个有利的竞争地位。

第2章 战争要素：考察综合性的认知战争要素……………………………… (32)

2.1 基础要素 ……………………………………………………………… (32)

如果营销被当作一场战争，那么就不得不考虑营销战争的性质。从竞争环境和根本性质上来看，营销已经演变成为一场关于品牌价值认知的战争。战地是人们的心智空间，高地是品牌的优势地位，地图是品牌的地位格局，这些构成了认知战争的基础要素。

2.2 核心要素 ……………………………………………………… (51)

营销战争的核心要素包括敌人、战术和战略。这是因为营销战争需要面向竞争对手，敌人是营销战争需要首先考虑的要素。战术就是针对敌人所选择的竞争视角，这个视角要具有相对的竞争优势。要想让战术发挥竞争优势作用，必须把战术转化为方向一致的战略。

2.3 关键要素 ……………………………………………………… (65)

在寻找针对敌人的有效战术，并把战术转化为战略的过程中，将领、兵力、武器发挥着关键的作用。将领的作用在于识别、确定有效的竞争战术，然后组织力量将战术提升为战略。在从战术到战略的转化过程中，则依靠营销资金的投入，以及传播武器的运用。

第3章 战术本质：寻找独特性的竞争思维视角 …………………… (88)

3.1 战术的概念 …………………………………………………… (88)

什么是战术？所谓战术就是定位的视角。或者说，战术是一种独特性的竞争思维视角。沿着这种竞争视角展开营销活动，品牌能够有效地占领人们的心智空间，并获得相应的顾客心智地位优势。品牌可以运用战术的视角，则会受到自身地位和条件的限制。

3.2 战术的来源 …………………………………………………… (101)

战术的视角可能有多种来源，可以源自顾客心智、竞争对手、品牌自身、趋势方向、调查分析、意外发现和创意灵感等多种方面。无论战术来源何处，战术都必须具有针对性，即针对竞争对手的独特竞争优势，并能以此占领顾客的心智空间。

3.3 战术的效果 …………………………………………………… (152)

战术是一种独特性的竞争思维视角。但是，战术的竞争优势作用并不完全由战术自身所决定。除了战术自身的作用之外，战术的效果还取决于战略水平，以及战略保持稳定的持续时间。这意味着战术并不能单独发挥竞争优势作用，无法单独产生营销战争效果。

第4章 战术形式：选择限制性的定位思维框架 …………………… (174)

4.1 防御战………………………………………………………… (175)

居于领先地位的企业及其品牌应该采用防御战这种战术形式。领先者应该努力维护好自己已经取得的领先地位。因此，对于自己的领先地位，领先者应该主动发起自我挑战，以不断巩固自己在人们心智中的领先地位。

4.2 进攻战………………………………………………………… (218)

居于第二、三位的企业及其品牌，应该采取进攻战这种战术形式。进攻战的战术攻击目标需要锁定在领先者强势中固有的内在弱势上。对此，领先者难以进行有效的反击。进攻战往往能形成与领先者相对立的价值概念。

4.3 侧翼战………………………………………………………… (250)

在市场上居于第四、五位的企业及其品牌，应该采取侧翼战这种战术形式。侧翼战的战术攻击目标，是与领先者紧密相临的侧翼空白地带。对此，侧翼战提出了“出其不意，攻其无备”的战术要求，并在取得成效之后集中力量巩固战果，实施乘胜追击。

4.4 游击战………………………………………………………… (310)

不具备竞争地位的企业及其品牌，应该采取游击战这种战术形式。游击战的战术攻击目标不是与领先者争夺市场份额，而是在远离领先者的地方寻找一个狭小的市场领域，并足以凭借自己的力量守住这个狭小市场。一旦出现失败迹象，应该迅速撤出战斗。

卷尾语 ……………………………………………………………… (354)

参考书目 …………………………………………………………… (355)

前　言

手艺人

《定位：攻心之战》——关于定位理论的系列教科书，全套包括四个分卷：(1)《心战之地：存亡之道，不可不察》；(2)《心战法则：攻城为下，攻心为上》；（3）《攻心战术：以逸待劳，避实击虚》；（4）《攻心战略：求之于势，不责于人》。定位系列教科书的思想，并非创作者独家原创。但是，定位理论系列教科书，又包含着创作者原创的东西。创作者原创了什么东西？定位的思想犹如一颗颗璀璨的珍珠，散落在十几部定位著作之中。定位理论教科书创作者，拾取了定位思想的精华，沿着一条逻辑的主线，将定位核心思想穿连在一起，穿成了一条精美的珍珠项链。如果说定位思想是一颗颗散落的珍珠，那么定位系列教科书创作者，就像是制作艺术品的手艺人——将珍珠制作成为精美的艺术品。在艺术品制作过程中，手艺人串连在一起的东西，不仅是定位思想的璀璨珍珠，还包括大量真实的相关案例，以及中国古代谋略思想、中国古代哲学思想，构成了定位理论的全新内容。

重构建

定位思想观念的创始人——艾尔·里斯（Al Ries）、杰克·特劳特（Jack Trout），撰写了许多关于定位的文章，出版了许多关于定位的著作，风格侧重于定位观念的实战应用。但是，对于定位思想的逻辑性、理论性和体系性，则缺乏理论要求的重视和关注，使人难以读懂定位原著的思想精髓，甚至令人感到不知所云。定位理论系列教科书，以定位思想精华为逻辑主线，融合了唐·舒尔茨（Don E. Schultz）整合营销理论，亨利·明茨伯格（Henry Mintzberg）战略形成观点，迈克·波特（Michael Porter）战略定位思想，在结构上更加具有逻辑性，在理论上更加具有系统性，在内容上更加具有完整性。从整体内容上来看，定位理论系列教科书，对定位思想进行了重新梳理，对定位体系进行了重新构建，为学习者提供了基础性的理论框架。

多视角

与人们熟知的各种营销与竞争理论相比，定位理论显得“离经叛道”。事实上，人们熟知的主流营销理论和竞争理论，在本质上并不与定位理论“相互冲突”。相反，定位理论与主流的营销理论及竞争理论，在深层次上存在着相互补充、相互佐证、相互贯通的内在关系。关键问题在于：学术界、教育界、企业界各执于一词，学习者、运用者面对众多的理论观点感到无所适从。为此，定位系列教科书创作者，从学习与应用的角度入手，结合主流的营销理论与竞争理论，从多个视角对定位理论加以阐述，以便于学习者对包括定位理论在内的各种理论能够融会贯通，在实践应用过程中不至于局限于一家之说。定位理论与主流营销竞争理论的关系，以序言的形式安排在第一个分卷中，即《攻心九序》部分所论述的内容，构成了定位理论与其他营销与竞争理论融会在一起的全新视角。

全案例

定位理论的价值，在于对营销实战的指导作用。但是，对于定位来说，存在着太多的曲解以及错误的认识。关键问题在于：只有深入正确地理解了定位思想的精髓，才能充分发挥出定位的实战价值。因此，在重新构建定位理论过程中，不仅是将把定位思想简单地串连在一条逻辑的主线上，而且采用大量真实的案例阐释定位思想和理论，严格地遵循着“用案例诠释定位观点”的原则，坚持一个观点对应一个案例或者多个案例，以帮助读者深入理解定位思想的精髓，并力图对读者产生新启发，实现教科书“学以致用”的撰写目标。定位系列教科书的最大特点：真正意义上的“全案例”教科书。

抓关键

教科书的作用在于：引导和帮助学习者系统地掌握某个方面的知识。教科书的关键在于：把整个知识系统串联在一起的核心概念。理解了核心概念，就抓住了理论的脉络。对于定位教科书来说，核心概念包括：品牌、选择、认知、心智、定位、战术和战略。核心概念本身的意义，以及核心概念之间的相互关系，构成了定位教科书的内容体系。定位核心概念的意义，大多数体现在各章节、段落的标题上。理解了各章节、段落的标题，就理解了定位理论的核心概念，以及定位理论的主要脉络。因此，在定位系列教科书中，各种大小标题——包括章目标题、章节标题、段落标题——均构成理解定位理论的关键点所在。抓住各章节、段落的标题，就抓住定位理论的精华。否则，恐怕要陷入思维的混乱。

启思维

几乎所有人都可以读懂《孙子兵法》。但是，不是读懂《孙子兵法》，就能成为优秀的指挥官。这就是说：对理论生搬硬套，必然导致失败。定位理论系列教科书，可以称之为商战《孙子兵法》。但是，定位系列教科书，不是手册式操作教程，切不可照本生搬硬套。定位理论系列教科书，仅仅提供了一种营销竞争的策略思想。所谓“运用之妙，存乎一心”——能够产生什么样的营销实战效果，则完全取决于运用者依据市场竞争格局，对定位思想加以创造性的发挥与运用。定位系列教科书的构成要素——观点、案例、诠释，旨在帮助学习者深入理解定位的思想，启发学习者对定位思想的创造性运用。教科书作用在于：启发学习者“达到彼岸”——依据市场上的竞争地位与格局（因敌），创造性地找到有效的营销竞争策略（制胜）。

卷首语

定位的战术

本卷为《定位：攻心之战》第 3 卷——《攻心战术：以逸待劳，避实击虚》，重点介绍“攻心之战”的战术策略。本卷包括四个部分内容：（1）营销假设：理清前提性的营销理论假设；（2）战争要素：考察综合性的认知战争要素；（3）战术本质：寻找独特性的竞争思维视角；（4）战术形式：选择限制性的定位思维框架。

第一部分，包括三个部分的内容。在这三个部分的内容中，分别讨论了营销理论的前提假设问题，即应该面向顾客需求，还是面向竞争对手，以及营销作为市场竞争活动的根本性质问题，即营销就是战争，是关于品牌之间的战争，关于认知价值的战争。

第二部分，包括三个部分的内容。在这三个部分的内容中，分别介绍了营销战争的基础要素——占地、高地和地图，核心要素——敌人、战术和战略，以及关键要素——将领、兵力和武器。此外，还介绍了这九项要素之间的相互关系。在这些营销战争要素中，战术是本卷将要讨论的重点内容。

第三部分，包括三个部分的内容。在这三个部分的内容中，分别介绍了战术的概念，包括战术的本质和战术的视角；战术的来源，介绍了战术的七种来源，战术的效果，介绍影响战术效果的三种因素，包括战术的作用、战略的作用和时间的作用。

第四部分，包括四个部分的内容。在这四个部分的内容中，分别介绍了定位理论的四种战术形式：防御战、进攻战、侧翼战和游击战。在这四种战术形式中，分别介绍了选择这些战术形式的限制条件，以及构成这些战术形式内容的基本原则。

第 1 章

营销假设：理清前提性的营销理论假设

【题义】 任何一种理论，都有自己的理论前提和假设。不同的理论前提和假设，必然导致不同的理论方法和理论重点。营销理论毫无例外，同样拥有自己的理论前提和假设。那么，营销理论的前提和假设是什么？从营销活动的出发点上看，营销理论存在着两种前提假设：一种以消费需求为出发点，一种以竞争对手为出发点。以消费需求为出发点的营销观点认为，营销活动就是发现并满足消费者的需求，并以此为基础构建起营销理论——赢得消费者选择购买的系统方法。这种理论的代表人物是：菲利浦·科特勒（Philip Kotler）。其理论代表著作是：《市场营销管理》（Marketing Management）。以竞争对手为出发点的营销观点认为，营销活动应该针对竞争对手采取行动，在消费者心智中占据一种独特的价值地位，并以此为基础构建起营销理论——赢得消费者选择购买的系统方法。这种理论的代表人物是：艾尔·里斯（Al Ries）、杰克·特劳特（Jack Trout）。其理论代表著作是：以《定位》（Positioning）为代表的系列著作。那么，对于今天的营销环境来说，哪种理论的前提假设，更加契合如今的竞争环境要求，更加有利于赢得消费者的购买选择？值得注意的是，无论定位的营销理论，还是传统的营销理论，二者都是构建在心理学的基础之上。所不同的是，传统营销理论——以顾客需求为营销出发点，建立在“需要层次理论”基础之上；定位营销理论——以竞争对手为营销出发点，建立在“心智认知规律”基础之上。

1.1　面向顾客需求

【释义】如今，所有的营销理论都告诉人们同一件事情，即营销活动应该满足顾客的需求。所以，几乎所有的企业都遵循着“满足顾客需求”的理念，为潜在的消费者提供产品或者服务。在人们的意识里，这已经成为了一种无需质疑的定律。那么，满足顾客需求这条“黄金法则”，果真能够引导企业获得成功吗？或者说，如果一个企业盯住了潜在顾客的需求，为潜在顾客开发出了“更好的产品或者服务”，那么就能保证在市场的竞争中获得成功吗？理论上的答案是：当然如此；现实的答案是：未必这样。

面向顾客需求的问题

——面向顾客需求不能赢得营销战争

【观点】传统的营销观点认为，营销就是满足消费者的需要和需求。那么，传统的营销理论，构建理论基础是什么？1943 年，美国著名犹太裔人本主义心理学家——亚伯拉罕·马斯洛（Abraham Maslow），提出了“需要层次理论”（Need-Hierarchy Theory）。传统的营销理论，就是建立在“需要层次理论”基础之上。美国西北大学（Northwestern University）营销学教授——菲利·科特勒（Philip Kotler）认为：营销是“人类通过交换过程来满足需要和需求的活动”。因此，传统营销理论的出发点，以消费者需求为前提假设，这种观点被人们所普遍接受。因此，传统的营销理论认为，营销活动应该从探寻人们的需求开始，只要能够发现并满足消费者的需求，就能在营销的战争中赢得胜利。从传统营销理论的前提假设上来看，营销似乎是只有经营者与消费者的两方游戏——在消费者身上具备某种需求的存在，在经营者身上拥有满足这种需求的资源，将消费者身上的需求与满足需求的活动结合在一起，成为传统营销活动的核心内容。第二次世界大战之后，企业营销人员开始面向顾客需求，而且不断提醒资方要面向顾客需求。“满足消费者需求”的观念至高无上，已经统治了整个营销世界。如今，几乎所有的企业都面向顾客的需求。然而，“面向顾客需求”的营销观念，无法解决同质化竞争时代的营销问题，甚至引导企业及其营销活动陷入思维和策略的瓶颈。许多“面向顾客需求”的企业，却遭受了“面向顾客需求”引起的巨大损失，留下了“面向顾客需求”带来的巨大灾难。

【诠释】 🕮《孙子兵法·谋攻》：故百战百胜，非善之善者也[1]；不战而屈人之兵，善之善者也[2]。故上兵伐谋[3]，其次伐交[4]，其次伐兵[5]，其下攻城[6]。攻城之法，为不得已[7]……将不胜其忿而蚁附之，杀士三分之一而城不拔者，此攻之灾也[8]。㊣ 面向顾客需求的问题在于：往往要面对固守在人们心智高地上的领先者，打一场面对面的直线攻坚战。人们心智里的领先者，就像在人们心智里构建了一座坚固的城池，并且早已在这座城池上建立起稳固的心智地位。当进攻者向这座城池发起攻击的时候，不但难以取得预期的攻击效果，而且往往还会损失惨重。这是因为：对于某种特定的需求，消费者更加愿意相信自己心智里的领先者，而不是宣称与领先者一样，甚至更好的进攻者（效仿者）。从而，消费者对领先者作出更多的购买选择。因此，面向顾客需求的营销理念，往往会使营销者陷入“攻城”艰难局面。

注解：

〔1〕曹操：未战而战自屈，胜善也。李筌：以计胜敌也。贾林：兵威速振，全来降伏，斯为上也，诡诈为谋，摧破敌众，残人伤物，然后得之，又其次也。杜佑：未战而敌自屈服。梅尧臣：恶乎杀伤残害。张

预：战而后能胜，必多杀伤，故云非善。

〔2〕曹操：未战而敌自屈服。杜牧：以计胜敌。王皙：兵贵伐谋，不务战也。

〔3〕曹操：敌始有谋，伐之易也。李筌：伐其始谋也。梅尧臣：以智胜。王皙：以智谋屈人最为上。张预：敌始发谋，我从而攻之，彼必丧计而屈服。或曰“伐谋者，用谋以伐人也。言以奇策秘算，取胜于不战，兵之上也”

〔4〕曹操：交，将合也。李筌：伐其始交也。孟氏：交合强国，敌不敢谋。梅尧臣：以威胜。王皙：谓未能全屈敌谋，当且间其交，使之解散。彼交，则事巨敌坚；彼不交，则事小敌脆也。何氏：伐交者，兵欲交合，设疑兵以惧之，使进退不得，因来屈服。旁邻既为我援，敌不得不孤弱也。张预：兵将交战，将合则伐之。传曰：“先人有夺人之心。”或曰：“伐交者，用交以伐人也。言欲举兵伐敌，先结邻国为掎角之势，则我强而敌弱。”

〔5〕梅尧臣：以战胜。贾林：善于攻取，举无遗策，又其次也。故太公曰：“争胜于白刃之前者，非良将也”。

〔6〕王皙：土卒杀伤，城或未克。张预：夫攻城屠邑，不惟老师费财，兼亦所害者多，是为攻之下者。

〔7〕张预：攻城则力屈，所以必攻者，盖不获已耳。

〔8〕杜牧：传曰：“二女乘城，可敌十夫”以此校之，尚恐不啻。杜佑：守过二时，敌人不服，将不胜心之忿，多使士卒蚁附其城，杀伤我士民三分之一也。言攻趣不拔，遗为己害。故韩非曰：“夫一战不胜，则祸暨矣”。张预：攻逾二时，敌犹不服，将心忿躁，不能持久，使战士蚁缘而登城，则其士卒为敌人所杀三中之一，而坚城终不可拔，兹攻城之害也已。

【案例】 20世纪50年代的某一年，美国有四大汽车公司——

通用汽车公司（General Motors Corporation）、福特汽车公司（Ford Motor Company）、克莱斯勒汽车公司（Chrysler Corporation）、美国汽车公司（American Motors Corporation）。当时，美国四大汽车制造企业，几乎把持着美国汽车市场的所有份额。

20 世纪 50 年代，美国四大汽车公司市场份额分布

企业名称	市场份额
通用汽车公司（GM）	59%
福特汽车公司（Ford）	26%
克莱斯勒公司（Chrysler）	13%
美国汽车公司（AMC）	02%

对于美国汽车公司来说，如果面向顾客需求，那么就能够与通用汽车公司、福特汽车公司、克莱斯勒汽车公司进行抗衡吗？满足顾客的消费需求，构成了营销的全部内涵吗？营销竞争的胜利，必然属于在市场调研中准确掌握顾客需求的营销者吗？

美国汽车公司应该怎样应对眼前的竞争局面？假如在确定顾客需求的基础上，制定一种能够满足顾客需求的营销策略，那么市场竞争的结果会怎样？结果是：美国汽车公司会与通用汽车公司拥有完全相同的产品线。原因十分简单，因为通用汽车公司早已满足了同样的顾客需求。这样，美国汽车公司能够与其他汽车公司抗衡吗？答案十分明显：仅凭确认顾客需求，不能帮助落后者与领先者相抗衡。美国汽车公司所遇到的问题，不是在于顾客需要上面，而是在于竞争对手身上——通用汽车公司、福特汽车公司、克莱斯勒汽车公司，以及其他进口汽车品牌身上。在汽车市场上，美国汽车公司要想找到立足之地，必须做到与那些领先的竞争对手不同。

1954 年，在内什·凯文内特公司（Nash-Kelvinator）与哈德逊摩托汽车公司（Hudson Motor Car）的废墟上，合并成立了美国汽车公司。这两家公司都曾经名噪一时，但是最后都一败涂地。美国汽车公司并没有创作出经久不衰的产品，产品都是昙花一现。例如：Hornet、

Javelin、Gremlin 和 Pacer……这些都是昙花一现的产品。从 1954 年到 1987 年美国汽车公司创建开始，直到卖给了克莱斯勒公司，这期间曾有两次黄金机会。令人感到遗憾的是，美国汽车公司错失了这两次黄金机会。如果美国汽车公司抓住了这两次机会，那么就能够与竞争对手区分开来。

在 20 世纪 60 年代早期，美国汽车公司错失了主导小型轿车的机会。美国汽车公司第一个推出小型轿车——纳什·兰宝乐（Nash Rambler），美国第一款小型轿车。当然，这为美国汽车公司造就了领先机遇。不幸的是，汽车行业领先企业随之打入小型轿车市场，开始与 Rambler-Classic 汽车，以及美国汽车公司其余小型轿车产品抢夺生意。在这个关键时刻，合理的做法应该是：集中进行小型轿车的经营。然而，美国汽车公司非但没有这样做，相反，却试图全线出击——推出豪华型的大使车（Ambassador）、各类敞篷汽车，还有五花八门的引擎可供选择。这种生产全线产品的策略，成为美国汽车公司致命性的错误。

在 20 世纪 70 年代中期，美国汽车公司又错失了聚焦吉普车（Jeep）的机会。1970 年，从凯泽工业公司（Kaiser Industries）旗下，美国汽车公司（AMC）收购了凯泽 - 吉普公司（Kaiser-Jeep Corporation），获得了吉普车的生产权。在开始的时候，吉普车销售增长十分缓慢。但是，到了 1978 年的时候，在美国汽车市场上，美国汽车公司所售出的吉普车（Jeep），已经超过了小轿车的数量（163000：158000）。此外，吉普车利润很高，轿车利润则相对较低。在这一年，美国汽车公司在轿车产品上亏损了大约 6500 万美元。但是，美国汽车公司的销售额仍然达到 26 亿美元，总体盈利达到 3700 万美元，大部分销售利润来自吉普车。这一年，美国汽车公司高举吉普车的旗帜，宣布自己现在生产的是四轮驱动的、能在路面以外行驶的汽车。美国汽车公司说道：“把公路让给通用、福特、克莱斯勒，我们负责其余地方”。

令人感到遗憾的是，美国汽车公司没有坚持这样做。美国汽车公司总裁——杰尔瑞德·迈尔斯（Gerald C. Meyers）告诉《时代》（Time）杂志，在其有生之年，美国汽车公司不会停止生产小轿车。《时代》（Time）杂志说："长时间以来，美国汽车公司一直坚持生产轿车，以分摊车辆生产的总成本，从而使经销商有更多产品来提供给顾客"。美国汽车公司本来应该采取的做法，显而易见且又无需一提，即放弃轿车生产，全力投入生产领先品牌及其产品——吉普车。然而，美国汽车公司想满足消费者的多种需求，以扩大销售数量，分摊经营成本。如今，在美国汽车市场上，只剩下了 3 家大的汽车公司。美国汽车公司早已经不复存在了。

面向顾客需求的失败

——必须考虑领先者对消费者的影响

【观点】 "满足消费者需求"的至高无上观念，已经不能引导企业应付日益复杂的竞争环境，营销人员在向企业管理层售卖已经毫无价值的观念。问题出在何处？这是因为营销环境发生了根本性的变化。在人们需求尚未得到充分满足的时代，企业只要抓住消费者的某种需求，产品很快会被巨大的社会需求所消化。企业之间的营销竞争，较为集中地体现在满足需求的手段上，即 4P：产品、促销、渠道、价格，这是传统营销理论所强调的手段和方法。然而，加入"满足消费者需求"的竞争者越来越多，企业所面对的竞争环境发生了根本性变化，生产开始过剩化、产品趋于同质化、传播变得过度化，消费者的需求得到了充分的满足，人们有太多的同质化产品可供选择，人们根本不需要那么多的同质化产品。在几乎所有企业都能满足顾客同样需求的情况下，仅停留在满足顾客需求的层面上的营销活动没有多大用处。因此，以消费者需求为前提假设的、建立在需求基础上的传统营销理论开始渐渐失去了原本的营销效力。引起这种问题的关键，不是出在顾客需要上面，而是出在竞争对手身上。在满足顾客某种需求方面，如果竞争对手已经抢先获得了消费者的认可，在人们心智中占据了一种领先的价值地位，那么就别指望着顾客放弃已经取得领先地位的竞争对手，回过头来选择一个跟随者所提供的模仿品，因为在人们的心智中，效仿品总是扮演着“二流货”的角色。反之，与获得消费者认可的领先者相比，如果竞争者能够找到一种差异性的价值概念，以此与领先者显著地区分开来，那么则可以成为吸引消费者选择购买的合理理由。因此，要想赢得营销战争的胜利，要么在人们心智中成为领先者，要么在人们心智中做到差异化。

【诠释】 ⌖ 📖《孙子兵法·军争》：勿邀正正之旗，勿击堂堂之陈，此治变者也〔1〕。故用兵之法：高陵勿向，背丘勿逆〔2〕……此用兵之法也。📖《孙子兵法·地形》：将不能料敌，以少合众，以弱击强，兵无选锋，曰北〔3〕。📖《投笔肤谈·持衡》：［题解］不能悉其利害，妄于攻，怯于守，则未有不败者，必察形审机行之，而终于心气斯可。㊣ 面向顾客需求的营销理念经常遭遇失败，根本原因在于“不能悉其利害”，以少击众，以弱击强，从而在行动上犯下了“妄于攻”的原则性错误。“邀正正之旗，击堂堂之陈”，进而对居于优势地位的领先者发起直接攻击，“高陵而向，背丘而逆。”造成这种局面的根源在于“将不能料敌”，没有从根本上意识到：领先者不但已经满足了消费者的某种需求，而且已经在消费者心智里建立起强大的竞争地位。

注解：

〔1〕曹操：正正，齐也，堂堂，大也。杜牧：堂堂者，无惧也。兵者，随敌而变，敌有如此，则勿击之，是能治变也。何氏：所谓“强则避之”。张预：正正，谓形名齐整也，堂堂，行陈广大也。敌人如此，

岂可轻战？军政曰："见可而进，知难而退。"又曰："强而避之。"言须识变通。此所谓善治变化之道，以应敌人者也。

〔2〕李筌：地势也。杜牧：向者，仰也。背者，倚也。逆者，迎也。言敌在高处，不可仰攻，敌倚丘山下来求战，不可逆之乏。此言自下趋高者力乏，自高趋下者势顺也，故不可向迎。孟氏：敌背丘陵为陈，无有后患，则当引军平地，勿迎击之。杜佑：敌若据山陵依附险阻，陈兵待敌，勿轻攻趋也。既地势不便有殒石之冲也。敌背丘陵为阵，无有后患，则当引置平地，勿迎而击也。梅尧臣：高陵勿向者，敌处其高，不可仰击。背丘勿逆者，敌自高而来，不可逆战势也。张预：敌处高为陈，不可仰攻，人马之驰逐，弧矢之施发，皆不便也。故诸葛亮曰："山陵之战，不仰其高。敌从高而来，不可迎之，势不顺也，引至平地，然后合战。"

〔3〕曹操：其势若此，必走之兵也。李筌：军败曰北，不料敌也。梅尧臣：不能量敌情，以少当众；不能避精锐，以弱击强，皆奔北之理也。

【案例】 仙利公司（Schenley），曾经推出一种拥有 12 年历史的苏格兰威土忌（Scotch Whiskey）——极点（Ne Plus Ultra）。Ne Plus Ultra ——拉丁语，意思是：没有更好的了。仙利公司销售部主管说道：如果顾客们能品尝一下"极点"，那么就没问题了，因为"极点"的味道实在是太醇美了。可结果是"极点"在酒类商店中的销售情况极差，在酒吧和饭店中的销售几乎为零。问题不在于"极点"自己身上，而在于竞争对手芝华土（Chivas Regal）身上。

"芝华土"——高级苏格兰威士忌。在人们的心智中，"芝华土"是最好的苏格兰威士忌。"芝华土"是 Pernod Ricard Group 旗下品牌，是全球畅销的 15 大支柱品牌之一。"芝华士"陈年调和威士忌系列产品，从"芝华士"12 年、18 年到"芝华士"25 年，都备受高端消费者的欢迎。2009 年初，在《胡润百富》（Hurun Richest）杂志发布的一份调查报告中，“芝华士”18 年陈酿威士忌，被评为最受中国消费者青睐的“豪华”威士忌。可见，“芝华士”在消费者心智中的地位。

【结语】今天，凭借提供可以满足顾客需求的产品，已经很难赢得营销战争的胜利。因为可以满足消费者同样需求的产品太多了，多到了人们不需要那么多产品的程度。这意味着一个事实：我们已经进入产品同质化竞争时代。由此，又引发了一个问题——信息的过度化传播问题。这是因为所有竞争者都希望通过信息传播，解决消费者对自己产品的选择问题。这样，市场上各种叫卖之声混杂在一起，消费者被混杂的信息噪音所困扰，企业所传递的产品信息很难进入人们的心智。这意味着营销理论的前提假设发生了根本性的变化。企业管理者或者营销人员总是把希望寄托在优秀的产品上，期望开发出与众不同的产品，以赢得营销战争的胜利。这种思想本身并没有什么错误，然而，许多优秀产品都以失败告终。原因并不在于产品本身存在什么问题，而是在于承载着产品的品牌（名称），无法在人们心智中代表一种独特的价值概念。

1.2 面向竞争对手

【释义】如果面向顾客需求不能有效地解决营销问题——与竞争对手争夺消费者的选择，那么营销活动的策略重点应该放在哪里？答案是，营销活动的策略重点，应该放在竞争对手身上。原因十分简单，因为潜在顾客被竞争对手抢走了。如果没有竞争者对潜在顾客的影响，那么潜在顾客自然会倾向于选择己方品牌和产品。问题是，我们不可能像军事战争一样，使用暴力方式消灭竞争对手。营销战争与军事战争之间的关键区别在于：通过顾客选择的方式赢得战争的胜利，而不是通过暴力毁灭的方式消除对手的威胁。这意味着：尽管竞争者对己方品牌的生存构成了威胁，但是己方品牌却无法让竞争者的威胁作用消失。企业及其所属品牌，必须在竞争者的干扰（威胁）之下，寻找办法解决营销问题，即如何被潜在顾客选择的问题。因此，己方品牌必须针对竞争者的影响作用采取营销行动，以此争取潜在顾客对己方品牌的购买选择，否则，己方品牌就会面临着遭遇失败的风险。

面向竞争对手思考问题

——与竞争对手争夺人们的心智空间

【观点】 营销活动仅仅面向顾客的需求，能否赢得营销战争的胜利？从现实情况上来看，显然难以赢得营销战争的胜利。这是因为，营销不再是经营者和消费者之间的双方互动游戏，即经营者首先探寻消费者的需求，然后再努力满足消费者的需求。营销演变为经营者、竞争者与消费者之间的三方互动游戏。“经营者”与“竞争者”，都试图在“消费者”心智中占据一个有利的竞争地位，从而对消费者的购买选择施加积极的影响。因此，营销活动不仅要面向顾客的需求，还要面对竞争者争夺顾客的选择购买机会。今天，营销的本质不是简单地满足顾客的需求，更为关键的是，要面对竞争者展开对消费者心智空间的争夺。营销，已经成为一场没有硝烟和流血的心智争夺战。营销就是一场残酷的认知战争。这是因为，虽然认知战争没有人员的流血和牺牲，但是认知战争最终所产生的结果，一定会导致一方的收益增加，以及另一方的金钱损失，甚至决定着企业的生死存亡。因此，在现实世界里，经营者所面对的最大不利因素，不是消费者的需求因素，而是竞争者的争夺因素。由于存在竞争者的争夺，尽管企业提供了能够满足消费者需求的产品，但是企业仍然不能保证赢得消费者的购买选择。问题的关键在于：快速的模仿与复制，将产品带入同质化竞争的时代。同时，大量的广告与宣传，将信息带入了过度化传播的时代。这意味着：一方面，消费者凭借自身的知识与经验，很难分辨产品的好坏与优劣；另一方面，所有的企业都试图通过信息传播告诉消费者，自己的产品在品质上胜人一筹。在这样一种营销环境中，所谓的好产品，并不存在于产品市场上，而是存在于顾客心智里。或者说，谁能占领了顾客的心智，谁就有机会赢得顾客的选择，故营销活动必须面向竞争对手，展开对消费者心智空间的争夺，即在人们的心智中，抢先代表一种独特的价值概念，抢先占据一个有利的竞争地位。

【诠释】 ⌖ 🕮《投笔肤谈·持衡》：［题解］持衡者，持攻守而校其优劣，如衡之低昂无差也。🕮《投笔肤谈·持衡》：善用兵者，违其害而乘其利，用之以攻则守无术，用之于守则攻无策，此之谓持衡也[1]。🕮《投笔肤谈·地纪》：盖彼利则我害，我利则彼害，利害相悬，固难与敌。然彼利而致之，则其险可夺。彼害而促之，则其众可歼。我利而守之，则彼不得逞。我害而反喝之，则彼亦疑而不敢逼也[2]。㊣ 在营销战争中，首要的任务就是比较敌我之优劣，权衡攻防之利害，避开敌人的优势所在，寻找敌人的薄弱环节，然后才能为攻守之策。这种优劣的比较与利害的衡量，决定着应该采用什么样的策略，特别是决定着不应该采用什么样的策略。因此，在营销战争过程中，必须学会面向竞争对手思考问题。

注解：

〔1〕［原注］违，去也。乘，因机取利无失也。守无术，则攻必胜，乌有攻之灾。攻无策，则守必固，乌有守之灾。此乃明于持攻守之衡者。

〔2〕［原注］夫利害本不相并，值其害者，固难与利者为敌，而

转移默夺之机，实存乎人。致之者，因彼得地利而引去之也，彼去则为我所得。促之者，因彼在害地而迫促之也，受促则彼必危，若缓之，宁不生计乎？守之者，我守其利而不动也，不动则彼无由以逞志。反喝者，我在害地而反虚张声势以喝之，则彼疑其或援至或突出，而不敢逼近也；若不喝而示之危，宁不使敌来攻乎？故惟致之，斯利可夺；惟喝之，斯害可脱也。然亦为一时适然者言。究其极，必如赵充国之远斥候，卫青之用张骞，庶不陷于害地，而常得其利，胜敌何有哉！

【案例】 1964 年，松下公司（Panasonic）突然宣布放弃已经实施的开发大型电脑的计划，这让许多人迷惑不解。因为松下公司已经花了 5 年的时间，投入了几十亿的资金进行研究和开发大型电脑，而且大型电脑眼看就要开发成功了。松下公司为什么要放弃大型电脑的开发计划？

原因在于：经过仔细研究，松下公司的决策者发现，大型电脑市场竞争日趋白热化。在日本国内，大型电脑市场被几家实力雄厚的企业控制着，并正在进行“火拼”。此外，许多小公司正处在“混战”之中。在国际市场上，IBM 公司独霸大型电脑市场。此时，如果松下公司进入大型电脑市场，不但难以找到立足之地，并有全军覆没的危险，这等于在拿松下公司的命运做赌注。因此，松下公司毅然作出决定，退出大型电脑市场的争夺。

松下公司的案例既说明了一个道理，又证明了一个事实。当准备满足顾客某种需求的时候，不得不考虑自己在市场上处于什么位置。如果不能找到自己的位置，不能从竞争对手身上找到攻击点，那么将很难在竞争中赢得胜利，因为仅能满足顾客需要还远远不够，要想赢得营销战胜的胜利，必须针对竞争对手采取行动。

针对竞争对手采取行动

——攻击竞争对手的薄弱和空虚之处

【观点】今天，世界上任何一个角落里的市场，都处于相对饱和的状态之中，要想找到一处尚未被人占领的市场，已经成为一件难上加难的事情了。因此，在今天的市场上，若想找到容身之地，若想占有一席之地，若想获得立足之地，必须面向竞争对手，必须针对竞争对手，采取相应的竞争策略，分化、瓦解竞争对手的顾客群体，从竞争对手那里争夺市场份额。那么，如何面向竞争对手，一个根本性的总原则是：在人们的心智中，构建起完全不同于竞争对手的差异性价值概念，以此分割、瓦解竞争对手在人们心智中的地位，吸引消费者选择购买己方产品，从而形成对竞争对手的打击效果——从竞争对手那里争夺市场份额，这就是定位所倡导的营销理念。定位理论认为：营销活动的起点是顾客的心智。根据竞争对手在人们心智中所占据的地位，即以竞争对手为活动的出发点，确定己方所要采取的针对性竞争策略，以达到避实击虚的营销效果。同时，营销活动的终点也是顾客的心智。在顾客的心智中，构建起差异性的价值地位，从而能够与竞争对手争夺顾客的购买选择。在这种竞争过程中，消费者的需求得到最大限度的满足。由此可见，定位，不是只有经营者与消费者参与的两方游戏。定位，是在经营者、消费者、竞争者之间展开的三方游戏。从消费者这个层面上看，定位是构建差异性的顾客心智地位，这构成了营销的根本任务；从竞争者这个层面上看，定位是寻找独特性的竞争思维视角，这构成了营销的竞争战术；从经营者这个层面上看，定位是形成一致性的运营活动方向，这构成了营销的行动战略。在实际操作的过程中，针对竞争者所采取的竞争战术——独特性的竞争视角，必须将其提升、转化成为经营者的行动战略——一致性的营销活动，才能实现营销的根本任务——在人们的心智中，构建起差异性的价值地位。因此，无论从理论角度上看，还是从实践角度上看，定位理论都以竞争对手为营销活动的出发点。

【诠释】 📖《孙子兵法·虚实》：策之而知得失之计[1]，作之而知动静之理[2]，形之而知死生之地[3]，角之而知有余不足之处[4]。故形兵之极，至于无形；无形，则深间不能窥，智者不能谋〔5〕。因形而措胜于众，众不能知[6]；人皆知我所胜之形，而莫知吾所以制胜之形[7]。故其战胜不复，而应形于无穷[8]。📖《投笔肤谈·达权》：故知兵者，必先自备其不虞，然后能乘人之不备。乘疑可间，乘劳可攻，乘饥可困，乘分可图，乘虚可惊，乘乱可取，乘其未至可挠，乘其未发可制，乘其既胜可劫，乘其既败可退。故兵贵乘人，不贵人所乘也[9]。惟善与敌相持者，识众寡之用，明刚柔之宜，达进退之机，知顺逆之势[10]。㊣ 在既定的竞争格局中，企业的所有竞争活动都要针对竞争对手产生行动结果。要想针对竞争对手采取行动，并期望产生有效的竞争效果，首先要知敌之"形"，即竞争对手的"强弱"与"虚实"所在之处，特别是要知道竞争对手在人们心智中所拥有的"强弱"与"虚实"。然后，针对竞争对手的"强弱"与"虚实"，采取相应的营销攻击行动，这就是所谓的"因形而措胜"。反之，对于企业自身而言，则应该首先做到"自备不虞"，以避免"被人所乘"。这就是定位理论的防御思想。

注解：

〔1〕孟氏：策度敌情，观其施为，则计数可知。贾林：樽俎帷幄之间，以策筹备之，我得彼失之计皆先知也。杜佑：策度敌情，观其所施，计数可知。梅尧臣：彼得失之计，我以算策而知。王皙：策其敌情，以见得失之数。张预：筹策敌情，知其计之得失。

〔2〕杜佑：喜怒动作，察其举止，则情理可得。故知动静权变，为其胜负也。梅尧臣：彼动静之理，因我所发而见。王皙：候其理当勤

以否。张预：发作久之，观共喜怒，别动静之理可得而知也。

〔3〕陈皞：敌人既有动静，则我得见其形。有谋者，所处之地必生。无谋者，所投之地必死。孟氏：形相敌情，观其所据，则形势生死可得而知。贾林：见所理兵形，则可知其死所。梅尧臣：彼生死之地，我因形见而识。

〔4〕曹操：角，量也。李筌：角，量也。量其力精勇，则虚实可知也。杜牧：角，量也。言以我之有余，角量敌人之有余。以我之不足，角量敌人之不足。管子曰："善攻者，料众以攻众，料食以攻食；食不存不攻，备不存不攻。"梅尧臣：彼有余不足之处，我以角量而审。王皙：角，谓相角也。角彼我之力，则知有余不足之处，然后可以谋攻守之利也。此而上亦所以量敌知战。张预：有余，强也；不足，弱也。角量敌形，知彼强弱之所。

〔5〕李筌：形敌之妙，入于无形。间不可窥，智不可谋，是谓形也。杜牧：此言用兵之道，至于臻极，不过于无形。无形，则虽有间者深来窥我，不能知我之虚实。强弱不泄于外，虽有智能之土，亦不能谋我也。梅尧臣：兵本有形，虚实不露，是以无形，此极致也。虽使间者以情钓，智者以谋料，可得乎？王皙：制兵形于无形，是谓极致，孰能窥而谋之哉？何氏：行列在外，机变在内，因形制变，人难窥测，可谓神微。张预：始以虚实形敌，敌不能测，故其极致，卒归于无形。既无形可覩，无迹可求，则间者不能窥其隙，智者无以沓共计。

〔6〕曹操：因敌形而立胜也。杜牧：窥形可置胜败，非智者不能，固非众人所能得知也。梅尧臣：众知我能置胜矣，不知因敌之形。何氏：因敌置胜，众不能知。张预：因敌变动之形以置胜，非众人所能知。

〔7〕曹操：制胜者，人皆知吾所以胜，莫知吾因敌形制胜。杜牧：言已胜之后，但知我制敌人，使有败形，本自于我，然后我能胜之也。斯制胜之道，人莫知之也。陈皞：人但知我胜敢之善，不能知我因敌之败形。张预：立胜之迹，人皆知之，但莫测吾因敌形而制此胜也。

〔8〕李筌：不复前谋以取胜，随宜制变也。贾林：应敌形而制胜，乃无穷。梅尧臣：不执故态，应形有机。王皙：夫制胜之理惟一，而所胜之形无穷也。何氏：已胜之分，不再用也。敌来斯应，不循前法，故不穷。张预：已胜之俊，不复用前谋，但随敌之形而应之，出奇无穷也。

〔9〕［批评］乘人之术不止于此，推而行之可也。［原注］能先权而备之，则不惟不败，犹可以乘人也。疑则易谗，故可间；劳则易破，故可攻；饥则枵腹，故可困；分则势孤，故可图；虚则恐惧不安，故可惊；乱则纵横无纪，故可取；未至则无援，故可挠；未发则易遏，故可制；既胜，敌必骄，故可劫；既败，敌必避，故可退。大约举此十者，以见敌有之，俱可用权以乘之，但不可为其乘耳。

〔10〕［批评］达权至此，必取胜如神！［原注］备己乘人，必善于兵者能之。众寡，以人数言，识其用，则无孤旅縻军之失。刚柔，以战事言，明其宜，则无损军辱国之灾。进退，以师律言，达其机，则无逗遛强战之罪。顺逆，以天道言，知其势，则无妄行后时之悔。此真达权者之所为，故既能备己，又能乘人，万举而万全，身安而国利也。

【案例】 1958 年，日本丰田汽车公司（Toyota）首次进入美国市场的时侯，年销量仅有 288 辆。20 年之后，丰田汽车公司年销量却突破了 50 万辆。1978 年，在整个美国汽车市场上，丰田汽车公司的市场份额达到了 20%。1985 年上升为 25%，把美国进口汽车市场上的主要竞争对手——德国大众汽车公司（Volkswagen）远远地甩在了后面。那么，丰田汽车公司获得成功的“秘诀”是什么？秘诀就是：针对竞争对手的顾客心智地位，采取相应的营销进攻策略。

在刚进入美国市场之初，丰田汽车公司委托了一家当地调研机构，访问德国大众汽车公司的顾客，调查消费者对“大众”汽车的看法。此前，美国消费者都喜欢购买更宽、更大的轿车。德国大众汽车公司反其道而行之，推出了小型轿车——外形丑陋的甲壳虫汽车（Beetle），在小型轿车市场上取得了领先地位。随后，德国大众汽车公司开始出现战略失误，偏离了小型轿车的领先地位，开始与美国本土企业争夺大型轿车市场。这为丰田汽车公司提供了机会。

经过对消费者认知的调查，有关“大众”汽车的一系列问题，例如，竞争者正在做什么？竞争者为什么这样做？竞争者没有做什么？竞争者什么做得好？竞争者什么做得不好？丰田汽车公司已经做到了如指掌，并以此为依据制定自己的营销策略。丰田汽车公司制定了具有针对性的“市场侵略”策略，采取了诸如增大轮距，扩大空间，降低能耗，增加马力等一系列针对性的营销措施，对“大众”汽车进行攻击。历经20余年的不懈努力，丰田汽车公司终于成为小型轿车的领先者。

在小型汽车争夺战中，丰田汽车公司明确无误地找准了竞争对手——德国大众汽车公司，然后有的放矢地展开针对性的营销活动，最终一步一步地将竞争对手逐出了市场前沿。丰田汽车公司的案例，不仅说明了应该怎样去了解竞争对手，同时亦提醒了市场营销的主体首先必须弄明白谁是竞争对手，需要向谁发起营销攻势，并努力从竞争对手身上寻找突破口。在发动营销攻击之前，要弄清楚竞争对手处在什么位置上，针对竞争对手的虚实和强弱，确定己方的进攻方向和策略。因此，掌握竞争对手的虚实和强弱，是发动营销攻击的前提。

【结语】 营销所以要面向竞争对手，完全是因为市场上存在太多同样的经营者，提供着大量的、甚至过量的同样产品和服务，或者十分相似的产品和服务。这就是说，可以满足人们某种已知需要的商品太多了，要想在市场竞争中脱颖而出，必须做到与竞争者相比“与众不同”，而且关键是要让消费者认识并认可己方品牌或产品的“独特价值”。尤为重要的是，在产品同质化竞争和信息过度化传播的环境里，品牌必须向消费者传递出独特的价值概念。与占据优势地位的竞争者相比，不但要让品牌显得完全不同，还要让消费者感到值得购买。否则，在为数众多的同质化产品和品牌之中，很难赢得消费者的购买选择。

1.3　营销就是战争

【释义】 如今，在产品同质化竞争和信息过度化传播的环境里，营销已经演变成为一场认知战争。实际上，营销这场认知战争以品牌为基本作战单位，以潜在消费者对己方品牌的认知为争夺的核心。今天，要想解决被潜在消费者选择的营销问题，必须在潜在消费者的心智中与竞争品牌展开一场认知战争。这就是说，要让己方品牌在潜在消费者的心智中占据一个有利的竞争地位，拥有某种不同于竞争者的价值概念。营销这种认知战争，就是针对竞争品牌所采取的行动策略，以使己方品牌在人们的心智中占领某个有价值的心智高地。这是“营销就是战争”的全部含义。

品牌的战争

——品牌是营销战争的基本作战单位

【观点】 面向竞争对手，这意味着什么？这意味着：营销就是战争。营销活动，就像军事行动一样，必须针对竞争对手采取行动。由此可见，营销就是战争。在产品同质化竞争，以及信息过度化传播的社会里，营销竞争的本质特征，体现为品牌之间所代表之价值的竞争，而不是企业之间满足人们需求的产品竞争。在品牌竞争的过程中，人们的需求得到了充分满足，人们拥有多样化的选择机会。事实证明，所谓人们需求的充分满足，无非是在支付能力的基础上，拥有可供选择的多样化机会。人们需求的充分满足，绝对不是单一的个体想要什么，企业或者市场就为单一的个体提供什么。即便那些可以按照顾客自己意愿组合的产品与服务，仍然需要在市场提供的可选择要素范围之内，顾客才能按照自己的意愿组合产品与服务。但那些可以组合的产品或者服务，价格往往十分高昂，而且未必有人愿意提供，未必有人能够提供。对于大多数人来说，愿意接受企业或者市场提供的产品，即定型化的产品和多样化的选择。因此，所谓人们需求的满足，则更多地体现在可供选择的机会上，即对品牌所代表价值的选择。那么，品牌所代表的价值是什么，又在哪里？美国朗涛设计顾问公司（Landor Associates）的创始人沃尔特·朗涛（Walter Landor）认为：产品是在工厂中制造的，品牌是在人们的头脑中创造的。他的观点，明确地回答了品牌价值是什么，和在哪里的问题。品牌的价值存在于人们的头脑之中，品牌所代表的价值是人们心智所认知的价值。这就是说，只有存在于人们心智中的品牌价值，才是具有营销意义的品牌价值；只有被人们心智所认知的品牌价值，才是真正具有竞争作用的品牌价值。这意味着：品牌之间的竞争，是品牌所代表价值之间的竞争。品牌以其所代表的价值，争夺消费者对品牌的购买选择。

【诠释】 ⌖ 🕮《投笔肤谈·持衡》：攻守实要于无形也。攻者攻其心，守者守其气，则不滞于形，而神于机变，此持衡之至要也〔1〕。🕮《唐李问对》：夫攻者，不止攻其城、击其陈而已，必有攻其心之术焉。守者，不止完其壁、坚其陈而已，必也守吾气而有待焉。大而言之，为君之道，小而言之，为将之法。夫攻其心者，所谓知彼者也；守吾气者，所谓知己者也。🕮《三十六计》：釜底抽薪。［解语］不敌其力，而消其势，兑下乾上之象〔2〕。［按语］沸者，力也，火之力也，阳中之阳也，锐不可当；薪者，阴中之阴也，近而无害。故力不可当而势犹可消。故《尉缭子》曰："气实则斗，气夺则走。"而夺气之法，则在攻心。或曰：敌与敌对，捣强敌之虚，以败其将成之功也。㊣ 营销战争以品牌为基本作战单位，竞争各方以品牌为基本手段，争夺消费者对品牌的选择购买。品牌之间的营销战争，制胜的关键在于以柔克刚，而不是以刚对刚。品牌以柔克刚的核心要点，在于占领人们的心智，即在人们心智中拥有一个独特的价值地位。这就是品牌战争的攻心之战。因此，营销战争的根本性质，就是一场关于品牌的攻心之战，即用品牌攻占人心。

注解：

〔1〕［批评］“攻心守气”，兵家之极致，束得精妙！［原注］此总通篇之意而结之。攻至于攻心，则如孔明之七擒七纵而服南蛮。守至于守气，则如王霸之军士断发而方奋战。所以称攻守之善，持衡者莫是过矣。

〔2〕［注释］兑下乾上：即上天下泽履卦。兑为泽，阴柔之象；乾为天阳刚之象。这个卦象展现出来的是阴胜阳、柔克刚的道理。此计借用履卦，意在说明：如果遭遇强敌，不可硬拼，应运用阴柔之气去战胜阳刚之气。

【案例】美国 Sorzal 公司，一家专门进口、分销南美洲和非洲各类手工制品的分销商，同时是美国西南部印地安部落（Indian tribes），特别是 Hopi 和 Navajo 部落珠宝和陶制品的主要供应商。Sorzal 公司总部座落在亚利桑那州（Arizona）凤凰城（Phoenix）。同时，Sorzal 公司在洛杉矶（Los Angeles）、迈阿密（Miami）和波士顿（Boston）设有办事处。

Sorzal 这个名字——源自洪都拉斯（Honduras）国鸟的名称，前身是 20 世纪初在亚利桑那（Arizona）的图森（Tucson）附近成立的一家货栈。通过一系列精明的决策，Sorzal 确立了经营西南部珠宝和陶器方面最有声望的企业地位。在过了很多年之后，Sorzal 渐渐拓宽了经营的产品线，包括经营从秘鲁（Peru）和委内瑞拉（Venezuela）进口哥伦比亚（Colombia）时期的手工制品，从非洲（Africa）进口由部落生产的陪葬品和手工制品，最终成为美国一家很受尊敬的此类产品的进口商。

到了20世纪80年代，Sorzal公司进一步扩大了经营范围，增加了一些真手工制品的复制品。例如，由工匠精心制作的非洲众神雕像和面具，只有具有专业知识的收藏家，才能看出来是复制品。Sorzal的供应商分布在中美洲（Central America）、南非（South Africa）、非洲和美国西南部（American Southwest）。复制品的销售只占Sorzal公司业务的一小部分，Sorzal公司进入复制品领域，完全是因为客户要求扩大产品系列。Sorzal公司发现，复制品在礼物购买者和猎奇的客户当中很受欢迎。

1996年，Sorzal公司年销售收入在1200万美元左右。在此前10年中，尽管经历过衰退和通胀，但是Sorzal公司的年销售收入仍以20%的速度的递增。Sorzal公司的美国销售经理迈伦·朗加德（Myron Rangard）将其归因于企业产品良好的声誉，以及南美洲（South America）与非洲（Africa）手工制品分销的扩展。迈伦·朗加德说道："由于一些原因，我们的南美洲和非洲手工制品为用户广泛接受。去年，在圣诞节展览上，两个客户把我们的非洲产品当作标志物。我个人认为，用户的消费口味由现代和抽象转变为更具体，就像我们的产品一样。"

Sorzal公司通过专营店，包括室内装璜设计师、企业赞助展示会，以及少量的独家商店销售产品。Sorzal公司成为这些客户的主要供应商。迈伦·朗加德阐明了这种有限分销形成的原因：产品性质使得分销渠道受到限制。随着用户接受程度的提高，我们扩展了在专营店和独家商店的销售渠道。过去，我们只能通过自办展示会来推销产品。此外，我们自己不生产产品，这些南美洲手工制品并不是很容易就能得到，非洲的政策因素对于产品的供应也有限制。近年来，连续不断的供应问题由于这几个原因变得越来越严重。不仅是寻找新产品更加困难，而且这一领域的竞争增长了10倍不止。最重要的是，我们必须面对一些政府，这些政府由于涉及国家尊严问题，而不允许手工制品出口，并与这些禁令进行斗争。

在此前的两年里，供应问题迫使 Sorzal 公司又多了 3 个新竞争者。10 年之前，在这一行业有 5 个主要竞争对手，现在则增加到了 11 家竞争对手。Sorzal 公司的采购经理戴维・奥尔森（David Olsen）认为："我们的讨价还价地位在削弱，我们已经看到，毛利润近年来不断下降，造成这一切的大多原因在于：其他竞争者在不断压价"。迈伦・朗加德说道："在零售层次的竞争同样在加剧。不仅是因为我们的一些客户直接从 Hopi 和 Navajo 部落进货，我们还要经常面对业余爱好者的竞争，以及走私者的竞争。这些人到一个城市里，以极低的价格倾销一批垃圾，这种恶劣行为给行业造成很坏的名声。"

近年来，有几家大众商品连锁商店，以及高比例折扣商店，开始销售与 Sorzal 公司相类似的商品。按照 Sorzal 公司销售代表的说法，尽管产品质量经常良莠不齐，并且大部分商品是复制品，偶尔还是会从中发现一些真品。迈伦・朗加德和戴维・奥尔森后来进行的调查显示，其他一些竞争者与这些商场签订了供货合同。更主要的是，这些商场的销售价格低于 Sorzal 公司。

1997 年 1 月上旬，Sorzal 公司开始与一家大型连锁商场接洽，讨论将 Sorzal 公司的产品，特别是各类真品在商场销售的可能性。该商场目前正在销售一家竞争者的产品，但是仍然希望增加更多的产品线。该商场提出的意向合同是：以比 Sorzal 公司现行价格低 10% 的价格订货，首次订货将有 25 万美元的规模。按照消费者的接受程度，年销售额至少应能达到 100 万美元。该项合同的一个重要条款是：关于复制品的供应。合同要求 Sorzal 公司提供相当于目前三倍数量的复制品。

不久，Sorzal 公司高层开始讨论这个合同。Sorzal 公司总裁——安德鲁・斯迈思（Andrew Smythe）认为，如果接受这个合同，将会对 Sorzal 公司业务定位产生重大影响。安德鲁・斯迈思说道："这个合同给我们提供了一个扩展企业定位的机会。一方面，在目前增长的基础上，这个合同会让我们增加 100 万的销售收入，另一方面，在我们的业务中，是否应该让复制品销售占有如此大的比重？这是市场发展方向吗？这会对我们目前的零售商和用户有什么影响？”安德鲁·斯迈思希望，应从业务角度和整体方向角度，衡量这个合同的利弊。

【案例】 从市场竞争态势的角度上看，Sorzal 公司面临的处境，并不令人感到十分乐观。竞争者增加了一倍，从 10 年前的 5 家，增加到了 11 家。Sorzal 公司作为一家分销商，进货渠道受到当地政府的限制，复制品大量涌入市场，一般客户对手工艺品真假难辨。竞争对手开始利用大商场，大量分销手工艺品的复制品，而且价格更加具有竞争力。如果仅从产品的角度上看，Sorzal 公司面临着严重的产品同质化竞争问题。这不仅是由于竞争对手在大量增加，关键原因在于，对于进口的手工艺品，普通的顾客根本分辨不清真品与赝品。这将导致一个严重的后果，即残酷的价格竞争。复制品的大量出现，必然导致真品销售价格的下降。Sorzal 公司所面临的困局十分清楚。

如果转换一个角度来看，Sorzal 公司所面临的困局，或许能够为其提供一个完全不同的机遇。这个机遇不是接受大商场的订货合同，以较低的价格提供大量的复制品，以及一部分真正的手工制品，以进一步增加部落手工制品市场的混乱。相反，Sorzal 公司应该利用这种混乱，从真品与赝品的混战中脱颖而出。Sorzal 公司脱颖而出的方法，就是反其道而行之，仅提供真品，不销售赝品，并以此建立 Sorzal 公司的声誉和地位。这意味着，Sorzal 这个名称，应该成为一个专门代表部落手工艺真品的品牌。这就是说，Sorzal 不仅仅是一家分销部落手工艺品的公司，而是应该成为人们心智中的一个品牌，即真正来自非洲和南美部落的手工艺品。那么，Sorzal 公司应该做些什么，才能使 Sorzal 成为一个品牌？如果 Sorzal 想成为一个专业化品牌，必须重新思考自己的经营策略。

首先，当然要放弃复制品的分销，把所有精力集中在真品的经营上面，因为复制品本来就占 Sorzal 公司经营的一小部分。当然，Sorzal 公司必须放弃通过商场销售 Sorzal 的产品。既然非洲和南美洲的艺术品受到限制，那么这种艺术品就不应该成为大众货。因此，在销售渠道上，Sorzal 公司应该将重点集中在专营商店和独家商店上。一个专业的艺术品经营商，本来就应该拥有自己专门的销售商店。专营商店和独家商店，本身就是提高艺术品价值的有效途径。

其次，Sorzal 公司应该通过展览和相对专业的艺术类杂志，介绍和传播来自非洲和南美洲的手工艺术真品。传播的重点并不在于艺术品本身，而是艺术品所承载的原生态文化，包括当地人的生活信仰，以及生活态度等人类文化内涵。文化的内涵与价值，对人们所能产生的吸引力，往往超过单纯的产品本身。如果能够从文化传播的角度开始，或许还有利于解决非洲手工艺术品的出口限制问题。对于任何一个国家和地区，都希望自己的文化能够被人们所了解、接受和尊重。Sorzal 公司应该从文化传播的角度，寻求与非洲当地的政府机构进行合作。

再次，Sorzal 公司应该深入手工艺术品的原产地，尝试与手工艺术品的创作者建立直接的联系，从而丰富和拓展非洲和南美洲手工艺术品的来源，并建立起长期稳定的合作与交流关系。一方面，可以获得较高制作水平的手工艺术品；另一方面，可以获得手工艺术品的真品证明。例如，手工艺术制品艺人提供的标记、签名，或者其他证明方式。结合其他证明方式，例如有关机构出具的原产地证明，专门为手工艺术品制作的出口、进口手续文件等等，为 Sorzal 公司销售的任何一件手工艺术品，建立标准化的完整证明档案，与所销售产品一起提供给客户。

最后，Sorzal 公司所要做的事情，就是传播非洲或者部落手工制品的艺术价值。一种产品或者一种东西，如果被赋予了某种独特的含义，并开始被人们所接受或者认可，那么这种东西就开始变得与众不同了。因此，非洲或者部落手工制品，必须被赋予艺术与文化的内涵和价值。在这方面，Sorzal 公司需要借助权威性的鉴赏家，以及专业性的收藏者，协助 Sorzal 公司传播手工制品的艺术价值，以及传播原始与神秘的文化含义，以提升人们对非洲或者部落手工制品的价值认知，吸引更多人对非洲或者部落手工制品产生兴趣。

令人感到幸运的是，在南美和非洲手工制品领域，Sorzal 公司取得了令人尊敬的地位。Sorzal 公司所要做的事情，就是让人们知道并相信自己所售卖的东西，是真正来自非洲和南美洲部落的艺术品。Sorzal 公司所应该强调的品牌价值，不仅在于艺术品的观赏性，关键在于艺术品的文化性，以及艺术品的真实性。Sorzal 公司所售卖的东西，如果能将这三个方面结合在一起，并获得客户的接受和认可，那么 Sorzal 这个名字就具有了不同的含义，或者说，Sorzal 将成为一个具有特殊含义的品牌。对于 Sorzal 公司而言，关键的机会在于，竞争对手在“往下走”，即大量销售复制的赝品。因此，Sorzal 公司应该“向上走”，即只销售来自原产地的真品。利用行业处于混乱之机，在南美和非洲部落手工制品领域，建立起领先的品牌地位，即在人们的心智中，占据一个独特的价值地位。

认知的战争

——品牌制胜的关键是赢得顾客认知

【观点】在产品同质化竞争和信息过度化传播的社会中，营销已经演变成为一场关于品牌认知的战争。认知的含义为：在人们心智中占有一个独特的价值概念。独特的含义十分简单，即与众不同。尤为重要的是，品牌必须在人们心智中与众不同，这就是所谓的定位。这意味着，在人们的头脑或者心智中，品牌必须占据一个有利的竞争地位，品牌必须拥有一种独特的价值概念。然而，人们的心智或者头脑，为品牌提供的存储空间十分有限，不能为所有品牌提供存储位置。要想在人们心智中争得一个独特的价值地位，必须依据竞争双方在人们心智中所占据的地位，针对竞争对手采取定位策略和营销行动。为此，必须针对竞争对手的虚实与强弱，采取相应的策略和行动，在人们心智中实现差异化的价值概念，并占据一个与众不同的价值地位。这就是战争的含义。这意味着，从这个角度上来看，营销就是一场头脑争夺战，即认知战。在这场战争中，敌人就是竞争对手，目标就是赢得胜利。赢得胜利的途径，就是要在人们心智中占据一个优势竞争地位。因此，营销就是一场认知战。

【诠释】 ⊕ 📖《孙子兵法·虚实》：故知战之地，知战之地，知战之日，则可千里而会战〔1〕；不知战地，不知战日，则左不能救右，右不能救左，前不能救后，后不能救前，而况远者数十里，近者数里乎〔2〕。📖《六韬·武韬》：全胜不斗，大兵无创，与鬼神通。微哉！微哉！与人同病相救，同情相成，同恶相助，同好相趋。故无甲兵而胜，无冲机而攻，无沟堑而守。㊣ 运用品牌攻占消费者心智，构成了认知战争的核心思想。对于营销者来说，首先要知道战争发生在何处。如今，营销战争在人们的心智里打响，以品牌为基本作战单位的营销战争所要争夺的核心焦点，就是在人们的心智中占据一个有力的优势竞争地位，从而赢得更多的被消费者所选择的机会。为此，营销者必须做到"知战之地"，这不仅意味着一个简单的事实，即营销战争在人们的心智中打响，这还意味着一个更深层次的含义，即要知道人们心智里的认知状况；拥有什么样的认知，没有什么样的认知。还要明白人们的心智所具有的认知规律：同病相救，同情相成，同恶相助，同好相趋。在掌握了这些认知状况之后，才可以顺应人们的心智认知，展开针对竞争对手的营销行动，此可谓"知战之日"。若此，则可以全胜不斗，大兵无创，与鬼神通。

注解：

〔1〕曹操：以度量知空虚会战之日。孟氏：以度量知空虚，先知战地之形，又审必战之日，则可千里期会，先往以待之。若敌已先至，可不往以劳之。王皙：必先知地利敌俯，然后以兵法之度量，计其远

近，知其空虚，审敌趣应之所及战期也。如是，则虽千里可会战而破敌矣。曹公曰“以度量知虚空会战之日”者也。张预：凡举兵伐敌，所战之地，必先知之。师至之日，能使敌人如期而来，以与我战。知战地日，则所备者专，所守者固，虽千里之远可以赴战。

〔2〕杜牧：管子曰“计未定而出兵，则战而自毁也。”杜佑：敌已先据形势之地，己方趣利欲战，则左右前后疑惑进退，不能相救，况数十里之间也？梅尧臣：不能救者，寡也。左右前后尚不能救，况远乎？张预：不知敌人何地会兵，何日接战，则所备者不专，所守者不固，忽遇劲敌，则仓遽而与之战，左右前后犹不能相援，又况首尾相去之遥乎？

【案例】 “奶球”（Milk Duds），Beatrice Foods 公司的品牌，是一种装在黄色底色、棕色字体小盒中的糖果，享有青少年“电影糖果”的盛名。但是，Beatrice Foods 公司想要拓展“奶球”糖果的生意，将更小的顾客包括在内。

任何战略定位的第一步，都是研究消费者心智。谁是“奶球”想要拓展的顾客呢，不会是那些不懂数数的小孩子。调查结果显示：“奶球”最佳的潜在顾客是那些“世故”的糖果购买者，进进出出糖果店已有上百次了，平均年龄只有十岁，非常谨慎、多疑而精明，一直都十分在乎物有所值。

大多数定位计划，都要寻找到一个最明显的答案。如果过于注重产品本身，那么很容易错过那些显而易见的定位，最明显的东西反而难以找到，因为人们早已熟视无睹了。当说到糖果的时候，消费者心智中想到的不是“奶球”这个名称，即使十岁大的小孩，也只是模糊地知道“奶球”这个品牌。对大多数十岁的孩子而言，说到糖果时马上会想起“糖棒”的概念。例如，银河、雀巢、杏仁乐、好时（Hershey's）、Mounds、Reeses、Snickers 等牌子的“糖棒”。当然，这是由于其他一些

“糖棒”品牌在市场上花了数百万美元的广告费。“奶球”只占糖果广告费用的一小部分，要设法为这个品牌建立一个截然不同的形象是没有希望了。

“奶球”进入小顾客心智唯一的方法，是为糖棒类产品重新定位。这就是说，要将“奶球”变成“糖棒”的一种替代品类，站在“糖棒”类产品的对立面，使竞争者所花数百万美元广告费能为自己所用。在原本充满棒糖名称的心智中，再多塞进一个糖果名称，得不到什么好处，没有多大营销意义。要想让营销策略发挥作用，必须针对人们心智中的竞争对手，寻找可以利用的突破口。幸好，“糖棒”有个显著的弱点可以利用。一旦注视“好时”糖棒的大小、形状与价格，那个弱点很明显就显现出来了。“糖棒”不太耐吃！一个孩子只要 2. 3 秒的时间，就可以将一条五角美金的“好时”糖棒彻底吃完。在爱吃糖果的美国孩子当中，存着一股强烈不满的暗流，“糖棒”的大小缩下去，这种不满情绪就会升上来。

- 一买糖棒，我的零用钱就用不了太久。
- 不是我吃得愈来愈快，而是“糖棒”做得愈来愈小。
- 现在，吮吸“糖棒”不能太快。

这就是“糖棒”类产品的死穴。“奶球”则迥然不同，装在盒子里而不是用纸袋包装，小孩们可以吃到十五颗分开的、不能一下子吃完的巧克力糖果。与“糖棒”相比，一盒“奶球”会吃得更久。如果设法将一整盒“奶球”塞入口中，小孩子的嘴巴就会被封住，这正是“奶球”在电影院中风行的原因。那么，“奶球”的定位便是耐吃的糖果！“奶球”是比“糖棒”更耐吃的糖果。

对许多人来说，这似乎是明显的答案。但是，在此前 15 年里的电视广告中，“奶球”没有一次被提到过“耐吃”的概念。我们不妨在自己脑子里想像一下新的 30 秒电视广告，看看这“耐吃”的概念如何去吸引 10 岁的小孩。

“奶球”（Milk Duds）的耐吃广告

从前有个孩子，长有一张大嘴
〈一个小孩站在一张大嘴旁边〉
他喜欢吃“糖棒”
〈小孩把一根接一根的“糖棒”塞入大嘴中〉
但是，“糖棒”不耐吃
〈小孩将糖棒塞光了，大嘴变得非常恼火〉
……
小孩发现了巧克力包裹的“奶球”
〈小孩捧起“奶球”，大嘴开始馋涎欲滴〉
……
大嘴爱上了“奶球”，因为“奶球”耐吃
〈小孩将一颗颗“奶球”滚到大嘴的舌头上〉
……
然后，小孩与大嘴齐声合唱广告歌
当“糖棒”已成往事
你仍然会有“奶球”好吃
往你的嘴里放一些“奶球”吧
〈小孩与大嘴都大展笑容〉

这种广告奏效吗？

事实上，这个电视广告不但扭转了销售下降的趋势，而且在随后的月份之中，使 Beatrice Foods 公司所卖的“奶球”，比有史以来所卖的还要多。如果能从“奶球”案例中学到什么的话，那就是定位难题的答案，即应该在消费者心智中寻找，而不是在产品的自身上寻找。

【结语】 人们看到了许多优秀产品的成功，人们往往看不到优秀产品获得成功的背后，即一个品牌在人们心智中代表了一个独特的价值概念。从本质上看，营销已经演变成为一场关于品牌认知的战争。要想赢得营销战争的胜利，关键不在于优秀的产品本身，而是在于能否在人们心智中与众不同。无论多么优秀的产品，包括已经失败的优秀产品和已经获得成功的优秀产品，其成功与失败的根源无不取决于能否占领消费者的心智，能否在人们的心智中实现与众不同。然而，如果品牌要想占领人们的心智，那么该品牌必须针对竞争品牌采取行动，确切一点来说，要针对竞争品牌在人们心智中的地位，决定己方品牌所要采取的竞争策略，这意味着：营销理论的前提，应该以竞争对手为出发点。

第 2 章

战争要素：考察综合性的认知战争要素

【题义】 《孙子兵法》曰："兵者，国之大事，生死之地，存亡知道，不可不察也"。对于认知战争来说，关键性的认知战争要素，同样为不可不知的必察之事。营销就是战争，关于认知的战争，包括了哪些关键性的战争要素？或者说，要想打赢一场认知战，实现战略性定位，即在人们的心智中占据一个独特的价值概念，需要具备什么不可或缺的充分条件，以及还需要具备哪些必要条件？认知战争的要素包括：战地、地图、高地、战术、战略、将领、兵力、武器等几个方面。其中，战地、地图、高地等三个方面，构成了认知战争的基础要素；战术和战略两个方面，构成了认知战争的核心要素；将领、兵力、武器等三个方面，构成了认知战争的关键要素。理解认知战争要素的关键，在于理解这些要素之间的关系和作用。

2.1　基础要素

【释义】 人们的心智成为认知战争的战场。品牌要在人们的心智中占据一个独特的竞争地位。这意味着人们的心智不仅是认知战争的终点，同时也是认知战争的起点。这就是说，要想占领人们的心智，首先要从了解人们的心智开始，然后才能发挥其他认知战争要素的作用。如果不了解人们的心智，那么所谓的认知战争根本就无从谈起。或者说，如果不了解战地，那么就难以让战争要素发挥作用。因此，人们的心智空间——战地，以及战地上的状况——高地和地图，便成为认知战争的最基本要素。

战地

——人们的心智空间是营销战争的战场

【观点】在战争中，战地非常重要。如果想与敌人作战，了解战地便成为军事指挥官的基础性工作。在军事历史上，无论是进攻方，还是防御方，无不依据战地的特点部署自己的攻防力量。无论远离前线的高级将领，还是深入战场的作战单位，无不希望在战地上占据有利位置，从而击败在同一战地上作战的敌人，最大限度地控制更大的地理范围。同样，在营销战争中，了解战地具有基础性的意义。然而，营销战争的战地并不在百货商店，不在超级市场，不在顾客办公室，不在城市或者乡村等地理区域，这些地方只不过是商品销售地点。在营销战争中，顾客在头脑中对品牌作出选择，顾客的头脑是品牌争夺的战场，品牌就是要在这块方寸之地上打响营销战。别忘了，营销是一场认知战，是一场头脑争夺战。人们的头脑，或者人们的心智，就是品牌所要争夺的战场。要想赢得营销战争的胜利，必须在人们心智中占据有利的竞争地位，从而获得更多的销售数量，以及更多的市场份额。这就是说，要想占领产品市场，首先占领人们心智。人们的心智就是品牌的战场。中国古代政治理念认为，得民心者得天下。这种思想观点在营销战争中同样适用。

【诠释】《孟子·离娄》：桀纣之失天下也，失其民也。失其民者，失其心也。得天下有道，得其民斯得天下矣。得其民有道，得其心斯得民矣。得其心有道，所欲与之聚之，所恶勿施，尔也。《孙子兵法·始计》：地者，高下、远近、险易、广狭、死生也[1]。

《孙子兵法·虚实》：凡先处战地而待敌者佚，后处战地而趋战者劳[2]。故善战者，致人而不致于人[3]。㊣ 古语云：得民心者，得天下。那么，何谓得民心呢？对于政治来说，就是获得人民的支持与拥护；对于品牌来说，就是获得人们的认同与认可。营销战争的本质就是运用品牌争夺人们心智的战争。人们的心智空间，就是品牌争夺的战场。顺应人们的心智认知，“所欲与之，所恶勿失”，就是顺应战场的地形。对于品牌来说，人们心智里对竞争品牌的认知状况，构成了认知战争的战场地形。竞争品牌在人们心智里所处的位置高下、远近、险易、广狭、死生，就是品牌所要面对的战场形势。对于人们的心智来说，抢先占领者处于主动地位，落后者则居于被动地位，这就是先入为主的认知效果。正如兵法所言：先处战地而待敌者佚，后处战地而趋战者劳。

注解：

〔1〕曹操：言以九地形势不同，因时制利也。李筌：得形势之地，有死生之势。梅尧臣：知形势之利害。张预：凡用兵，贵先知地形。知远近，则能罢焉迂直之计，知险易，则能审步骑之利，知广狭，则能度众寡之用；知死生，则能识战散之势也。

〔2〕梅尧臣：先至待敌则力完，后至趋战则力屈。李筌：彼来攻我，则我为主，彼为客，主易客难也。贾林：形势之地，我先据之，以待敌人之来，则士马闲逸，而力有余。

〔3〕李筌：故能致人之劳，不致人之佚也。杜牧：致令敌来就我，我当蓄力待之，不就敌人，恐我劳也。杜佑：两军相远，强弱俱敌，彼可使历险而来，我不可历险而往，必能引致敌人，己不往从也。梅尧臣：能令敌来，则敌劳；我不往就，则我佚。王皙：致人者，以佚乘其劳；致于人者，以劳乘其佚。张预：致敌来战，则彼势常虚；不往赴战，则我势常实。比乃虚实彼我之术也。

【案例】 1989 年 3 月，吴清友在台湾台北创立了第一家“诚品书店”（Eslite Bookstore），Eslite 这个名称，由法文古字引用而来，为“菁英”之意。诚品书店主要售卖外文、建筑和艺术书籍。1991 年，诚品书店增设二楼卖场，扩大营业面积，同时扩大图书品种。但是，从开业之日起，诚品书店一直处于亏损状态，直到开业之后第 9 年，即 1999 年，诚品书店才开始转亏为赢。1999 年，为答谢读者的支持，诚品书店搞了一次“24 小时不打烊”活动。令人意想不到的是，读者对“全天候”营业的反应出乎意料，“夜猫族”不再无处可去，满足了现代人生活多元化的需求。从此，诚品书店便一直坚持“24 小时全天候”营业，诚品书店成了台北第一家唯一全天不打烊的书店。

从 1999 年开始，诚品书店开始转亏为盈，并渐渐对台湾连锁书店领先企业“金石堂”（kingstone）构成强大威胁。“金石堂”首创台湾畅销书排行榜，吸引爱书人的目光。但是，诚品书店坚持不做畅销书，反而推荐一些有点冷门的好书。即使在书架上沉睡 3 个月的“冷门图书”，诚品书店也不会将其送入仓库，这就是诚品书店与传统书店的不同之处，并成为爱书者的称道之处。事实上，在诚品书店的悉心规划之下，一些“冷门图书”开始变成了“热门图书”，销售数量不断攀升。诚品书店创始人吴清友表示，畅销书也许周转率高，可以带来很高的利润，但却不是诚品书店的经营重点。“好书不寂寞”，才是诚品书店努力的目标。目前，诚品书店已经成为台湾最大的连锁书店，连锁书店遍布台湾各地，成为与“金石堂”、“新学友”（New Schoolmate）齐名的台湾三大书店之一。

有人甚至认为台北标志性的东西不是“台北 101 大厦”这座大厦当时的世界第一高楼，而是“24 小时不打烊”的诚品书店。这就是诚品书店的首要特色。在夜深人静的时候，诚品书店散发出淡淡的书香。读者来到诚品书店，感觉就像在自己家的客厅，从低矮的书架上，随手取一本书，翻一翻，感兴趣了就停下来多看看，站累了可以坐在台阶上，一页一页地慢慢揣摩，也可以找个角落这样慵懒地躺着，没有人催促，没有人怀疑，甚至没有人会注意。光顾诚品书店的人们不一定要购买图书，可以到这里跟朋友约会，下班来这里喝咖啡，天热到这里来纳凉，失眠到这里打发打发时间，这就是“诚品”的大气。当然，这也是“诚品”的策略。

“诚品”将书店定义为多元的、动态的文化事业，而非图书零售业。在营销活动上的创意更是令其他连锁书店望尘莫及。诚品书店长期举办各项演讲、座谈、表演与展览等延伸阅读活动，一年至少举办400～500场演讲与展览，范畴遍及文学、戏剧、环保、舞蹈与美术，开创了书店与读者各种对话的可能。“诚品”力图营造一种阅读空间与阅读心情，包括精致优雅的阅读空间规划、精心陈设展现阅读价值等，其书柜面板保持15度倾斜，对读者十分体贴，书架上的书伸手可及，或站或坐，全凭读者的喜欢和高兴。一位爱逛诚品书店的人士指出，“诚品”让书店不再只是购书地点，而是可以悠然流连的书香世界。

经过重新定义的诚品书店，具备“电影院”、“展览馆”、“书院”等多种功能。在诚品书店的一角，读者还可以点杯咖啡、喝点冰水，或浅谈聊天，或交流选书所得。如果读者囊中羞涩，则可以席地而坐。诚品书店的地面，一律用实木地板铺就，洁净无尘。只是读者需要注意一点，不要因此挡了书架，影响其他读者选书和看书。在诚品书店，所有书架的下层隔板上，一律嵌着一条告示声明这一点，读者只要在书架前一坐下就会看到，提醒人们不要只顾自己的一时痛快。在诚品书店的一楼，还有一个小型放映厅，经常放映一些经典影片。“诚品讲堂”（Eslite Forum）就会针对于此开办一些关于电影艺术欣赏的讲座。一看一讲，就会吸引你进入一条研究的道路。

“诚品讲堂”的专题讲座是“一年三季有，一季三月有”。这就是说，在2月～4月、6月～8月、10月～12月，“诚品”都会举办讲座，“诚品讲堂”一年大约举办500场演讲与展览，很是具有“书院”的味道。“诚品讲堂”还将讲座课程总表印在一本本小册子上。例如，某年10月至12月的课程总表有着这样的讲座专题：《展望台湾的空间行动》、《从日常生活理解传统中国》、《走向未来的中国小说》、《天、地、人的科学》。这些讲座题目，肯定会吸引人们去一听究竟，然后找书一看究竟。正如一句广告词所说的那样，“阅读的兴味，从找到观点开始”。诚品书店一年要规划大约 100 项推广活动，如摄影展、读书节及作家签名会等，并出版一本名为《诚品好读》的月刊，以特定主题就阅读与文化作出探讨，并介绍书店新书。书店还有一个专业的选书小组，一个月选出 4 ~ 5 本好书，向读者推荐。

诚品书店营运模式大受好评之后，其他连锁书店也跟进模仿，在书店装潢、阅读空间、选书分类等，纷纷向“诚品”看齐，一时之间各家大型书店都变得很有“气质”。但是，“诚品”的经营成效还是超越所有竞争者。一位文化人说：“让阅读永远不打烊，用书店攻占人心。这才是诚品书店厉害的地方”。诚品书店公关经理指出：其他书店可以模仿“诚品”的硬件和设计，例如：书柜、风格、色泽等等。但是，“诚品”的经营理念、核心价值别人永远也模仿不到。

如果书店里不只是售书，还包括着人文、创意、艺术、生活的精神，那么书店就不只是买书付钱就走的地方了，而是将书店提升为新文化的休闲场所，这就是“诚品”的迷人之处。如今，诚品书店成为台湾的文化象征，成为台湾的文化景点。与此同时，“诚品”也成为吸引香港及全球华人游客的景点，许多香港人去台湾只是为了去一趟“诚品”。“诚品”在人们心智中的地位可见一斑。如今，“诚品”继续散播着丰富的阅读文化，让阅读永远不打烊，用书店攻占人心。“诚品”的竞争对手可以模仿复制“诚品”的经营理念和所有活动，但是却难以抢走“诚品”在人们心中的地位。

高地

——掌握人们心智中的品牌价值制高点

【观点】 在军事战争中，高地通常被认为是对作战有利的地形，高地常常被叫做“制高点”。对防御者来说，“制高点”意味着可以比较容易地压制敌人的攻击。对于进攻者来说，“制高点”意味着在其他条件相同的情况之下，甚至在占据其他优势条件的情况之下，很难攻占已经被敌方占据的“制高点”。从这个意义上看，“制高点”能够发挥“以少胜多”的作用，能够发挥“以弱胜强”的作用，能够发挥“以逸待劳”的作用。由此可见，战场上的“制高点”对于战斗的胜负具有强力支持作用。在营销战争中同样存在着“制高点”。营销战场上的“制高点”存在于人们的心智里。人们心智中的高地，要么是一个品类，要么是一种价值。在人们的心智中，谁代表着一个产品类别，谁拥有了一种价值概念，谁就占领了人们心智中的这块高地。在人们头脑的高地上，有些可能已经被敌人占领，有些可能尚未被敌人占领；有些高地可能争夺得非常激烈，有些高地可能仅有很少兵力防守。如果一位顾客指名要一种品牌的商品而非其他品牌的商品，那么我们就可以很清楚地知道，顾客头脑中的这个高地（品类）已经完全被这个品牌占据了。在营销的战争中，一个基本的原则就是：避开敌方的高地，寻找并占领到属于己方的高地。在己方控制的高地上，构建起坚固的防御工事，抵御对方发起的猛烈进攻。

【诠释】 《孙子兵法·行军》：凡军好高而恶下[1]，贵阳而贱阴[2]，养生而处实[3]，军无百疾，是谓必胜[4]。《孙子兵法·行军》：凡处军相敌：绝山依谷[5]，视生处高[6]，战隆无登[7]，此处山之军也[8]《孙子兵法·行军》：此兵之利，地之助也[9]。㊣ 对于品牌来说，人们的心智里同样存在着某种“制高点”。这种“制高点”意味着抢先占领一个产品类别，成为某种产品类别的代表品牌。或者，这种“制高点”意味着抢先拥有一种价值属性，成为某种价值属性的代表品牌。因此，认知战争的基本原则就是抢先占领人们心智的制高点。占领人们心智制高点的品牌往往拥有强大的营销竞争力，“此兵之利，地之助也。”对于已经占领人们心智制高点的竞争品牌，则应该尽量避免与之展开正面竞争。这就是“视生处高，战隆无登”的基本作战原则。

注解：

〔1〕梅尧臣：高则爽垲，所以安和，亦以便势；下则卑湿，所以生疾，亦以难战。

〔2〕梅尧臣：处阳则明顺，虚阴则晦逆。

〔3〕曹操：恃满实也。养生，向水草，可放牧，养畜乘。实，犹高也。王皙：养生，谓水草粮精之属；处实者，倚固之谓。张预：养生，谓就善水草放牧也。处实，谓倚隆高之地以居也。

〔4〕李筌：夫人处卑下必疠疾，惟高阳之地可居也。杜牧：生者，阳也，实者，高也。言养之于高，则无卑湿阴翳，故百疾不生，然后必可胜也。

〔5〕李筌：绝山，守险也；依谷，近水草。

〔6〕李筌：向阳曰生，在山曰高。生高之地，可居也。

〔7〕李筌：敌自高而下，我无登而取之。杜牧：隆，高也。言敌人在高，我不可自下往高，迎敌而接战也。贾林：战宜乘下，不可迎高也。

〔8〕张预：凡高而崇者，皆谓之山。

〔9〕梅尧臣：兵所利者，得形势以为助。张预：用兵之利，得地之助。

【案例】 1999 年，青岛啤酒公司（Tsingtao）在中国大陆一路跑马圈地、四处征战。1999 年，青岛啤酒公司瞄准了中国华南地区，成立了深圳青岛啤酒（销售）有限公司。1999 年 7 月 22 日，青岛啤酒公司、深圳青岛啤酒（销售）有限公司、日本朝日啤酒株式会社（ASAHI）等三方共同设立的合资公司深圳青岛啤酒朝日有限公司正式投产。在解决了啤酒生产问题之后，青岛啤酒公司运用熟练的市场推广手段，开始在中国华南地区攻城拔寨。经过一段时间的考察，青岛啤酒公司的市场人员，就像发现新大陆一样兴奋。中国华南地区啤酒市场虽然品牌众多，但真正的全国性和强大的品牌并没有出现，整个啤酒市场空间非常广阔，而且中高档产品占据相当高的比例，啤酒市场利润空间较大。由于拥有优质的啤酒产品、完善的营销计划和强大的推广力度，在中国华南地区，例如：东莞、中山、海南等地，青岛啤酒公司发起了啤酒攻击战。在不到半年的时间里，青岛啤酒在市场领先者金威啤酒（KingWay）的眼皮底下稳稳地站住了脚跟。当时，金威啤酒的总经理对其市场部大为不满——“青岛啤酒是全国性大品牌，很多东西都值得我们学习和模仿！我们要好好学习青岛啤酒是怎样做的，才能打败他们！”

2000年，青岛啤酒公司发现，中国华南啤酒市场产品定价偏高，缺乏针对大众市场的低价产品。在对市场进行了一番深入考察之后，青岛啤酒公司进一步发现，中国华南地区有一半以上的人口都属于外来打工者，他们多数喝不起3.5元/瓶的啤酒，啤酒消费成为打工者的一项大负担。当时没有哪个啤酒品睥推出低价产品，但这个市场却是一个巨大的市场空隙。于是，青岛啤酒公司针对市场空隙，迅速推出低价产品“青岛2000”啤酒，迅速占领了低价啤酒市场。“青岛2000”的推出，进一步抢夺了当地其他啤酒品牌的市场份额。根据麦肯锡公司（McKinsey & Company）的一份市场调查资料显示，青岛啤酒在深圳的市场份额由20%上升到了40%。在品牌认知度方面，青岛啤酒与当地强势品牌基本持平，先前铁桶一块的华南啤酒市场被撕开了一条大的裂缝。在不到3年的时间里，青岛啤酒在中国华南地区的销售一路上涨。2002年，青岛啤酒的销售已经超过100万吨，成为了中国华南地区销量第二的强势品牌，其疯狂抢占市场的速度与青岛啤酒在全国各地的疯狂并购一样令人恻目。实际上，青岛啤酒实施了一次成功的侧翼战。

但是，不为外人所知道的是，在中国华南地区，特别是在广州周边地区，青岛纯生啤酒的销量一直十分低迷。对于青岛纯生啤酒销量的低迷，青岛啤酒公司想过很多办法，如加大市场推广力度，增加促销费用，巨资赞助足球比赛……但是，青岛纯生啤酒的销量还是一直低迷。

青岛啤酒进军华南市场的主要原因是：当时华南啤酒市场中高档产品所占比例较大，市场利润较高。因此，高档产品一直是青岛啤酒推广的重中之重。青岛纯生啤酒由于有较高的利润和高档的品牌形象，被青岛啤酒列为主要的推广产品。麦肯锡公司在谈到青岛啤酒的市场推广时说道："产品推广集中化，重点推广青岛纯生啤酒……"在青岛啤酒华南区事业部内部，青岛纯生啤酒由于是一种高利润产品而被企业高度重视。无论是在广告宣传、渠道推广，还是终端POP、终端堆头、促销活动，青岛纯生啤酒都被当成重点推广的产品。在深圳市场上，由于金威纯生啤酒的推出时间比较晚，青岛纯生啤酒还占有一席之地。但是，在华南啤酒重镇——广州及其附近地区，青岛纯生啤酒就像进入了一个泥潭中，无论怎样努力，青岛纯生啤酒的市场份额一直不到竞争对手珠江纯生啤酒（Zhujiang）的1/10。

在刚刚进入广州市场的时侯，青岛啤酒华南区事业部认为，青岛纯生啤酒毕竟是刚刚进入广州市场，没有打开品牌知名度。况且，在刚进来的时候，青岛纯生啤酒并没有大力推广，销售差强人意也就不足为奇。在经过差不多一年左右的市场摸索和市场调研之后，青岛啤酒认为时机成熟了，开始投入大量资金，大规模推广青岛纯生啤酒。青岛纯生啤酒的推广策略是：①加大广告投入；②积极拓展渠道；③运用多种方式提高分销渠道占有率；④产品推广集中化；⑤加大促销力度。

从市场推广力度方面看，青岛纯生啤酒的市场推广费用与珠江纯生啤酒差不多，但是销售额则不到珠江纯生啤酒的1/10。青岛啤酒的一位市场主管说道："当初推出青岛纯生啤酒的时候，我们认为青岛啤酒的品牌名声这么响，还可以把价格定得高一点，加大一些促销力度，很快就超过珠江纯生啤酒。现在看来，事实不是这样，哪怕我们对经销商和终端加大了促销力度以及投放了许多的广告，哪怕是价格与珠江纯生啤酒一样，现实的状况仍然得不到改观。这真是令人感到迷惑，真不知道这是为什么。"从产品、价格、渠道、促销、市场推广力度等方面来看，与珠江纯生啤酒相比，青岛纯生啤酒毫不逊色，甚至在许多方面有所超越。但是，青岛纯生啤酒的销售量，一直都不到珠江纯生啤酒的1/10。

按照青岛啤酒以往的成功经验，青岛啤酒要想获得成功，只要比其他竞争对手做得更好就行了。但是，现在“比其他竞争对手做得更好”已经不行了。以往的成功经验，成了青岛纯生啤酒的失败陷阱。青岛纯生啤酒的问题出在哪里呢？问题出在消费者身上。从一个普通消费者的角度来观察，可以说明青岛纯生啤酒的问题出在哪里。在广州林立的餐馆酒楼里，天天都上演着对啤酒的选择游戏。然而，这个游戏的结果，往往表现出惊人的一致，在绝大多数情况之下，珠江纯生啤酒总是能成为最终的获胜者。

- 服务员：需要喝点什么酒水？
- 消费者：要三瓶纯生啤酒（Draft Beer）。
- 服务员：要哪种纯生啤酒？是要珠江，还是青岛？
- 消费者：要珠江纯生啤酒。

在最初的时候，餐馆的服务员根本不会询问顾客要哪种纯生啤酒，而是直接为顾客拿来珠江纯生啤酒。这是因为，无论餐馆的服务员，还是就餐的消费者，都清楚地知道一个语义：所谓纯生啤酒，就是指珠江纯生啤酒。如今，餐馆售卖的纯生啤酒品牌多了起来，服务员希望消费者确认，自己想喝哪种纯生啤酒。但是，对于大多数消费者来说，自己所要的纯生啤酒，就是指珠江纯生啤酒。问题的关键在于，在消费者头脑中，“纯生啤酒”的高地，已经被“珠江纯生啤酒”所占领了。在消费者的心智中，“纯生啤酒”=“珠江纯生啤酒”！这是因为，珠江啤酒最早推出了“纯生啤酒”，当青岛纯生啤酒进入广州市场时，珠江纯生啤酒早已占领了“纯生啤酒”这个高地。

在整个市场推广的过程中，青岛纯生啤酒只是单纯地诉求品质，即青岛纯生啤酒更好喝，青岛纯生啤酒更新鲜。喝过珠江纯生啤酒和青岛纯生啤酒的消费者，都知道事实确实如此！但是，大多数消费者并不认为青岛纯生啤酒更好。既然比竞争对手更好，为什么不像珠江纯生啤酒一样成为领先品牌？在消费者的意识中，只有领先品牌才是整个行业特性的代表，只有领先品牌才会“更好、更新鲜”！这就如同想告诉人们，清扬洗发水（Clear）比海飞丝洗发水（Head & Shoulders）更能去除头皮屑，有多少消费者会相信呢？

直到2002年，青岛纯生啤酒的销售还是一直低靡不振。青岛啤酒一直试图说服消费者，青岛纯生啤酒的味道更新鲜，品质更好。当时，铺天盖地的广告宣传都是“青岛纯生啤酒更新鲜”，试图让消费者相信，“青岛纯生啤酒”是一种比“珠江纯生啤酒”更优质的产品。然而，市场上哪个竞争对手不会说自己质量更好，口感更新鲜。但是，所谓的“优质产品”，不存在于产品“市场”上，而是存在于顾客“认知”中。在面对强大竞争对手的时候，“做得更好”并不能带来生路，“做得不同”才能带来生机。

2002年下半年，经过技术攻关，青岛啤酒公司生产出了一种比“纯生啤酒”更好的产品——原生啤酒（The Original Draft Beer）。纯生啤酒不经高温杀菌，但是仍然经过低温过滤。可是，青岛啤酒的这种新产品——原生啤酒，不经过任何过滤，啤酒中仍然完好地保留了酵母香，同时也保留了全部的营养成分，而且口感更好。在中国大陆市场上，这是青岛啤酒的首创产品。青岛啤酒有了一个建立不同啤酒类别的机会，即制造一种不同于纯生啤酒的新啤酒类别——原生啤酒。青岛啤酒获胜的机会不在于制造一种比珠江纯生啤酒更好的纯生啤酒。这是青岛啤酒打翻身仗的一个极好机会。将这种新产品命名为“原生啤酒”，打造啤酒“进化论”的概念：熟啤酒（Pasteurimd Beer）→纯生啤酒（Draft Beer）→原生啤酒，抢占“原生啤酒”的“制高点”，做“原生啤酒”的领先者。

十分不幸的是，“原生啤酒”被命名为“原汁纯生啤酒”，这是又一个“更好”的纯生啤酒，又一个跟随“珠江纯生啤酒”的产品。因为“原汁纯生啤酒”，仍然没有脱离“纯生啤酒”的概念。“原生啤酒”

的威力完全丧失了。现在，在广州市场上，“青岛纯生啤酒”还是敌不过“珠江纯生啤酒”，甚至很难在餐馆里找到“青岛纯生啤酒”，因为“青岛纯生啤酒”不好卖。当然，更难找到“青岛原生啤酒”——“原汁纯生啤酒”。在英文中，“The Original Draft Beer”（原生啤酒），与“The Original Draft Beer”（原汁纯生啤酒）在语义上没什么差别。但是，在汉语中，“原生啤酒”，与“原汁纯生啤酒”在语义上有着本质的差别，前者意味着一种不同的、更高级的啤酒种类，后者则意味着仍然是一种纯生啤酒。对于啤酒消费者来说，当然愿意选择更高级的那种啤酒。青岛啤酒，应该用原生啤酒这个概念抢占原生啤酒的心智高地，打击珠江啤酒的纯生啤酒概念，在广州地区的啤酒市场上，以此分化、瓦解珠江啤酒的市场地位。

地图

——绘制出品牌在人们心智中的地形图

【观点】在军事战争中，侦察工作非常重要。在发动军事进攻之前，必须清楚敌人在哪里设防，在哪里防御空虚，在哪里无人防守，并将敌我双方的军事部署情况标示在作战地图上。然后，借助作战地图所标示出的敌我作战态势，军事指挥官才能针对敌人的虚实与强弱，确定己方的进攻路线与策略。在营销战争中，同样需要绘制一幅作战地图，营销指挥官必须清楚人们头脑里的地形，不但要清楚己方品牌在人们头脑中所占据的位置，而且要清楚竞争对手在人们头脑中所占据的位置。营销指挥官必须清楚地知道，哪个品牌占据着哪个制高点。营销指挥官应该掌握的东西，不仅是要知道顾客头脑里对品牌拥有什么概念，而且还要探知顾客头脑里对品牌没有什么概念。这就是说，营销指挥官要在自己的头脑中，绘制出一幅顾客的心智品牌地图。无论对于军事战争来说，还是对于心智战争来说，地图的作用在于使自己不迷失方向，不误入敌人早已设好的阵地。此外，根据敌我双方的态势，制定己方的进攻或者防御策略。

【诠释】 《孙子兵法·九地》：不知山林、险阻、沮泽之形者，不能行军；不用乡导者，不能得地利[1]。《孙子兵法·地形》：知彼知己，胜乃不殆[2]；知天知地，胜乃可全[3]。㊣ 在人们的心智里，实际上存在着一幅像山水画卷一样的品牌地图，不同的品牌处在人们心智图画的不同位置上。对于一个品牌来说，竞争品牌在顾客心智里所处的位置，往往构成了自己的营销认知障碍——山林、险阻、沮泽之形。一个品牌要想在人们心智里占据一个自己的竞争地位，必须知道竞争品牌所占据的心智地位，从而避开竞争品牌对己方品牌所构成的认知障碍。对于人们的心智，营销者必须像“乡导”一样，掌握由不同品牌构成的地形，才能占领一个有力的竞争地位。此所谓“知彼知己，胜乃不殆；知天知地，胜乃可全”。

注解：

〔1〕李筌：三事，军之要也。梅尧臣：盖言敌之情状、地之利害，当预知焉。张预：知此三事，然后能审九地之利害，故再陈于此也。

〔2〕张预：晓攻守之术，则有胜而无危。

〔3〕李筌：人事、天时、地利，三者同知，则百战百胜。梅尧臣：知彼利，知此利，故不危；知天时，知地形，故不极。

【案例】 银行销售的不是产品而是服务，并且是一种区域性的服务。对银行服务进行定位，与任何其他企业定位一样，必须先知道自己所处的地盘情况。多年以来，长岛信托公司（Long Island Trust Company）在当地一直是首屈一指的银行。长岛信托公司曾经是当地最大的银行，拥有最多的营业网点，而且是当地赚钱最多的银行。在 20 世纪 70 年代，长岛地区（Long Island）的银行业发生了大改变。一项新的法律颁布，所有银行可以在整个纽约州（State of New York）无限制地成立分行。

从那个时候起，许多纽约（New York）的大银行，例如：花旗银行（Citibank）、大通银行（Chase Manhattan）及华友银行（Chemical Bank），开始在长岛地区（Long Island）扎下了稳固的根基。而且，有许多长岛（Long Island）的居民，天天都会去纽约（New York）。于是，人们就将部分交易直接交给了那些大银行。然而，纽约（New York）的大银行插足长岛的银行业务，只是问题的一个部分，真正值得注意的问题是，在顾客的心智中，存在着一幅什么样的心智地图。这就是说，在人们的心智中，人们对各家银行的看法，究竟存在着什么样的差别。一位在企业工作了30年的首席执行官（CEO），对企业所持有的看法，显然与顾客对企业的看法存在显著差别。但是，一位顾客在过去30年与企业建立起来的关系，可以在几分钟之内，甚至在几秒钟之内就能得到测定。

通常，洞察消费者的心智地图都是属于直觉，不过，借助正规的定位调查绘制出顾客的心智地图仍然极有裨益。描绘消费者的心智地图，通常可以用一种称为“语意差异”（Semantic Differential）的调查研究来完成。长岛信托公司在确立定位的过程中使用了这种方法。在进行语意差异调查时，调查者先告诉顾客一套有关调查对象的共同属性，各个属性之后都有一个统一标准的标尺，标尺上都标有由1到10的反映属性程度的数字，然后请顾客在尺度上评定各个竞争者在各个属性方面的等级水平。

对于银行业务来说，几乎没有什么价格认知，因此，银行必须强调其他属性。长岛信托公司选出了六个代表银行服务的属性：营业网点数量、金融服务品种、金融服务品质、资本规模实力、长岛居民受益和长岛经济受益。其中，营业网点数量、金融服务品种、金融服务品质、资本规模实力等四项属性，是顾客选择银行的基本理由。长岛居民受益和长岛经济受益两项属性，则是针对长岛情况的特别设计。

如果就选择银行的理由而论，长岛信托公司所面临的情况相当严峻，在所有涉及选择理由的四项属性中，顾客对长岛信托公司的评价，均排在所有竞争对手之后。不过，当属性一涉及到对长岛本身的贡献的时候，顾客的评价就反过来了。对长岛信托公司的评价，立即变得高高在上。这是就品牌名称的威力，不用为此太过惊讶。

第 1 项：营业网点数量

银行名称	顾客评价	银行名称	顾客评价
华 友 银 行	7.3	大通银行	6.4
北美国家银行	6.7	花旗银行	6.1
欧洲美国银行	6.6	**长岛信托**	**5.4**

第 2 项：金融服务品种

银行名称	顾客评价	银行名称	顾客评价
华友银行	7.7	北美国家银行	7.4
花旗银行	7.7	欧洲美国银行	7.3
大通银行	7.6	**长 岛 信 托**	**7.0**

第 3 项：金融服务品质

银行名称	顾客评价	银行名称	顾客评价
华 友 银 行	7.2	大 通 银 行	6.9
花 旗 银 行	7.0	欧洲美国银行	6.8
北美国家银行	7.0	**长 岛 信 托**	**6.7**

第 4 项：资本规模实力

银行名称	顾客评价	银行名称	顾客评价
华友银行	8.2	北美国家银行	7.8
大通银行	8.2	欧洲美国银行	7.7
花旗银行	8.1	**长 岛 信 托**	**7.1**

第 5 项：长岛居民受益

银行名称	顾客评价	银行名称	顾客评价
长 岛 信 托	**7.5**	华友银行	5.1
北美国家银行	6.6	大通银行	4.7
欧洲美国银行	5.2	花旗银行	4.5

第 6 项：长岛经济受益

银行名称	顾客评价	银行名称	顾客评价
长岛信托	**7.3**	华友银行	5.4
北美国家银行	6.7	花旗银行	5.3
欧洲美国银行	5.4	大通银行	4.9

人们心智中的品牌地图，已经一目了然。长岛信托公司应当采取什么定位战略呢？传统的智慧说，要保留自己的优点，努力改进自己的缺点。这就是说，要刊登广告，告诉消费者，自己服务周到，和蔼可亲等等。同时，努力改进营运，缩短与竞争对手的差距。但是，传统智慧不是定位思维，定位理论认为，要顺着顾客对品牌看法走下去。人们对长岛信托公司唯一有利的认知，就是“长岛本身”（Long Island Itself）这个定位——让长岛经济和长岛居民受益的银行。在人们心智中，长岛信托公司占据着“长岛本身”的高地，强化“长岛本身”这个定位，可以击退那些从大城市来的侵略者。

长岛信托公司（Long Island Trust Company）的第 1 幅广告

如果你住在长岛，为何将你的钱送往纽约？
将钱存在靠家近的地方才有道理
不要存在一家纽约的银行，要留在长岛信托公司
这样做对长岛有好处
毕竟
我们致力于长岛的发展
而不是去开发曼哈顿岛（Manhattan island），或者科威特（Kuwait）外海的某个岛屿。
问问你自己好吗？
你认为谁最关心长岛的未来？
是一家最近才来长岛，在大都会地区有数以百计其他分行，在五大洲还有分部的银行吗？
抑或是一家像我们这样，
在这里已有超过 50 年时间，并在长岛有 33 家分行的银行？

长岛信托公司（Long Island Trust Company）的第 2 幅广告

（在广告中一张照片显示：棕榈树间一幢有着北美花旗银行标志的大厦）
对一个大城市的银行而言
在拿梭（Nassau）的分行
并不一定是指在长岛拿梭郡（Nassau County）有分行
那个拿梭（Nassau）很可能在巴哈马（Bahamas），那是大城市银行喜欢的地点之一
（巴哈马首都，同样叫拿梭）
事实上
跨国机构大约有 750 亿美元的贷款
存在巴哈马及开曼群岛（Cayman Islands）
这并没有什么不妥，只不过对你没多大好处，如果你家在长岛的话
长岛不但是我们喜欢的地点，也是我们唯一立足的地点
我们在拿梭郡有 18 家分行
在昆斯（Queens）与萨弗克（Suffolk）有 16 家分行
我们在这儿很久了，超过半个世纪，在财政上与当地密切相关
我们 95% 的贷款都贷给长岛人及他们的家庭、学校和工商企业

长岛信托公司（Long Island Trust Company）的其他广告

纽约是个值得参观的大地方
但是你有必要在那儿开户吗？
对于纽约的银行而言
真正在意的唯一岛屿是曼哈顿
（画面上，长岛的小图被曼哈顿大图对比成小巫见大巫）
如果时局艰难
大城市的银行会在长岛撑得下去吗？
他们会回到纽约

在 15 个月之后，又作了一次同样的调查。请注意，长岛信托公司的顾客心智地位，在各项属性上都有改善。在“营业网点数量”这一项上，长岛信托公司由最后一名变成了第一名，尽管其他银行事实上营业点更多，例如，华友银行拥有超过长岛信托公司两倍以上的分行数

量；在“金融服务品种”这一项上，长岛信托公司由最后一名向上移了两位，由第六位升至第四位；在“金融服务品质”这一项上，长岛信托公司由最后一名向上移了两位，由第六位升至第四位；在“资本雄厚”这一项上，长岛信托公司由最后一位移升到第一位。

第 1 项：营业网点数量

银行名称	顾客评价	银行名称	顾客评价
长 岛 信 托	**7.0**	花 旗 银 行	6.5
北美国家银行	6.8	大 通 银 行	6.1
华 友 银 行	6.6	欧洲美国银行	6.1

第 2 项：金融服务品种

银行名称	顾客评价	银行名称	顾客评价
花旗银行	7.8	**长 岛 信 托**	**7.3**
华友银行	7.6	北美国家银行	7.3
大通银行	7.3	欧洲美国银行	7.2

第 3 项：金融服务品质

银行名称	顾客评价	银行名称	顾客评价
花旗银行	7.8	**长 岛 信 托**	**7.1**
大通银行	7.6	北美国家银行	7.1
华友银行	7.5	欧洲美国银行	7.0

第 4 项：资本规模实力

银行名称	顾客评价	银行名称	顾客评价
长岛信托	**7.0**	北美国家银行	6.6
华友银行	6.7	大 通 银 行	6.6
花旗银行	6.7	欧洲美国银行	6.4

这样的结果，不但在调查中看得到，在营业点里也体现了出来。该银行的年度报告说道：“由于引入广为社会接受的定位概念，我们这家得天独厚的银行——长岛信托公司建立起了长岛人的长岛银行这个地位，人们对广告运动的反应积极而且令人满意。”长岛信托公司这个案

例说明了一个十分简单的道理——了解顾客的心智多么重要。不但要知道己方产品或服务在人们心目中的位置，而且也要知道竞争者所提供的东西在人们心目中的位置。首先描绘出人们心智中的品牌地图，然后才能找到发动进攻的有效路径。人们可能会认为，一家银行推广它所服务的地区的特色，这种概念显得太过简单了。但是，最好的定位概念，往往都是太过简单的明显概念，以至于人们常忽略这种简单的概念。

【结语】 战地、高地、地图这三个方面的要素，能够充当认知战争的基础要素，不仅仅是因为战地，即人们的心智是营销这场认知战争所要占领的目标。尤为重要的是，战地、高地、地图这三个方面的要素，是营销战争的核心要素，即战术和战略的根本依据。进一步来说，就是要根据人们的心智空间——战地，以及心智的认知状况——高地和地图，确定己方品牌所要采取的战术形式，以及在所选定的战术形式框架范围内寻找到有效的战术视角，然后再把战术开发、转化、提升为品牌的竞争战略，以战术为核心所展开的营销和运营活动。因此，战地、高地、地图这三个方面的要素，必然成为认知战争的基础要素。

2.2　核心要素

【释义】 在认知的战争中，战术与战略居于核心地位。实际上，所有的认知战争要素，都不能脱离战术和战略而单独发挥作用；或者说，所有的认知战争要素，都是为了使战术和战略发挥作用。或者说，所有的认知战争要素，都通过战术和战略发挥作用。因此，战术和战略是营销战争的核心要素。那么，战术与战略，存在着什么样的关系？又发挥着什么样的作用？所谓战术，就是某种具有竞争优势的战略性思想，战术强调针对竞争对手的针对性。所谓战略，就是使这种“具有竞争优势的战略性思想”变为实现的战略行动。战略强调活动与战略思想

（即战术，定位视角）的一致性。如果缺少了战术和战略这两个因素，那么任何营销活动都会变得“无的放矢”，任何营销活动的效果都会缺乏可靠性。因此，战术和战略构成了营销战争的核心要素。战术与战略的关系是：先有战术，后有战略。战术（思想）决定着战略（行动），即战略（行动）要与战术（思想）保持一致；战略（行动）驱动着战术，即在战略（行动）的作用下，促使战术（思想）产生战果。由此可见，战术与战略，就像一枚硬币的两个面，缺少了哪个方面都不会产生作用。或者说，战术与战略这两个营销要素，本来就是一个不可分割的统一体。对于战术和战略而言，必须清楚地认识到一个前提性的问题，即战术和战略的针对性问题。战术和战略所针对的敌人是谁？或者说，战术这种竞争视角以及战略这种行动，必然要有一个明确攻击对象或者进攻方向，并以这个攻击对象作为选择战术策略的依据和基础，从而产生明确的战略行动进攻方向。因此，敌人及其所占据的顾客心智地位，成为战术和战略的前提性要素。

敌人

——明确导向性的营销攻击对象

【观点】 在营销战争过程中，首要且又重要的问题是，搞清楚谁是自己的敌人，即所要攻击的竞争对象。如果营销是一场战争，那么竞争者就是敌人。谁是自己的敌人？在一个既定的竞争格局里面，领先者需要面对两个敌人，第一个敌人是领先者自身，因为领先者必须不断地向自己发起挑战，以此保持自己的领先地位。对于领先者来说，这是一种积极主动的防御战术；领先者的第二个敌人是挑战者，领先者必须及时对挑战者的攻击作出有效反应，以避免挑战者对自己的阵地构成实质性的威胁。对于领先者来说，这是一种消极被动的防御战术。这就是说，领先者应该打一场防御战。在一个既定的竞争格局里面，挑战者往往仅有唯一的一个敌人，这个敌人往往就是领先者。或者说，挑战者应该针对领先者发起营销攻势。挑战者对领先者发起营销攻击的基本原则是：根据自己相对于领先者的位置或者地位，选择适合自身力量和条件的战术方式。这意味着：营销战争需要首先确定谁是敌人，然后才能结合自己所处的竞争地位，针对敌人采取恰当的竞争方式，否则，所谓的战术或者策略，就会变成无的放矢的盲目行动，注定难以取得良好的战果。

【诠释】 📖《投笔肤谈·战形》：故知兵之士，审其虚实，察其向背，以我量敌，以敌量我。敌得胜之形，我虽无败之形，难保其不败也。敌有败之形，我虽无胜之形，可冀其能胜也。况胜在敌而败在我，败在敌而胜在我哉！吾两持度之，胜负可知矣。[1]。㊣ 无论军事战争，还是营销战争，知兵之士，先要知敌，知敌强弱，知敌虚实。这意味着：不但要知道谁是敌人，还要知道敌人的强弱与虚实。在营销战争中，首先要掌握竞争品牌的强弱与虚实，特别是在人们心智里的强弱与虚实。以我量敌，以敌量我，则可知敌我强弱与虚实。以己之实，击敌之虚，则可胜在我而可败在敌。因此，营销之战，首要在于知敌，然后才可为胜败之策。

注解：

〔1〕［原注］言彼我之间，敌得胜形，则我无败形者，亦难求胜。敌有败形，则我无胜形者，亦未必败，又何疑于胜败之形相悬者哉？故度之而即知也。

【案例】 20 世纪 50 年代末期，哈雷－戴维森公司（Harley-Davidson）在美国摩托车市场上处于绝对控制地位。在成立 50 年之后，哈雷一戴维森公司击败了美国所有竞争对手。1953 年最后一个竞争对手倒闭，在美国市场上所占市场份额达到了 70%。对大多数骑摩托车的人来说，“哈雷”（Harley）这个品牌几乎就是美国的象征。就是面对这样一个强大的敌人，日本本田公司（Honda）打赢了美国市场上的“摩托车战役”。日本本田公司赢得胜利的关键，就是瞄准了“哈雷”这个敌人的空虚和薄弱之处，然后对“哈雷”发起了猛烈的攻击行动。

1959年，日本本田公司决定进入美国摩托车市场。在观察家们看来，直接挑战“哈雷”似乎是以卵击石，或者说等于是商业自杀。其原因就是：尽管本田摩托车的质量更好，但是对于“哈雷”的传统顾客来说，不可能在主干道上骑小型的“本田”摩托车。因此，本田公司决定从侧翼打击“哈雷”摩托车，以避开“哈雷”的传统强项——美国当时骑摩托车的忠实顾客群体。

日本本田公司发现，多年来，美国的摩托车市场没有什么大的增长。第一个原因是，一辆高性能的“哈雷”摩托车，其价格会比一辆小汽车的价格还高；第二个原因是，公众对于骑摩托车的人印象不好。当时，大部分美国公众从未开过摩托车，把摩托车驾驶者视为堕落者，简直就是马龙·白兰度（Marlon Brando）的著名电影《飞车党》（The Wild One）中走出来的人物。大部分“哈雷”摩托车专卖店坐落在城镇的破落地区，专卖店的外表“败坏”了品牌形象，这进一步加深了“坏小子”的印象。由于“哈雷”顾客酷爱“坏小子”形象，这成为“哈雷”摩托车独霸市场的关键因素，同时阻碍了摩托车市场的进一步发展。但是，如果要直接进攻“哈雷”的传统市场，那么“本田”根本不可能获得成功。当时，大学生想要一种不同于父辈驾驶的小汽车，但是却又买不起自己的汽车。于是，日本本田公司决定集中力量，进入这个被“哈雷”忽略的市场群体，针对“哈雷”的空虚之处发动一场侧翼攻击，即制造轻型、低价摩托车。

日本这个国家是一个过度拥挤的地方，道路交通拥挤繁忙，普通人都骑摩托车上下班或者上学，这是一种方便、经济的交通方式。日本本田公司认为，摩托车的这种用途，在美国市场也一样适用。然而，日本本田公司第一年只卖出了167辆摩托车，哈雷－戴维森公司嘲笑“本田”的产品和方式，认为“本田”不适合美国大众的需要。此前，在 1925 年和 1949 年，哈雷－戴维森公司两次推出了低排气量的摩托车，结果都以失败告终了。因此，哈雷－戴维森公司相信自己会屹立不倒，而“本田”摩托车必定失败。但是，哈雷－戴维森公司先前失败原因是新摩托车的定价并不比其传统产品低多少，公众认为其性价比不高，因此拒绝了这些新产品。然而，本田公司却将摩托车定位为便宜、节能、省钱的交通工具，对于解决校园里的停车问题来说非常理想。这样，日本本田公司就远离了先前摩托车带来的负面形象。“本田”摩托车的广告画面是可爱、清爽又讨人喜欢的年轻人骑着摩托车。广告语是：“奔向幸福，奔向本田”、“骑本田，遇见最可爱的人”和“本田时代，不是假期”。

日本本田公司瞄准传统之外的摩托车使用者，即 16 至 26 岁的年轻人，他们或许从未考虑过购买摩托车，或者由于价格高昂而放弃了购买摩托车的想法。日本本田公司在这一领域出人意料地成功，几乎三分之一的第一次购买者在 20 岁以下。本田产品的颜色和款式十分丰富，比“哈雷”摩托车的颜色和款式多。日本本田公司算准了“哈雷”无法有效地与自己的产品和方式进行竞争，因为当以“哈雷”这个品牌进入新市场时，在现有市场的强项，即“坏小子”形象就成为劣势。哈雷－戴维森公司发现自己无法反击，但是又沾沾自喜，这是因为摩托车的销量总体上升，“哈雷”摩托车自身的销售量并没有太大损失。

但是，一旦确立了质量比“哈雷”更好的名声，“本田”就开始继续乘胜追击，进入下一个细分市场领域。日本本田公司开始推出大型号的摩托车，向“哈雷”摩托车的阵地渗透，蚕食“哈雷”这个品牌的领先地位。如果“本田”的客户想要更换大马力摩托车，那么可以折价换取“本田”的新产品。这一策略取得了惊人的效果，1964 年，日本本田公司卖出 27 万辆摩托车。1965 年，“本田”摩托车的市场份额达到了 70%。同时，“本田”摩托车带动了整个市场需求持续扩大。1960 年，美国共有 40 万辆注册的摩托车；1964 年，这一数字达到了 96

万辆；1966年，这一数字上升到140万辆；1971年，这一数字变为400万辆。虽然一部分增长来自哈雷－戴维森公司，但是由于其产量快速扩张导致质量下降，“哈雷”摩托车整体市场份额反而一落千丈。

在持续扩大的摩托车市场上，“哈雷”摩托车的传统强势毫无用处。当“本田”的市场份额下降时，不是输给“哈雷”摩托车，而是其他的日本生产商。1977年，“哈雷”摩托车的市场份额由70%降至6%，主要是因为“本田”精心选择营销战术，令哈雷－戴维森公司的传统长处毫无用处。但是哈雷－戴维森公司没有进行反击，积极保卫自己的“大本营”，而是沦为自满、自信和自负的牺牲品，拒绝针对“本田”的行动进行反击。结果，哈雷－戴维森公司几乎破产。

战术

——寻找独特性的竞争思维视角

【观点】 卡尔·冯·克劳塞维茨（Care Von Clausewitz）：武器可以变化，但是，战争本身却以两个不变特征为基础——即战术和战略。这就是说，无论使用什么武器作战，战术和战略的根本性质或本质特征不会因为武器的变化而改变。在军事战争中，战术成为适应自身条件和特点的作战方式选择。战术的意义在于：根据敌我双方的力量对比，以及敌我双方的对抗态势，选择一种适合自身条件的对抗策略，即进攻或者防御方式。战术的作用在于：在限制条件的之内，产生一种“最大程度”的战术效果。所有战争的最终胜利，无不源自战术效果及其累积。在营销的战争中，战术具有引导竞争方向的作用。所谓战术，就是根据己方品牌所具备的条件，及其所占据的顾客心智地位，以及竞争品牌所具备的条件，及其所占据的顾客心智地位，寻找或者发现一个能够占领人们心智的视角，从而沿着这个视角展开营销行动，便能够在人们心智中占据一个有利的竞争地位，拥有一个独特的价值概念。概括起来说，所谓战术，即寻找独特性的竞争思维视角。独特性的竞争思维视角所发挥的关键作用在于针对竞争者的条件及其在人们心智中的位置，确定自己占据人们心智的有效行动路径。值得注意的是，战术仅仅是一个思维视角，而不是竞争行动本身。这意味着，战术仅仅是一种独特的竞争思路，要想让战术产生营销效果，必须把竞争思路转化为营销行动。

【诠释】 ⌖ 📖《孙子兵法 · 谋攻》：知可以战与不可以战者胜[1]。📖《孙子兵法 · 地形》：知吾卒之可以击，而不知敌之不可击，胜之半也[2]；知敌之可击，而不知吾卒之不可以击，胜之半也[3]；知敌之可击，知吾卒之可以击，而不知地形之不可以战，胜之半也[4]。故知兵者，动而不迷，举而不穷[5]。㊣ 无论军事战争，还是营销战争，根本道理并无二致，均当知可以战与不可战，均当知可以击与不可击。这取决于敌我两个方面情况的权衡与对比，既要知敌，又要知己。所谓战术，就是一种克敌制胜的有效方法，即可以战或可以击的方法。这种方法的有效性，必须同时满足敌我双方两个方面的条件。在敌对的一方存在着某种薄弱之处，在自己一方则具备攻击敌人这种薄弱环节的必要条件。否则，即便敌人拥有某种薄弱环节，或者我方具备某种客观条件，都难以为我方所利用与运用，都难以构成有效的攻击战术。进一步来说，营销战争战术的有效性，应该考量三个方面的因素，即敌我双方所处的竞争地位、敌对一方呈现的空虚之处，和自己一方拥有的客观条件。这三个方面恰到好处地契合在一起，即符合“可以战与可以击”的条件，才能构成一个有效的战术视角。这就是“知己知彼，百战不殆”的全部含义。战术是什么？战术就是“可以战与可以击”的有效方法。

注解：

〔1〕孟氏：能料知敌情，审其虚实者胜也。梅尧臣：知可不可之

宜。王皙：可则进，否则止，保胜之道也。何氏：审己与敌。张预：可战则进攻，不可战则退守。能审攻守之宜，则无不胜。

〔2〕梅尧臣：知己而不知彼，或有勝耳。

〔3〕梅尧臣：知彼而不知悬己，或有勝耳。王皙：知己不知彼，知彼不知己，皆未可以决勝也。

〔4〕杜牧：地形者，险易远近出入迂直也。梅尧臣：知彼知己，而不知地形，亦或不胜。王皙：虽知彼己可以战，然不可亏地利也。张预：既知己而又知彼，但不得地形之助，亦不可全胜。

〔5〕杜牧：未动未举，胜负已定，故动则不迷，举则不穷也。一云："动而不困，举而不顿。"陈皞：穷者，困也，我若量地形之得失，则进而不迷，战而不困者也。梅尧臣：无所不知，则动不迷阁，举不困穷也。王皙：善计者不迷，善军者不穷。张预：不妄勋，故动则不误，不轻举，故举则不困。识彼我之虚实，得地形之便利，而后战也。

【案例】 在美国，连锁超级市场行业竞争十分激烈，必须要找到一种有效的价值概念，使自己与竞争对手区别开来。反之，在激烈的竞争中，则很难生存下去。Stop&Shop 公司是美国东北部一家很大的连锁超级市场，就面临这样的巨大压力。在 Stop&Shop 所在的市场上，有一家竞争对手的商品价格更低，还有一个竞争对手的商品质量更好、更有档次，而且价格相当合理。这样，Stop&Shop 就面临着一种困境，处在两面夹击的尴尬状态。

Stop&Shop 拥有一个突出的经营特色，那就是实实在在的价格。不管从供货商那里争取到多大的价格空间，Stop&Shop 也只收取一个固定比例的合理毛利。反之，不管采购到了多么难得的商品，Stop&Shop 也不会加价，还是坚持那个固定的比例。实在的价格、透明的价格，这便是 Stop&Shop 的独特之处。从这个角度出发，可以有效地将 Stop&Shop 与竞争对手在人们的心智中区分开来。这便是 Stop&Shop 应该采取的竞争视角——战术视角。

Stop&Shop 陷入困境的原因很明显，关键之处就在于，没有把自己的经营特色转化成为强而有力的战略定位。战略定位咨询人员建议，Stop&Shop 可以把自己的这种经营特色，转变成为区别于竞争对手的定位，即 Stop&Shop 对于生意是非常实在和诚实的。那么，如何让顾客感知到这一切呢？答案是：价格透明化。这种“透明”可以区别于两个竞争对手。

有了“价格透明化”的定位之后，需要设立传播方案，以将这个概念植入消费者的心智中。许多内容是人们不知道的东西，人们不知道连锁超级市场（Supermarket chains）到底如何来进行运作。但是，Stop&Shop 可以告诉人们，Stop&Shop 如何为顾客寻找到好的东西，又怎样定一个实实在在的价钱。Stop&Shop 所有的传播活动，都讲述这样一个故事：“我们的差异并不体现在货架上面，而是体现在货架后面”。于是，Stop&Shop 开始把发生在货架后面的故事告诉顾客。Stop&Shop 需要做些什么，才能够保证顾客得到最好的产品，而且支付非常实在的价格。Stop&Shop 告诉顾客，如何让鱼变得新鲜，并保持所有产品的质量，而其成本是多少，毛利是多少等等。

结果非常成功。Stop&Shop 的首席执行官罗伯特·托宾（Robert G. Tobin）说道：“我们现在获得了提升和利润”。实际上，“价格透明化”的定位，挽救了 Stop&Shop 公司。一个简单的差异化定位，使得 Stop&Shop 在市场上提升了品牌地位。此外，Stop&Shop 公司在出售的时候，获得了非常高而且非常透明的高价格。当一个欧洲集团要购买 Stop&Shop 公司的时候，付出了 29 亿美元的高价格。

战略

——形成一致性的运营活动方向

【观点】 在《韦氏新世界词典》（Webster's New World Dictionary）中，“战略”一词的概念是：规划、指挥大型军事行动的科学。在和敌人正式交锋前，调动军队进入最具优势的位置。20 世纪伟大的战略思想家李德·哈特（Basil H. Liddel Hart）在其代表著作《战略论：间接路线》（STRATEGY：The Indirect Approach）中，对战略作出了简明扼要的定义：战略是分配和使用军事工具以达到政策目标的艺术。由此可见，战略作为战争指挥艺术的一个部分，是一种战争资源的配置方式和配置活动，以求在与敌人正式交锋时取得有利的战斗（战术）效果，打退敌人的进攻，或者占据一个领地。如果缺少一种有效的、战略性的部署，凭借战术本身很难获取战争的全面和长久胜利。因此，在军事战争中，战略构成了战争内容不可或缺的一项关键要素。在营销战争中，战略就是把选定的竞争战术，即独特性的竞争思维视角，转化成为一致性的营销行动。这意味着：营销的资源必须沿着战术的视角加以配置，营销的行动必须沿着战术的思维进行展开。如果缺少与战术视角相一致的资源配置方向，缺少与战术思维相协调的资源配置活动，无论战术多么具有竞争优势，定位思维视角都很难发挥出竞争性的优势。因此，在营销战争中，必须围绕着战术开展营销或者运营活动，形成一致性的市场营销方向，甚至形成一致性的运营活动方向，从而把战术发展为战略，把战术优势转化为战略优势，使战术发挥出最大的营销竞争优势。因此，所谓战略，就是与战术视角保持一致的营销活动。这就是说，战略本身，就是各种营销活动和运营活动，但是，这些活动必须具有一致的方向性。这个一致的方向是什么？就是战术，即独特性的竞争思维视角，所指向的那个进攻方向。

【诠释】 《孙子兵法·始计》：计利以听，乃为之势，以佐其外[1]。势者，因利而制权也[2]。《孙子兵法·兵势》：激水之疾，至于漂石者，势也[3]。鸷鸟之击至于毁折者，节也[4]。是故善战者，其势险[5]，其节短[6]。势如彍弩，节如发机[7]。㊣ 如果战术是“可以战与可以击”的有效方法，那么战略就是运用这种战术展开的营销攻势。战术的作用在于产生竞争优势，可以在人们心智里拥有一个独特的价值概念；战略的作用在于产生营销战果，把战术优势转变为营销行动，从而产生有效的营销结果。所谓“因利而制权”，根本含义就是：依据能够产生竞争优势的战术，采取与之相应的一致性营销行动。这就是所谓的“势”，即我们所说的战略。战略这种“势”，其关键作用在于能够产生一种攻击力度。在营销战争中，就是攻占人们心智的攻击力度。因此，善于指挥营销战争的人，应该把战术上的竞争优势转化为战略上的营销攻势。

注解：

〔1〕曹操：常法之外也。李筌：计利既定，乃乘形势之变也，佐其外者，常法之外也。杜牧：计算利害，是军事根本。利害已见听用，然后于常法之外，更求兵势，以助佐其事也。贾林：计其利，听其谋，得敌之情，我乃设奇谲之势以动之。外者，或傍攻，或后蹑，以佐正陈。梅尧臣：定计于内，焉势于外，以助成胜。王皙：吾计之利已听，复当知应变，以佐其外。张预：孙子又谓：吾所计之利若已听从，则我当复为兵势，以佐助其事于外。盖兵之常法，即可明言于人；兵之利势，须因敌而为。

〔2〕曹操：兵无常形，以诡诈为道。李筌：军不厌诈。梅尧臣：非谲不可以行权，非权不可以制敌。王皙：诡者，所以求胜敌，御众必以信也。张预：用兵虽本于仁义，然其取胜必在诡诈，皆用诡道而制胜也。

〔3〕孟氏：势峻，则巨石虽重，不能止。杜佑：言水性柔弱，石性刚重，至于漂转大石，投之洿下，皆由急疾之流，激得其势。张预：水性柔弱，险径要路，激之疾流，则其势可以转巨石也。

〔4〕杜牧：势者，自高往下，得险疾之势，故能漂石也。节者，节量远近则搏之，故能毁折物也。杜佑：发起讨敌，如鹰鹯之攫撮也，必能挫折禽兽者，皆由伺候之明，邀得屈折之节也。王子曰：“鹰隼一

击，百鸟无以争其势；猛虎一奋，万兽无以争其威。”梅尧臣：水虽柔，势迅则漂石；鸷虽微，节劲则折物。何氏：水能动石，高下之势也，鸷能搏物，能节其远近也。张预：鹰鹯之擒鸟雀，必节量远近，伺候审而后击，故能折物。

〔5〕曹操：险，犹疾也。杜牧：险者，言战争之势，发则杀人，故下文喻如彍弩。王皙：险者，折以致其疾也，如水得险隘而成势。

〔6〕曹操：短，近也。杜牧：言以近节也。如鸷鸟之发，近则搏之，力全志专，则必获也。梅尧臣：险则迅，短则劲，故战之势，当险疾而短近也。王皙：鸷之能搏者，发必中，来势远，而所搏之节至短也。兵之乘机，当如是耳。

〔7〕曹操：在度不远，发则中也。李筌：弩不疾，则不远；矢不近，则不中。势尚疾，节务速。杜牧：彍，张也。如弩已张，发则杀人，故上文云“其势险”。机者，固须以近节量之，然后必能中，故上文云“其节短”。短，乃近也。梅尧臣：如弩之张，势不逡巡，如机之发，节近易中也。王皙：战势如弩之张者，所以有待也，待其有可乘之势，如发其机。何氏：险，疾也；短，近也。此言击战得形，便如张弩发机，势宜疾速，仍利于便近，不得追击过差也。张预：如弩之张，势不可缓；如机之发，节不可远。言趋利尚疾，奋击贵近也。故太公曰：“击如发机者，所以破精微也。”

【案例】 泽西联合银行（United Jersey Bank），在美国纽泽西州是排名第三的银行。纽泽西州排在第一位、第二位的银行，分别是首诚银行（First Fidelity Bank）、中大西洋（Midlantic Bank）。尤为糟糕的是，在纽泽西州北端的地盘，受到花旗银行（Citibank）、大通银行（Chase Bank）、华友银行（Chemical Bank）、汉诺威银行（Hanover Bank），以及纽约其他大银行的夹击，在纽泽西州南端的地盘，笼罩在费城大银行的阴影之下，例如：梅隆银行（Mellon Bank）、宾州第一银行（First Pennsylania Bank）。

泽西联合银行应该如何为自己的品牌定位，以求在区域地盘取得主动？针对那些大竞争对手，泽西联合银行找到了一个定位策略——“办事快速的银行”。办事快速的银行，就是泽西联合银行找到的竞争视角（战术）。但是，仅有一个战术视角，即办事快速的银行，还远远不能发挥竞争作用，必须把战术提升并转化为战略，沿着战术时间展开一致性行动，才能让战术产生竞争效果。这个战略有两个重点：第一个战略重点是针对大银行与生俱来的弱点，即反应缓慢，开展一致性的对外传播活动；第二个战略重点是围绕着“办事快速的银行”，展开一致性的内部运营活动。对于具体的内部运作，泽西联合银行主要抓住七项重要内容。

（1）审批权力下移。银行将决定权一直交到当地层次，在整个纽泽西州的十个商业银行中心，当地主管可以迅速地批准商业贷款。

（2）交叉训练员工。训练银行人员，使之了解全部银行服务项目而不只是本位工作，遇到顾客询助，人人可即时给予答复。

（3）推广电子服务。银行利用自己全州最大的民营自动取款机网络，号召顾客与银行的电脑直接连线，咨询收支平衡与其他日常问题。

（4）加速信箱服务。将银行专用信箱填满顾客账目单，增加客户当天收取支票频率，以及收取对账单的次数。

（5）增强终端功能。客户可以通过装置就绪的终端机，快速得到不用现金的转账批准，提高顾客业务处理效率。

（6）提升反应速度。不论第一家处理新产品，还是处理与竞争者并驾齐驱的业务，银行对顾客的融资需求都要尽心尽力，有所反应。

（7）迁移总部地址。将银行总部迁设于普林斯顿（Princeton），使自己位于该州地理中心，让任何工商顾客不到一小时就能驾车抵达。

在电视广告上，泽西联银行将那些大对手称之为“昏睡银行”，描述大银行批准商业贷款总是慢吞吞地需要等待，其行动像是银幕上的慢镜头。在印刷广告上，同样突出“办事快速”的定位。“快速能赚钱”

和“银行不应当让人久等”，成为经典的广告标题。泽西联银行的部门主管，则得到一个印有“时间就是金钱”的铭牌，被要求放在桌上，提醒不要让顾客在桌旁苦等。

“办事快速”的定位大获成功。在开始执行定位计划一年之后，泽西联合银行宣布，营业收入增加了26%。尤为重要的是，银行员工态度发生了转变，员工的行动很快就渗透了快速的精神，努力比大城市的竞争对手做得更快，大大地提高了贷款审批和解决投诉的速度。一位主管在报告中写道：“太棒了，我们的人员都在奋力以赴，我已看到了巨大的改变，批准更快，没有一个人坐以待事……”办事快速的银行，成了泽西联合银行的旗帜，指引着企业不断地成为赢家。身处多变的竞争环境，仅谈论变革的必要性毫无意义。问题的关键在于，企业家必须找到变革的方向（战术），然后沿着这个方向牵引整个企业变革（战略）。

【结语】 所谓战术，就是根据人们心智中的状况，寻找一个可以占领人们心智的视角。寻找这种视角所依据的基础，就是人们心智中对各竞争品牌的认知情况和程度。战术的作用十分关键与重要，但是，仅凭战术本身——竞争的思维视角，并不能发挥营销作用，并不能占领人们的心智。这是因为，战术仅仅是一种竞争的视角或者思维，任何竞争的视角或者思维，不管多么具有独特性，多么具有竞争性，如果不能转化为营销行动，那么都会变得毫无实际价值，都会变得毫无实际上的营销意义。因此，战术必须转化为营销行动，才能产生战术结果和效果。但是，这种由战术转化而来的行动，不但要与战术这种竞争思维视角保持一致，而且营销行动之间也要保持相互一致，这样的营销行动，才能产生行动力量。战术这种竞争视角，才能产生应有的竞争效果。这种一致性的营销行动，就构成了认知战争的战略。因此，战术与战略，就成为了认知战争的关键要素。

2.3　关键要素

【释义】在认知的战争中，战术源自于战地，战略源自于战术。但是，寻找到有效的战术，识别出某种定位视角（战术）的竞争价值和意义，并将战术开发、转化、提升为营销战略（行动），则需要营销战争指挥官（将领）的战略眼光和组织能力。如果营销战争指挥官（将领）不具备这样一种素质或素养，那么营销战争的基础要素就仅仅是摆在那里的“死东西”，营销战争的核心要素更不可能产生和形成。在寻找到有效的战术之后，如何将战术开发、转化、提升为营销战略（行动）？首先要有足够的资金（兵力）——定位理论的资源法则，然后借助资金购买营销作战武器——营销传播工具（武器），或者借助资金构建运营作战体系——企业运营活动（武器），以此形成攻占人们心智的营销攻势。在这个过程中，兵力和武器成为关键的内容和要素。缺少了兵力和武器这两种关键要素，战略就会变成一种空洞的构想，无法将战术开发、转化、提升为营销战略。

将领

——战术及其战略的发现者和构建者

【观点】在军事战争中，将领在两个方面发挥重要的作用，即决策与指挥。然而，这不意味着军事指挥官可以完全按照自己的主观意志，自由地使用决策和指挥的权力，因为这样很可能导致战斗难以取得预期效果，甚至直接导致战争的失败。如果发生了这两种情况，那么接下来所面临的局面将更加复杂和困难。这就是说，军事指挥官不可以随意作出决策，然后指挥己方的军队投入与敌方的战斗。军事指挥官作出决策的前提，是对敌我双方情况的充分了解和掌握，这包括敌我双方所处的位置、所拥有的兵力、所配备的武器，甚至敌我双方军事指挥官的情况，并力求从中呈现出敌我双方的虚实与强弱状态。所谓轻敌，就是一味地轻视敌人或者蔑视敌人，而不顾敌我双方的虚实与强弱状态，从而过高地估计了己方的相对力量，同时过低地估计了地方的相对力量，导致战斗或者战役的失利与失败。在充分了解和掌握敌我双方状况的基础之上，军事指挥官从中寻找或者发现可以利用的机会，寻找敌方的虚弱之处，作为己方行动的攻击点。由此可见，充分了解和掌握敌我双方状况，构成了军事指挥官决策的前提，缺少了这个前提，就难以发现敌方的虚弱之处，确定有效的攻击策略。这个决策的过程，必须自下而上地发生，反之，必然导致无效的策略（战术）。计划，往往是决策结果的具体体现，一旦军事指挥官作出了决策，必然附带产生执行决策的计划。计划的主要作用在于沟通与协调投入战斗的各种要素，使其协调一致地沿着攻击的方向展开行动，整齐统一地对敌方的攻击点发起有力的进攻，以取得“最大程度”的战斗结果或者效果。在计划之后，便是组织进攻与防御的行动。在组织进攻与防御的过程中，军事指挥官将起到指挥的职能作用。所谓指挥，就是依照计划将兵力部署到合适的进攻与防御方向上，抑或适当的进攻与防御位置上，然后运用预先配备的作战武器，对战场上的敌人进行攻击或者防御。在这个过程中，军事指挥官需要根据攻击或者防御的动态情况，对预先制定作战计划作出实时的调整，以使攻击或者防御行动适应新出现的敌我双方情况。这个指挥的过程，必须自上而下地发生，反之，必然导致行动的混乱，难以形成攻防力量，即使找到了比较高明的策略（战术），亦无法达到预计的攻防效果。在营销的战争中，营销战争指挥官所做的事情，从本质上看与军事指挥官没什么两样。不同之处在于，战场存在于人们的头脑里，战斗发生在人们的心智中，所运用的兵力是货币资金，所使用的武器是传播工具。相同之处在于，无论军事战争指挥官，还是营销战争指挥官，首先都需要根据敌我双方的虚实与强弱，寻找或者发现有效的攻击路径或者防御地点，即策略或战术。然后，把策略或战术转化成为行动或战略，以实现预计的攻击或者防御效果。在管理理论上，如此的过程被总结为六个方面的环节，即决策、计划、组织、指挥、协调和控制。概括起来说，无论军事战争指挥官，还是营销战争指挥官，所发挥的职能作用就是决策和指挥，缺少了指挥官这个环节或者要素，就谈不上战术和战略的结果或者效果。对于营销战争而言，营销指挥官的作用，关键在于寻找或者发现有效的战术（自下而上），然后把战术转化或者提升为战略（自上而下），即一致性的营销进攻或者防御行动，否则，一切营销活动都无从谈起，一切营销活动都缺少力量。

【诠释】《孙子兵法·始计》：将者，智、信、仁、勇、严也[1]。《孙子兵法·谋攻》：夫将者，国之辅也，辅周则国必强[2]，辅隙则国必弱[3]。故君之所以患于军者三：不知军之不可以进而谓之进，不知军之不可以退而谓之退，是谓縻军[4]。不知三军之事，而同三军之政，则军士惑矣[5]；不知三军之权，而同三军之任，则军士疑矣[6]。三军既惑且疑，则诸侯之难至矣。是谓乱军引胜[7]。《孙子兵法·作战》：知兵之将，民之司命，国家安危之主也[8]。㊣ 在营销战争中，营销指挥官与军事指挥官的作用一样重要。从某种意义上看，营销指挥官决定着营销战争的胜负。这是因为，营销战争的战果首先取决于战术的水平，其次则取决于战略的水平。所谓战术水平，关键在于能否识别出某种战术的竞争价值和意义。所谓战略水平，关键在于能否将某种战术提升、转化为有效的营销行动。在这两个环节和过程中，起决定作用的不是战术和战略本身，而是起到决策和决定作用的营销指挥官。如果营销指挥官不能识别出具有竞争优势的战术，或者不能有效组织资源把战术转化为战略，那么战术和资源都将无法发挥应有的营销作用。定位理论认为，企业首席执行官最应该掌握定位的理论和方法，否则，无论多么具有优势的战术，无论拥有多么丰富的资源，都难以在营销战争中发挥作用。

注解：

〔1〕曹操：将宜五德备也。杜牧：先王之道，以疚仁为首，兵家者流，用智焉先。盖智者，能机权、识变通也；信者，使人不惑于刑赏也；仁者，爱人悯物，知勤劳也；勇者，决胜乘势，不逡巡也；严者，以威刑肃三军也。夫战，智为始，仁次之，勇次之。不智，则不能知民之极，无以诠度天下之众寡；不仁，则不能舆三军共饥劳之殃；不勇，则不能断疑以发大计也。贾林：专任智则贼，偏施仁则懦，固守信则愚，恃勇力则暴，令过严则残。五者兼备，各适其用，则可为将帅。梅尧臣：智能发谋，信能赏罚，仁能附众，勇能果断，严能立威。王皙：智者，先见而不惑，能谋虑，通权变也；信者，号令一也；仁者，惠抚恻隐，得人心也；勇者，徇义不惧，能果毅也；严者，以威严肃众心也。五者相须，阙一不可。故曹公曰："将宜五德备也。"何氏：非智不可以料敌应机，非信不可以训人率下，非仁不可以附众抚士，非勇不可以决谋合战，非严不可以服强齐众。全此五才，将之体也。张预：智不可乱，信不可欺，仁不可暴，勇不可惧，严不可犯。五德皆备，然后可以为大将。

〔2〕曹操：将周密，谋不泄也。李筌：辅，犹助也。将才足，则兵必强。杜牧：才周也。贾林：国之强弱，必在于将。将辅于君而才周，其国则强。不辅于君，内怀其贰，则弱。则人授任，不可不慎。何氏：周，谓才智具也。得才智周备之将，国乃安强也。

〔3〕曹操：形见于外也。李筌：隙，缺也。将才不备，兵必弱。杜牧：才不周也。梅尧臣：得贤则周备，失士则隙缺。王皙：周，谓将贤则忠才兼备；隙，谓有所缺也。何氏：言其才不可不周，用事不可不周知也。故将在军，必先知五事、六行、五权之用，与夫九变、四机之说，然后可以内御士众，外料战形；苟昧于兹，虽一日不可居三军之上矣。张预：将谋周密，则敌不能窥，故其国强；微缺，则乘衅而入，故其团弱。太公曰："得士者昌，失士者亡"。

〔4〕李筌：縻，绊也。不知进退者，军必败，如绊骥足，无驰骋

也。犹驾御縻绊，使不自由包。君，国君也。患于军者，为军之患害也。夫授钺凶门，推毂，阃外之事，将军裁之。贾林：军之进退，将可临时制变，君命内御，患莫大焉。故太公曰："国不可以从外治，军不可从中御"。杜佑：縻，御也，靡为反。君不知军之形势，而欲从中御也。故太公曰："国不可以从外治，军不可从中御"梅尧臣：君不知进退之宜，而专进退，是靡系其军，六韬所谓"军不可以从中御"。王皙：縻，系也。去此患，则当托以不御之权，故必忠才兼备之臣为之将也。张预：军未可以进，而必使之进。军未可以退，而必使之退，是谓靡绊其军也。故曰：进退由内御，则功难成。

〔5〕曹操："军容不入国，国容不入军"，礼不可以治兵也。李筌：任将不以其人也。杜牧："盖谓礼度法令，自有军法从事，若使同于寻常治国之道，则军士生惑矣。杜佑："军容不入国，国容不入军"，礼不可以治兵也。夫治国尚礼义，兵贵于权诈，形势各异，教化不同，而君不知其变，军国一政，以用治民，则军士疑惑，不知所措。故兵经曰"在国以信，在军以诈"也。陈皞：言不知三军之事，违众沮议。梅尧臣：不知治军之务，而参其政，则众惑乱也。何氏：军、国异容，所治各殊。欲以治国之法以治军旅，则军旅惑乱。张预：仁义可以治国，而不可以治军，权变可以治军，而不可以治国，理然也。故当仁义而用权谲，则国必危；当变诈而尚礼义，则兵必败。然则治国之道，固不可以治军也。

〔6〕曹操：不得其人也。杜牧：谓将无权智，不能铨度军士，各任所长，而雷同使之，不尽其材，则三军生疑矣。黄石公曰：善任人者，使智、使勇、使贪、使愚，智者乐立其功，勇者好行其智，贪者邀趋其利，愚者不顾其死。陈皞：将在军，权不专制，任不自出，三军之士自然疑也。杜佑：不得其人也。君之任将，当精择焉。将若不知权变，不可付以势位。苟授非其人，则举措失所，军覆败也。梅尧臣：不知权谋之道，而参其任用，则众疑贰也。王皙：政也，权也，使不知者同之，则动有违异，必相牵制也，是则军众疑惑矣。何氏：不知用兵权

谋之人，用之为将，则军不治而士疑。张预：军吏中有不知兵家权谋之人，而使同居将帅之任，则政令不一，而军疑矣。

〔7〕曹操：引，夺也。李筌：引，夺也。兵，权道也，不可谬而使处。杜牧：言我军疑惑，自致扰乱，如引敌人使胜我也。孟氏：三军之众，疑其所任，惑其所为，则邻国诸侯因其乖错，作难而至也。太公曰："疑志不可以应敌"。梅尧臣：君徒知制其将，不能用其人，而乃同其政、任，俾众疑惑，故诸侯之难作，是自乱其军，自去其胜。王皙：引诸侯胜己也。何氏：士疑惑而无畏则乱，故敌国得以乘我隙衅而至矣。张预：军士疑惑，未肯用命，则诸侯之兵乘隙而至，是自溃其军，自夺其胜也。

〔8〕曹操：将贤则国安也。李筌：将有杀伐之权，威欲却敌，人命所系，国家安危在于此矣。杜牧：民之性命，国之安危，皆由于将也。梅尧臣：此言任将之重。王皙：将贤，则民保其生，而国家安矣。否，则民被毒杀，而国家危矣。明君任属，可不精乎？何氏：民之性命，国之治乱，皆主于将，将之材难，古今所患也。张预：民之死生，国之安危，系乎将之贤否。

【案例】 1913年，在德国鲁尔（Ruhr）埃森（Essen）郊区，开设了一个家庭小食品店——"艾玛婶婶商店"（Aunt Emma Shop）。最初，"艾玛婶婶商店"经营面积只有35平方米。1948年，卡尔·阿尔布雷希（Karl Albrecht）和西奥·阿尔布雷希（Theo Albrecht）接手经营"艾玛婶婶商店"。此前，"艾玛婶婶商店"曾经宣传自己为"最便宜的食品来源"（Cheapest Food Source）。不久，卡尔·阿尔布雷希和西奥·阿尔布雷希开设了更大的商店。到了1950年，发展成为拥有13家店的一家小型连锁食品店。

卡尔·阿尔布雷希和西奥·阿尔布雷希，所选择经营策略就是减掉3%的法定售前最高折扣，坚决从货架上移走未能出售的商品，不做广告以削减费用，不是卖的新鲜产品，尽可能保持较小的单店营业面积。1960 年，卡尔·阿尔布雷希和西奥·阿尔布雷希将连锁商店分为南、北两大部分，分别由卡尔·阿尔布雷希和西奥·阿尔布雷希所有和经营。此时，商店已经拥有 300 家营业店，并且现金流量达到了 9000 万马克。1962 年，卡尔·阿尔布雷希和西奥·阿尔布雷希共同推出了“阿尔迪”（Aldi）这个品牌名称。阿尔迪这个品牌名称，源自“阿尔布莱希特折扣店”（ALbrecht Discount）的名称缩写组合。到了 1966 年，阿尔迪公司南、北两个连锁商店集团——Aldi Süd 和 Aldi Nord，完成了经济和法律上的分离与独立。

在 20 世纪 70 年代和 80 年代，阿尔迪公司开始进行国际扩张。在经历了德国统一之后，阿尔迪公司的店铺数量迅速增长。直到今天，阿尔迪公司仍在世界范围拓展业务，并且取得了巨大的成功。如今，阿尔迪公司两个连锁零售集团——Aldi Süd 和 Aldi Nord，在全球范围内涉足 18 个国家的零售业市场，拥有超过 8200 个独立的零售商店。在英国市场上，阿尔迪公司以一周开设一家商店的速度扩张。当初，德国埃森（Essen）的一个小杂货商店，发展成为全球最大的零售商之一，年营业额高达 370 亿美元。

阿尔迪公司 370 亿美元的销售收入规模，只是沃尔玛（Wal-Mart）2450 亿美元营业额的零头。但是，根据“M + M 星球零售”（M + M Planet Retail）位于布鲁塞尔（Bruxelles）的市场分析公司估计，在欧洲市场上，370 亿美元的销售收入，已经足以让阿尔迪公司的市场份额达到 3.5%。欧洲市场领头企业家乐福（Carrefour），其市场份额不过仅拥有 6.8%。相比之下，阿尔迪公司的市场份额达到 3.5%，已经算是十分难得。在德国，即使是强大无比的沃尔玛，在与阿尔迪公司的竞争中并没有占到太多的便宜。沃尔玛所面临的问题是：由于自身商店的面积要求太大，从而很难找到适当的空间加以扩展。而且，对于沃尔玛来说，在德国所碰到的最大障碍还在于，类似阿尔迪公司一样的大批折扣商店，已经牢牢占领了那些惯于精打细算的消费者的心智。

科隆毕马威公司（Cologne KPMG）零售分析师法兰克·皮尔特森（Frank Pietersen）认为，在沃尔玛进入德国之前，阿尔迪公司所做的事情与其并没有不同。这就是说，阿尔迪早已占领了消费者的心智。全球权威耐用消费品研究公司捷孚凯市场研究集团（GfK Group）在一次调研中发现，在最受德国人尊敬的企业品牌中，阿尔迪公司排名第三位，仅次于西门子（Siemens）和宝马（BMW），超过了奔驰（BENZ）。2002～2006 年，根据美国《财富》（FORTUNE）杂志的评估，卡尔·阿尔布雷希和西奥·阿尔布雷希连续被评为全球第三大财富拥有者，身价高达 230 亿美元，

【案例】 如果从全球规模的角度上看，阿尔迪公司可以称得上是全球最大的食品杂货店。从表面上看，阿尔迪公司实在不像是一个全球市场的零售店巨头。在阿尔迪公司的商店，集装箱式的货柜上堆满了纸板箱，纸板箱里面装着的是一罐罐的芦笋和沙丁鱼。付款处通常会排着十几个人的长队，商店里陈列着的产品种类少得可怜，手纸只有两个品牌可供选择，腌黄瓜则干脆只有一个品牌。但是，这些商品的价格，低廉得让人无法置信。三盒速冻比萨饼只要 3. 24 美元，一罐不错的鱼子酱只要 2. 36 美元，一件风雨衣只要 21 美元。该店常年销售的几种日常消费品价格，折算成人民币的价格低得惊人：1 公斤面粉 1. 8 元人民币，1 升盒装纯苹果汁 3. 5 元人民币，1 公升盒装牛奶 3 元人民币。

在许多人的眼中，德国似乎是奔驰汽车（BENZ）和豪华游艇的世界。事实上，德国所拥有的财力已经在不断地萎缩，平均月可支配的收入不足 375 美元的德国人，已经接近德国人口总数的 20%。在德国，就算那些喜欢花钱购买豪华汽车的资本家，对日常用品的开销也会像普通人一样斤斤计较。因此，不仅在蓝领工人聚居的区域，即便在法兰克福（Frankfurt）郊区，也会看到阿尔迪商店的影子。只是在后者的停车场上，停满了宝马（BMW）和奔驰（BENZ）而已。德国曾经流传一个笑

话：什么地方男人都去，但是从来不说？是红灯区（Red Light District）。什么地方女人都去，但是从来不说？是阿尔迪商店。

2002年，德国市场研究机构Forsa的调查显示，在德国，95%的蓝领工人，88%的白领工作者，84% 公务人员，80%的自雇佣者，都在阿尔迪商店购买生活用品。2003年，根据捷孚凯市场研究集团的研究显示，有89%的德国家庭，至少光顾过一次阿尔迪。马修·科佛（Matihias Kover）是居住在科隆（Cologne）的阿尔迪商店推崇者，专门为阿尔迪商店推崇者开设了一个网站，并亲自担任网站的维护者。按照马修·科佛的观点，阿尔迪商店现在已经成为了一个受到人们狂热崇拜的宗教式品牌。

市场上流传着一本食谱，专门介绍如何使用阿尔迪原料制作美食，其销售数量超过了100万本。市场上还流行着一本美食家手册，专门讲解如何品尝阿尔迪出售的只卖几美元一瓶的红酒。同样，类似的产品线捕获了美国消费者的心智。例如，在美国乔治亚州，斯密纳德阿尔迪（Smith Leonard Aldi）阿尔迪商店，退休教师赛尔维亚·兰德尔（Silvia Randall）手里拿着一包La Missa热巧克力粉说道："这个不是我经常选购的品牌，但是，这看上去质量不错，雀巢（Nestlé）好像还没有这样的东西"。在国内和国际两个市场上，利得（Lidl）成为阿尔迪公司唯一的直接竞争对手。

阿尔迪公司成为欧洲最大的"超低价折扣"连锁商店。所谓"超低价折扣"连锁商店，就是指商店内所出售的产品的价格通常会比传统意义上的折扣商店还要低。根据AC尼尔森公司（Acnielsen）的统计研究，在过去的10年中，在杂货食品市场上，"超低价折扣"连锁商店，所占的市场份额已经翻了一番，市场份额达到了9.5%。M+M星球零售公司分析师沃尔科尔·克奇（Volker Koch）则认为，超低价折扣商店不断地涌现，最终会给整个零售市场带来翻天覆地的变化。事实上，阿尔迪公司所采取的竞争策略十分简单，但对竞争对手而言，却形成了难以抵御的摧毁力。

阿尔迪公司可称为欧洲的沃尔玛。在欧洲市场上，阿尔迪公司的影响力非常巨大，而且其发展势头锐不可挡。从1998年开始，阿尔迪公司的销售增长率一直保持在8%左右。对于德国的整个国家经济，阿尔迪“超低价折扣”零售连锁商店甚至开始具备了沃尔玛一样的影响力。2004年3月8日，德国零售协会（HDE）发布报告，指责阿尔迪和其他那些“超低价折扣”连锁商店，在2003年度让35000家小商店丧失了生存空间。在同一天，巴伐利亚（Bavaria）奶业生产商一致声称，阿尔迪公司应该为自2001年以来下降了15%的奶业价格负责。对于这些指责和批评，阿尔迪公司谨慎对待，小心处理，以避免让负面因素破坏了自己在德国消费者心智中的声誉。

【案例】 阿尔迪公司获得成功的关键因素在于卡尔·阿尔布雷希和西奥·阿尔布雷希在创业之初所选择的经营理念。在第二次世界大战结束之后，卡尔·阿尔布雷希和西奥·阿尔布雷希从战俘营回到家里，发现埃森（Essen）居民最基本的生活需求，就是能够以最低的价格购买到一两天内所急需的生活用品。因此，在自己开设的杂货店里，卡尔·阿尔布雷希和西奥·阿尔布雷希严格地控制着商品的种类，仅提供有限的几百种商品，同时严把产品质量关。阿尔迪公司最根本的管理理念，或者说唯一的管理理念，就是要保证最低售价。

卡尔·阿尔布雷希和西奥·阿尔布雷希，就像所有伟大的营销战略家一样，非常了解自己所面对的消费者。阿尔迪公司将目标专注于那些低价格的追随者。卡尔·阿尔布雷希和西奥·阿尔布雷希非常清楚一个事实：如果能够省钱，那么消费者则愿意在有些方面有所舍弃。因此，卡尔·阿尔布雷希和西奥·阿尔布雷希抛弃所谓越大越好、越多越好的的普遍经营理念，通过销售少量的产品维持低成本。寻找降低各方面费用的有效方法，从产品的储存到商店的选址，在各个营运环节积极寻找降低成本费用的有效方法。通过销售零售商自营品牌商品降低产品价格，同时获得对产品质量的严格掌控权。那么，阿尔迪公司如何实现物美价廉，从而赢得广大消费者的信赖呢？

阿尔迪公司直接从原产地国家进货，在全球采购物美价廉的商品。哪里的产品有竞争力，阿尔迪公司就从哪里进货。长年大批进货，保证了物美价廉。与竞争对手相比，阿尔迪公司所采购的产品，由于品种单一且集中，因此获得了更加低廉的进价，进而有了让利销售的资本。而且，阿尔迪公司所采购的产品，由进口商或生产商提供质量保证。商品的售后服务由进口商或厂家负责，从而解决了消费者的后顾之忧。对于一些有竞争力的非固定经营商品，阿尔迪公司不定期委托进口商订货，或者从生产厂家直接订货。例如：韩国的旅游鞋，普通的法国香水，瑞士的钟表，美国的计算机及其外围设备、胶卷等等，这些商品都来自正规生产厂家。由于价格比专营店便宜，阿尔迪公司在对单品进行促销的时候，经常都会招徕大批顾客。此外，德国许多中小生产企业，与阿尔迪公司存在依附关系，产品按阿尔迪公司的标准生产，阿尔迪公司买断其全部或收购大部分产品。如果出现质量问题，阿尔迪公司将解除收购合同。对于依靠阿尔迪公司生存的企业来说，如果失去了这个大买家，就意味着失去了市场上的立足之地。因此，这些企业提供的产品，不仅质量有保证，而且价格十分便宜。

传统的杂货零售商如皇家阿霍德公司（Royal Ahold's）旗下的埃尔伯特·海恩（Albert Heijn）连锁商店通常会提供将近 20000 种货品；沃尔玛购物中心（Wal-Mart Supercenter）则出售将近 15000 种商品。与传统杂货零售商相比，阿尔迪连锁商店通常只出售 700 ~ 800 种商品。这样，保证商店库存不会过多，从而减少运输和处理商品的费用，反过来可以进一步降低运营成本和费用。

在阿尔迪的商店，尽管店铺零售业务十分繁忙，顾客经常需要排队付款，但是店铺营业面积多在 500 ~ 800 平方米，一般不超过 1500 平方米。店铺装修崇尚简朴，店堂内外不悬挂广告招贴，平时很少刊登促销广告。为节省营业空间和理货时间，除少量日用品和食品设有货架、冷柜外，其他商品均按原包装的货物托盘在店内就地销售。腾空的纸盒顾客可随意自取，但顾客需付费购买储物袋。这样，既节省了包装开支，又防止了因滥用包装物带来的环境污染。

由于商店内所出售的商品品种相对较少，阿尔迪公司能够对产品质量和价格加以严格的控制。阿尔迪公司有一个重要原则：即使廉价销售，仍要以人为本，关注所有消费者的切身利益。与一般商店不同，阿尔迪公司从不热衷于“搭售”、或者“批售”等促销活动，因为这种看似实惠的促销活动，可能恰恰忽视了众多消费者的需求。因此，阿尔迪公司尽量将商品按小包装出售，但是并不提高商品销售价格，这种做法兼顾了所有消费者的需求。阿尔迪公司为维护商业信誉，对店内商品质量的检查十分严格，尤其是食品，如果外观、品相稍差，就不会拿出来摆放，水果、鲜花、蔬菜、面包等顾客挑剩下的商品，当天营业结束之后则作为垃圾倒掉。

阿尔迪公司主要销售零售商自己的品牌，而不是销售价格较高的第三方品牌。对于阿尔迪公司来说，极少关注那些闻名遐迩的品牌，如雀巢（Nestlé）、妮维亚（NIVEA）、宝莹（Persil）。阿尔迪公司所陈列的产品，几乎毫无例外地贴着阿尔迪的商标。这样，在保证产品质量的同时，又能降低产品销售价格。例如，在欧洲市场上，阿尔迪公司出售的 Frisco Dent 牙膏，其家庭装销售价格仅为 61 美分，Riod'Oro 橙汁一升装销售价格仅为 74 美分。阿尔迪公司所销售的商品，比一般普通商店便宜 10% ~20%，有些商品甚至便宜 50%。麦肯锡咨询公司作过一次调查发现，在对阿尔迪公司及其他传统零售商进行评价的时候，在商品质量、商品种类以及销售服务等方面，消费者评价的差别并不大。但是，当评价涉及商店所售产品价格的时候，则开始一边倒地推崇阿尔迪公司。

阿尔迪公司的成功发展，还得益于其对成本近乎疯狂的控制。对于各个商店的运营效能，阿尔迪公司有着极为严苛的标准。在削减成本上，阿尔迪公司所进行的努力，并不亚于全球零售巨头沃尔玛。在阿尔迪公司的商店，收银台大都不使用条码扫描仪，仅使用普通收款机。在各种商品上不贴价格标签，店员不仅对数百种商品价格倒背如流，而且具有与扫描仪相媲美的键盘输入速度。各连锁店一般只设2～3个收银台，营业人员仅为4～5人，人均服务面积超过100平方米，充分挖掘了员工的潜能。包括店长在内，员工都身兼数职，且没有固定岗位，可谓“多面手”。在业务繁忙的时候，员工集中在银台结账，闲时轮流理货，清理废弃包装。

在采购、管理、物流三方面，由于进行了有效的成本控制，阿尔迪公司将运营成本压到了最低水平。尤为重要的是，简单的商业经营模式，无疑减少了商品采购、存储、销售及管理的难度，从而降低了企业运营和管理费用。零售业咨询公司McMillan/Doolittle的高级合伙人内尔·斯特恩（Neil Stern）非常称赞阿尔迪公司，认为其对于零售业经营模式的理解，深入到了行业最本质的核心。阿尔迪公司的运营效率，要高出沃尔玛。德国零售商Tegut集团公司在西德（West Germany）拥有300家食品商店。Tegut集团公司首席执行官沃尔夫冈·格特伯列特（Wolfgang Gutberlet），对阿尔迪公司发出了由衷的赞叹：“我们很佩服阿尔迪公司的质量管理水准”。

尽管所销售商品的价格极低，但是阿尔迪公司所获得的利润并不低。相反，阿尔迪公司边际利润高得惊人。据统计，在德国所有零售企业中，阿尔迪公司的赢利能力最强。在德国，一般商业企业销售利润率为0.5%～1.5%。但是，阿尔迪公司销售利润率接近5%。麦肯锡咨询公司分析，在德国某些地区，阿尔迪公司的运营利润率高达9.3%。阿尔迪公司的高利润率表明：在实行低价策略的同时，阿尔迪公司并没有吃亏，而是赚了盆满钵满。在经济环境不好的时候，还难免有生存危机。相反，竞争对手然虽卖了高价，却只有微利可图。根据可靠消息来源，阿尔迪公司税前利润超过15亿美元。

兵力

——发动营销攻击必备的物质性条件

【观点】 拿破仑·波拿巴（Napoléon Bonaparte）说过，指挥数量上处于劣势的部队的战争艺术，在于要在进攻点和防御点上投入更多的兵力。卡尔·冯·克劳塞维茨（Care Von Clausewitz）认为，战争的首要原则是必须在决定性的地点，把尽可能多的军队投入战斗，即使不能取得绝对优势，也要巧妙地使用军队，以便在决定性地点上，制造出相对的优势。在营销的战争中，兵力意味着可以投入的资金资源。无论展开营销进攻行动，还是采取营销防御措施，都需要以足够的资金为基础，才能在人们心智中构建价值地位。无论争夺一个领域上的领先地位，还是抢占一个心智上的空白领域，都需要以足够的资金为后盾，才能在人们心智中形成价值概念。因此，在决定性的竞争点上，投入尽可能多的资金，以形成绝对的或者相对的兵力优势，已经成为赢得营销战争的原则，即兵力优势原则。认知战争中的营销指挥官，必须像军事指挥官一样思考，必须牢记“兵力优势原则”，即在决定性的进攻点上，或者在决定性的防御点上，投入足够的兵力与资源，以形成绝对的进攻优势或者防御优势。

【诠释】 《孙子兵法·作战》：凡用兵之法，驰车千驷，革车千乘，带甲十万，千里馈粮，内外之费，宾客之用，胶漆之材，车甲之奉，日费千金，然后十万之师举[1]。㊣ 在营销的战争中，兵力就是所能投入到营销竞争中的资金。就像军事战争一样，缺乏足够的兵力——资金，任何企业都无法发动一场营销战争。资金的作用在于把一个价值概念送入人们的心智，并不断维护、强化在人们心智中所拥有的价值概念。或者说，兵力要投入到战术所指出的进攻方向上。这种兵力上的投入，表现为对营销武器和工具的创造及运用。这就是说，要通过对资金的有效运用，在人们心智中建立、巩固品牌的竞争地位。如果没有资金发挥作用，那么无论多么优秀的营销战术，无论多么优秀的营销指挥官，都没有办法创建并保持竞争优势。

注解：

〔1〕贾林：计费不足，未可以兴师动众。梅尧臣：举师十万，馈粮千里，日费如此，师久之戒也。何氏：老师费财，智者虑之。

【案例】英特尔公司（Intel）以专注于核心业务而著称。同时，英特尔公司的再投资率以及再投资水平，都保持在很高的相对位置上。在 1980 年，英特尔公司的市场价值远远低于 AMD 公司（Advanced Micro Devices）和国家半导体公司（National Semiconductor）。但是，到了 1998 年，英特尔公司季度生产量达到 2000 万个芯片，而其竞争对手 AMD 公司和国家半导体公司，季度总共仅能生产 100 万～200 万个芯片。英特尔公司实现了一个战略性的改变。此时，英特尔公司的市场价值已经超过 AMD 公司和国家半导体公司总和的 50 倍。从 1984 年开始，AMD 公司和国家半导体公司的股票价格不断波动。谁是股票价格震动的制造者？毫无疑问，英特尔公司扮演了推波助澜的角色。

关键原因在于：从 1980 年至 1998 年，在 18 年的时间中，英特尔公司收缩了战略性核心业务范围，同时，采取优先再投资战略核心业务的发展战略。在 1984 年，英特尔公司及其主要竞争对手以相同的速度进行投资。但是，英特尔公司缩小了重点投资范围，从原来的存储器、芯片、综合逻辑电路等领域，缩小为仅仅包括逻辑芯片。同时，英特尔公司增加了在新的低成本生产能力上的投资，以及在新产品方面的投资，如 486 芯片家族。英特尔公司的投资额从原来的 3 亿美元/年，迅速增加到 1992 年的 20 亿美元/年。到了 2000 年，英特尔公司的年度投资额已超过 70 亿美元/年。与之相对应的是，AMD 公司和国家半导体公司的年度投资额，逐步落后于英特尔公司，而且差距不断加大，年度投资额总和不过5亿～10亿美元。这意味着，在逻辑芯片业务的阵地上，英特尔公司拥有并投入了更多的兵力——资金。

当回顾企业往事的时候，英特尔公司一位董事会成员说道："在20世纪80年代的早期，大多数的半导体公司极力想成为能满足所有客户一切需求的企业，但是，英特尔公司却决定以另一种方式发展。我们决定退出存储器生产行业的竞争，集中企业所有的精力，发展个人计算机（PC）的数字逻辑芯片。英特尔公司的核心投资原则是所有投资必须服务于数字逻辑芯片，即计算机微处理器行业，否则就融不到资金。在接下来的15年中，我们不断提高相对于竞争对手的投资水平。同时，英特尔公司缩小核心业务范围，尽量避免多元化发展。除非这种所谓的多元化投资，能够明显有助于加强核心业务，促进数字逻辑芯片业务发展"。正是凭借这种聚焦战略，英特尔公司超越了AMD公司，以及国家半导体公司。聚焦战略的效果在于，在一个狭小的领地上，使自己拥有足够的兵力，用于对敌人发起攻击。

投资顾问莫特利·富尔（Motley Fool）评论道，英特尔公司和AMD公司之间的竞争，就象纽约黑人住宅区（New York Black Area）流浪汉所玩的老式华盛顿将军游戏。为了玩这个"游戏"抵制反托拉斯（Anti-Trust）的质疑，"将军"需要"流浪汉"，英特尔公司需要AMD公司的存在。为了引起观众的兴趣，"将军"——英特尔公司，需要偶尔玩两场旗鼓相当的比赛。但是，不会有人怀疑最终谁能赢得这场比赛。实际上，英特尔公司已经取得了数字逻辑芯片业务的垄断性地位。然而，英特尔公司领先地位的获得，则完全源自于当初的聚焦经营策略，即在竞争刚刚开始的初期，在一个狭小的阵地上集中所有兵力（资源），相对于竞争对手形成绝对性的兵力（资源）优势，从而在"数字逻辑芯片"这个战场上，能够最终战胜竞争对手，获得压制性的行业领先地位。在定位游戏中，兵力（资源）优势所发挥的作用，被称为数量法则。

武器

——传播工具是攻占人们心智的武器

【观点】 在军事战争中，武器对战争具有极大的影响。武器，对于发挥战术优势，产生战术效果，具有积极的作用与影响。任何战术优势的发挥，以及战术效果的产生，无疑依靠对武器的熟练掌握，无不依赖对武器的恰当运用。战场上敌对的双方，首先必须拿起武器，然后才能开始战斗。缺少了参加战斗的武器，无论多么独特的战术，都难以产生积极战斗的效果。那么，在营销的战争中，战斗的武器是什么？在产品同质化竞争的环境中，在信息过度化传播的社会里，营销已经演变为一场认知之战，已经演变为一场攻心之战。营销就是一场争夺人们头脑的战争。在人们心智的战场上，必须借助品牌信息的传播，才能把品牌的价值概念植入人们的心智中。传播媒介和传播方式，就是品牌在人们头脑中定位的武器。营销战争的指挥官，必须学会运用传播媒介和传播方式，才能在人们的头脑中攻城掠地。在认知的战争中，用于攻占人们心智的武器多种多样。凡是能够传播品牌价值与概念的东西，都可以充当发动认知战争的武器，甚至是产品本身，都可以充当传播品牌价值概念的武器。然而，那些在战场上征战的营销指挥官，往往愿意选用广告与公关两种传播方式，充当认知战争的常规武器。值得引起注意的是，营销战争的武器，并不仅限于广告与公关两种方式。营销战争的指挥官应该善于利用各种有效的传播方式与工具，以在人们心智中占据一个有利的竞争地位。从这个角度上来看，营销就是传播，传播就是营销。

【诠释】 📖《通典》：孙子曰：强弱长短杂用。又曰：远则用弩，近则用兵，兵弩相解也。📖《司马法》：兵不杂则不利。长兵以卫，短兵以守，太长则难犯，太短则不及。太轻则锐，锐则易乱。太重则钝，钝则不济。📖《蔚缭子》：杀人于百步之外者，弓矢也；杀人于五十步之内者，矛戟也。㊣ 在营销这场认知战争中，如果兵力意味着资金，那么武器就意味着传播工具。企业及其品牌必须借助传播工具攻占人们的心智。或者说，在人们的心智中，要想占据一个有力的竞争地位，或者建立一种独特的价值概念，脱离不了传播工具的价值传播作用。这就是说，品牌要想占领人们的心智，必须传播品牌独特的价值概念。因此，人们说营销就是传播，传播就是营销。广告与公关是常见的传播工具，但是，能够起到传播作用的营销要素，远远不止广告与公关这两种传播工具。产品、外形、包装、名称，甚至价格、渠道等等营销要素，都能起到传播品牌价值概念的作用。因此，品牌价值概念的传播工具，并不仅仅限于广告与公关这两种方式。在营销战争中，应该根据各种传播工具的特点，结合各种传播工具对顾客的影响程度，对传播工具进行综合运用。尤为关键的是，在传播品牌价值概念过程中，各种传播工具所传递出的品牌信息，必须与品牌价值概念保持某种程度上的一致性。

【案例】 ⌖ Altec 公司是一家计算机音箱的领先制造商。Altec 公司坚信，自己推出的一款富有创新性的录音机，一定会在市场上造成轰动效应。该录音机的独特之处在于：能够将语音信息附在电子邮件上。

《微电脑世界》（PC World）杂志评价 VoicePod 看上去就像“服用了兴奋剂的鼠标一样，VoicePod 会将人们的声音变成个人电脑上一件极为有用的工具”。Altec 公司认为，由于这种设备仅需简单地安装和使用，那个在多媒体控制方面需要不必要的输入和笨拙的摸索时代已经逝去。VoicePod 允许用户仅需按几个键盘，就可以将声音文件录制和添加到文件中或电子邮件上。此外，VoicePod 还有一个非常便利的特点，即个人的计划清单，用户可以口述一个简短信息，然后将之保存起来。

这种设计在技术上同样十分领先，因为利用了独特的“信号处理技术”，用噪音过滤器和其他技术将背景噪音降至最低，以保证录音的清晰性。《微电脑世界》（PC World）认为：“由于具有这些特点，VoicePod 会成为一种可靠的投资”。实际上，并没有太多的计算机用户认同这一点。

问题出在拙劣的营销上。Altec 公司相信，消费者会抢购 VoicePod 产品，因此对促销投入的金钱和精力都十分不足，导致消费者对 VoicePod 的认识和兴趣都不足。其结果是，销售非常不尽人意。仅仅一个月之后，Altec 公司就将 VoicePod 撤出市场。VoicePod 的教训是：不要忽视消费者认知对市场营销的作用。Altec 的总裁兼首席执行官马克·卢卡斯（Mark Lucas）对《商业 2. 0》（Business 2. 0）杂志说：“下一次，我们一定要进行大规模的产品促销活动”。

【案例】 Altoids 薄荷口香糖的历史，可以追溯到 1780 年的英国伦敦（England London）。一位糖果工人用食糖、阿拉伯树胶、白明胶、葡萄糖浆和薄荷油混合出了一种薄荷口香糖。1960 年，Altoids 将总部搬到了美国西雅图（Seattle），努力开拓这个世界上最大的口香糖市场，推广用铝制方形盒子装着的超强口味薄荷口香糖。虽然 Altoids 拥有 200 多年的历史，但一直只是一个销售平平的地区性品牌。1995 年，卡夫食品公司（Kraft Foods Inc.）收购了 Altoids 口香糖。卡夫食品公司（Kraft Foods Inc.）隶属于菲利普·莫利斯烟草公司（Philip Morris）。菲利普·莫利斯烟草公司（Philip Morris）由于受到各种法规的限制，几乎不能进行任何大众广告和公关赞助活动，但是，这也使其成为了一个经验丰富的游击营销传播公司。在尝到了甜头之后，这种游击营销传播战术，被应用到旗下其他众多大众消费品牌的推广上。正是这种游击营销传播战术，帮助 Altoids 成为美国市场上增长最快的薄荷口香糖品牌。

（1）选择传播战术。在收购了 Altoids 之后，卡夫食品公司认识到，

Altoids 产品的主要特点是超级强劲的口味，以及几十年如一日极有特色的铝制方形包装盒。此外，Altoids 的主要消费者的特征是比较有个性、生活富足和思想前卫。虽然 Altoids 系出名门，并不会缺少品牌推广的营销经费，但是卡夫公司决定避开大众消费市场，利用 Altoids 的品牌特性和消费者特征，针对消费者特征开展便宜、高效的游击营销传播战术。这在当时看来完全不入流，只有经费匮乏的小企业，才会选择这种传播战术。

（2）找准市场定位。1996 年，Altoids 雇佣了李奥贝纳（Leo Burnett）旗下的 Starcom 广告公司担任品牌的广告代理，并制定了主题为“铁盒中的超强薄荷”（Mints so strong they come in a metal box）的营销计划，5 年的营销总预算不超过 1000 万美元。Altoids 的游击营销传播计划，由 Starcom 广告公司 9 位年轻人负责，他们分别负责媒体计划和监督，广告创作和户外设计。这支营销团队，将打开一盒 Altoids 口香糖形容成“打开了潘多拉（Pandora）的宝盒”，以强调品牌的“奇特、与众不同和强劲”的诉求。负责广告创意的 Steffan Postaer 说道：“这个诉求，将 Altoids 从一个在市场上完全没有定位的品牌，塑造成了市场上定位最鲜明的品牌。我们剩下的任务，就是如何向消费者传播这个品牌诉求了。”Starcom 广告公司认为，大手笔、规模豪华的广告活动，有时候不仅在目标消费者中毫不必要，甚至有可能对品牌起到反作用，因为越来越多的消费者开始讨厌“强行推销”（Hard Sell）手段了。于是，Starcom 广告公司围绕着 Altoids 的游击营销传播战术，策划了各种出奇制胜的营销传播活动。

（3）开展测试市场。Altoids 营销团队的领导人 Tony Schlax 认为，经费有限的游击营销公司，负担不起营销失误的高昂代价，应尽量利用周围的便利条件，进行一些必要的市场和营销测试，这样能为企业节约大量的营销费用。Altoids 的营销团队非常注重在活动开展之前进行市场测试，这是 Altoids 的游击营销传播能够取胜的重要原因之一。同时，这也是 Altoids 公司的游击营销传播与众不同的地方。在采用游击营销传播战术的企业之中，在活动开展之前进行市场测试非常难得，因为大部分企业都为了节约经费而省略了这个步骤。Altoids 的营销团队开始在公司的大本营——华盛顿州西雅图（Seattle，WA），进行了为期 6 个月的营销测试，然后在一些挑选出来的主要市场，包括纽约（New York）、芝加哥（Chicago）、洛杉矶（Los Angeles）等地（基本上包括了美国东、西海岸和中部地区），开展了“准全国推广活动”（Quasi-National Rollout）。在“准全国推广活动”（Quasi-National Rollout）中，Altoids 营销团队舍弃了在西雅图（Seattle）市场测试中效果不太好的广播广告，因为这种宣传方法“并没有引起目标消费者的共鸣”。在西雅图（Seattle）小试牛刀的户外广告宣传，在“准全国推广活动”（Quasi-National Rollout）中，以及在“全国推广活动”（National Rollout）中，成为了最主要的营销传播手段。

（4）创造传播路径。Altoids 营销团队对于传播媒体的选择，是 Altoids 游击营销传播战术中最大的亮点，并因此获得了《媒体周刊》（Mediaweek）杂志“2000 年度最佳户外策划”大奖。Altoids 营销团队非常善于自己创造富有特色的、价格低廉的传播媒体。比如，在纽约（New York）市场进行的游击营销传播，其获得成功的核心，就是创造了自己独特的传播路径。众所周知，纽约的媒体购买费用非常昂贵，于是，Altoids 索性放弃了在纽约市场的媒体购买计划，自己来创造品牌的独特传播路径。他们先是将一条废旧的拖船进行了改装，刷成了代表 Altoids 的深绿颜色，画上了 Altoids 的广告和 Logo。这是因为，在 Altoids 的品牌标志上，本来就有一个渔夫。这艘装饰好的拖船，成了名副其实的 Altoids 旗舰，被安放在了繁忙的纽约港口（Port of New York），立刻引起了公众和媒体的关注。Altoids 团队负责媒体监督的 Colleen Mahoney 说，这艘 Altoids 拖船，不但吸引了目标消费者的视线，同时引起了所有纽约人（The New Yorker）的好奇。开始，人们会觉得很奇怪，随后就会联想到“力量”、“原始”和“与众不同”，这正是 Altoids 所要表现的品牌个性。

Altoids的营销团队还在纽约组织了一支三轮脚踏车团队，穿梭在纽约的小街道，以及一些著名风景区。路人可以搭乘这种三轮脚踏车游览纽约街景，车夫还会为顾客充当导游，告诉顾客最时髦的景点和最好的餐厅。当然，各辆三轮脚踏车上，都装饰了Altoids的品牌广告和Logo，车尾还悬挂了巨幅广告看板，车夫身着Altoids品牌服装。至于为何选用三轮脚踏车作为品牌传播媒体，Jeff Grace解释说，车夫新鲜又友善，即使最疲累不堪的纽约人，坐上三轮车之后都会心情为之轻松，这些车夫也正是“力量”、“健康”和“新奇“的代表。”难怪在邂逅了一位有趣的Altoids三轮车夫之后，大部分消费者都对Altoids赞不绝口。这段非凡的邂逅，还被许多游客传播到了美国和世界各个地区。

（5）游击传播效果。在总结Altoids的成绩的时候，Tony Schlax说道：“创意很重要。但是，绝对不是这次营销活动的唯一因素。营销工具和营销力量的整合，成就了这次游击营销活动。我们所有的努力，都是向消费者传达Altoids的品牌个性。这种品牌个性就是：力量、奇特和原始”。在Altoids 5年的游击营销计划期间，Altoids平均年销售增长率达到了42%。Altoids轻松地战胜了Tic Tac、箭牌（Wrigley）等强劲对手。2000年，Altoids的销售额达到8290万美元，超过了Tic Tac 8180万美元的销售额，成为美国薄荷口香糖市场第一品牌。在1999～2000年期间，Altoids的出色表现，使一直都非常平静的美国薄荷口香糖市场增长了8%。同时，受到Altoids的影响，在主要消费群体，即青少年消费群体中，箭牌（Wrigley）销售量下降了30%左右。

【结语】 在营销战争中，战术与战略发挥着核心作用。要想发挥战术与战略的核心作用，必须将战术转化为战略。将战术转化为战略的基础，是企业在认知战争中所能投入的资金。资金，即所谓的兵力，所起到的作用就是产生营销行动，用于购买认知战争的传播工具，或者用于形成认知战争的传播方式，抑或用于构建企业竞争的运营体系。任何一种竞争性的价值概念，必须借助营销传播活动，或者企业运营活动，才能被根植入人们的心智里面。然而，如果没有营销指挥官发挥作用，那么在整个认知战争过程中，从了解人们的心智，到寻找有效的战术，再到将战术转化为战略，以及运用资金和传播工具攻占人们的心智，这一切都将无从谈起，难以发生。因此，将领、兵力、武器，构成了认知战争的关键要素。

第 3 章

战术本质：寻找独特性的竞争思维视角

【题义】战术的本质，就是寻找独特性的竞争思维视角，就是寻找能够占领人们心智的定位思维视角。实际上，竞争思维视角或定位思维视角（战术），可以从各种各样的方面寻找和获取。但是，对于一个品牌来说，并非所有的定位视角（战术）都适合为自己所用。在一个竞争格局之中，对于处在不同地位上的品牌来说，所应寻找的竞争思维视角或定位思维视角在方向上完全不同。这意味着，处在不同地位上的不同品牌，要选择完全不同的竞争思维方式，即战术，才能在品牌能力范围内取得某种最大程度上的营销战果。因此，采用什么样的定位思维视角（战术），受到品牌在竞争格局中的相对地位限制。除了选择恰当的战术之外，或者说除了战术本身之外，战术的效果还取决于战略的水平，以及在实施战略过程中所拥有的时间资源。

3.1　战术的概念

【释义】战术的概念十分简单，就是某种独特性的竞争思维视角，或者某种竞争性的定位思维视角。简单一点来说，战术就是某种战略性的思想。当某种战略性思想被转化为竞争行动的时候，战术，即竞争思维视角或者定位思维视角，就被开发、提升成为某种定位战略。因此，战术这个概念同时意味着战略。战术这个概念强调三个方面的内容：第一个方面的内容是战术的针对性，即强调针对竞争对手的差异性；第二个方面的内容是战术的目标性，即强调针对人们心智的价值性；第三个方面的内容是战术的适应性，即强调针对品牌地位的匹配性。概括起来说，所谓竞争思维视角或者定位思维视角，即战术，就是结合己方品牌的相对竞争地位，针对竞争品牌的强弱或虚实之处，在人们心智中建立起差异性地位的价值概念。

战术的本质

——攻占人们心智的定位视角

【观点】战术是什么？或者说，战术的本质是什么？营销是一场认知战，在人们头脑中建立认知的关键在于定位，而定位的视角就是战术。因此，所谓战术，就是定位的视角。所谓战术，就是独特性的竞争思维视角，或者竞争性的定位思维视角。战术这个概念，包含三个方面的意义：第一，战术是一种思维视角，而且仅仅是一种思维视角。这意味着，战术这种思维视角，仅仅是一种有待转化成为行动的竞争思想或者思路。或者说，战术是竞争行动的指导纲领。所有的竞争行动，都应该沿着战术视角的方向展开，以形成一致性的营销力量，从而能在人们心智中占据一个有利的竞争地位。第二，战术必须具有竞争性或者针对性，才能有机会在营销战争中赢得胜利。战术的目标是占领人们的心智，在人们心智中占据并保持一种优势的价值地位。人们心智的认知规律，对品牌价值的认知具有惟一性和排他性的特点。这就是说，人们的心智一旦形成某种概念，那么这种概念就很难被改变。为此，战术这种思维视角，首先必须针对竞争者拥有什么地位，或者依据竞争者没有什么地位，然后才能形成战术视角（思想或者思路）本身的方向与内容。否则，战术就是盲目的战术、危险的战术，仅能凭运气的好坏决定战术效果。运气好则获得成功，运气不好则损失惨重。第三，战术的方向与内容，必须具备独特性和差异性，才能在人们心智中形成差异性的价值概念。这并不意味着一定要有比竞争对手更好的产品和服务，重要的是，要拥有不同于竞争对手的差异性因素。这种差异性因素有多种多样的可能性，例如，更大或者更小，更轻或者更重，更贵或者更廉等等差异性因素，也可能是赋予品牌的，不同于竞争对手的，可以为人们广泛接受的，甚至是看不见摸不着的某种价值或者承诺。无论这种差异性是什么，必须是独一无二或者与众不同的东西，必须是能够抢先占领人们头脑的东西。这种独一无二或与众不同的东西，就是所要寻找的营销战术，即竞争性的定位思维视角。

【诠释】 ⌖ 📖《乾坤大略·兵起先知所向》：兵之未起，其说甚长，不必详也。已起矣，贵进取，贵疾速。进取则势张，疾速则机得，呼吸间耳，成败判焉！此不可不知所向也。而所向又以敌之强弱为准，敌弱，或可直冲其腹；敌强，断宜旁翦其支，此定理也。翦其支者云何？曰：避实而击虚也，乘势而趋利也。📖《六韬·兵道》：兵胜之术，密察敌人之机而速乘其利，复击其不意。㊣ 战术的基本原则是什么？运用李德·哈特的理论解释，就是敌弱时可采取直接路线，而敌强时则须采取间接路线。这个道理就是避实而击虚，乘势而趋利。在营销这场认知战争中，战术的本质就是避实击虚，乘势趋利。一个品牌要想在人们心智中占据某种优势地位，所能选择的策略不外乎直接策略与间接策略。所谓直接策略，就是抢先占领人们心智中的空白领域。此种情况表现为人们心智中所不存在的品类概念，或者尽管存在某种品类概念，但是人们心智里不存在领先品牌。此时，品牌应该直接抢占这个品类，在人们心智中成为这个品类的代表品牌。所谓间接策略，就是避开人们心智中强势品牌的优势地位，攻击领先品牌的弱势所在。此种情况表现为人们心智里存在着品类概念，并且存在着代表品类的领先品牌。此时，品牌应该针对领先品牌的空虚之处，或者针对领先品牌的薄弱环节，寻找自己的定位视角，即占领人们心智的定位视角。营销战术的根本，不外乎这样两种基本情况。所谓“兵起先知所向”，就是在展开营销攻势之前，首先要知道对敌人何处发起攻击。这就是战术所要解决的问题。

【案例】阿尔迪公司堪称欧洲的沃尔玛。但是，从全球范围来看，阿尔迪公司的销售规模则远远不及沃尔玛，甚至不及沃尔玛的零头。这是摆在阿尔迪公司面前的事实，也是摆在沃尔玛面前的事实。无论从规模上看，还是从实力上看，阿尔迪与沃尔玛都相差甚远。在欧洲市场上，沃尔玛与阿尔迪的竞争旗鼓相当。阿尔迪成功的秘密在于，将一个并不算高明的战术，即十分普通的低价竞争策略，转化成高水平的战略，即高度整合与一致的运营活动。这意味着，阿尔迪早已在市场上站稳了脚跟。

在美国市场上，对于沃尔玛这个零售巨头，阿尔迪的行动步骤是什么？阿尔迪已经逐渐开始显现出加速扩张，准备涉足沃尔玛的领地，发动一场游击战。1976 年，阿尔迪在爱荷华州（Lowa）开设了美国的第一家分店。根据 M + M 星球零售公司的研究分析，阿尔迪在北美的年销量接近 48 亿美元。阿尔迪公司作出美国扩张计划，决定从 2004 年起到 2010 年，以一年增设 40 家分店的速度，在美国市场上开设新店，在美国的商店数量，将增加到 1000 家营业连锁商店。但是，对于沃尔玛这个零售巨头，阿尔迪并不打算从正面进攻。相反，阿尔迪选择了游击战术，从远离沃尔玛的地方开始。

阿尔迪所固守的经营原则之一，就是不会急于冒进，而是先打下扎实的基础，一旦根基已定，阿尔迪就会快速推进。阿尔迪的不同之处在于：有限的品种、较小的店面、严控的质量，以及超低的价格。相对于沃尔玛这样的巨人，阿尔迪更加具有灵活性。在沃尔玛难以触及的地方，更适合阿尔迪打一场游击战。阿尔迪公司的策略是基本上以那些底层的，不怎么热门的区域或者市场作为进攻的起点，因此很少有人能真正地看清其意图。有趣的是，美国零售商仍然懵懵懂懂。在几十年之前，阿尔迪在德国的竞争对手所经历的情形与美国零售商完全一致。行业分析师认为，在美国市场上，阿尔迪确实可以找到一些有利可图的商机，尤其是在那些无法容纳“好市多”（Costco）一样的大型批发商的地方。但是，绝大多数的美国零售商看来并没有意识到阿尔迪造成的潜在威胁。

阿尔迪公司尚未在股票市场上公开发行股票，仍然保持着家族所有制的公司形式，因此很少引起公共媒体的关注。阿尔迪努力避免过多地依赖银行贷款，投资从来都是依靠自身的现金积累，从而能够更好地躲避公众的注意力。这为阿尔迪进入新市场提供了隐蔽条件。在进入新市场的时候，阿尔迪极少大张旗鼓地进行宣传，避免过多媒体曝光引起竞争对手警觉。在竞争对手尚未醒过神来的时候，阿尔迪往往已经悄无声息地进入新市场，并在新市场上站稳了脚跟。那些试图通过扩张加快发展的企业，都会因扩张过度而带来一些不良后果。阿尔迪只依赖自身现金积累进行扩张的策略，意味着所隐藏的危险性相对比较低。

在很多时候，阿尔迪从那些被沃尔玛挤垮的零售商那里租赁店面。纽约 SRG 公司零售和消费产品咨询师伯特·佛利金格三世（Burt P. Flickinger Ⅲ）说，到目前为止，沃尔玛似乎还没有意识到，阿尔迪会有多么难以对付，这实在有点不太像话。伯特·佛利金格三世预估，在 2010 年左右，阿尔迪在美国市场上的市场份额，将从 2004 年的 0.65%提升到 2%。沃尔玛的发言人比尔·维尔兹（Bill wertz）承认，我们当然已经意识到，阿尔迪将会是一个很难缠的竞争对手。

战术的视角

——受制于品牌的地位和力量

【观点】 在争夺人们心智的战争中，首要和最重要的决定，是要知道应该采用什么样的战术。所谓战术，就是针对竞争对手所拥有的顾客心智地位，确定己方品牌所要获得的顾客心智地位。为此，必须寻找独特性的竞争思维视角，必须寻找竞争性的定位思维视角，从而实现针对竞争对手的品牌定位。因此，定位或者竞争的思维视角，成为能否实现定位的关键所在。简单一点来说，战术就是就是寻找能够占领人们头脑的定位视角，然后沿着这个定位视角展开营销攻势，强化自己在人们心智中的地位，削弱敌人在人们心智中的地位，并最终战胜竞争对手。在寻找战术（定位视角）的过程中，关键在于针对竞争对手的虚实与强弱，选择自己可以采用的竞争策略或者路径。事实上，一个企业或者一个品牌，在竞争对手身上所能发现的弱势，可能并不仅仅存在于惟一的某个方面，即竞争对手可能存在多方面的薄弱环节。然而，一个企业或者一个品牌，所能加以利用的、存在于竞争对手身上的薄弱环节，并不像竞争对手实际上所拥有的漏洞一样多。这是因为，一个企业或者一个品牌，在竞争对手身上所发现的、可以加以利用的机会，还取决于自己相对于竞争对手的位置和力量。对于一个企业或者一个品牌而言，如果自己所拥有的地位和力量，还不足以对竞争对手的某个薄弱环节发起有效攻击，那么竞争对手身上所拥有的薄弱之处，并不能成为这个企业或者品牌可以利用的机会。当然，这个企业或者这个品牌，就不能选择这个视角作为自己的攻击方向。因此，采用什么样的战术视角，不仅取决于竞争对手的薄弱环节或者虚弱之处，还取决于自己在战场上所处的相对位置和相对力量。在一个既定的竞争格局中，对于不同的企业或者品牌来说，由于拥有不同的地位、不同的资源、不同的力量、不同的目标，采用不同的竞争策略（战术），不但一点都不会令人感到奇怪，而且是一种完全合理的竞争行为和现象。对于不同的企业或者品牌来说，寻找独特性的竞争思维视角，寻找竞争性的定位思维视角，往往意味着完全不同的思维方向。因此，对于不同的企业或者品牌来说，“赢得营销战争的胜利”往往具有完全不同的含义与目标。

【诠释】 ⊕ 📖《孙子兵法·谋攻》：识众寡之用者胜[1]。📖《孙子兵法·谋攻》：故用兵之法，十则围之[2]，五则攻之[3]，倍则分之[4]，敌则能战之[5]，少则能逃之[6]，不若则能避之[7]。㊣ 战术是一种攻占人们心智的视角。这种定位视角的选择，以两个基本因素为核心依据。第一个基本因素是领先者在人们心智中所处的地位，及其强弱和虚实所在；第二个基本因素是挑战者在人们心智中所处的地位，及其强弱和虚实之处。由于领先者与挑战者所处的地位不同，以及由此所引起的力量对比差距，决定着不同品牌所应该采取的战术完全不同。对于领先者而言，战术的核心目标是维护自己的领先地位。对于不同的挑战者而言，由于相对于领先者存在着地位和力量的差距程度，针对领先者薄弱之处所能够采取的对策完全不同。这就是说，对于领先者的同一个薄弱环节，有些挑战者有条件和力量对其发起攻击，有些挑战者则不具备发起攻击的条件和力量。这意味着，不同的地位和不同的实力，决定着所能够选择的战术视角。这就是"识众寡之用者胜"的道理。

注解：

〔1〕李筌：量力也。杜牧：先知敌之众寡，然后起兵以应之。杜佑：言兵之形，有众而不可击寡，或可以弱制强，而能变之者胜也，故春秋传曰"师克在和，不在众"是也。梅尧臣：量力而动。王皙：谓我对敌兵之众寡，围、攻、分、战是也。张预：用兵之法，有以少而胜众者，有以多而胜寡者，在乎度其所用，而不失其宜则善，如吴子所谓"用众者务易，用少者务隘"是也。

〔2〕曹操：以十敌一则围之，是将智勇等而兵利钝均也。若主弱客强，不用十也。李筌：愚智、勇怯等，十倍于敌则围之，攻守殊势也。杜佑：若敌坚垒固守，依附险阻，彼一我十，乃可围也。敌虽盛，所据不便，未必十倍然后围之。张预：吾之众十倍于敌，则四面围合以取之，是为将智勇等而兵利钝均也。若主弱客强，不必十倍然后围之。《尉缭子·守法》："一而当十，十而当百，百而当千，千而当万。"言

守者十人，而当围者百，与此法同。

〔3〕曹操：以五敌一，则三术属正，二术属奇。李筌：五则攻之，攻守势殊也。杜牧：术，尤道也。言以五敌一，则当取己三分为三道，以攻敌之一面，留己之二，候其无备之处，出奇而乘之。杜佑：若敌并兵自守，不与我战，彼一我五，乃可攻战也。或无敌人内外之应，未必五倍然后攻。王皙：谓十围而取五，则攻者皆势力有余，不待其虚懈也。此以下亦谓智勇利钝均耳。张预：吾之众五倍于敌，则当惊前掩后，冲东击西；无五倍之众，则不能为此计。

〔4〕曹操：以二敌一，则一术为正，一术为奇。杜佑：己二敌一，则一术为正，一术为奇。彼一我二，不足为变，故疑兵分离其军也。何氏：兵倍于敌，则分半为奇，我众彼寡，足可分兵。主客力均，善战者胜也。张预：吾之众一倍于敌，则当分为二部。一以当其前，一以冲其后。彼应前，则后击之。彼应后，则前击之。兹所谓二术为正，一术为奇也。

〔5〕曹操：己与敌人众等，善者犹当设伏奇以胜之。李筌：主客力敌，惟善者战。陈皞：料己与敌人众寡相等，先为奇兵可胜之计，则战之。张预：彼我相敌，则以正为奇，以奇为正，变化纷纭，使敌莫测，以与之战。兹所谓设奇伏以胜之也。

〔6〕曹操：高壁坚垒，勿与战也。梅尧臣：彼众我寡，去而勿战。李筌：量力不如，则坚壁不出，挫其锋，待其气懈，而出奇击之。杜牧：兵不敌，且避其锋，当俟隙，便奋决求胜。张预：彼众我寡，宜逃去之，勿与战，是亦为将智勇等而兵利钝均也。若我治彼乱，我奋彼怠，则敌虽众，亦可以合战。贾林：彼众我寡，逃匿兵形，不令敌知，当设奇伏以待之，设诈以疑之，亦取胜之道。王皙：逃，伏也。谓能倚固逃伏以自守也。或兵少而有以胜者，盖将优卒强耳。

〔7〕曹操：引兵避之也。杜佑：引兵备之，强弱不敌，势不相若，则引军避，待利而劲。梅尧臣：势力不如，则引而避。王皙：将与兵俱不若，遇敌攻，必败也。张预：兵力、谋勇皆劣于敌，则当引而避之，

以伺其隙。

【案例】时间到了1978年，对美国四大汽车公司来说，尽管排位次序没什么变化，但是市场份额分布有了很大变化。与20世纪50年代相比，通用汽车公司市场份额大幅下降，福特汽车公司市场份额显著上升，克莱斯勒汽车公司市场份额有所提高，美国汽车公司市场份额维持不变。

20世纪50年代至70年代，美国四大汽车公司市场份额增减情况

企业名称	市场份额
通用汽车公司(GM)	49%:降低10%
福特汽车公司(Ford)	34%:上升8%
克莱斯勒公司(Chrysler)	15%:上升3%
美国汽车公司(AMC)	2%:升降0%

这种市场份额计算方法，没有考虑美国汽车市场上进口汽车的销售数量。如果考虑进口汽车的销售数量，那么进口汽车在美国市场上所占的市场份额达到了25%。这隐藏着一个事实：美国四大汽车公司所面临的挑战，已经不像看上去那样强大了。

1978年，美国四大汽车公司净利润水平

企业名称	净利润率
通用汽车公司(GM)	6.1%
福特汽车公司(Ford)	4.4%
克莱斯勒公司(Chrysler)	1.0%
美国汽车公司(AMC)	0.4%

对于这4家汽车企业来说，“胜利”具有完全不同的含义。对于“通用汽车”而言，守住自己的阵地就意味着胜利；对于“福特”而言，提高市场份额代表巨大的胜利；对于“克莱斯特”来说，生存并且能够获利就是胜利；对于“美国汽车”来说，能够生存就足够了。因此，对于处在不同位置上的企业，所应该采取的竞争策略，可能存在

完全不同的战术视角。

（1）通用汽车公司是领先者，故应该采取“防御战”这种战术策略。防御战，并不意味着消极被动。一个优秀的防御战术，在本质上就具有攻击性，即保卫占有优势的市场占有率。卡尔·冯·克劳塞维茨（Care Von Clausewitz）认为：“防御本身就是一种逆向行动，因为防御致力于抵御敌人的意图，而不是被自己的意图所困扰”。对于通用汽车公司而言，谁是最大的竞争对手？从传统的观念来看，应该是剩余 3 家汽车公司。事实上，不是福特汽车公司，不是克莱斯勒汽车公司。当然，更不是美国汽车公司。相反，恰恰是这个领先者本身——通用汽车公司。通用汽车公司必须不断向自己发起挑战，持续保持自己所获得的领先地位。对于通用汽车公司而言，压制住竞争对手，就是最大的营销战争胜利。如今，通用汽车公司并没有保持住昔日的地位，不但市场份额大幅度萎缩，其在汽车制造行业的全球领先地位，也已经被丰田汽车公司（Toyota）所取代。如果领先者不鼓起勇气挑战自己，那么必然遭到竞争对手的强力挑战。

（2）福特汽车公司居于第二位，故应采用“进攻战”这种战术策略。福特汽车公司位居第二，有条件发动进攻战。进攻对象当然是通用汽车公司。当被问到为什么抢银行的时候，银行大盗——威利·萨顿（Willie Sutton）回答：“我抢劫银行，因为那里有钱”。福特汽车公司应该攻击通用汽车公司。这是因为，通用汽车公司占有市场份额。对于福特汽车公司来说，如果能夺走通用汽车公司所占市场份额的 10%，那么就能使自己的市场占有率增加到 25%。但为什么不攻击比自己弱小的竞争者克莱斯勒汽车公司和美国汽车公司？如果夺走美国汽车公司所占市场份额的 10%，那么福特汽车公司市场份额的增加将微乎其微。如果去掠夺弱者，而不是掠夺强者，那么结果会事得其反。同时，企业的市场份额越小，就会越努力保卫自己的市场领地。因此，决不要与一个受伤的野兽较量。福特汽车公司应该寻找领先者固有的弱点，然后对通用汽车公司发起攻击。事实上，福特汽车公司选对了竞争对手——通用汽车公司。但是，福特汽车公司似乎没有找到有效的战术，没能针对领先者固有的弱势展开攻击。相反，福特汽车公司更像通用汽车公司的追随者。实际上，人们看不出二者之间究竟有多大的差别。历史经验表明，要想战胜领先者，必须与领先者不同，决不能与领先者相同。

（3）克莱斯勒汽车公司居于第三位，故应该采用“侧翼战”这种战术策略。克莱斯勒公司应该避免正面介入强者之间的争斗，避开“通用”与“福特”正在争夺的阵地，在领先者的侧翼发起一场突然袭击。李·艾科卡（Lee Lacocca）是美国汽车历史上的传奇人物，曾任福特汽车公司总经理。1978 年 8 月 15 日，李·艾科卡被享利·福特二世（Henry Ford Ⅱ）解雇，然后，李·艾科卡出任克莱斯勒汽车公司总裁。当时，克莱斯勒汽车公司已经摇摇欲坠，几乎所有人都认为，李·艾科卡会将福特汽车公司正在采取的策略用于克莱斯勒汽车公司。人们这样猜想的原因是，在李·艾科卡的领导之下，福特汽车公司正在取得辉煌的成就，对此，享利·福特二世反而产生了嫉妒之心。相反，李·艾科卡没有采用这种做法，他采用了“侧翼战”这种战术策略。李·艾科卡在福特汽车公司就采用过这种战术策略，即野马汽车（Mustang）所采用的战术策略。野马汽车是“首辆”双人乘私人汽车，是专门为年轻人设计的新型汽车。在美国汽车营销战争历史上，野马汽车堪称一次极其成功的侧翼战案例。在投放市场的第一年，野马汽车的销售数量就达到了 41.9 万辆，创造了美国汽车制造业的新纪录。在推出的头两年，野马汽车就创造出了 11 亿美元的纯利润，李·艾科卡成了闻名遐迩的“野马之父”。针对整个美国汽车制造业，李·艾科卡组织、发起了一系列经典的侧翼进攻战，先后推出“首辆”敞篷汽车、“首辆”小型客货汽车、“首辆”可乘坐 6 人的前轮驱动汽车。凭借着一系列漂亮的侧翼战，李·艾科卡挽救了频临倒闭的克莱斯勒公司。1983 年 8 月 15 日，被享利·福特二世解雇之后整整 5 年的那一天，李·艾科卡将一张面额高达 81348 万美元的支票亲自交给了银行代表，克莱斯勒汽车公司还清了所有的银行债务。

李・艾科卡为克莱斯勒公司带来了成功，但这并不意味着：克莱斯勒公司从此一帆风顺。企业一旦获得了某种成功，无不落入多元化分散经营的陷阱。克莱斯勒公司以汽车为主要经营业务，同时涉足游艇、钢铁、艇外推进器，以及军工产品的生产制造业务。此外，还涉足了出口、运输、金融、信贷、租赁和保险等多种领域。克莱斯勒公司在美国拥有 36 家汽车制造厂，以及汽车零部件厂和 22 家零部件仓库，10 家国防及航天产品制造工厂。克莱斯勒公司的产品分两大类：一是汽车产品。这包括成品汽车及其零部件。二是金融业务。克莱斯勒金融机构及其附属机构，为克莱斯勒公司的客户提供各种金融服务。同时，克莱斯勒公司还提供批发和零售金融服务、租赁服务、库存金融服务和消费信贷。此外，克莱斯勒公司还拥有运输公司及其附属机构。20 世纪 80 年代末期，克莱斯勒公司还开始提供汽车租赁服务。1998 年，德国戴姆勒集团公司（Daimler Group）以 330 亿美元的价格，收购了克莱斯勒公司，成立戴姆勒－克莱斯勒汽车公司（Daimler-Chrysler），这桩被称为“大象婚姻”的结合，并未缔造出一个全球汽车领先地位。相反，却为戴姆勒集团公司带来很大困扰。

（4）美国汽车公司居于第四位，故应该采用“游击战”这种战术策略。美国汽车公司规模与力量实在太小，既没有足够的力量发动进攻战，又没有足够的力量发动侧翼战。这就是说，美国汽车公司根本无法对通用汽车公司进行攻击。对于美国汽车公司来说，即便在进攻战开始的时候比较顺利，由于缺少足够的制造和营销能力，承受不起发动连续进攻的持续力量。由于经营规模与资金储备太小，美国汽车公司同样不具备发动侧翼战的条件——针对美国汽车制造业发动侧翼战。这并不是说，美国汽车公司小到无法启动一场侧翼战。关键问题在于，如果侧翼突袭获得初步成效，那么必须具备乘胜追击的持续力量和能力，必须有能力控制住所占领的阵地。对于美国汽车公司来说，不具备发动侧翼战的后续力量。因此，美国汽车公司应该采用一种游击战术，在远离领先者的地方，寻找一块相对较小的细分市场，小到不足以引起其他市场领先者的兴趣，却大到足以让自己保持赢利。美国汽车公司长盛不衰的产品，恰恰集中在一个狭小的领地上——吉普车（Jeep）。美国汽车公司应该集中全部力量，经营好自己狭小的根据地，在吉普车这个领域里，取得不可替代的领先地位。令人感到遗憾的是，美国汽车公司似乎并不甘心打一场持续的游击战。相反，美国汽车公司总想打一场进攻战，与所有排在前面的领先者竞争，争夺领先者固守的汽车阵地。结果如何？美国汽车公司早已不复存在。耐人寻味的是，吉普（Jeep）作为一种四轮越野汽车的代表品牌，依然在全球市场上扮演一个重要角色。

事实并不总是如我们所想像的那样完美。大企业不一定就懂得如何打赢营销战争。美国四大汽车制造企业不但没有打赢营销战争，阵地反而变得越来越小。这既不是实力的原因，亦不是技术的原因。即便在全世界范围之内，美国四大汽车制造企业都是“既有实力又有技术”的汽车制造企业，在相当长的一段时间内，甚至拥有世界四大汽车制造企业的行业地位。然而，美国四大汽车制造企业的境况却越来越差。

2001 年，美国四大汽车公司市场份额分布

企业名称	市场份额
通用汽车公司（GM）	29%：大幅度减少
福特汽车公司（FORD）	25%：大幅度减少
克莱斯勒公司（Chrysler）	17%：与 Daimler-Benz 合并
美国汽车公司（AMC）	0%：不复存在

20 世纪 50 年代，通用汽车公司所拥有的市场份额接近 60%，理应成为美国汽车行业的主导者。但进入 21 世纪，通用汽车公司的市场份额下降到了 29%。问题出在何处？问题出在竞争策略上，问题出在品牌定位上，问题出在营销战术上。看看通用汽车公司所拥有的品牌，就不难发现关键问题所在。雪佛兰（Chevrolet）这个品牌代表着什么样的汽车？代表着既宽大又小巧，既便宜又昂贵的各种各样的汽车。

相反，宝马（BMW）、奔驰（BENZ）、奥迪（Audi）、迷你（MINI）、甲壳虫（Beetle），这些品牌都是仅仅代表一种价值概念的汽车。这就是说，如果一个品牌打算代表所有的东西，那么最终这个品牌就无法代表任何东西。通用汽车公司及其品牌都犯了同样的错误。通用汽车公司的领先地位，被那些具有价值代表意义的品牌不断地蚕食、分割、瓦解掉了。这意味着，针对汽车制造行业的领先者，那些具有价值代表意义的品牌运用了恰当的战术策略。因此，通用汽车公司的市场份额不断下降，这一点都不令人感到奇怪。

【结语】尽管战术的概念十分简单，但是战术的地位十分重要。在定位理论中，战术处在营销战争的最核心地位上。这是因为：第一，战术是攻占人们心智的有效策略。这种策略的潜在成效水平，完全是基于对人们心智认知状况的掌握，结合自身所处的相对竞争地位，针对竞争对手的强弱与虚实，从而在营销战争中拥有某种潜在竞争效力。第二，战术是战略的形成基础，为战略提供了指导方向，成为营销活动和运营活动的根本依据，从而形成方向一致的营销进攻合力。概括起来说，战术的重要性体现在两个方面：第一个方面是为品牌定位提供了有效路径；第二个方面是为经营活动提供了指引方向。这就是战术的核心价值所在。

3.2　战术的来源

【释义】战术的本质是定位视角，是竞争性的定位思维视角，是品牌所要寻找的、能够占领人们头脑的定位视角。那么，怎样才能寻找到竞争性的定位思维视角？答案是：深入营销前线，在前线寻找竞争性的定位思维视角。那么，营销前线在哪里？营销前线不在超级市场，不在百货商店，不在客户办公室。前线在现实的生活中，在潜在顾客的心智里，在竞争品牌的强势里，在己方品牌的自身上。这意味着，必须深入人们的生活，必须弄清顾客头脑中的想法，从顾客的想法中寻找战术，寻找定位思维视角。在深入前线之前，应该弄清一个问题：是亲自深入前线观察，还是委派他人观察。营销将领必须亲自深入前线观察，而不是假手他人观察；必须获取第一手资料，而不是第二手资料。问题的关键在于，介于企业顶层和底层之间的管理层太多，管理层往往会过滤掉坏消息，仅仅向领导层传递好消息。当信息自下而上经过层层过滤传递到顶层时，早已变得面目全非。营销将领在深入前线之前，还应该弄清一个问题：是去收集信息，还是去寻找证据。营销将领是去收集信息，收集关于顾客头脑中的想法的信息，而不是去寻找证据，证明先前在自己头脑里形成的“应该做什么”的观点。在深入前线之时，应该再弄清一个问题：营销将领是在观察，还是在判断？营销将领是在观察，观察顾客的所有行为细节，并找出顾客行为背后的真实想法。营销将领不是在判断，不是对顾客的需求作出简单的判断，然后尾随着别人去满足顾客的需求。

顾客心智

——根据人们心智中品牌的地位确定战术视角

【观点】 人们的心智是认知战争的战场。认知战争所采取的任何战术，都应该以人们的心智这个战场为策略制定的依据（策源地），以至于能够发现、寻找一种有效的战术，从而在人们的心智里占据一个有利的竞争地位。因此，所有的竞争性定位视角（战术）既应该源自顾客的心智，又应该回归顾客的心智。所谓源自顾客的心智，就是定位的视角（战术）应该从顾客的心智出发，或者说应该以顾客的心智为出发点。这意味着，要想找到有效的定位战术（视角），就首先应该了解顾客的心智，这既包括顾客心智里拥有什么，又包括顾客心智里没有什么；既包括竞争品牌在人们心智里所拥有的概念和地位，又包括己方品牌在人们心智里所拥有的概念和地位。所谓回归顾客的心智，就是在了解顾客心智的基础之上，确定能够占领顾客心智的定位视角（战术）。这种定位视角（战术）根据顾客心智对各竞争品牌的认知状况，针对竞争品牌所占据的顾客心智地位，能够帮助己方品牌占领顾客的心智空间，在顾客的心智中，拥有一个不同于竞争对手的，且又具有竞争优势的价值地位。

【诠释】 《孙子兵法·地形》：地形：有通者[1]，有挂者[2]，有支者[3]，有隘者[4]，有险者[5]，有远者[6]。我可以往，彼可以来，曰通[7]。通形者，先居高阳，利粮道，以战则利[8]。可以往，难以返，曰挂[9]。挂形者，敌无备，出而胜之；敌若有备，出而不胜，难以返，不利[10]。我出而不利，彼出而不利，曰支[11]。支形者，敌虽利我，我无出也，引而去之，令敌半出而击之，利[12]。隘形者，我先居之，必盈之以待敌[13]；若敌先居之，盈而勿从，不盈而从之[14]。险形者，我先居之，必居高阳以待敌[15]；若敌先居之，引而去之，勿从也[16]。远形者，势均，难以挑战，战而不利[17]。凡此六者，地之道也，将之至任，不可不察也[18]。《孙子兵法·九地》：故为兵之事，在于顺详敌之意[19]，并敌一向，千里杀将[20]，此谓巧能成事者也[21]。㊣ 在人们的心智中，不同品牌所占据的不同价值地位，构成了人们心智中的品牌地形和地势。对于一个品牌来说，要想进入人们的心智空间，在人们心智中占有一席之地，必须依据人们心智中品牌所形成的地形和地势，采取与之相应的定位战术视角。兵法上的地形，与人们心智中品牌格局所构成的地形存在着许多相似之处。①“通形”地势，犹如各种品牌纷纷进入一个新市场，彼可以来，我可以往。在这种情况之下，应该先居高阳之地，抢占心智空白地带，抢先建立领先地位。②“挂形”地势，犹如对领先者的一场进攻战。如果对领先者强势里固有的弱势判断准确，那么进攻者就能够出而胜之，因为领先者无法进行有效防御。反之，则会出而不胜，可以往，难以返。③“支形”地势，犹如进行品牌延伸，我出而不利，彼出而不利。如果竞争品牌偏离了自己的优势地位，那么则可待竞争品牌半出而击之。④“隘形”地势，犹如领先者的侧翼地带。如果我方品牌已经占领了这个阵地，那么就应该巩固好这个阵地，在这个阵地上建立起领先地位，防止领先品牌进入这个阵地。如果领先品牌已涉足了这个阵地，但是尚未取得稳固的竞争地位，或者还没建立起领先地位，那么则可以对其侧翼发起攻击。如果领先者已经巩固了侧翼阵地，那么就不要对其发起攻击。⑤“险形”地势，犹如领先地位。如果我方品牌抢先获得领先地位，那么则应该居高阳以待敌，这就是防御战思想。如果我方品牌不能抢先获得领先地位，那么就不要对领先者发起直接进攻。⑥“远形”地势，犹如品牌跨越品类攻击领先者，尽管在兵力上可能势均力敌，依然难以挑战品类领先者。这就是说，顺应人们心智中的品牌地势，此谓巧能成事者也。

注解：

〔1〕梅尧臣：道路交达。

〔2〕梅尧臣：网罗之地，往必挂缀。

〔3〕梅尧臣：相持之地。

〔4〕梅尧臣：两山通谷之间。

〔5〕梅尧臣：山川丘陵也。

〔6〕梅尧臣：平陆也。曹操：此六者，地之形也。杜佑：此六地之名，教民居之，得便利则胜也。张预：地形有此六者之别也。

〔7〕杜佑：谓俱在平陆，往来通利也。张预：俱在平陆，往来通达。

〔8〕曹操：宁致人，无致于人。李筌：先之以待敌。杜牧：通者，四战之地，须先据高阳之处，勿使敌人先得，而我后至也。利粮道者，每于津阨或敌人要冲，则筑垒或作甬道以护之。贾林：通形者，无有岗坂，亦无要害，故两通往来。处高易于望候，向阳视生、通粮道，便易转运，于此利于战也。杜佑：宁致人，无致于人。己先据高

地，分为屯守于归来之路，无使敌绝己粮道也。梅尧臣：先据高阳，利粮通阨，敌人来至，我战则利。张预：先处战地以待敌，则致人而不致于人。我虽居高面阳，坐以致敌，亦虑敌人不来赴战，故须使饷不绝，然后为利。

〔9〕杜佑：挂者，牵挂也。

〔10〕李筌：往不宜返曰挂。杜牧：挂者，险阻之地，与敌共有，犬牙相错，动有挂碍也。往攻敌，敌若无备，攻之必胜，则虽与险阻相错，敌人已败，不得复邀我归路矣；若往攻敌人，敌人有备，不能胜之，则为敌人守险阻，邀我归路，难以返也。杜佑：敌无备，出攻之胜，可也；有备，不得胜之，则难还返也。梅尧臣：出其不意，往则获利，若其有备，往必受制。张预：察知敌情，果为无备，一举而胜之，则可矣；若其有备，出而弗克，欲战则不可留，欲归则不得返，非所利也。

〔11〕杜佑：支，久也，俱不便久相持也。张预：各守险固，以相支持。

〔12〕李筌：支者，两俱不利，如挂之形，故各分其势。杜牧：支者，我与敌人各守高险，对垒而军，中有平地，狭而且长，出军则不能成陈，遇敌则自下御上，彼我之势俱不利便。如此，则堂堂引去，伏卒待之。敌若蹑我，候其半出，发兵击之，则利。若敌人先去以诱我，我不可出也。梅尧臣：各居所险，先出必败。利而诱我，我不可爱，伪去引敌，半出而击。张预：利我，谓佯背我去也，不可出攻。我舍险，则反为所乘，当自引去。敌若来追，伺其半出，行列未定，锐卒攻之，必获利焉。李靖兵法曰："彼此不利之地，引而佯去，待其半出而邀击之。"

〔13〕杜佑：盈，满也。以兵陈满隘形，欲使敌不得进退也。

〔14〕曹操：隘形者，两山间通谷也，敌势不得挠我也。我先居之，必前齐隘口，陈而守之，以出奇也；敌若先居此地，齐口陈，勿从也。即半隘陈者从之，而与敌共此利也。李筌：盈，平也。敌先守隘，

我去之。杜牧：盈者，满也。言遇两山之间，中有通谷，则须当山口为营，与两山口齐，如水之在器而盈满也。杜佑：谓齐口，亦满也，如水之满器，与口齐也。若我居之，平易险阻皆制在我，然后出奇以制敌。若敌人据隘之半，不知齐口满盈之道，我则入隘以从之，盖敌亦在，我亦在隘，俱得地形，胜败在我，不在地形也。夫齐口盈满之术，非惟隘形独解有口，譬如平坡迥泽，车马不通，舟楫不胜，中有一径，亦须据其路口，使敌不得逞也。诸可知矣。贾林：从，逐也。盈，实也。敌若实而满之，则不可逐讨，若虚而无备，则入而讨之。张预：左右高山，中有平谷，我先至之，必齐山口以为陈，使敌不得进也。我可以出奇兵，彼不能以挠我。敌若先居此地，盈塞隘口而陈者，不可从也。若虽守隘口，俱不齐满者，入而从之，与敌共此险阻之利。吴起曰："无当天灶。"天灶者，大谷之口，言不可迎隘口而居之也。

〔15〕杜佑：居高阳之地以待敌人；敌人从其下阴而来，击之则胜。

〔16〕曹操：地形险隘，尤不可致于人。李筌：若险阻之地，不可后于人。杜牧：险者，山峻谷深，非人力所能作为，必居高阳以待敌。若敌人先据之，必不可以争，则当引去。阳者，南面之地，恐敌人持久，我居阴而生疾也。高、阳二者，止可舍阳而就高，不可舍高而就阳。杜佑：地险先据，则不致于人也。梅尧臣：先得险固，居高就阳，待敌则强；敌苟先之，就战则殆，引去勿疑。张预：平陆之地，尚宜先据，况险阸之所，岂可以致于人？故先处高阳，以夫待劳，则胜矣。若敌已先据此地，宜速引退，不可与战。

〔17〕陈皞：夫与敌营垒相远，兵力又均，难以挑战，战则不利。故下文云"势均，以一击十日走"是也。夫挑战，先须料我兵众强弱，可以加敌则为之；不然，则不可轻进，自取败也。孟氏：兵势既均，我远入挑，则不利也。杜佑：挑，迎敌也。远形，去国远也。地势均等，无独便利，先挑之战，不利也。梅尧臣：势既均一，挑战则劳，致敌则佚。王皙：以远致我，劳也。张预：营垒相远，势力又均，止可坐以致敌，不宜挑人而求战也。

〔18〕李筌：此地形之势也，将不知者以败。梅尧臣：夫地形者，助兵立胜之本，岂得不度也？张预：六地之形，将不可不知。

〔19〕曹操：佯，愚也。或曰：彼欲进，设伏而退；彼欲去，开而击之。陈皞：顺敌之旨，不假多说。但强示之弱，进示之退，使敌心不戒，然后攻而破之必矣。杜牧：夫顺敌之意，盖言我欲击敌，未见其隙，则藏形闭迹，敌人之所属，顺之勿惊。假如强以陵我，我则示怯而伏，且顺其强，以骄其意，候其懈怠而攻之。假如欲退而归，则开围使去，以顺其退，使无斗心，遂因而击之。皆顺敵之量旨也。

〔20〕梅尧臣：随敌一向，然后发伏出奇，则能逮擒其将。王皙：顺敌意，随敌形，及其空虚不虞，并兵一力以向之，乘势可千里而覆军杀将也。

〔21〕曹操：是谓巧攻成事。梅尧臣：能顺敌而取胜，机巧者也。何氏：能如此着，是巧攻之成事也。张预：始顺其意，后杀其将，成事之巧也。

【案例】 从1975年至1986年的12年间，按照产品销售单位数量计算，加拿大漱口水市场年均增长3%。1987年，随着新口味产品如薄荷味漱口水的问世，漱口水市场增长了26%。自此以后，漱口水市场增长率下降到1990年的5%。Listerine是市场上最早的漱口品牌，由Wamer-Lambert公司推出，从而开启了漱口水市场的历史。Listerine的品牌定位是：具有治疗作用，可以消除口臭，可以杀菌的漱口水。直到1967年Scope进入市场之前，Listerine一直在市场中处于主导地位。Scope是一种绿色的、薄荷味的漱口水，品牌定位是：一种口感更好、口气清新、可以预防口臭的漱口水。Scope漱口水是第一个既可有效预防口臭，又比其他漱口水味道更好的品牌。Scope的广告，针对Listerine在口味上的弱点——药品一样的口味，对Listerine展开猛烈攻击。1976年，Scope成为加拿大漱口水市场的领导者。

直到1977年，Wamer-Lambert才推出Listermint漱口水反击Scope。与Scope相似，Listermint也是一种绿色的、薄荷味的漱口水，并且同样被定位成“味道宜人、预防口臭”。在Listermint进入市场的第一年，获得了12%的市场份额。但是，Listermint只是夺取了Listerine的市场份额，以及一些小品牌的的市场份额。由此可见，Listerine的市场份额，主要以牺牲Listerine为代价而取得。20世纪在70年代，一家大型制药公司Merrel Dow，推出了Cepacol漱口水，Cepacol与Listerine的定位非常相似。20世纪80年代初期，在加拿大市场上，Cepacol占领了14%的市场份额。

在整个20世纪80年代，加拿大漱口水市场发生了重要变化。从前，Listerine的品牌定位战略是防止口臭。在美国市场上，Listerine已经获得了美国牙医协会（ADA）推荐。但是，在加拿大市场上，Listerine还没有获得加拿大牙医联合会（CDA）认证。在20世纪80年代早期，Listennint在产品中加入了氟化物。1983年，在Listerine的产品上，印上了加拿大牙医联合会（CDA）的防治蛀牙标志。后来，Listermint不再强调氟化物，并且去掉了防治蛀牙标志。1988年，Listerine改变了品牌的战略定位。Listerine宣称：消除牙斑，并帮助防止由于牙斑引起的牙床发炎。

1987年初，包括Scope 、Listermint，还有许多商店品牌，推出了多种口味的漱口水产品，有效扩展了1987年的漱口水市场。但是，这并没有改变几个主要品牌所占有的市场份额。1988年，高露洁公司（Colgate）推出了氟化物漱口水。Colgate拥有加拿大牙医联合会（CDA）防治蛀牙的标志，而且着力宣传该产品可以防治蛀牙。此外，Colgate宣传口味温和，可以让儿童使用时间更长一些，让儿童使用频率更高一些。Colgate市场份额上升至2%后开始持续下降。高露洁公司（Colgate）计划不再继续使用这个品牌。1988年，Merrel Dow与战略品牌公司（Strategic Brands）达成协议，在加拿大促进Cepacol销售。战略品牌公司（Strategic Brands）主要是为Cepacol拓展分销渠道和以价格为基础促销产品。

1988 年，加拿大一家制药企业普菲塞公司（Pfizer），在加拿大推出漱口水品牌 Plax。Plax 以与众不同的新方式出现并迅速成功，这使竞争者感到十分吃惊。

Plax 的品牌定位与传统的漱口水有很大的区别。首先，Plax 宣称是一种在“刷牙前”使用的漱口水，而不是一般的“刷牙后”使用的产品。在刷牙前使用有助于松动牙垢，以增强刷牙的效果。其次，Plax 这个品牌并不强调口味，而是着力宣传“用 Plax 漱口，之后再刷牙，去除的牙斑是仅仅刷牙的三倍”。

在推出 Plax 的时候，普菲塞公司（Pfizer）搞了大型的促销活动，花费估计接近 400 万美元，时间跨度从 1988 年第四季度开始，直至 1989 年全年。在促销费用中，估计有 300 万美元用于广告，100 万美元用在广泛的营业推广方面。①在 3 家药品连锁店陈列试用品（6 万美元）；②给 250 万个家庭邮寄优惠券（16 万美元）；③提供立即可兑换的优惠券（11 万美元）；④邮寄给药品和超市连锁店的专业广告印刷品（3 万美元）；⑤价格折扣（64 万美元）。1990 年，普菲塞公司（Pfizer）投入近 120 万美元的广告费，继续推广 Plax 这个品牌。同年，Plax 占了总市场份额的 10%。

在美国市场上，当 Plax 出现的时候，着力宣传的重点是：使用 Plax 所能够去除的牙斑，是仅仅刷牙的 300%。这个定位口号受到了竞争者的质疑，进而导致了美国企业改进局的调查。调查发现，这个口号是基于一项研究，这项研究让小组成员把刷牙时间限制在 15 秒，并且不允许小组人员使用牙膏。进一步的研究表明，如果允许人们用通常的方式刷牙，是否使用 Plax 对牙斑的增减没有很大的区别。于是，Plax 把其口号改为：使用 Plax 所能够去除的牙斑，是仅仅刷牙除斑的 3 倍。

在 Plax 进入市场之前，加拿大漱口水市场上的品牌主要集中在两种特性上，即口气清新和杀菌。Plax 则聚焦在一个新属性定位上——去除牙斑。1990 年，Scope 在加拿大漱口水市场上占据 32% 的份额。宝洁公司（P&G）品牌经理格温·赫斯特（Gwen Hearst）非常关注 Plax 漱口水侵入市场的态势。自从 1988 年问世以来，Plax 已经占据了同类产品 10% 的市场份额，这对 Scope 形成了威胁。格温·赫斯特（Gwen Hearst）面临的挑战，是制定一个战略以确保在其他竞争者的威胁下，Scope 能够继续保持盈利，并为此后三年的漱口水业务准备一套营销计划。

【案例】 1990 年，超过 75% 的加拿大家庭，使用了一种或多种漱口水品牌。对于成年家庭成员来说，平均一周要使用 3 次漱口水。宝洁公司（P&G）的市场研究表明，使用者按照使用频率可分为：大量使用者（一天使用一次或更多），占全部使用者的 40%；中等使用者（一周 2 次 ~ 6 次），占全部使用者的 45%；少量使用者（一周少于一次），占全部使用者的 15%。没有有关刷牙前漱口的使用者和使用习惯的信息。非使用者目前还没有买漱口水的原因包括：①不认为自己有口臭；②认为只刷牙就足够了；③类似口香糖和薄荷的替代品更方便。

消费者使用漱口水的关键原因调查

去除口臭	40%
口腔卫生基本组成部分	40%
杀灭细菌	30%
使我感觉更自信	20%
避免冒犯别人	25%

市场份额数据表明：在加拿大市场上，Scope 的市场份额居于领先地位，市场占有率超过 30%。Listerine 位居第二，市场份额超过了 16%。如果与延伸品牌 listermint 合在一起，那这两个品牌的市场份额超过了 26%。尽管 Plax 的市场份额只有 10%，与 Listermint 的市场份额十分接近，但是 Plax 市场份额增长最快。

事实上，Plax 抢夺了 listermint、Cepacol、Colgate 三个品牌的市场份额。Listermint 的定位效仿了 Scope，Cepacol 的定位效仿了 Scope。Listermint 和 Cepacol 两个品牌都是效仿品，没有什么品牌特色。Plax 以其独特的品牌定位，抢夺了 Listermint 和 Cepacol 的市场份额。至于 Colgate，其市场份额本来就微不足道。

加拿大 1988 年～1990 年漱口水市场份额分布状况

品牌名称	市场份额			1990 年主要分销渠道份额	
	1988	1989	1990	食品店	杂货店
Scope	33.0%	33.0%	32.3%	42.0%	27.0%
Listerine	5.2%	16.1%	16.6%	12.0%	19.0%
Listermint	15.2%	9.8%	10.6%	8.0%	12.0%
Cepacol	13.6%	10.6%	10.3%	9.0%	11.0%
Colgate	1.4%	1.2%	0.5%	0.4%	0.5%
Plax	1.0%	10.0%	10.0%	8.0%	11.0%
商店品牌	16.0%	15.4%	16.0%	18.0%	15.0%
其他品牌	4.6%	3.9%	3.7%	2.6%	4.5%
总计	100.0%	100.0%	100.0%	100.0%	100.0%
零售额	60.2	65.4	68.6	24.0	44.6
单位	百万美元				

在食品店，Scope 所占的市场份额（42%）与在杂货店所占的市场份额（27%）相比，存在着很大的差别。几乎所有的漱口水品牌销售量的65%，来自杂货店，35%来自食品店。此外，批发俱乐部如价格俱乐部（Pnce Club）和 Costco，占据了漱口水销售很大的市场份额。这些价格俱乐部只出售 Cepacol、Scope、Listerine 和 Plax 这几个品牌。在统计数据中，这部分市场份额被计入杂货店的份额之中。

在零售价格方面，按照 750ml 瓶装漱口水的价格计算，在食品店中，Liserine 和 Plax 两个品牌以较高价格销售，高于平均水平。在杂货店中，Plax 则以较高价格销售，高于平均水平，Liserine 则以较低价格销售，低于平均水平。在食品店和杂货店中，Scope 均以较低价格销售，均低于平均水平。

加拿大漱口水品牌零售价格指数

品　牌	食品店	杂货店
Scope	98%	84%
Listerine	129%	97%
Listermint	103%	84%
Colgate	123%	119%
Plax	170%	141%
Cepacol	84%	81%
商店品牌	58%	58%
价格加权平均指数	100%	100%

注释：所有品牌的零售价格平均加权指数分别按商品店和杂货店来计算。例如：Scope 的价格指数在食品店比平均指数低 2%，在杂货店比平均指数低 16%。

在广告费用方面，1990 年所有品牌在传媒上支出达 500 万美元。其中，Scope、Listerine 和 Plax 的广告费用，在所有品牌中占了 90%；Listermint 和 Cepacol 两个品牌，广告投入相对很少，分别只有 33 万美元和 17 万美元。

1990 年主要竞争品牌广告投入情况

品牌名称	广告费用	播放周数
Scope	170 万美元	35
Listerine	160 万美元	25
Plax	120 万美元	20

1990 年，针对竞争品牌的顾客心智地位，宝洁公司（P&G）对漱口水使用者作了一次调查。调查要求被调查者列出各品牌的特性。结果表明：在“去除牙斑、使牙齿和牙龈更健康”方面，Plax 确立了独特的品牌价值地位。从品牌特性的角度上来看，除了 Plax 之外，其他品牌之间的差异化特性并不明显，因此表现出了品牌同质化的倾向。

全部使用者：品牌印象调查结果

特　　性	Cepacol	Colgate	Listerine	Listermint	Plax	Scope
减少口臭	—	—	—	—	—	—
杀灭细菌	+	—	+	—	—	↓
去除牙斑	—	—	—	—	+	↓
牙齿和牙龈健康	—	—	—	—	+	↓
预防感冒	—	—	+	—	—	—
医生或牙医推荐	—	↓	—	—	+	—
清洁口腔	—	—	—	—	—	—

注释：[—]代表平均水平。[＋]高于平均水平。[↓]低于平均水平。

品牌使用者：品牌功效调查结果

作　　用	Cepacol	Colgate	Listerine	Listermint	Plax	Scope
减少口臭	+	↓	+	+	↓	+
杀灭细菌	+	—	+	↓	↓	—
去除牙斑	↓	+	+	↓	↓	+
牙齿和牙龈健康	—	+	+	↓	+	↓
预防感冒	+	↓	+	↓	↓	↓
医生或牙医推荐	+	+	+	↓	+	↓

注释：[—]代表平均水平。[＋]高于平均水平。[↓]低于平均水平。

从顾客心智调查结果上看，市场领先品牌 Scope，并不具有强烈的品牌个性特征，相反却是最为缺乏个性的品牌。在顾客心智调查中，如果加入“口味不错”的调查项目，或许会成为 Scope 最大的品牌个性，这是由于 Scope 一直强调“口味不错”的品牌特性。但如今 Scope 已经成为一个市场领先品牌，如果仅仅是一个“口味不错”的漱口水品牌，那为什么会拥有最大的市场份额，人们不会仅仅因为“口味不错”就去选择购买 Scope 漱口水。从顾客使用漱口水的关键原因上看，“口味不错”根本不是主要的购买理由。

从顾客心智调查结果上看，在漱口水的主要功能和特性方面，Scope 漱口水几乎毫无优势可言。谁会使用一个“功效很差”的漱口水品牌？似乎唯一合理的解释便是：在人们的心智中，Scope 成为漱口水产品的领先品牌。或许，这就是 Scope 所拥有的独特顾客心智地位。关键问题是，在领先品牌的认知方面，宝洁公司（P&G）没有对顾客进行调查。在品牌所拥有的差异化特性方面，Plax 所拥有的差异化特性最为强烈，其次则是 Listerine 和 Cepacol 这两个品牌，Listermint 和 Colgate 几乎毫无品牌特性可言。

在品牌各自的使用者心智中，对品牌差异化的认知状况则完全不同。Listerine 的使用者认为 Listerine 在所有方面都非常优秀（6 个方面）。Cepacol 和 Colgate 的使用者同样认为自己所使用的品牌个性十足（3 ~4 个方面）。Plax 和 Scope 的使用者，则不像 Cepacol 和 Colgate 那样，认为自己所使用的品牌在多方面都表现优秀（2 个方面）。Listermint 的使用者，仅在"减少口臭"方面获得使用者认可（1 个方面）。这意味着在顾客忠诚度方面，漱口水品牌的排名次序为：Listerine、Cepacol、Colgate、Plax、Scope、Listermint。

【案例】 在为 Scope 准备未来三年的营销计划的时候，宝洁公司（P&G）成立了一个小组来审核各种备选方案。审核小组成员来自开发部、生产部、销售部、市场部、财务部、广告部和经营部。宝洁公司品牌负责人格温·赫斯特（Gwen Hearst）坚持认为，针对市场侵入者——Plax 漱口水，应该推出新产品。尤为重要的是，宝洁公司应该开发出与健康利益相关的新产品，而不应该局限于 Scope 的口味战略上。伴随着 Plailax 的问世，在漱口水市场上出现了两类产品，即"只强调口味"的品牌，例如 Scope 漱口水，以及强调其他优点的品牌，例如 Plax 漱口水。

格温·赫斯特（Gwen Hearst）的理由是：如果漱口水市场变得更加细分化，那么在细分市场方面，竞争品牌将会有所发展。如果宝洁公司坚持"按兵不动"，那么就会失去领先市场地位。那时，宝洁公司只能在“强调口味”的细分市场上，占有一个相对较大的市场份额，而且这个市场份额可能还会持续减小。宝洁公司审核小组提出了完全不同的意见，例如，除“口味”之外，考虑 Scope 品牌的新诉求，而不是增加新产品。几个小组成员对 Plax 是否真的面临威胁提出质疑，理由是：Plax 的定位与 Scope 完全不同。Plax 把自己定位为刷牙前用的漱口水，而没有对 Scope 构成直接威胁，即与 Scope 不一样的、口味清新的漱口水。

宝洁公司（P&G）各部门的意见

研发部

当初，在 Scope 仍处在实验阶段的时候，宝洁公司（P&G）产品开发部就已经证明：在减少牙斑方面，使用 Scope 比单纯地刷牙更有效，因为 Scope 中含有抗菌成份。然而，宝洁公司没有提供临床数据，说服加拿大健康保护处批准 Scope 的广告，允许 Scope 在广告中加入预防牙龈发炎的内容。近来，宝洁公司产品开发部研发了一种新产品，这种新产品与 Plax 的用法一样，是在刷牙前使用的漱口水。然而，在减少牙斑方面，新产品并不比 Plax 更加有效。事实上，经过产品开发部对 Plax 进行检测，无法证实 Plax 在广告中提到的结论，即“使用 Plax 漱口，然后再刷牙，所去除的牙斑是仅仅刷牙的 3 倍”。宝洁公司刷牙前用的漱口产品，最大的优点就是尝起来比 Plax 口味更好，除此之外，在美观方面与 Plax 十分相似。宝洁公司新产品的这种特征，会使 Plax 入口的感觉与 Scope 有很大差别。

对于扩展产品线的想法，产品开发人员尤其关注。这是因为：在产品功效上，Scope 是与 Plax 相同的惟一的产品。在传统和习惯上，宝洁公司仅关注未被满足的顾客需求，以便开发功效更好的产品。然而，格温·赫斯特（Gwen Hearst）认为，由于这种新产品能提供类似的功效，并且口味更好，所以新产品所处的环境与 Scope 被推出时十分相似。一些研究人员表示担心，在宝洁公司严格的检验方法下，如果得不到 Plax 的临床结论，或者新产品不能比其他任何漱口水更有效，那么，宝洁公司在牙齿保健方面的形象和信誉可能受到影响。大体上来说，产品开发部所希望的结果，并不是推出一种新产品，而是在 Scope 的宣传中增加“减少牙斑”的内容。其基本出发点是保护已有的业务，要比开创一个全新业务更好。

广告部

广告代理商认为，Scope 提出任何新的诉求，都是对品牌战略的巨大改变。

Scope漱口水的战略定位，一直都在强调“口腔清新和口味好”，而“减少牙斑”的定位则完全不同。广告代理商指出，在一个商业广告中，试图把两个不同的主题联系起来，是一件非常困难的事情。历史的事实证明，如果在广告中仅强调“口味”，而不强调“口腔清新”这种功效，那么Scope的市场份额就会开始下降。广告代理商担心，如果加入“减少牙斑”的功效，或加入任何“非口腔清新”的诉求，会使Scope的现有消费者感到困惑，Scope可能会失去市场份额。他们认为，延伸出来的产品线，应该是与Scope完全不同的产品。这种产品的功效作用不同，使用场合不同。在广告代理商看来，产品线延伸需要有与Scope不同的定位基础来支持。

销售部

对于Plax的市场入侵，销售人员已经看得十分清楚，认为应该迅速作出反应。销售人员非常担心，由于货物存储单元（Stock-keeping units，SKUS）被激增的产品种类所占据，零售业对于接受什么产品变得更加严格。如今，要想挤入零售商的产品存储货架，必须拥有足够的差异性或者独特性，才能激发零售商的积极性。否则，零售商会认为，新产品只不过是原有销售额在同类产品中的简单分摊。那样，零售商的收益会由于存货成本过高而减少，但是却不会产生额外的销售收入。如果一个新品牌被认为不能带来更多的销售收入，尽管零售商可能仍然会陈列这些商品，但是需要撤掉正在陈列的同类产品系列，例如：撤去Scope。或者，生产商为货物存储单元支付大约5万美元，作为增加新品牌的陈列费。销售人员的观点已经十分明确，即应该推出拥有足够差异性和独特性的新品牌。

市场部

市场研究部门对消费者选择进行了大量的调查，所得出的主要结论是：在Scope上增加去除牙斑的承诺，即让现在的Scope去除牙斑，对于竞争品牌使用者来说，似乎不会增加购买Scope的愿望。这意味着，新产品不能增加购买量，但或许可能会阻止现有的使用者离开。此外，在现有产品上增加新“承诺”，通常要花很长时间才能被消费者所接受。对于Plax的使用者来说，一种口味更好的刷牙前漱口产品，或许拥有十足的购买吸引力。但是，这并不能引起目前不使用漱口水的潜在顾客购买。市场研究部估计，以这个定位推出的产品，最终可能达到漱口水市场份额的6.5%，而以前，大约要花两年时间才能达到这个水平。然而，市场研究部无法精确估算Scope潜在的市场份额损失。尽管新产品是一种使用场合不同的产品，但是不大可能百分之百保证增加现有业务的销售规模。

市场研究部提出疑问，格温·赫斯特是否进行了周密的考虑。市场研究人员想知道，Scope是否确实没有其他方面的优点，可以被提出来吸引消费者，从而能够达到同样的营销目标。市场研究部建议格温·赫斯特应该再想想其他的方法，而不仅仅限于“Scope 保证去除牙斑”，或者把延伸产品定位为“口味更好的刷牙前漱口产品”。除此之外，仍有一个问题没有解决，就是产品的名称问题。如果新产品被推出，是否还应该使用 Scope 名称。令人感到担心的是，如果使用 Scope 这个名称，那么有可能失掉把 Scope 作为口腔清新产品的忠诚顾客。

概括起来说，格温·赫斯特希望推出一种新产品，即口味更好的、能够去除牙斑的、在刷牙前使用的产品，以应对 Plax 产生的市场冲击。研发部则认为，Scope 已经具备了 Plax 的所有功效，只需把 Scope 的这种功效告诉消费者即可。销售部和广告部则持基本相反的意见，即应该推出新产品，但是应该拥有显著差异性，或者完全不同的品牌定位。市场部综合了销售部和广告部的意见，提出在 Scope 现有定位的基础上，深入挖掘 Scope 潜在的品牌价值。对于所要推出的新产品，不应该定位为“口味更好的刷牙前漱口产品”。由此可见，关键的共识意见有两点：第一，Scope 应该保持既有定位，并继续寻找办法强化 Scope 的现有地位；第二，应该推出新品牌，新品牌必须拥有自己独特的定位，既不同于 Scope 的定位，又不同于 Plax 的定位。

对于宝洁公司（P&G）而言，营销战略方向应该十分明确，总体战略原则是打好营销防御战。在加拿大漱口水市场上，宝洁公司无疑已经成为领先者。因此，宝洁公司的战略任务，就是保持自己在市场上的领先地位。不仅要维持既有的领先优势，而且要努力扩大这种领先优势。所谓防御战，就是指这种意义和概念。那么，宝洁公司应该如何打好防御战，这一切都应该从消费者心智开始。毫无疑问，在人们的心智中，Scope 占据着“口味不错和口味清新”的地位。在“口味”这点上，Scope 的竞争品牌难以企及。同时，Scope 拥有一个被人们忽视的价值地位，那就是市场领先地位，也就是消费者选择最多的品牌。Scope 所拥有的这种地位，足以对更多消费者产生吸引力。对于 Scope 而言，这是一个强化品牌地位的好途径。因为 Scope 的这种地位，原本就存在于人们的心智中，只是需要通过营销传播活动，将这种地位挖掘出来而已。这就是说，在 Scope 这个品牌身上，不是要加上“去除牙斑”的功效，而是要加上“已经获得广泛承认”的领先身份。

宝洁公司不应该推出更好口味的“Plax”，包括去除牙斑、刷牙前使用、口味更好等关键词，因为在人们的心智中，Plax 已经占据了“刷牙前使用，能去除牙斑”的价值地位。从消费者心智调查结果上看，Plax 的定位已经得到了消费者的广泛认可，宝洁公司已经错过了推出更好口味的“Plax”的时机。这个时机应该在 Plax 刚刚推出之时，而不是在 Plax 推出 3 年之后。此时，Plax 已经在人们心智中站稳了脚跟，宝洁公司再想争夺这个位置，已经变得十分困难。然而，这不意味着不能与 Plax 竞争。Plax 强调自己在刷牙之前使用效果更好。针对 Plax 的使用时机问题，宝洁公司应该推出一个与 Plax 使用时机相对立的品牌。这种对立的时机就是应该在饭后使用的漱口水。人们选择消费漱口水，三个关键原因就是：去除口臭、杀灭细菌、口腔卫生。没有哪个时间比饭后更应该使用漱口水，因此，宝洁公司的新品牌，可以定位为：填补一天当中牙齿防护的空白时段——饭后使用的漱口水，帮助牙齿实现全天性的安全防护。

对消费者心智调查的结果显示：Listerine 拥有绝对的顾客忠诚度。在 Listerine 的使用者中，认为 Listerine 的表现近乎完美。在所有功效评价项目上，Listerine 都获得了使用者的高度评价。这意味着，在 Listerine 使用者的心智中，Listerine 成为一种全功能漱口水。Listerine 足以凭借这一点，对领先品牌发起进攻，即将品牌使用者的“全功能”价值认知，向非使用者演化和延伸。Listerine 的进攻点就是：使用过 Listerine 的消费者证实，Listerine 是一种全功效的漱口水。“全功效”对“领先者”，足以让 Listerine 形成与 Scope 对立的有利局面。对于宝洁公司而言，存在着一个可以利用的机会，这个机会就是那些非 Listerine 的使用者，尚未对 Listerine 形成“全功效”这种价值认知。否则，宝洁公司就没有这种机会。因此，宝洁公司应该抢在 Listerine 之前，推出一种

“全功效”漱口水品牌。或许，“全功效”漱口水，不能帮助宝洁公司获得更大成功，但是“全功效”漱口水足可以保护 Scope 免受 Listerine 的对立攻击。

无论在美国市场上，还是在加拿大市场上，Scope 的最大竞争对手都是 Listerine。所不同的是，在加拿大市场上，Scope 成为领先者。在美国市场上，Listerine 则一直居于领先地位。自 1989 年以来，Listerine 在美国作了大量广告，宣称自己是“被美国牙医协会承认的、惟一不需开处方的漱口水，对预防和减少牙斑，以及牙龈炎有很大的帮助”。在美国的临床实验中发现，Listerine 减少牙斑的百分比大约是 20% ~30%。对牙龈炎的预防效果，百分比同样达到了 20% ~30%。在加拿大市场上，Listerine 在 1990 年的广告中采用了类似的口号，即被临床试验证明“有助于防止因牙斑增多而引起的牙龈发炎”。但是，Listerinee 尚未获得加拿大牙医协会（CDA）消费者产品认证，因为这个协会认为漱口水不可能有医疗价值。

1989 年加拿大—美国市场份额对比

品牌名称	加拿大市场份额	美国市场份额
Scope	33.0%	21.6%
Listerine	16.1%	28.7%
Listermint	9.8%	4.5%
Cepacol	10.6%	3.6%
Plax	10.0%	9.6%

当初，Scope 所以能够获得成功，就是因为 Scope 针对了 Listerine 固有的弱势——药味。如今，在美国市场上，宝洁公司依然需要针对 Listerine 固有的弱势，采取有效的营销进攻行动。Listerine 的配方依靠四种基本的油脂：薄荷醇、甲苯水杨酸盐、百里酸、桉树油，这些原料全部是一种强有力的防腐剂——石碳酸的提取物。这似乎可以成为 Listerine 的第二个固有弱势。宝洁公司可以从产品原料来源入手，对 Listerine 发起第二轮攻击。宝洁公司的攻击视角就是：研发出一种全天然

的、不含防腐剂成分的、植物提取液漱口液。然后，针对 Listerine 的构成成分——防腐剂提取物，再一次发起营销攻击。告诉消费者事实真相：Listerine 是从防腐剂中提取而来，宝洁公司的新产品，由全天然植物提取液构成，不含有任何防腐剂成分。这种定位策略，在美国市场上是一种攻击策略，在加拿大市场上则是一种防御策略。

竞争对手

——针对竞争对手的虚实和强弱确定战术视角

【观点】在一个竞争的格局之中，一个品牌要想获得成功，必须针对竞争对手采取营销行动。有时候，为了发现有效的竞争视角（战术），甚至要从竞争对手身上寻找进攻方向，这包括竞争对手拥有什么、没有什么；竞争对手弱势是什么、强势是什么；竞争对手何处防守严密、何处防御空虚。针对竞争对手的强弱与虚实，确定己方品牌的攻击视点与进攻路线。由此可见，竞争对手并不总是意味着消极的敌对因素，竞争对手还能为己方品牌提供有效的攻击视点与进攻路线，以此帮助己方品牌在人们心智中占据独特的竞争地位。或者说，竞争对手可以为己方品牌提供获取成功的定位视角（战术）。特别值得注意的是，所选择的攻击视点与进攻路线，应该能够与行业领先者形成显著的“对立”，或者与行业竞争者形成显著的“差异”，从而借助这种明显的“对立性”和“差异性”，在人们的心智中形成某种独特的价值概念。这就是说，己方品牌所以能够显得与众不同，恰恰是因为竞争对手在这方面显得毫无特色，或者恰恰相反。从这个意义上看，一个领先品牌完全有可能成就自己的敌人——一个对立的领先品牌。

【诠释】《六韬·军势》：夫先胜者，先见弱于敌而后战者也，故事半而功倍焉。圣人征于天地之动，孰知其纪。循阴阳之道而从其候，当天地盈缩，因以为常。物有生死，因天地之形。故曰：未见形而战，虽众必败。㊣ 定位的营销观念，以竞争对手为前提假设。定位的战术视角，以竞争对手为所针对的目标对象。或者说，要针对竞争对手采取定位行动。针对竞争对手定位，就是针对竞争对手的薄弱环节，确定己方品牌所要建立的价值地位。由此可见，定位战术的视角选择，始终不能脱离竞争对手的虚实与强弱之处。这就是“未战而先胜”的道理，先见弱于敌而后战，则事半而功倍。如果不能找到竞争对手的薄弱之处，或者说不能针对竞争对手的空虚之处发起攻击，那么即便拥有强大的资金实力，恐怕仍然难以赢得营销战争的胜利，甚至会遭遇营销战争的失败。从这个意义上来看，定位的战术视角源自于竞争对手。

【案例】 Vision Express 是一家提供快速配镜服务的公司，这家公司承诺在一小时之内为消费者提供眼镜。然而，有多少消费者需要在一小时内得到眼镜呢？事实上，只有一小部分顾客，需要在一小时内得到眼镜，例如，那些刚刚丢失了眼镜，或者刚刚摔破了眼镜，又没有备用眼镜的消费者。除此以外，谁还会这么急着需要眼镜。但 Vision Express 公司凭借“一小时取镜服务”，在经营上获得了巨大的成功。这是因为消费者们认为，这是个不错的主意，也是这项服务的意义所在。

“一小时取镜服务”的创始人即 Vision Express 公司创始人迪安·巴特勒（Dean Butler），原来并不是眼镜经销商，而是宝洁公司市场部经理，有一次，迪安·巴特勒的朋友因长期苦于无法与竞争对手竞争，邀请迪安·巴特勒帮助设计一场眼镜店的宣传策划。在作眼镜店宣传策划过程中，迪安·巴特勒对眼镜业产生了兴趣。迪安·巴特勒发现，制作一副眼镜只需用短短不到半个小时的时间，而顾客却往往需要等上两周才能取到眼镜。

事实十分明显，眼镜可以当场制作。许多其他眼镜店，尽管同样可以提供这项服务，但是需要购置昂贵的制作仪器，并且需要较大的地方容纳这些仪器。传统的观点认为，这种做法并不可行。迪安·巴特勒认为，完全可以这样做。1984 年，迪安·巴特勒离开了宝洁公司，并开设了第一家快速配镜店，提供“一小时立等可取”的服务。“一小时取镜服务”的想法迅速取得了成功，在短短三年的时间里，迪安·巴特勒就开设了四家分店，并最终以 4700 万英镑卖给了美国鞋业公司（American Shoe Corporation）。

根据转让协议，在五年的时间内，迪安·巴特勒可以获得 2% 的经营利润，并且要帮助把连锁店扩展至 231 家。同时，转让协议规定，迪安·巴特勒不能在美国再开设类似的分店，与转让后的连锁配镜店竞争。因此，迪安·巴特勒转而把 Vision Express 的理念带到欧洲，并于 1988 年在英国诺丁汉（Nottingham）成立了 Vision Express 公司，以独树一帜的广告开创自己的事业。人们迅速被这种想法所吸引，不论人们是否真的需要，人们都愿意在一小时之内取到眼镜。

当时，眼镜行业还十分传统和保守，仅仅在三年前才被解除管制。在此之前，眼镜店都不被允许做广告，以避免各个店铺竞相压价。其实，即使眼睛店真的这样做了，也不会有别人知道。Vision Express 公司的创新做法，给整个行业带来了暴风雨般的革命。这种观念迅速被大众所接受，Vision Express 连锁店很快开遍了英国、波兰、意大利、比利时、卢森堡、阿根廷、菲律宾等国家，连锁店总数超过 200 家，经营利润超过两亿英镑。1997 年，Vision Express 公司被提供类似服务的法国新兴眼镜连锁店——大光学感光服务公司（GPS）收购。两家公司连锁店合在一起，连锁店总数超过了 347 家，并计划在十年内将连锁店数量翻两番。

品牌自身

——根据品牌自身的属性或特性确定战术视角

【观点】在许多情况下，不需在他处寻找定位的视角（战术），在产品或品牌身上就存在着可以充当定位焦点的属性或者特征（定位视角）。当然，这些属性或者特征，应该能够为己方品牌所独自占有，而尚未或者不能被竞争品牌所抢先占有。有时候，这种属性或者特征，完全为己方产品和品牌所独自拥有，其他品牌及产品身上不拥有同样的属性或特征。此时，这种属性或者特征，自然可以成为品牌定位焦点。有时候，这种属性或者特征，并非为己方品牌所独有，其他品牌及产品拥有同样的属性或者特征。此时，关键在于要抢先占有这种属性或者特征，使之在人们心智中成为己方品牌的专有属性或者特征。值得注意的是，有些属性和特征十分明显，以至于营销者认为并没有什么新意，从而不认为有什么营销价值。或者，营销者早已经熟视无睹，以至于根本不能发现这些明显特征有什么营销价值。岂不知，越是显著的特征，人们的心智认知就越清晰，就越容易在人们心智中形成差异性概念（定位）。当然，无论什么样的属性或者特征，如果要想成为品牌在人们心智中的价值焦点，那么这种属性或者特征必须尚未被其他品牌所占领，或者在人们心智中仍然是一处未被占领的空白地带。从而，这种属性或者特征能够被己方品牌抢先占有，在人们的心智中成为己方品牌的专有属性或特征。

【诠释】《投笔肤谈·物略》：知兵之士，察物之理，究物之用，总括其利，不遗微小，则虽百万之众无所穷，千里之远无所困[1]。《投笔肤谈·本谋》：故知害之害者，知利之利。知危之危者，知安之安。知亡之亡者，知存之存。得胜者，不先料敌而料己。料敌者疏，料己者密。料敌者知敌之势，料己者知己之情[2]。🕮《投笔肤谈·物略》：天下之物理，有相生者，有相克者，有相感者，有相成者，有相制者，有相胜者；有言其性体者，有言其声气者，有言其形势者，有言其作用者。杂然并撰，分类别行，凡有利于兵之事者，不可胜穷也，姑举大略言之[3]。㊣ 一个品牌本身，就可能存在着定位的战术视角。这是因为，一个品牌本身，可能存在着一些独特的东西，对于品牌身上这种独特的东西，人们称之为属性。品牌所拥有的独特属性，所以能够充当定位的战术焦点，既在于其独特性，又在于其针对性。所谓独特性，就是能够为己方品牌所独自占有的东西，或者能够为己方品牌所抢先占有的概念。反之，则不能称之为独特性。由此可见，所谓独特性，意味着一种独特的心智价值地位。所谓针对性，就是己方品牌所拥有的某种属性，可能恰好与竞争品牌形成“虚实对立”关系——我之实，彼之虚。这种具有针对性的独特属性，往往更加具有定位效力。因此，在寻找定位战术视角的过程中，应该首先看看自己身上拥有什么独特之处，不先料敌而先料己。在做到“料己”之后，再开始“料敌”。料己者知己之情，料敌者知敌之势。依据敌我双方之情势，即独特性和针对性，选择所要采用的定位战术视角。对于一个品牌来说，可能存在着各种各样的属性，或者说，可以从多种角度考察、描述一个品牌的独特属性。一个品牌所拥有的独特属性，可能与竞争品牌构成相生相克、相感相成、相制相胜的相互关系。寻找定位的战术视角，就是发现和利用品牌属性的这种相互关系。

注解：

〔1〕［原注］物之无穷如此，能察理用之，则必皆得其利，故可以统众而远征。不知兵者，厌为微小而昧之，安足以济其用哉？

〔2〕［批评］论谋者有矣，多主于谋敌；此先料己，为谋真是务本之道。［原注］利害安危存亡，其机相为倚伏。能知而料于彼己之间，斯为善谋，然犹须先料己也。势，以显于外者言；情，以隐于中者言。

〔3〕［批评］此篇所载虽云物略，实巨细精粗咸备。将能由此而推

极之，则用无不利矣。［原注］万物无穷，惟举大略。撰，具也。类，相同也。行，等列也。

【案例】 20 世纪 80 年代中期，澳大利亚（Australia）电影《鳄鱼邓迪》（*Crocodile Dundee*），对美国人产生了很大的影响。越来越多的美国人对"澳大利亚旅游"产生了浓厚的兴趣。对于新西兰（New Zealand）来说，这是个绝佳的机会。新西兰与澳大利亚同处大洋洲，而且相隔又是如此之近。令人感到遗憾的是，在对美国市场的宣传策略上，新西兰从未给出一个简单而富有竞争力的定位。游客一批又一批来到新西兰，新西兰的旅游业者总是强调不同的内容。人们对新西兰的印象仅仅停留在"南太平洋上养着很多羊的地方"。新西兰面临的问题是，首先要确定自己应该打一场什么样的营销战。错误地选择这场战争的视角，会使营销行动毫无基础可言，无疑会收效甚微。如果直接向美国人宣传新西兰的好处，那么就要对强大的市场领导者——澳大利亚展开正面的进攻。事实上，新西兰无法与澳大利亚相提并论。

新西兰正确的选择是避开与澳大利亚正面竞争，从侧翼吸引到澳大利亚的游客。新西兰应该借助澳大利亚这个旅游热点，让旅客从"澳大利亚行程"中分出几天，再到新西兰停留几站。毕竟，与"在一次大洋洲旅行中多停留两站"相比，"让美国游客分两次飞到同一个遥远的地方"要困难得多。如果单独飞往新西兰，首先要飞到夏威夷（Hawaii），然后再向西南方向飞行 8 个小时左右。那么，有什么理由可以吸引游客，从"澳大利亚行程"里分出几天留给新西兰呢？新西兰有什么特点？与澳大利亚相比有什么不同？新西兰基本上由两个岛屿组成，北岛很像加利弗尼亚湾（Golfo de California），而且相比起来只强不差，高山绕绿，羊群成片，勾勒出一幅完美的画卷。南岛很像阿尔卑斯山（Alpes），大雪覆盖了山峰，分布着峡湾以及湖泊，此外还有活火山。两者都是绝妙的、未被破坏的天然胜地。如果不把这两个岛看成是一个国家，那么其战略定位就显而易见，即“世界上最美丽的两个岛屿”。新西兰可以向到澳大利亚旅游的游客宣传：如果到了澳大利亚（Australia），那么跟旅行社说一声，顺道去新西兰就可以了，因为那里有世界上最美丽的两个岛屿。

世界上最美丽的两个岛屿，这是一个世界性的大战略定位。这可能会令新西兰人感到吃惊：新西兰不是一个国家吗？怎么变成了两个岛屿？新西兰人置身自己的国家之内，国家的观念已经先入为主，加上对细节了解得太多，以至于从未从外部的视角，以一种全新的思维，审视自己国家的旅游定位战略。但是，任何人只要认真地思考一下，就不得不同意这一定位是“如此的意料之外而又在情理之中”。这一竞争性的定位会遭到澳大利亚的抗议吗？答案是：不会。实际上，新西兰没有从正面攻击澳大利亚的旅游市场，而是在一个“无争”的新地带，分走了“到澳大利亚旅游者”的一段时间。而且，“世界上最美丽的两个岛屿”，也给澳大利亚之行扩充了一个有力的新景点，还会增加人们对澳大利亚旅游的兴趣，因而总体市场也扩大了。事后证明，一切如愿以偿。新西兰不仅成功地争取到了游客，而且提升了到澳大利亚旅游的人数。令人高兴的是，这个定位不光在美国产生了很好的结果，在欧洲、亚洲都得到了良好的回应。

趋势方向

——根据市场的未来趋势和方向确定战术视角

【观点】 ⌖一些品牌能够获得成功，完全是因为赶上了某种趋势方向。所谓趋势，就是大多数人普遍接受和认可的一种行为方向，并且都努力沿着这个方向前进，即顺应这个方向采取某种行动。把握趋势方向，有时需要运气，有时需要眼光。所谓运气，就是由于某种机缘巧合，企业或者品牌的某种经营行为，在无意识中与某种尚不明显的趋势相符合，从而随着趋势的发展成为一个成功的品牌。所谓眼光，就是在趋势尚未明显地被大多数竞争者所识别之前，或者在趋势刚刚显现出来的时候，企业的经营者能够迅速、准确地识别出这种趋势，从而积极主动地采取符合趋势的行动和策略，进而造就了一个成功的品牌。对于一个品牌来说，依靠运气获得的成功机会，往往只有一次而不会有第二次。这是因为，毫无思考和意图的经营或者营销行动，难以保证下一次同样能够抢先抓住趋势。因此，对经营者来说，应该努力观察、识别、追踪、确认趋势的发展，而不是等待趋势降临到自己头上。对于创建一个品牌来说，从把握趋势中寻找机会，意味着从一开始就能抢占先机，抢先在人们的心智中驻足，进而伴随着趋势的渐渐明显与逐步发展，成为人们心智中的领先品牌。把握趋势方向，意味着从趋势中寻找品牌定位的机会，这不仅仅是指品牌价值定位应该符合某种趋势，尤为关键的是，趋势使企业有机会创建出一个完全不同的新品类，从而有机会成为新品类的领先者。此外，在趋势刚刚起步的时候，很少有竞争者参与竞争。当竞争者作出反应的时候，领先者早已建立起稳固的市场地位。更加重要的是，符合趋势的新品类，往往会取代老品类，成为同类产品的主流产品。这样，先前抓住趋势的领先者，就有机会成为主流品类的领先者，实际上就是整个行业的领先者。从这个意义上看，把握趋势是品牌定位的大视角、大战略。

【诠释】 《六韬·兵道》：故善战者不待张军，善除害者理于未生，善胜敌者胜于无形。上战无与战，故争胜于白刃之前者，非良将也，设备于已失之备者，非上圣也。智与众同非国师也，技与众同，非国工也。《六韬·军势》：善战者，见利不失，遇时不疑。失利后时，反受其殃。故智者从之而不释，巧者一决而不犹豫。是以迅雷不及掩耳，迅电不及瞑目，赴之若惊，用之若狂，当之者破，近之者亡。孰能御之！㊣ 无论对于军事战争，还是对于营销战争，最高的境界就是无需竞争，这就是所谓的“上战无与战”。如何做到“上战无与战”？对于战略定位而言，就是在人们尚未识别出趋势之前，能够抢先预见到趋势的方向，不待潜在竞争者进入市场，就已经在人们心智中建立起领先地位，从而使潜在竞争者无法直接与自己进行竞争。因此，战略性定位就是抢先抓住趋势，见利不失，遇时不疑。一旦己方品牌把握住了趋势，就应该从之而不释，决之而不疑，以迅雷不及掩耳之势，抢先占领趋势的制高点，成为趋势浪潮的引领者和符合趋势的领先者。反之，如果竞争品牌抢占了趋势的制高点，那么己方品牌就会处于被动的竞争地位上，失利后时，反受其殃。对于趋势的引领者，孰能御之！当之者破，近之者亡。这就是“上战无与战”的竞争境界。

【案例】 娱乐与体育节目电视网（Entertainment and Sports Programming Network），一般被简称为ESPN。ESPN是一家专门24小时播放体育节目的美国有线电视联播网。最初，ESPN同时播放娱乐节目。后来，ESPN全力播放体育节目。1979年9月7日，ESPN正式开播。如今，美国9000万家庭，以及全球147个国家，都可以收看ESPN播出的体育电视节目。ESPN将自己定位为：世界体育事业的全球领导者（The Worldwide Leader in Sports），这个口号出现在几乎所有ESPN的媒体上。回想起ESPN创办的初衷，对比ESPN现在所获得的战绩，绝对令人感到惊叹。Fulcrum Global Partners公司的分析师里查德·格林菲尔德（Richard Greenfield）说道：“没有人预料得到，ESPN会成为这么一个巨大的财团组织”。

比尔·拉斯穆森（Bill Rasmussen）和斯科特·拉斯穆森（Scott Rasmussen）共同创建了ESPN——娱乐与体育节目电视网。原先，比尔·拉斯穆森作为一名电视体育记者，为NBC所属的WWLP电视台工作。WWLP电视台位于马萨诸塞州（Massachusetts）斯普瑞菲尔德（Springfield）。当时，比尔·拉斯穆森充当 Hartford Whalers 球队比赛现场的解说员。20 世纪 70 年代中期，比尔·拉斯穆森为世界冰球协会（World Hockey Association）新英格兰捕鲸者（New England Whalers）电视台工作，销售商业广告时段。斯科特·拉斯穆森则是一位前高中球队守门员，后来充当球队播音室的播音员。

1979 年，比尔·拉斯穆森和斯科特·拉斯穆森被同时解雇了。比尔·拉斯穆森开始寻求建立商业企业，他分别从几张信用卡上凑集了 9000 美元，创办了 ESPN——娱乐与体育节目电视网。最初，ESPN 公司坐落在蓝领工人聚居区康涅狄格州（Connecticut）布里斯托尔（Bristol）小镇的一块泥地上。ESPN 的最初想法是建立一个有线电视网，这是当时刚刚出现的新兴媒体，将焦点集中在覆盖康涅狄格州体育赛事上，例如 Hartford Whalers、Bristol Red Sox、Connecticut Huskies 等球队比赛的赛事，特别是希望利用卫星有线电视，将刚刚崭露头脚的 Connecticut Huskies 球队的比赛，播送给更多的康涅狄格州观众来观看。

不久之后，比尔·拉斯穆森获知一种卫星转播方式，即购买连续 24 小时的卫星转播费用，不比仅购买夜间几个小时的时段话费更贵。比尔·拉斯穆森和斯科特·拉斯穆森意识到一个发展方向，认为 ESPN 这种商业模式，可以在全国加以推广，这决定了未来的 ESPN 命运，在全国范围内 24 小时连续不断地播放体育节目。为了帮助填满一天 24 小时的播出时间，ESPN 播出了各种各样的体育赛事，其中包括澳大利亚式足球、加拿大足球联赛、戴维斯杯网球赛、职业摔跤、拳击，以及其他大学生足球和篮球比赛。

在节目播出一年之后，格蒂石油公司（Getty）向 ESPN 公司注入了 1 亿美元，并获得 ESPN 大部分的股份。1984 年，ABC 与格蒂石油公司（Getty）达成协议，收购了 ESPN 公司。ABC 保留了 ESPN 公司 80% 的股份，剩余 20% 的股份，则卖给了 Nabisco 公司。Nabisco 公司所持有的股份，最终卖给了 Hearst 公司，此词至今仍然持有 ESPN 公司 20% 的股份。1986 年，首城传媒公司（Capital Cities Communications），以 35

亿美元的价格收购了 ABC。

1996 年，迪士尼公司以 190 亿美元的价格收购了首城传媒公司及其旗下的 ABC 公司。这样，迪士尼公司获得了 ESPN 公司 80% 的股权。2008 年 2 月，根据当时工业企业现金流量的倍数，《巴伦周刊》(Barron's) 杂志分析，ESPN 的价值可能超过了迪士尼公司价值的 40%。自从 1996 年开始，尽管 ESPN 是迪士尼公司的一个分支机构，但是在技术上仍然是 Disney 与 Hearst 的合资企业。如今，ESPN 公司一天 24 小时不间断地用 15 种语言在超过 150 个国家播放 65 种体育节目。现在，回过头来看看 ESPN 的发展历程，所有的成功都源自最初对趋势的判断和把握。

调查分析

——根据调查分析的数据和结果确定战术视角

【观点】 在市场营销中，人们最愿意接受的策略制定方法，莫过于数据分析的方法。因为人们所接受的教育认为，数据分析的方法拥有更多的科学和理性因素。这种方法因此被广泛认可和运用。在市场营销领域，对数据分析方法的运用，已经达到了某种僵化的程度。似乎没有详尽的数据分析，所有的营销策略都令人感到不可靠、不可信，一切原因和结论都要找到合理的数据证明，否则，便会被认为不科学、不可靠。在多数情况下，事实就活生生地摆在眼前，根本不需要什么数据分析和推理判断。可是，已经习惯了分析和推理的人们，就是不相信眼前的生活事实，偏偏要去再搞分析和论证。那些从象牙塔里走出来的营销理论家，尤其迷信通过数据论证得出来的结论。那些长期深入营销前线的指挥官，并不完全依靠数据论证得出来的结论。对于营销前线的指挥官来说，眼前活生生的生活事实，更能引导自己作出最直接、最有效的策略判断，而不依赖那些复杂的数据分析和推理，何况许多复杂数据已经模糊了事情的真实状况。这就是说，源自于生活的营销策略思想（定位视角），远远比数据分析更加可靠。只不过那些远离营销前线的人们，根本就体会不到这一点而已。这不是说我们应该抛弃数据分析这种方法，我们的意思是说，不能完全迷信数据分析，彻底依赖数据分析，以至于离开了数据分析就不会走路了。所谓数据分析，不过是用数据的方式呈现出一个已经存在的事实，进而从这种事实中寻找可以被利用的机会，或者以这种事实作为采取行动的基本依据。因此，分析所运用的数据，应该是那些直观的数据，即那些直接反映事实状态的“简明”数据。在寻找定位视角（战术）的过程中，应该注意对下列数据进行收集与分析：（1）反映竞争品牌与己方品牌价值属性的数据；（2）反映竞争品牌与己方品牌市场地位的数据；（3）反映竞争品牌与己方品牌资金力量的数据；（4）反映竞争品牌与己方品牌市场形象的数据；（5）反映人们对品类及其品牌心智认知的数据。（6）反映竞争品牌与己方品牌异于常规的数据。掌握了这些方面的数据，基本上可以呈现出竞争格局的清晰轮廓，以便于从中寻找到有效的定位视角（战术）。

【诠释】 《孙子兵法·始计》：兵者，国之大事[1]，死生之地，存亡之道，不可不察也[2]。《孙子兵法·始计》：故夫未战而庙算胜者，得算多也；未战而庙算不胜者，得算少也。多算胜，少算胜，而况于无算乎！吾以此观之，胜负见矣[3]。㊣ 军事战争与营销战争，二者的基本原则几乎完全一致。“察”敌我之虚实，“计”彼此之强弱，“算”胜负之多寡。避敌人之实，击敌人之虚，见可胜而动，则胜负可观矣。选择定位策略的依据，在于知道己方品牌在何处强、何处弱，竞争品牌在何处强、何处弱。对于敌我双方的虚实和强弱，可以运用调查分析的方法，以数据指标的方式呈现出来。这就是说，通过调查分析的方法，可以找到定位的战术视角。企业经常错误地运用市场调研活动，总是试图通过了解消费者需要什么、不需要什么，喜欢什么、不喜欢什么，找到解决营销问题的有效路径。事实上，这种以顾客需求为导向的市场调研活动，很难帮助企业有效地解决营销问题。这是因为，对于满足消费者的同样需求，领先品牌处在优势的竞争地位上。市场调研活动应该以竞争对手为导向，通过掌握敌我双方品牌的虚实之处，找到解决营销问题的有效策略。简单一点来说，运用调查分析的方法，就是要找到“胜算多”的战术策略，避免采用“胜算少”的战术策略。

注解：

〔1〕杜牧：传曰“国之大事，在祀兴戎。”张预：国之安危在兵，故讲武练兵，实先务也。

〔2〕李筌：兵者凶器，死生、存亡系于此矣，是以重之，恐人轻行者也。杜牧：国之存亡，人之死生，皆由于兵，故须审察也。贾林：地，犹所也，亦谓陈师、振旅、战陈之地。得其利则生，失其便则死，故曰死生之地。道者，权机立胜之道，得之则存，失之则亡，故曰不可不察也。书曰：“有存道者，辅而固之；有亡道者，推而亡之。”梅尧臣：地有死生之势，战有存亡之道。王晳：兵举，则死生、存亡系之。张预：民之死生兆于此，则国之存亡见于彼。然死生曰地、存亡曰道者，以死生在胜负之地，而存亡系得失之道也，得不重慎审察乎？

〔3〕曹操：以吾道观之矣。李筌：夫战者，决胜庙堂，然后与人争利。凡伐叛怀远，推亡固存，兼弱攻昧，皆物情之所出。中外离心，如商周之师者，是为未战而庙算胜。太一遁甲置算之法，因六十算已上为多算，十六十算已下为少算。客多算临少算，主人败；客少算临多算，主人胜。此皆胜败易见矣。杜牧：庙算者，计算于庙堂之上也。梅尧臣：多算，故未战而庙谋先胜；少算，故未战而庙谋不胜。是不可无算矣。何氏：计有巧拙，成败系焉。张预：古者兴师命将，必致斋于庙，授以成算，然后遣之，故谓之“庙算”。筹策深远，则其计所得者多，故未战而先胜。谋虑浅近，则其计所得者少，故未战而先负。多计

胜少计，其无计者，安得无败？故曰：胜兵先胜而后求战，败兵先战而后求胜。有计无计，胜负易见。

【案例】 20 世纪 20 年代，Godiva（戈黛娃）巧克力起源于比利时，拥有手工制作巧克力的传统，且历史悠久。1974 年，坎贝尔汤料公司收购戈黛娃公司，开始在美国、日本和西欧等地区开设分支机构。从此，戈黛娃公司变成了一家跨国企业。1990 年，戈黛娃公司已经拥有三家子公司，分别是戈黛娃欧洲公司、戈黛娃美国公司、戈黛娃日本公司。

戈黛娃欧洲公司设在比利时布鲁塞尔。1987 年，在布鲁塞尔建立起生产能力为 3000 吨的果仁巧克力工厂。戈黛娃欧洲公司的产品销往世界各地，包括日本和美国。戈黛娃美国公司在美国设有一个巧克力生产工厂，可以满足戈黛娃在美国市场销量的 90%，剩余 10% 的产量缺口由戈黛娃欧洲公司出口到美国。戈黛娃日本公司仅仅集中于营销、分销和出售戈黛娃巧克力，产品需要从比利时出口到日本。戈黛娃欧洲公司拥有两个品牌，分别是 Godiva 和 Corn Toison d'Or。1987 年，戈黛娃欧洲公司收购了 Corn Toison d'Or 这个品牌，以帮助消化布鲁塞尔工厂剩余的生产能力。

Corn Toison d'Or 与 Godiv 的品牌形象十分相近，均为手工制作，包装精美华贵。最初，Corn Toison d'Or 的定位与 Godiv 有所区别，但是管理者却从没有真正追求过这个定位目标。Corn Toison d'Or 在布鲁塞尔地区的 40 家商店销售产品。在比利时巧克力市场上，存在着三个以"Cone"命名的品牌，分别是 Corn、Corn Toison d'Or、Corn Port Royal。

戈黛娃欧洲公司的销售量由 4 个部分构成：①Godiv，55%（欧洲）；②Corn Toison d'Or（比利时），10%；③私有标签协议方式（OEM），10%；④内部转移交易（美国和日本），25%（Godiv，美国 10%，日本 15%）。此外，戈黛娃公司在世界 20 多个机场设有免税商店，在免税商店销售的商品不必缴纳增值税，虽然这会损失部分当地销售，但是这有助于建立戈黛娃的品牌形象。

（1）Godiva 的经营问题。从 1980 年至 1989 年，在全球市场上，巧克力消费需求有较快增长，巧克力消费市场有着很大的潜力。戈黛娃公司的主要市场在比利时，此外，在欧洲的市场还有：法国、英国、德国、西班牙、葡萄牙。除了欧洲之外，对于戈黛娃公司来说，美国和日本这两个市场十分重要。在日本市场上，戈黛娃巧克力能卖 4000 比利时法郎/千克；在美国市场上，戈黛娃巧克力能卖 2000 比利时法郎/千克；在比利时市场上，戈黛娃巧克力只卖 1000 比利时法郎/千克。除此之外，美国和日本市场巧克力产品需求增长较快。1990 年，戈黛娃欧洲公司销售收入为 9.26 亿比利时法郎，亏损 1000 万比利时法郎。

1980 年～1989 年全球巧克力消费量增长状况

年 份	1980	1985	1986	1987	1988	1989
千吨数量	2359.6	2778.1	2780.2	2862.0	2990.8	3083.6
销量指数	100	118	118	121	127	131

（2）Godiva 的市场份额。在比利时、法国和英国市场上，Leonidas 是戈黛娃非常重要的竞争者。在手工巧克力市场上，Leonidas 这个品牌居于领先的竞争地位。Leonidas 创建于 1910 年，制造巧克力的历史就像亨利·福特制造汽车一样长久。Leonidas 的竞争策略很简单，生产低价格和大众化的产品，这主要体现在 360 比利时法郎/公斤的价格，8600 平方米的生产厂房，和 10000 吨的生产能力上。1989 年，Leonidas 的年销售额为 26 亿比利时法郎，利润率达到了 32%。在全球市场上，Leonidas 有 1500 个零售商店，业务扩展十分迅速。Neuhaus 是 Godiva 的第二个主要竞争者。Neuhaus 与 Mon Cheri、Corn Port Royal 合并在一起，致力于开发国际市场。剩余的竞争者包括一些小型巧克力品牌，在大企业占据的市场夹缝中生存，提供新鲜的、从纯可可中提取的巧克力。

1990 年欧洲主要巧克力品牌及市场份额

比利时		法　国		英　国	
品　牌	份　额	品　牌	份　额	品　牌	数　量
Leonidas	42. 8%	Leonidas	62. 0%	Thortons	1200 吨
Godiva	10. 3%	Thortons	18. 0%	Leonidas	300 吨
Neuhaus	7. 1%	Jeff de Bruges	14. 0%	**Godiva**	40 吨
Mon Cheri	5. 4%	**Godiva**	3. 0%	——	——
Cornet TO	2. 7%	Le Notre	1. 0%	——	——
Other	31. 0%	Other	2. 0%	——	——

1990 年欧洲主要巧克力品牌价格对比

比利时		法　国		英　国	
品　牌	价　格	品　牌	价　格	品　牌	价　格
Godiva	1080	Hediard	640	Gerard Ronay	20. 00
Neuhaus	980	Fauchon	430	Valrora	16. 80
Come PR	880	Mon Cheri	390	Charbonel	14. 00
Corne TO	870	Le Notre	345	**Godiva**	13. 5
Daskalides	680	Fountaine Ch	327	Neuhaus	12. 00
Jeff de Bruges	595	**Godiva**	320	Leonidas	6. 75
Leonidas	360	Leonidas	120	Thortons	5. 80

（3）Godiva 的市场机会。巧克力有多种食用方法，可以作为食品或作为饮料，可以直接咀嚼或用于调味。欧洲官方把巧克力分为四类：空心或者实心巧克力棒、巧克力糖、巧克力果仁糖（在比利时叫“果仁糖”，如戈黛娃巧克力），以及其他的巧克力品种。机器加工的巧克力与巧克力果仁糖是不同的。机器加工的巧克力放在包装好的盒子里出售，可以有商标或没有商标。普通盒装巧克力大部分在圣诞节或复活节通过零售渠道出售。名牌盒装巧克力价格昂贵，给人们一种高质量的产品形象，并强调包装上的品牌名称，通过大量的广告来促销。

知名品牌盒装巧克力的销售在增长，普通品牌盒装巧克力在欧洲的销售则一直比较稳定。这意味着，消费者对于品牌名称、巧克力包装，以及广告传递的高品质的形象十分关注。1989 年，全球巧克力销量超过了300万吨，比1980年增长了30.7%。从1980年至1989年的10年之间，消费增长最快的地区是日本（54.2%）、意大利（102.1%）、澳大利亚（45.1%）、英国（30.5%）、美国（29.3%）。除了英国之外，日本、美国、澳大利亚的人均消费量还很低，市场成长潜力较大。比利时、德国和瑞士人均消费量都达到了稳定的高度，很难再上升。

1980年~1989年主要巧克力市场的增长速度

国家	消费量(公斤/人)		平均增长	
	1980年	1989年	1980=100	平均增长率
比利时	6.04	6.09	100. 8	1.76%
丹麦	4.80	5.61	116.9	1.79%
法国	3.96	4.59	115.9	1.65%
西班牙	——	1.21	——	——
意大利	0.92	1.84	200.0	8.00%
日本	1.09	1.59	145.9	4.28%
德国	6.59	6.81	103.8	0.42%
瑞士	8.44	9.41	111.5	1.22%
英国	5.48	7.15	130.5	3. 00%
美国	3.69	4.77	129.3	2.89%

1989年主要巧克力的市场消费结构

国家	巧克力食品	巧克力果仁糖
	消费量(公斤/人)	所占比例
比利时	6.09	43.5%
丹麦	5.61	20.9%
法国	4.59	36.8%
西班牙	1.21	11.6%
意大利	1.84	35.3%
日本	1.59	27.8%
德国	6.81	24.1%
瑞士	9.41	33.9%
英国	7.15	41.4%
美国	4.77	23.9%

（4）Godiva的市场状况。早期，巧克力由西班牙人引入欧洲，当时只有富人才吃得起巧克力。人们今天所知道的巧克力果仁糖，即果仁包着巧克力外衣的巧克力，诞生于19世纪末期的比利时，一位糖果店老板的儿子琼·纽哈斯制造了第一块巧克力果仁糖。为了使巧克力果仁糖变成一种华贵的产品，巧克力制造商赋予了这种产品贵族气质。巧克力果仁糖由手工制造或者手工雕饰制造，手工制作和精美的雕饰给予巧克力果仁糖应有的品类地位。巧克力果仁糖的最显著特征是：独特的味道和华贵的包装，在保存和运输中易于变腐和容易变碎。戈黛娃巧克力就是这类产品的一个典型品牌。今天，巧克力已经是一种大众化的食品，走进了所有人的日常生活。在欢庆节日和其他特殊场合，在和谐欢乐的氛围中，朋友之间分享巧克力果仁糖。人们对巧克力果仁糖和巧克力棒的购买行为不同，人们在购买巧克力果仁糖时非常认真和深思熟虑。巧克力果仁糖的价格高于其他品类巧克力，这并没有抑制消费者的消费购买，但是这抑制了冲动型购买行为。

Godiva在主要销售市场上的状况

- **比利时**——比利时人熟悉Godiva这个品牌的演变过程。因此，改变比利时人对Godiva的印象十分困难。在比利时之外的国家，戈黛娃商店向消费者传达着一种高质量的、华贵的产品形象。然而，在品牌发源地比利时，这个品牌形象几乎不复存在。戈黛娃在比利时的商店变得越来越缺乏吸引力，导致戈黛娃的品牌形象显得陈旧和过时。
- **法国**——在法国，比利时巧克力的出名归功于Leonidas公司。Leonidas第一个把比利时巧克力引入法国并占据着最大的市场份额。Jeff de Bruges在法国市场上的市场份额达到了14%，Jeff de Bruges隶属于Neuhaus。Godiva只能和法国巧克力制造商瓜分一个很小的市场。在法国，巧克力首先被看作是一种在特定的日子里馈赠的礼品，因而消费的季节性很强（60%的消费集中在圣诞节），这导致在淡季时巧克力很难盈利。
- **英国**——Godiva进入英国市场并力图创造一种高品质比利时巧克力形象，这种心智地位正在逐渐形成。马狮公司以自己的商标Saint Michael出售比利时巧克力，在包装上清楚地标着原产地为比利时。

- **西班牙和葡萄牙**——巧克力果仁糖还是一种新事物。Godiva 第一个将巧克力果仁糖引进市场，受到了消费者的欢迎，立即获得了一种美味、华贵的产品形象。在西班牙，Godiva 通过 Corte IMglese 百货商店和特许零售店销售。消费者购买欲望很强烈，通常巧克力被当作礼品并放在昂贵的盒子里赠送。
- **德国**——在德国，不存在“巧克力文化”。德国人比较喜欢传统的巧克力棒，不太注意巧克力之间的质量区别。Godiva 通过 5 家特许经营零售店销售巧克力果仁糖。在荷兰，人们认为巧克力果仁糖太贵了。在意大利和北欧国家，巧克力果仁糖的消费还比较少见。
- **美国**——巧克力果仁糖在美国很受喜爱，在一些节日和特殊日子作为礼品馈赠。例如生日、情人节和圣诞节。戈黛娃公司拥有的 95 家自己的零售商店，还有 800 个零售商经销 Godiva 的产品。零售商店一般设在高档百货商店里，如 Lord &Talor、Neiman Marcus、Saks Fifth Avenue、Filenes 和 IMagnin。
- **日本**——Godiva 巧克力首先被认为是一种欧洲产品（60% 的人认为产自比利时，40% 的人认为产自瑞士和法国）。巧克力是一种代表身份和华贵的礼品。日本巧克力的消费季节性很强，75% 的消费发生在情人节，很特别的是，日本女人送给男人巧克力。对 Godiva 来说，日本是一个很有吸引力和不断扩大的市场。
- **国际机场免税商店**——从销量的角度上来看，机场免税商店很重要。免税商店的数量还在增加，销售量与航空业的发展紧密相连。Godiva 在这个细分市场上有很强的竞争力，Leonidas 尚未进入这个市场。

（5）Godiva 的品牌形象。戈黛娃公司 70% 的巧克力由机器制造，30% 的巧克力由手工制造。然而，机器制造和手工制造巧克力之间的成本差别很大，手工制造的成本是机器制造成本的 7 倍。戈黛娃公司希望既能让戈黛娃这个品牌保证盈利，又能保持手工制造的高级巧克力形象。在自动化和手工制造之间，戈黛娃公司致力于找到一个最理想的折衷方案。戈黛娃公司机器制造的产品有 60% 以手工雕饰，手工雕饰对于保证戈黛娃的质量和形象十分必要。在手工制造巧克力上投资与消费者的期望相符吗？人们真的能发觉手工产品的附加价值吗？这种产品是不是太复杂了点？比利时人有这样的观点：如果一种巧克力产品不能通过比利时顾客检验，即通过最好的巧克力鉴赏家的检验，又怎么能在世界市场上占有一席之地呢，无论如何，戈黛娃公司所追求的目标正在改

变着欧洲市场，其他生产厂商正在仿效戈黛娃果仁糖的质量标准。

比利时巧克力品牌顾客心智地位调查（1）

属　　性	品牌与某种属性的联系程度			
	Godiva	Leonidas	Mon Cheri	Neuhaus
巧克力皇后	37. 8	27. 6	1. 6	19. 7
理想礼品	29. 1	26. 8	10. 2	19. 7
自我陶醉	26. 4	48. 0	1. 6	14. 4
特殊用途	26. 8	28. 5	8. 1	19. 5
华美商店	40. 2	12. 0	0. 9	31. 6
价格吸引力	5. 7	81. 11	4. 9	1. 6
精美包装	49. 6	6. 4	3. 2	24. 8
精致产品	35. 2	18. 4	0. 8	27. 2
比利时经典巧克力	30. 1	48. 1	2. 4	10. 6
口味	32. 3	37. 9	3. 2	15. 3
昂贵	40. 3	5. 9	0. 8	35. 3
全球知名品牌	42. 7	39. 5	4. 8	7. 3

比利时巧克力品牌顾客心智地位调查（2）

属　　性	品牌与某种属性的联系程度			
	Daskalides	Corn Port Royal	Corn	Corn Toison d'Or
巧克力皇后	——	0. 8	7 . 1	5. 5
理想礼品	——	——	11. 0	3. 1
自我陶醉	0. 8	0. 8	4. 8	3. 2
特殊用途	0. 8	0. 8	6. 5	8. 9
商店华美	——	——	6. 0	9. 4
价格吸引力	0. 8	——	3. 3	2. 5
精美包装	0. 8	0. 8	7. 2	7. 2
精致产品	0. 8	1. 6	8. 8	7. 2
比利时经典巧克力	——	——	6. 5	2. 4
口味	——	1. 6	5. 6	4. 0
昂贵	2. 5	——	6. 7	8. 4
全球知名品牌	1. 8	——	4. 0	0. 8

【案例】 从调查获得的数据上看，果仁巧克力产品在全球市场上存在着较大的消费潜力。特别是在比利时之外的国家或地区，果仁巧克力还是一种新鲜事物。这不但为增加产品销售提供了市场机会，还为品牌抢先在人们心智中建立价值地位提供了机会。在大众化的产品市场上，Godiva 这个品牌不占有竞争优势。在比较成熟的欧洲市场上，如比利时、法国和英国，Leonidas 这个品牌已经居于绝对的领先地位，或者远远领先于 Godiva，关键原因在于 Leonidas 采用了低价格、大规模的分销策略。这种策略自然还被应用到国际市场上。在比利时布鲁塞尔对果仁巧克力品牌形象的调查显示，Godiva 的品牌优势在于高级果仁巧克力的品牌形象。当然，高级产品伴随着较高的产品价格，较高的价格则意味着相对较小的市场份额。在比利时，与 Godiva 形象相近的品牌是 Neuhaus 这个品牌，消费者似乎认为 Godiva 的品牌形象更加高级。因此，Godiva 更应该是一种高级巧克力产品。在欧洲、美国、日本市场上，Godiva 都在传递一种高级巧克力果仁糖的形象，即高级、华贵、经典的比利时巧克力。特别是在美国和日本市场上，由于没有直接的竞争者，Godiva 保持着不错的增长势头。

问题的关键在于，高级、华贵、经典的比利时巧克力，这个品牌形象还比较模糊，不足以在人们心智中建立起一个更加具有竞争力的价值地位。同时，潜在的竞争品牌，如 Neuhaus 这个品牌，在全球市场上能够表达同样的品牌形象，即高级、华贵、经典的比利时巧克力。这就是说，在国际市场上，Godiva 需要建立起一个更加清晰明确，更加具有价值意义的定位。Godiva 的定位应该是“比利时是果仁巧克力糖的故乡。”这意味着：比利时生产的果仁巧克力糖，才是世界上最好的果仁巧克力糖。比利时最好的果仁巧克力糖就是戈黛娃（Godiva）。因此，Godiva 这个品牌的定位应该为：“世界上最高级的果仁巧克力”。Godiva 应该告诉人们，要吃世界上顶级的果仁巧克力，就只能选择戈黛娃（Godiva）。对于消费者来说，这远远比“高级、华贵”更加具有吸引力。

“世界上最高级的果仁巧克力”的定位拥有两个关键的支撑点。第一个定位支撑点是：产自果仁巧克力的故乡——比利时；第二个定位支撑点是：Godiva巧克力的制作工艺是完全手工制作和雕饰手工制作。在国际市场上，Godiva的品牌传播重点是：Godiva源自于果仁巧克力的故乡——比利时，是果仁巧克力的正宗货；坚持手工制作和雕饰，是“世界上最高级的果仁巧克力”。戈黛娃公司应该围绕着品牌价值定位——“世界上最高级的果仁巧克力”展开营销活动，产品包装、分销渠道、广告策略等方面都要沿着品牌定位的方向逐步展开，在人们心智中建立起更加清晰、有力的价值竞争地位，即“世界上最高级的果仁巧克力”。事实证明，只能通过强化高级果仁巧克力的品牌形象，戈黛娃这个品牌才能赢得消费者的选择。1990年，查尔斯·凡·德维科（Charles van der Veken）出任黛娃欧洲公司总裁，开启了强化、巩固戈黛娃品牌形象的营销战略。在一个很短的时间内，强化、提高品牌形象的营销战略，取得了很好的市场营销效果。1991年7月，黛娃欧洲公司已经盈利1000万比利时法郎。

1991年黛娃欧洲公司采取的营销战略

- **包装策略**——在美国，人们倾向于购买事先包装好的产品。在欧洲和日本，顾客自己选择包装很流行。在日本，人们喜欢买很少量的巧克力，因此漂亮的包装成为主要特色。在欧洲，尤其是在比利时，礼品的价值在于对巧克力种类的精心选择。顾客对于巧克力品种有非常明确的想法，特别是购买礼品巧克力，人们不喜欢标准化包装的产品。为了适应不同国家对巧克力的消费习惯，改变包装非常必要。戈黛娃推出了被叫做“收藏”的主题式包装。凭这些“收藏”主题的包装，赋予戈黛娃食品高贵的特征。这种手工创造导致持续的研究开发活动，以确保不断地进行包装革新，以此为戈黛娃的商店提供最新的陈列品。这些遵循“时装”原则手工加工的精美包装盒，在情人节、春节、复活节、母亲节、圣诞节等展示出来。在比利时，相对于巧克力的价格而言，包装盒子的价格（1000法郎）高得十分离谱，可以说这些包装盒子不仅仅是为了出售巧克力，包装本身构成了戈黛娃商品的一个组成部分。

- **价格策略**——戈黛娃的产品价格在不同国家差别很大。1993 年，欧洲产生统一的欧盟组织，戈黛娃的当务之急就是统一欧洲的零售价格。1991 年 8 月 1 日开始，比利时戈黛娃巧克力的价格上涨了 10%，达到了 1080 比利时法郎/公斤，比利时巧克力的平均价格为 450 比利时法郎/公斤。价格上升导致了市场份额的丧失，这部分市场份额会被 Leonidas 抢走。高级的产品需要高价格与之相匹配。
- **分销策略**——分销策略的总体目标是：在世界范围内建立统一的品牌形象。零售渠道的最大问题在于，戈黛娃的形象在不同国家差别很大。尤其在比利时，戈黛娃商店的形象变得越来越缺乏吸引力。如果不尽快采取行动，戈黛娃全球形象很快就会像在比利时的形象一样每况愈下。戈黛娃公司从众多商店里撤出了销售代表，从而改变了零售网络。然后，重新设计了剩下商店的装饰风格，建立了适用于这些商店的组织和运作规则。这样，戈黛娃在比利时的分销渠道可以与日本和美国的分销渠道相媲美。戈黛娃在比利时的分销网络改造计划历时 18 个月。所有的特许经营店都与戈黛娃签订协议，不允许经营其他品牌的巧克力。所有的特许商店都必须重新装修，建立起统一的品牌零售渠道形象，即统一的黑底金字标识，粉红色的枫叶标志，商店内部按照统一的豪华标准进行装修。戈黛娃希望比利时的零售店能在欧洲产生溢出效应，因为新商店可以作为欧洲特许经营店的参照标准。戈黛娃零售商店是戈黛娃华贵形象的一个关键因素。
- **广告策略**——戈黛娃公司所关心的是在全世界传播统一的广告信息。但是，在比较了比利时、美国和日本之后，证明这并不是一个简单的任务。在美国和日本，戈黛娃的产品是新事物，并且因为市场上没有竞争者，消费者对品牌有很深的印象。在比利时，消费者熟悉戈黛娃巧克力及其品牌的演变，因此，加深比利时人对一个熟悉品牌的印象很困难。意识到了这个问题之后，戈黛娃欧洲公司开始评估、调整其广告策略。在三个不同市场上传递统一的品牌信息，同时又要考虑到不可避免的国家间的文化差异。美国的广告主要集中于声望、华贵和美味，这些广告主要登载在一些与品牌期望定位相符的杂志上，如《美食家》、《时装》，或者高收入阶层阅读的商业杂志。在比利时，结合其他市场营销措施，即重新设计商店、提高服务质量、品牌包装时装化，强调戈黛娃已有的声望、华贵的形象，但是要让戈黛娃显得更加年轻化。戈黛娃的品牌承诺：采用最好的原料和比利时的配方，品尝之后给人留下独特的口味体验；继承了制造最好巧克力的传统工艺；美丽的包装和精致的欧洲风格手工工艺。戈黛娃的广告目标是保持戈黛娃在世界上高品质巧克力的优势地位。

意外发现

——根据意外发现的现象或启发确定战术视角

【观点】 定位的视角，或者说营销的战术和战略，有时候并不是刻意寻找的结果。相反，许多品牌及其竞争策略（战术，定位视角）的诞生，完全是一种意外发现或者意外收获。在不经意之中，发现了一种可以成为竞争策略的视角，或者在完全没有预计的情况下，出现了一个可以塑造成功品牌的机会。这有运气的成分，更有眼光的成分。其中的关键在于，要有能力识别出那些可以成为竞争策略的视角，或者要有眼光识别出那些塑造成功品牌的机会。如果不具备这样的识别能力或者眼光，那么无论多么意想不到的机会，都难以发现并成为有效的竞争策略（战术），当然更谈不上把战术提升、开发成为战略了。那么，这种策略识别能力源自何处？或者说，这种策略识别能力如何培养？这种策略识别能力源自于对市场环境的深入理解，以及由此所形成的对意外事项的敏锐嗅觉。这种策略识别能力，需要经过长期的营销战场历练，以及丰富的策略经验积累，才能形成一种近乎自然和本能的思维反应。当一种意外现象出现的时候，思维敏锐的营销指挥官能够准确识别出所蕴藏的策略机会。

【诠释】 📖《六韬·立将》：见其虚则进，见其实则止。📖《六韬·军势》：善战者，居之不挠，见胜则起，不胜则止。📖《蔚缭子·兵谈》：兵起，非可以忿也。见胜则兴，不见胜则止。㊣ 在军事战争中，许多辉煌战果的取得，不是“预先谋算”的结果，而是“纯属意外”的收获。毫无疑问，这存在着偶然性的运气因素。但是，这不意味着凭借歪打正着的运气就可以赢得战争胜利，在偶然性的背后，存在着某种必然性的因素。这种必然性的因素是什么？优秀的军事指挥官，能够从偶然现象中发现制胜机会，并对这种偶然性的机会加以充分利用，进而取得了辉煌的战果。见胜则起，不胜则止。这就是这种偶然性因素背后的必然性结果。偶然性与必然性之间的这种关系，在营销战争过程中同样存在，同样适用于定位的战术策略。见其虚则进，见其实则止，这是攻心之战的基本原则。无论什么样的偶然性现象，都应该以这是否能够成为可以利用的策略机会作为判断依据。因此，对于营销指挥官来说，应该培养一种习惯性思维。这种习惯性思维就是：当一种偶然性现象出现的时候，无论是一种积极性的现象，还是一种消极性的现象，都应该考虑这种偶然性现象是否具有策略价值。

【案例】 20 世纪 60 年代中期，法玛西亚 & 普强公司（Pharmacia & Upjohn）研究人员发现，一种原以为是抗酸剂的药物，可以降低实验动物的血压。在进一步研究过程中，生产出一种可以有效降低人类高血压的药物，并定名为“米诺西定”（Minoxidil）。然后，“米诺西定”药物（品牌）名称被取为 Loniten。1979 年，美国食品药品管理局（FDA）批准 Loniten 可以在市场上销售。1971 年，研究人员获得意外发现：一些口服米诺西定的患者，出现非同寻常的头发生长现象。1973 年，一名服用米诺西定治疗高血压的病人，头上明显秃顶的地方开始生长头发。

从 1977 年至 1984 年的 8 年期间，针对 4000 多名脱发患者，研究人员进行了米诺西定的临床试验和相关研究。其中，在 27 个不同的试验地点，针对 2326 名脱发患者进行了跟踪性临床研究。这些试验对象几乎均为身体健康的白人，年龄在 18 至 45 岁，被诊断为患有中等脱发疾病。该项研究得出的结论是：一天在头上涂两次含 2% 米诺西定的溶液，对这一群体最安全和最有效。对于 18 岁以下的青少年，没有进行该产品安全性与有效性的试验。因此，这种药物不向 18 岁以下人士推荐使用。米诺西定成为一种能够刺激头发生长的活性化学成份，使用此药可能出现一些副作用，即头皮治疗部位发痒和对皮肤有刺激。

在有效性方面，48% 的患者报告在使用一年后长出中度或浓密的头发。同时，研究人员作出判断，39% 的患者在使用一年后有中度至浓密的头发生长。1985 年，米诺西定溶液治疗脱发的试验数据被呈报给美国食品药品管理局。最终，美国食品药品管理局认定了这个研究结论，即 39% 的人有中度至浓密头发生长出来。1986 年，法玛西亚 & 普强公司使用 Regaine 这个品牌名称，在美国以外地区销售含 2% 米诺西定的溶液。然而，美国食品药品管理局更严格和费时的复审程序，延缓了在美国国内的审批过程。

经过对米诺西定的持续研究，研究人员推导出两个基本结论：第一，在外用米诺西定 4 个月后，可以在一部分人的头皮上长出头发；第二，在许多病例中，效果与患者的年龄、秃顶程度及秃顶时间长短有关。那些刚开始脱发的年轻人，使用此药的效果将会更好。但是，年龄与使用效果间的关系还没有得到科学验证。

1987 年，法玛西亚 & 普强公司组建了生发研究部，分析米诺西定的作用机制，开发新的、更好的米诺西定药品，并探索影响头发生长或脱落的其他药剂。当时，研究人员仅仅就米诺西定能够刺激一些患者头发生长作出推论。法玛西亚 & 普强公司首席皮肤病学家说道：似乎最合理的解释是，在毛囊基质细胞注定要死亡时，米诺西定能刺激毛囊基质细胞再生。但是，尚不清楚米诺西定如何调整细胞代谢活性。

1988 年，研究取得了两项引人注目的进展。第一，一项历时 8 个月的对女性脱发者使用 Regaine 情况的临床研究结论呈递给美国食品药品管理局。1991 年 8 月，美国食品药品管理局批准，米诺西定溶液可以销售给女性脱发患者。然而，孕妇和哺乳期妇女被劝告不要使用 Rogaine。第二，1988 年 8 月，美国食品药品管理局批准，可以在美国向男性销售这种溶液。但是，美国食品药品管理局官员认为，Regaine 这个名称会暗示消费者，米诺西定溶液能使头发完全生长出来，所以名称更改为 Rogaine。此时，米诺西定已在消费者、营销媒介和投资者中获得很高的知名度，被认为是治疗秃顶方面的奇迹。例如，华尔街财务分析家认为，Rogaine 治疗男人秃顶的能力，很快将带来 4 亿到 5 亿美元的年销售收入。

Rogaine 处方生发药的营销计划

最初，Rogaine 的市场营销计划与美国食品药品管理局审批过程并行。Rogaine 的营销目标为：在美国市场上，使 Rogaine 的销售最大化。自从 Rogaine 被批准为处方药之后，法玛西亚 & 普强公司开始将注意力放在拜访内科医生、皮肤病专家、保健专家等方面，以及销售人员的培训和教育上。Rogaine 是通过销售人员、医药杂志，以及期刊上的广告而进入医药界的。美国食品药品管理局的一位发言人说道："只有在医药界获得足够认知度之后，我们才会开始向消费者推销 Rogaine"。Rogaine 的消费者广告目标为 25 岁至 49 岁的男性脱发患者，并计划于 1988 年 11 月开始启动广告活动。由于试用少而导致处方药销售缓慢，所以，广告计划比原定时间提早 2 个月启动。电视广告于 1988 年 11 月 23 日开始启动。随后，在主流的消费者杂志上，以及报亭出售的商业报刊上，刊登了 Rogaine 印刷广告。

电视广告和印刷广告的信息，突出强调温和的推销方法，如果为脱发而忧虑，鼓励消费者去看医生。但是，这些广告未提及 Rogaine 这个品牌，因为在那时的消费者广告中，联邦政府禁止使用处方药的品牌名称。但是，法玛西亚 & 普强公司的名称，依然在广告中出现了。1989 年第一季度，Rogaine 月销售额仅为 400 万美元，所以，法玛西亚 & 普强公司决定增强广告攻势，广告中描述一位秃顶男士站在浴室镜子面前的颓丧表情。与以往的广告信息一样，鼓励观众去看医生。由此，Rogaine 在美国市场上的销售额得到改善。1989 年，Rogaine 销售额达到了 7000 万美元。

1990 年 2 月，Rogaine 展开第三次广告攻势。经过美国食品药品管理局批准，印刷广告第一次提及 Rogaine 的品牌名称。广告文案用大标题重点强调，只有一种药品被证明有生发作用，即 Rogaine。Rogame 是获得美国食品药品管理局批准的唯一生发产品。在同时进行的电视广告中，仍然没有提及 Rogaine 这个品牌名称。1990 年，Rogaine 在美国的销量达到 9500 万美元。第三轮广告攻势一直持续到 1991 年。经过美国食品药品管理局批准，Rogaine 这个品牌名称，开始出现在电视广告中。1991 年，Rogaine 在美国的销量达到 1.3 亿美元。据行业估计，Rogaine 在消费者标准媒体（Measured Media）广告方面的费用，1989 年为 491.45 万美元，1990 年为 934.75 万美元，1991 年为 344.3 万美元。尽管一些医生和美国食品药品管理局不喜欢处方药品广告，但是消费者对处方药广告反应十分积极。一项针对 2000

位成年美国人的调查发现，40%的人因看过广告而与医生进行过交谈，72%的人认为广告是一种教育工具，71%的人认为处方药广告有价值。

1991年8月，美国食品药品管理局批准Rogaine可用于女性脱发患者。1992年2月，才开始直接面向女性患者的广告和推广活动。女性消费者市场进入计划，与男性市场营销计划一模一样，包括统一的价格，以及在广告中提及Rogalne品牌名称。广告大量出现在《Cosmopolitan》、《People》、《US》、《Vogue》、《Women's Day》，以及其他杂志上。然而，在男性之间常谈论脱发问题，在女性之间却很少谈论。因此，面向女性消费者的广告文案，与面向男性消费者的文案有所不同。法玛西亚 & 普强公司认为，受脱发困扰的妇女，因为没人与之谈论而感觉更孤独。在面向妇女的Rogaine印刷广告中，针对这种观点的广告信息得到充分体现。例如，在Rogaine印刷广告中，一位女性顾客说道："不仅仅是接受事实，我终于能对脱发做些什么了。"在广告的结尾推出："取得一直想要的控制权，并且现在就开始行动。"

在美国主要的大城市，无论白天、傍晚、还是周末，当地电视台和有线电视网络不停地播放Rogaine的电视广告。在电视广告中，扮演新闻记者的广告模特说道："做新闻记者这一行，在掌握事实之前，没办法编出故事。所以，当听说Rogaine含有米诺西定之后，我认为自己了解到了全部的事实。"杂志广告、直接广告和销售人员方面广泛的专业化的努力，包括为药剂师准备印刷及录像材料，有力地支持了产品的市场投放。1992年，在女性消费者市场上，Rogaine所作的营销预算达到了2000万美元。1992年，由于产品的顾客群体扩大，Rogaine的销售额上升至1.22亿美元。据行业估计，1992年为Rogaine所作的消费者广告支出达1256.96万美元。1993年，Rogaine在美国市场上销售额降至8400万美元。在1994年和1995年，Rogaine在美国市场上销售额又开始上升，并保持在9600万美元左右。

自从1988年Rogaine导入市场后，法玛西亚 & 普强公司一直在进行Rogaine的产品和市场开发。例如，对不同浓度的米诺西定进行了检验，看哪一种可以一天只需使用一次而不是两次，同时又能达到相同的治疗效果。这一改进可以使消费者更加方便地使用。正如法玛西亚 & 普强公司一位原经理所承认的那样，一天用两次确实很困难。此外，一种易于使用的米诺西定凝胶在欧洲市场投放。1989年初，又推出了非处方PRogaine浓发香波产品线，男女均可使用，这类产品并不促进头发

生长，仅仅适合稀疏头发者洗发。玛西亚 & 普强公司相信，这种产品将从好听的品牌中受益，并被认为是 Rogaine 的伴侣产品。

1995 年 12 月，玛西亚 & 普强公司向美国食品药品管理局呈报了一项新药申请，即含 5% 米诺西定的 Rogaine 产品，用以治疗一般性脱发疾病。这种需要凭处方购买的生发药，预计在 1996 年底可以获得营销许可证。Rogaine 对全球的市场开发在持续进行之中，在美国之外的市场上，使用 Regaine 这个品牌名称。到 1996 年 4 月，Regaine 在超过 80 个国家销售，300 多万人使用过 Regaine 产品。如果 FDA 批准 Rogaine 可以作为非处方药销售，那么意味着 Regaine 可以在 13 个国家不凭处方销售，其中包括：美国、英国、丹麦、荷兰、新西兰、西班牙等国家。1995 年，在美国之外的市场上，Regaine 的销售额超过了 3000 万美元。

创意灵感

——根据创意灵感的指引和方向确定战术视角

【观点】 创意和灵感，永远是品牌或者产品成功的思想源泉。在品牌的历史上，往往由于一个创意或者一种灵感，创造了一种独特的产品，开创了一个不同的品类，从而成就了一个成功的品牌。因此，不要怀疑创意和灵感的价值，哪怕是一些看上去“异想天开”的想法，里面都可能存在着某种有效的营销或者竞争策略思想。企业在无计可施的时候，经常采用一种叫做“头脑风暴”的方法，以图从中找到一些有策略和竞争价值的想法。这是因为，不知道隐藏在哪个头脑里的创意和灵感，就能演变成为一种有效的竞争策略。许多企业为了使自己变得与众不同，都会为消费者提供一些特性化的产品或服务。这些特性化的产品或服务，往往都是在顾客只有见到之后，才会感觉是否需要这个东西。这就是说，在顾客没有见到一个新东西之前，不知道自己是否对这个新东西存在着需要。因此，当发现一个新东西的时候，或者发现一种新视角的时候，不要轻易怀疑或者否定可能对人们产生的吸引力。

【诠释】　《北堂书钞・孙子兵法秘要》：良将思计为饥，所以战必胜，攻必克也。《尉缭子・战威》：先料敌而后动，是以击虚夺之也。善用兵者，能夺人而不夺于人。夺者，心之机也。《宋史・岳飞传》：阵而后战，兵法之常，运用之妙，存乎一心。㊣ 创意源自于人们的灵感。许多品牌的诞生与成功，都从一个创意灵感开始。一个灵感产生了一个想法，一个想法创造了一个产品，一个产品成就了一个品牌。因此，创意灵感被认为是营销制胜的策略源泉。创意灵感为人们制造了一种错觉，致使人们过于关注创意本身的新颖性，而完全忽视了创意对消费者心智的占有性，对竞争者地位的针对性，创意灵感走入了一个误区，变得天马行空、不着边际。纵观致使品牌成功的创意灵感，无不符合两个基本条件：第一个条件是抢先占领人们心智的一处空白地带；第二个条件是针对竞争品牌所拥有的价值概念，形成对立性的、差异性的价值概念。这就是说，创意灵感的营销价值，脱离不了顾客心智这个品牌必争之地。因此，创意灵感仍然需要遵循心智战争的基本原则——料敌后动，避实击虚。夺者，夺人之心也；夺人之心者，创意也。这就是创意灵感的本质。运用之妙，存乎一心。这就是创意灵感的秘密。

【案例】　大袋鼠（KangaROOS）运动鞋是美国运动鞋品牌。大袋鼠这个品牌于 1979 年开始进入市场，20 世纪 80 年代开始流行起来。目前，大袋鼠依然是一个独特的成功品牌。大袋鼠有一个显著特征，就是在运动鞋的一侧有一个带拉链的小口袋，这个小口袋足以装下一些小东西，例如零钱、钥匙等零散的小东西。大袋鼠运动鞋的最新设计，甚至专门为安全套留出了存放空间。

大袋鼠的诞生，完全来自一种简单的创意灵感。美国建筑师鲍勃・

甘姆（Bob Gamm），是一位狂热的跑步爱好者，一天至少要慢跑 10 公里。但是，在慢跑锻炼的时候，鲍勃·甘姆喜欢穿着的轻便运动服却没有口袋，没有地方存放随身携带的零钱、钥匙等小东西。这为鲍勃·甘姆带来了许多不便。正是这种不方便，激发了鲍勃·甘姆的灵感，设计出了大袋鼠运动鞋，这种运动鞋侧面有一个小口袋，用于存放零钱和钥匙。

最初，鲍勃·甘姆所设计的运动鞋仅仅用于个人跑步。鲍勃·甘姆觉得，自己的灵感和设计十分具有创意，于是就将这个创意转变成为商业战略，销售大袋鼠运动鞋。鲍勃·甘姆的大袋鼠创意，获得了巨大商业成功。大袋鼠运动鞋投放市场之后，年销售额飞速上升，当年销售额就达到了 7500 万美元。20 世纪 80 年代，大袋鼠运动鞋一个月的销售量就超过了 70 万双。

对大袋鼠运动鞋原设计的进一步改进，导致了运动鞋产品多项具有重大意义的革新。20 世纪 80 年代中期，美国大袋鼠鞋业公司（KangaROOS USA）根据月球靴的原理和使用的材料，设计并制造出了一批运动鞋。在美国航天局（NASA）的测试帮助下，美国大袋鼠鞋业公司申请了 Dynacoil 三维聚氨酯泡沫结构专利，这项技术能够将走路或跑步时脚上产生的压力分散开，通过盘绕在布料里面的纤维，大袋鼠运动鞋能够吸收脚部踩踏地面的力量，然后再把这种力量反弹回脚部。

从此以后，许多运动鞋的生产和制造企业，都将类似 Dynacoil 的技术引入运动鞋设计之中。从 20 世纪 80 年代初期，到 20 世纪 80 年代中期，许多美国职业运动员都穿大袋鼠运动鞋，包括足球鞋、篮球鞋，以及赛跑用鞋和训练用鞋。许多体育明星都穿大袋鼠运动鞋，其中包括橄榄球明星——Walter Payton、OJ Anderson、William Perry，篮球明星 Ozzie Smith、Vince Coleman、Ron Darling，短跑明星 Kenyan track stars。

大袋鼠运动鞋拥有时髦的层面，在休闲运动和美国学生中十分流行。然而，鲍勃·甘姆仍然致力于将大袋鼠作为严肃运动鞋类发展。

1985 年，鲍勃·甘姆建立起 10000 平方英尺的测试设施——大袋鼠实验室和健身房（The KangaROOS Laboratory & Gymnasium）。这进一步促进了大袋鼠的发展，完善并开发出不同的运动鞋。其中包括：篮球鞋、网球鞋、田径鞋、橄榄球鞋、曲棍球鞋。

20 世纪 80 年代末期，运动鞋的潮流开始退潮。大袋鼠管理高层离职而去，大袋鼠运动鞋悄然从市场上撤回。然而，欣赏大袋鼠运动鞋的设计，喜欢这种运动鞋无处不在的口袋，加之对它的怀旧情怀，导致了 20 世纪 90 年代大袋鼠运动鞋的再现。今天，大袋鼠在全球超过 60 个国家进行销售。近几年，大袋鼠将业务扩展到了中美洲、南美洲，还有亚洲。

携着超过 30 年的历史与信誉，大袋鼠运动鞋的品牌战略焦点，已经从提升运动水平，转向体现运动生活方式。如今，大多数大袋鼠运动鞋仍然保留着带有拉链的口袋。所不同的是，大袋鼠现在的一些运动鞋，在脚踝部位上有一个开口向上的侧袋，大得足以能够容纳下一个小钱包。在现实表现中，大袋鼠秉承最初的创意灵感，将时尚、颜色、舒适、样式融合在一起，提供着多种多样、引领方向的休闲运动鞋。

【结语】 战术，即占领人们心智的定位视角，可以从多个方面寻找和获得。事实上，战术的来源可能远远不止于此。但是，无论从哪里寻获的定位视角，无论是什么样的定位视角，评价定位视角有效性的唯一标准，就是“沿着这个定位视角展开的营销活动”是否能够占领人们的心智，即在人们心智中占据着一个独特的价值地位，或者成为一种产品类别的首选品牌。从根本上看，所有的定位视角（战术），无不是为了占领人们心智中某处尚未被人占领的空白地带，这包括在人们心智中创建一个新品类，并成为新品类里的领先者。这还包括针对既有品类里的领先者和竞争者，在人们心智中拥有一种差异性的价值概念。因此，战术，所谓寻找独特性的竞争思维视角，就是寻找能够占领人们心智空白的定位视角。无论用什么方法寻找战术，都要以此为出发点和回归点。

3.3 战术的效果

【释义】既然战术是一种独特的竞争思维视角，那么就不得不涉及到战术效果的问题。战术的效果会受到什么因素的影响？战术的效果自然受到战术水平的影响。但是，战术仅仅是一种竞争思维视角，战术本身并不能单独发挥作用。尽管战略源自于战术，然而战术却要依赖于战略发挥作用。这就是说，战术只有被提升为战略，战术才能发挥出应有的竞争作用。然而，要想使战略发挥作用，则必须保证战略拥有足够的时间资源。这意味着，不但要保证战略的持续和稳定，还要保证战略能够被己方品牌抢先拥有，并在时间上与竞争品牌拉开足够的距离。因此，战术的效果取决于战术水平、战略行动和时间资源等三个方面的因素。

战术的效度

——取决于占领人们心智的可能性

【观点】战术所能产生的效果，首先取决于战术本身的水平。在认知的战争中，战术所发挥的作用，就像是一根钉子，要想把一个品牌植入人们的心智，首先需要寻找一个尖锐的钉子，即一个有效的战术。所谓有效的战术，就是相对（或者针对）竞争对手，能够在人们心智中建立起独特价值概念、占据有利价值地位的竞争视角。在一个竞争的环境中，如果一个战术不具有针对性、独特性和竞争性，那么就不要指望这个战术能够产生竞争效果，在人们心智中占据一种优势竞争地位。但是，这不意味着一定需要有多么高的战术水平。对战术水平高低的要求，取决于竞争对手在人们心智中拥有什么样的地位。这就是说，在许多情况下，允许平庸的战术存在。一些品牌所以能够获得成功，其关键原因在于时机与运气，而非高明的营销战术。抢先进入市场的时机与运气，帮助品牌抢先占领了人们的心智，在人们心智中建立起领先地位。或者说，一些品牌所以能够获得成功，完全在于或有意、或无意地抢先进入人们的心智。但是，在一个充满竞争的环境中，则必须要求拥有较高的战术水平，否则难以在营销战场上赢得胜利。

【诠释】 《孙子兵法·虚实》：夫兵形象水，水之形，避高而趋下；兵之形，避实而击虚[1]。水因地制流，兵因敌制胜[2]。故兵无常势，水无常形，能因敌变化而取胜者，谓之神[3]。故五行无常胜[4]，四时无常位[5]；日有短长，月有死生[6]。㊣ 在中国古代兵法中，最能够诠释定位战术的谋略思想，摸过于“避实而击虚，因敌而制胜”这种策略原则。战术作用的价值，核心在于“因敌而制胜”，即根据敌人的状况，从敌人身上寻找致胜的方法。为什么能够“因敌而制胜”？其根本方法就在于“避实而击虚”。在现实之中，敌我双方的情况千差万别。由于敌我双方所处的相对地位完全不同，以及在某些方面的差距程度完全不同，因此克敌制胜的方法亦千差万别。这就是“兵无常势，无常形”的道理。纵观定位理论的所有策略思想，无外乎“因敌制胜，避实击虚”这个策略原则。尽管定位理论存在着战术形式，但是这种战术形式不是“固定”的方法，而是在不同相对情况之下的策略原则。因此，定位理论没有什么固定的方法，仅有针对敌人的竞争策略原则。定位的最根本原则，就是占领人们的心智。所有的定位策略，都应该以这个原则为目标。无论一个品牌多么成功、多么强大，在其身上都存在某种虚实之处，或者强弱之处。五行无常胜，四时无常位；日有短长，月有死生。这为“因敌制胜，避实击虚”提供了机会。

注解：

〔1〕张预：水趋下则顺，兵击虚则利。

〔2〕杜佑：水因地之倾侧而制其流，兵因敌之亏阙而取其胜者。梅尧臣：随虚实也。何氏：因敌强弱而成功。张预：虚实强弱，随敌而取胜。

〔3〕杜牧：兵之势，因敌乃见，势不在我，故无常势。如水之形，因地乃有，形不在水，故无常形。水因地之下，则可漂石，兵因敌之应，则可变化如神者也。王皙：兵有常理，而无常势；水有常性，而无常形。兵存常理者，击虚是也。无常势者，因敌以应之也。水有常性者，就下是也；无常形者，因地以制之也。夫兵势有变，则虽败卒，尚复可使击胜兵，况精锐乎？

〔4〕杜佑：五行更王。王皙：迭相克也。

〔5〕杜佑：四时迭用。王皙：迭相代也。

〔6〕梅尧臣：皆所以象兵之随敌也。王皙：皆喻兵之变化非一道也。张预：言五行之休王，四时之代谢，日月之盈昃，皆如兵势之无定也。

【案例】 乔之店（Trader Joe's），是一家专门提供特殊食品的商店，由西奥·阿尔布雷希（Theo Albrecht）为家族后代而设立的家族信托基金会经营管理。通过沿用阿尔迪（Aldi）的经营理念（战术），销售红酒、腰果以及奶油等高档产品，已经逐步成为美国零售业中最为人们所熟知的品牌。乔之店在美国已经拥有超过200家连锁店。在对成本的控制上，与德国阿尔迪有着如出一辙的严苛。所不同的是，阿尔迪出售的商品是手纸和罐装豆子等日常用品和食品。乔之店则主要出售诸如红酒、乳酪等高档食品。但是，在这两家商店中，人们都会惊喜地发现，商品的售价低廉得难以想象。在美国二级城市中，在那些曾被人们废弃的零售商场，“乔之店”食品连锁商店悄然兴起。在乔之店，要想找到停车位基本上不可能。在人头攒动的过道两旁，不但货架上的商品类别十分有限，而且可供人们选择的品种也十分有限，根本就称不上琳琅满目。在货架上，如果能找到一个众所周知的品牌，那么可以算是十分幸运的了。乔之店将顾客目标群体，放在那些品味较高的低价追求者身上。

1954 年，乔·考洛比（Joe Coulombe）从斯坦福大学（Stanford University）获得 MBA 学位。然后，乔·考洛比加入了 Rexall 公司。Rexall 公司要求乔·考洛比对“普罗托市场”（Pronto Markets）进行测试。“普罗托市场”是一个与 7 – 11（7-eleven）竞争的商店品牌。在美国洛杉矶（Los Angeles）地区，在经营了六家“普罗托市场”之后，乔·考洛比被要求关闭这六家商店。于是，乔·考洛比决定购买“普罗托市场”，这就是乔之店的前身。

乔之店最早发迹于 20 世纪 60 年代初期。当时，在美国南加州（Southern California），乔·考洛比拥有三家便利商店，即“普罗托市场”。乔·考洛比认为，如果与 7 – 11 一样，那么将产生灾难性的结果。因此，乔·考洛比一直试图寻找有效的策略，抵御 7 – 11 便利店给自己生意造成的影响。经过十年在竞争环境中的磨练，乔·考洛比提炼出自己独特的竞争策略（战术），在“普罗托市场”的商店，引进了不少市面上难以找到的美味食品和低价红酒。同时，还从食品制造商不再生产或者库存过多的货品中，精心挑选出一些商品，以极低的价格出售给消费者。

这种关门促销式的方法，以及不断更新的商店货品，使顾客在乔之店购物，变得如同寻宝一样有趣。如今，这种关门促销式方法已经不复存在。但是，商店依然提供很多少有的产品供大家选择，而且商店的服务员（穿着有趣的夏威夷衬衣）态度友好，这些优良的传统一直保留到现在。对于很多顾客来说，购物是件很乏味无趣的事情，但是，乔之店能让人们在购物过程中充满了无尽的乐趣。1967 年，“普罗托市场”更名为“乔之店”。1979 年，乔·考洛比将更名为“乔之店”的连锁商店卖给了西奥·阿尔布雷希所设立的家族信托基金。

Willard Bishop Consulting 公司主席维拉德·比肖普（Willard

R. Bishop）认为，乔之店最为独特的地方，就在于市场上几乎没有谁是直接竞争对手。在多年的经营过程中，乔之店凭借积累的资源，开发和进口自己的产品，商店中80%的商品，贴着与乔之店有关的商标。例如：Trader Jose、Trader Ming 和 Baker Josef。在那些法律许可卖酒的地方，乔之店出售低价红酒和烈性酒。乔之店自己生产的加州红酒（California Wine）Charles Haw 曾经风靡一时，在加州（California）零售价仅为1.99美元，被很多人亲热地称为“Two Dollars One Charles”。

诱人的商品销售价格，只是乔之店成功的因素之一。事实上，乔之店的产品本身，也有着很大的顾客吸引力。例如：干杏果不含硫酸盐，三文鱼则不用鱼网捕捞。乔之店公司承诺：凡是贴有“乔之店”商标的产品，都不含基因改造成份。即使像花生酱这样的产品，同样属于有机的绿色产品，不含转基因脂肪成分。有一次，动物保护组织对宰杀鸭子的方法提出了抗议，乔之店干脆就停止出售这些鸭子。

零售行业分析师一致认为，高档产品和低廉售价的结合，为乔之店带来超乎意料的收益。在1990年~2001年间，乔之店商店数量就增加了4倍，利润则增加了10倍。2003年，乔之店销售额达到21亿美元，平均一平方英尺的销售收入高达1132美元。根据一家非营利研究组织的食品协会估计，乔之店单位营业面积销售指标，达到了一般连锁超级市场的2倍。《Supermarket News》估计，2009年，乔之店销售额达到了80亿美元。2010年，在《Supermarket News》75家最大零售商名单上，乔之店位居第21位。根据《财富》（Fortune）杂志估计，2010年，乔之店平均一平方英尺的销售收入已经达到了1750美元，超过整个食品零售行业的2倍。2009年5月，在《消费者报告》上，在美国最好的超市连锁店排名中，乔之店排名第二位，排名仅在“文曼斯”（Wegmans）之后。2009年6月，MSN Money 发布第三年度《名人堂》（Hall of Fame）客户服务调查结果。在客户服务方面，乔之店位居第二名。2008年~2010年，乔之店连续三年被《Ethisphere》杂志评为美国最道德的公司之一。

战略的效度

——取决于对战术产生的驱动力量

【观点】战术的含义是独特性的竞争思维视角。战略的含义是与战术视角保持一致的营销活动方向，或者与战术视角保持一致的运营活动方向。这就是说，如果战术是一种独特性的竞争思维视角，那么战略就是沿着战术视角展开的营销活动，或者运营活动。战术与战略的关系为：战术规定战略，战略驱动战术。在营销战争中，允许存在“一般水平”的战术，不允许存在“一般水平”的战略。这是因为，战术所能产生的营销效果，取决于营销活动和运营活动所体现的“战略水平”。如果战术像一根“钉子”，那么战略就像一把“锤子”。这就是说，“战略”所发挥的作用，就是对“战术”产生强大的驱动力。在认知的战争中，如果“锤子”不能砸在“钉子”上面，那么无论多么锐利的“钉子”，都难以发挥应有的渗透作用。如果“战略”不能沿着“战术”的方向行动，那么无论多么独特的“战术”，都难以产生应有的战术效果。这就是战略对战术的驱动作用。如果想让“战略”对“战术”产生驱动作用，那么“锤子”必须沿着“钉子”的方向砸下去，“战略”必须沿着“战术”的视角来展开。或者说，战略必须服从于战术，沿着战术的视角展开活动。这就是战术对战略的规定作用。所谓“战略水平”，是指各种营销活动与战术视角保持一致的程度，以及各种运营活动与战术视角相互契合的深度。“战略水平”决定着战略对战术驱动力的大小。如果“锤子”缺乏力量，那么“钉子”必然难以发挥作用。如果“战略”缺乏力量，那么“战术”必然难以发挥作用。战术即便是一只锋利的“箭”，如果缺乏一把强力的“弓”，那么将难以产生杀伤效果。“弓”的作用在于沿着“箭”所指向的方向，产生足够大的发射力，把“箭”沿着指向发射出去，从而使“箭”射中标靶——人们的心智。反过来说，一个不十分锋利的“箭”，即一般的战术水平，如果配上一张有力的“弓”，即较高的战略水平，那么将能够产生相当的杀伤效果。因此，战术效果取决于战略水平。战术与战略结合在一起，将战术提升为战略，才能产生强大的攻击效果。值得注意的是，战略的基础是兵力（资金），缺乏兵力（资金）就无法产生行动，即营销活动与运营活动。但是，战略所产生的驱动力大小，并不完全取决于兵力的大小，即资金的规模，而更多取决于战术与战略的一致程度，以及战术与战略的契合深度。这意味着，要把战术提升为战略，不但要在方向上保持一致性，而且要在深度上保证契合性。这才是“战略水平”的全部内容。

【诠释】 📖《荀子·议兵》：用兵攻战之本在乎壹民。弓矢不调则羿不能以中微，六马不和则造父不能以致远。📖《孙子兵法·兵势》：故善战者，求之于势，不责于人[1]，故能择人而任势[2]。任势者，其战人也，如转木石。木石之性，安则静，危则动，方则止，圆则行[3]。故善战人之势，如转圆石于千仞之山者，势也[4]。㊣ 关于什么是战略的问题？对于某个企业来说，战略似乎是某种预期的愿景，即期待实现的某个结果。为了达到这种期待的结果，这个企业想方设法寻找、尝试各种战术方法，努力实现这个战略愿景。无论人们是否愿意承认，大多数企业对战略的理解都脱离不了愿景这个范畴。在这个过程中，企业把资源用在尝试各种战术方法上。这导致了一种结果，即资源被运用在企业愿景上，这看起来十分合理。但问题的关键在于，企业所拥有的资源十分有限，当企业尝试各种战术方法的时候，资源被分散在众多的战术方法上。当组织资源被分散之后，即便企业找到了某种有效的战术方法，由于这种战术方法没有获得足够的重视程度，即超过对其他战术方法的重视程度，也得不到足够的战略资源。因此，在企业众多的战术方法之中，这种有效的战术方法依然是一种普通的战术方法，难以发挥战术方法本身所具有的竞争优势。定位的战略观则恰好相反，战略性定位以有效的战术为基础。或者说，在定位理论中，战略来自于战术，战术被提升为战略。反之，战略驱动着战术，战略使战术发挥竞争优势。这就是战术与战略之间的相互关系。战略的作用在于，将力量集中到有效的战术上，使战术的竞争优势作用能够发挥出来。因此，战略应该与战术视角保持一致，并尽最大努力把战术优势发挥到极致水平。否则，战术就不能彻底发挥出竞争作用。进一步来说，战略的作用在于，不但应该把所有竞争资源和所有的运营活动都集中到战术视角这个方向上来，而且应该把战术的优势完全开发出来。简单一点来说，战略是为了让战术发挥竞争优势作用。

注解：

〔1〕杜佑：胜负之道，自图于中，不求之下，贵怒师众，强使力进也，若秦穆悔过，不替孟明也。

〔2〕杜牧：言善战者，先料兵势，然后量人之材，随短长以任之，不责成于不材者也。陈皞：善战者专求于势，见利速进，不为敌先，专任机权，不责成于人。苟不获已而用人，即须择而任之。梅尧臣：用人以势则易，贵人以力则难，能者，当在择人而任势。何氏：得势自胜，不专责人以力也。

〔3〕梅尧臣：木石，重物也，易以势动，难以力移；三军，至众也，可以势战，不可以力使，自然之道也。张预：木石之性，置之安地则静，置之危地则动。方正则止，圆斜则行，自然之势也。三军之众，甚陷则不惧，无所往则固，不得已则斗，亦自然之道。

〔4〕杜牧：转石于千仞之山，不可止遏者，在山不在石也，战人有百胜之勇，强弱一贯者，在势不在人也。梅尧臣：圆石在山，屹然其势，一人推之，千人莫制也。王皙：石不能自转，因山之势而不可遏也；战不能妄胜，因兵之势而不可支也。张预：石转于山而不可止遏者，由势使之也，兵在于险而不可制御者，亦势使之也。

【案例】 Kwik Save 是一家英国的折扣超级市场连锁店。多年以来，在低成本领先的基础上，Kwik Save 构建起一个具有竞争力的战略运营系统。在整个 20 世纪 80 年代，Kwik Save 单纯集中于出售大品牌，而不像其竞争对手那样，越来越多地引进自有品牌产品。Kwik Save 与竞争对手的差别由来已久，当竞争对手有意地进军高端市场的时侯，Kwik Save 主要出售干杂食品货物，采取“堆得高高，卖得便宜”的策略，并提出引以为荣的口号——便宜又开心。Kwik Save 单店平均营业面积小于特易购（Tesco）、赛福威（Safeway）、爱事达（Asda）和桑斯博里（Sainsbury's）等大型商店。因为没有大型商店的大营业面积，Kwik Save 的货品种类有限，实际上没有必要这么做。

Kwik Save 的商店形式简陋，产品装在纸盒里，然后用刀切开纸盒，简单地摆在货架上。这样，可以力求保持成本最低，将省下的成本通过低价格转移给公众。在 Kwik Save 所在的商业区之内，如果不能保证某样商品的价格最低，那么这个商品就会被清理出货架。这导致供货商的极大不满。Kwik Save 提供有限的货物种类，从选定供货商那里的订货量经常与其整个市场地位不成比例。Kwik Save 瞄准那些可支配收入不高，且对价格敏感的顾客。对于“瞄准高端市场”的企业而言，这一市场领域显然缺乏吸引力。当各大竞争者为高端市场互相搏杀的时侯，Kwik Save 几乎完全占领了低端市场。大竞争者不愿意把利润率降到低于8%，Kwik Save 则愿意接受5%的销售利润率。这样，Kwik Save 就为自己赢得了价廉物美的美名。

在欧洲市场上，一些超级市场连锁公司，例如：埃尔迪（Aldi）、利得（Lidl）、尼托（Netto）等公司，已经习惯了大约 2% 的微薄利润率。对于这些欧洲公司来说，英国市场的利润十分可观，十分诱人。于是，欧洲的超级市场连锁公司开始“侵略”英国市场，以低价冲击整个英国市场，与 Kwik Save 激烈地争夺同样的顾客群。欧洲企业经营的连锁商店，比 Kwik Save 还要简陋，几乎不存在服务，职员数量很少。

在狭窄的超市通道上，顾客不得不长时间地排队等候。此外，欧洲公司的连锁商店，往往选择无人听过的品牌经营，许多产品都是特许品牌，专门为这些商店制作，但没有贴上生产者自己的商标。但是，欧洲连锁商店的商品很便宜，价格远远低于市场上竞争对手的商品。对许多收入有限的消费者来说，只要价格便宜这一点就足够了。

恐惧的感觉席卷了整个英国零售业。由于担心顾客流失，连锁巨头桑斯博里（Sainsbury's）、特易购（Tesco）纷纷作出回应，引进了第三级品牌，其价格比自制品牌还要低。事实上，这种担心毫无必要，因为那些拥挤的长队、狭窄的店面，以及光秃秃的货架，无法吸引习惯了大型超级市场的消费者，包括规模、服务和货品。但是，真正深受其害的企业，则是 Kwik Save 公司。欧洲公司的连锁商店，商品价格更加具有竞争力。Kwik Save 的顾客开始“变节”，走进了埃尔迪（Aldi）和尼托（Netto）的商店。一家企业在开始吸引“价格敏感”消费者的时候，就该料想到，如果一个更便宜的竞争对手出现，那么就会令其失去大量顾客。为此，必须保证自己拥有“压缩价格”的能力，构建起“可以保证价格竞争力”的战略运营体系。否则，便不能保证自己的竞争力。事实上，在面对英国超级市场连锁商店的时候，Kwik Save 构建起一个“可以保证价格竞争力”的战略运营体系。但是，当面对欧洲超级市场连锁商店的时候，Kwik Save 的战略运营体系，显然不能保证继续拥有“价格竞争力”。

对于许多顾客来说，则突然失去了再次光顾 Kwik Save 的必要理由。如果顾客受到低价格的鼓舞，那么顾客要么收入很低，要么不愿意把钱花在食品上。于是，顾客选择了价格更低的超级市场——欧洲的连锁商店。如果人们受到大型超级市场的品种、服务和品牌的吸引，那么人们可能从来不会去 Kwik Save。除非，Kwik Save 的商店碰巧在人们的住地附近，这样可以提供方便。否则，人们有什么理由去 Kwik Save？由此可见，Kwik Save 被夹在了中间位置：向上，不能在高端获得优势地位；向下，不能在低端获得优势地位。实际上，Kwik Save 所遭遇的困境，原因不在于“低价格”这种路线上（战术），而在于实现“低价格”的活动上（战略）。这就是说，Kwik Save 所采取的“低价格”策略（战术），作得并不十分彻底，即没能持续寻找降低运营成本和商品价格的系统办法（战略），以巩固和防御自己已经取得领先地位的经营阵地。这就是战略（一致性的运营活动体系）对于竞争的意义和作用。在挣扎了几年之后，Kwik Save 财务业绩变得极差，利润从 1996 年的 1.25 亿英镑跌到 1997 年的 28 万英镑。于是，Kwik Save 宣布了降低成本计划，包括关闭 400 家连锁商店，解雇了大批的雇员。最后，1998 年 2 月，萨默费得（Somerfield Group）收购了 Kwik Save。

2007 年，Kwik Save 公司宣布，关闭 226 个营业店铺中的 79 个店铺，裁减超过 700 个工作岗位。Kwik Save 公司表示，正在作出一个非常艰难的决定。但是，为了未来生意的发展，不得不采取这种措施。Kwik Save 公司一直在寻找一种适合发展的零售业态。但是，Kwik Save 公司遇到了很多实际的问题。2007 年，尽管 Kwik Save 公司成功募集到了 9700 万美元的资金，但是 Kwik Save 公司仍旧面临着来自埃尔迪（Aldi）、利得（Lidl）、尼托（Netto）等零售商，以及其他主要零售商的猛烈竞争。Kwik Save 公司的案例说明了一个隐藏在战术，即定位视角背后的秘密。任何一种定位战术，要想发挥其营销作用，必须以定位战略为基础和后盾，形成一致性的运营活动方向。战术与战略的关系，就如同“箭”和“弓”的关系，或者就像“钉子”与“锤子”的关系，如果没有强有力的“弓”和“锤子”，那么再锋锐的“箭”，再尖利的“钉子”，都难以发挥有效的作用。

Kwik Save 公司所拥有的“钉子”，即“低价格”这种竞争视角，或许并不十分糟糕。但是，Kwik Save 公司所使用的“锤子”，即围绕“低价格”这种竞争视角，所展开的一致性的运营活动，则显得有些轻弱无力，特别是相对于“价格更低”的竞争对手，不能把“低价格”这根“钉子”钉得更深。如今，对于 Kwik Save 来说，谈论早已成为过去的“历史问题”，似乎已经没有什么实际意义，但是，教训却长久地保留下来。Kwik Save 的优势竞争地位已经不复存在，现实的问题是：Kwik Save 必须进行重新定位。重新寻找一个有效的竞争视角（战术），重新构建自己的战略运营活动，从而占据一个新的竞争地位。或者说，Kwik Save 需要重新找一根“钉子”，然后重新打造一把“锤子”。但是，不要忘记，这次，要用“锤子”把“钉子”钉得更深一些。

时间的效度

——取决于正向时间资源的充足度

【观点】在认知的战争中，时间发挥着特殊作用。无论“钉子”多么“锐利”，无论“锤子”多么“有力”，如果不经过一定时间的“持续捶打”，那么“钉子”将很难“被钉深”，“钉子”将很难“被钉牢”。这意味着，无论多么“独特”的“竞争视角”，无论多么“有力”的“营销行动”，必须经过一段时间的传播和运作，才能在人们心智中形成一种价值概念。这就是说，在认知战争的过程中，战术与战略结合在一起的时间累积，构成了形成品牌认知价值的条件。一个关键的问题是：竞争对手可能采取相同行动，对己方品牌进行反制。在己方品牌尚未占领人们心智之前，或者尚未在人们心智中形成价值概念之前，或者干脆抢在己方品牌开始行动之前，竞争对手采用同质化的产品（产品实质相同）、同质化的品类（产品类别相同）、同质化的品牌（品牌概念相同），争夺相同的顾客心智地位。在这种条件之下，谁抢先行动的越早，谁就拥有越多的“正”时间资源。反之，则拥有越多的“负”时间资源。如果双方几乎同时采取了对攻行动，那么则意味着双方都拥有“零”时间资源。当战术与战略相结合的时候，要想在最大程度上产生战术效果，必须保证己方品牌拥有足够多的“正”时间资源。否则，难以保证战术和战略所产生的效果。如果时间资源为

“零”，那么决定胜负的关键因素在于所投入兵力（资金）规模的大小，以及对营销武器（传播工具）运用水平的高低。如果时间资源为“负”，那么决定胜负的因素只能寄希望于竞争对手犯下重大战略错误，或者重新寻找、发现有效的战术视角。因此，在认知的战争中，时间成为一种特殊资源。要努力拥有足够的“正”时间资源，避免拥有过多的“负”时间资源。“正”时间资源的多寡，往往取决于竞争对手的反应时间。“负”时间资源的多寡，往往取决于己方自身的反应时间。此外，战术和战略，与时间本身的关系正好相反。战术独立于时间之外，即战术应该保持相对的稳定和不变。或者说，独特性的竞争视角，应该保持相对的稳定和不变。战略，即与战术视角保持一致的活动，亦即营销活动或者运营活动，则可以进行不断变化和调整，以对战术形成更大的驱动力。但是，营销活动或者运营活动的方向，应该始终与战术的视角保持一致。

【诠释】《孙子兵法·作战》：兵贵胜，不贵久[1]。《孙子兵法·作战》：其用战也，胜久则钝兵挫锐，攻城则力屈[2]，久暴师则国用不足[3]。夫钝兵挫锐，屈力殚货，则诸侯乘其弊而起，虽有智者，不能善其后矣[4]。故兵闻拙速，未睹巧之久也[5]。夫兵久而国利者，未之有也[6]。故不尽知用兵之害者，则不能尽知用兵之利也[7]。㊣ 时间资源是一种隐性资源，时间的作用同样具有隐蔽性。这意味着：人们总是忽视时间对于战术效果的意义。在认知的战争中，一种战术要想发挥营销作用，必须经历一个必要的时间过程。这是因为，在人们心智里建立起价值概念，必须经历一个时间过程。问题的关键还在于，在尚未建立起顾客心智地位之前，竞争对手可能会抢夺同一个价值概念。在这种情况之下，谁能抢先占领了人们的心智，谁就能获得竞争优势。因此，己方品牌必须抢在竞争品牌之前，在人们心智里建立起价值地位。否则，战术的竞争优势就会被严重削弱。这意味着：时间是一种有限性的资源。时间资源的多寡程度取决于竞争对手采取相应行动的时间。如果一个品牌迟迟不能占领人们的心智，那么这个品牌就难以取得竞争优势。如果竞争品牌后来者居上，抢先占领了人们的心智，那么己方品牌将处于非常被动的竞争地位上。这就是“兵贵胜，不贵久”的道理。这个道理运用在定位上，就是要在尽可能短的时间之内，充分发挥战术的竞争优势作用，进入人们心智并建立起稳固的价值地位。这就是时间对于战术的作用。反之，战术可能失去发挥优势作用的有效时机。

注解：

〔1〕曹操：久则不利。兵犹火也，不戢将自焚也。张预：久则师老财竭，易以生变，故贵其速胜疾归。

〔2〕曹操：钝，弊也；屈，尽也。杜牧：胜久，谓淹久而后能胜也。言与敌相持，久而后胜，则甲兵钝弊，锐气挫衄，攻城则人力殚尽屈折也。贾林：战虽胜人，久则无利。兵贵全胜，钝兵挫锐，士伤马疲，则屈。梅尧臣：虽胜且久，则必兵仗钝弊，而军气挫锐，攻城而久，则力必殚屈。王皙：屈，穷也。求胜以久，则钝弊折挫，攻城则益甚也。张预：及交兵合战也，久而后能胜，则兵疲气沮矣。千里攻城，力必困屈。

〔3〕孟氏：久暴师露众千里之外，则军国费用不足相供。梅尧臣：师久暴于外，则输用不给。张预：日费千金，师久暴，则国用岂能给？

〔4〕李筌：十万众举，日费千金，非唯顿挫于外，亦财殚于内，是以圣人无暴师也。杜牧：盖以师久不胜，财力俱困，诸侯乘之而起，虽有智能之士，亦不能于此之后，善为谋划也。杜佑：虽当时有用兵之术，不能防其后患。梅尧臣：取胜攻城，暴师且久，则诸侯乘此弊而起袭我。我虽有智将，不能制也。王皙：以其弊甚，必有危亡之忧。何氏：其后，谓兵不胜而敌乘其危殆，虽智者不能尽其善计而保全。张预：兵已疲矣，力已困矣，财已匮矣，邻国因其罢弊，起兵以袭之，则纵有智能之人，亦不能防其后患。

〔5〕何氏：速虽拙，不费财力也；久虽巧，恐生后患也。杜牧：攻取之间，虽拙于机智，然以神速为上，盖无老师、费财、钝兵之患，则为巧矣。

〔6〕梅尧臣：力屈货殚，何利之有？张预：师老财竭，于国何利？

〔7〕李筌：利害相依之所生，先知其害，然后知其利也。杜牧：害之者，劳人费财；利之者，吞敌拓境。苟不顾己之患，则舟中之人尽为敌国，安能取利于敌人哉？杜佑：言谋国、动军、行师，不先虑危亡之祸，则不足取利也。张预：先知老师殚货之害，然后能知擒敌制胜之利。

【案例】 从1988年起，Rogaine作为处方药物开始在美国销售。到1995年，Rogaine在美国累计销售额已超过了7亿美元，在全球累计销售超过了10亿美元。1996年2月9日，美国食品药品管理局对Rogaine生发药品作出批准，可以无需医生处方销售。当时，Rogaine是被医学证明的、惟一有效的生发药物，专门治疗男女普通遗传性脱发。1996年，在Rogaine被批准为非处方药品的时候，美国食品药品管理局在报告中说道：Rogaine为25%的男性和20%的女性，带来了“有意义的”头发生长。对于“有意义的”头发生长，美国食品药品管理局的解释是：“新长出的头发可以覆盖部分或全部稀疏的地方。但是，不如头部其余地方的头发密”。实际上，有更多Rogaine的使用者，看到了有一些新头发长出来。但是，不足以覆盖稀疏部位。一位Rogaine的营销经理说道：“我们很清楚这种药物的作用。这不是一种快速见效的产品，需要保证一天使用两次。这是一种必须使用4个月至6个月的药物，对某些人来说甚至用一年才能看到效果”。进一步来说，Rogaine只治疗类似男性秃顶式的脱发。美国男性与女性脱发患者的95%存在着这种类似的情况。此外，这种药物更容易使头顶的头发再生，而不是向后收缩的发际线上的头发。

1996 年 2 月 14 日，Rogaine 的专利权将要期满。此时，Rogaine 获得批准成为非处方药（OTC），或称店头交易。这对于 Rogaine 药品的生产者法玛西亚 & 普强公司来说，确实是一个非常好的消息。法玛西亚 & 普强公司官员说道："对于 Rogaine 从处方药转为非处方药品，我们感到非常高兴。Rogaine 可以在柜台销售，对于一般性脱发经历的患者，无疑是非常方便的。我们正在制定一个主动的时间表，使 Rogaine 能尽快和广泛地送达至消费者面前"。Rogaine 非处方药，预定于 1996 年 4 月开始销售。那时，作为处方药的 Rogaine 将终止销售。这是因为，处方药 Rogaine 与非处方药 Rogaine，在配方上完全相同。法玛西亚 & 普强公司向美国食品药品管理局提出请求，依据美国食品、药品和化妆品《Waxman-Hatch》修正案，批准对非处方 Rogaine 实行为期 3 年的独家营销。该法案规定，如果企业为处方药转变为非处方药开展了新的研究，允许制药企业进行为期 3 年的独家营销。法玛西亚 & 普强公司预计，在 1996 年 3 月底至 4 月间，美国食品药品管理局将对该申请作出回应。

Rogaine 非处方药营销计划

在等待美国食品药品管理局对 Rogaine 非处方药进行审批的期间，以及 1995 年 11 月得到了 FDA 指导委员会的正面推荐，并且预计 FDA 对为期 3 年的独家营销权会作出积极回应。2005 年 12 月，法玛西亚 & 普强公司制定了将于 1996 年 6 月启动的市场营销计划的框架。在 Rogaine 导入市场的 6 个月时间内，营销费用预算为 7500 万美元。其中，超过 50% 的营销费用将用于消费者广告，以引起人们的关注和试用 Rogaine 产品。在法玛西亚 & 普强公司的历史上，在对于非处方产品进行消费者营销和推广方面，Rogaine 将成为投入资金最大的一个项目。该营销计划的使命是：创造一个称为"头发再生"的产品类别。Rogaine 非处方药的目标市场，与 Rogaine 处方药的营销计划一样，集中在 25 岁 ~49 岁之间的男性与女性消费群体身上。Rogaine 的定位为：惟一经医学证明的头发再生产品。

男性使用的 Rogaine 和女性使用的 Rogaine，从产品本身上看没有任何差别。但是，男性使用的 Rogaine 和女性使用的 Rogaine，将分别采用不同的单独包装。男用产品的包装是淡蓝色的硬纸盒，女用产品的包装是粉色硬纸盒。所有包装内都夹带使用说明书，以及对消费者关心问题进行解答的手册，手册内容因性别不同而不同。男用 Rogaine 采用滴管和喷雾器方式；女用 Rogaine 采用加长喷雾器方式，以便于长发女性使用。一瓶 Rogaine 含量为 60 毫升，包装分为三种——一瓶装、两瓶装和三瓶装。一瓶可以足够一个月使用。瓶上注明避免儿童接触。法玛西亚 & 普强公司为 Rogaine 设计了多种长期的广告和促销计划。广告的目标是：激发消费者对该品牌最近获准的非处方身份的认知。鼓励顾客试用产品，引导顾客的期望。在开始的时候，分别为男用产品和女用产品各制作一个 30 秒钟的电视广告。法玛西亚 & 普强公司的一位发言人声称："男性和女性对于脱发的生理和心理感受不同，他们对 Rogaine 的反应也不一样。因此，与包装策略一样，Rogaine 的广告将突出不同性别使用者所关心的问题。Rogaine 的品牌经理强调，广告将突出教育色彩，强调"惟一经过医学证明的生发产品"这个事实。男用产品广告将在晚上黄金时段、体育节目、有线电视台体育节目、深夜和综合性节目中播出。女用产品广告将在晚上黄金时段播出，白天将在电视网、有线电视、综合性节目中播出。

广告计划的播出时间表，应该保证 92 % 的目标顾客，可以在非处方 Rogaine 进入市场 4 周内 7 次看到产品广告。印刷广告应该让 77% 的目标顾客接触到产品信息。负责 Rogaine 的广告代理商信心十足地声称，如果仍然有消费者不知道该产品，不知如何使用该产品，不清楚该产品的作用机理，以及不需处方就可购买该产品的事实，那么，这项新的广告计划将解决这些问题。广告计划将由广泛的消费者和促销活动支持，估计将有 4 万名医生接收到说明 Rogaine 非处方身份的信件，2 万名药剂师将收到邮寄的药箱，在药箱中将包括针对药剂师的培训手册和录像带、消费者培训手册和药房柜台用的板架。消费者促销将包括宣传单、店内散发广告和奖券。直销活动将同时开展，目标是为了让消费者对产品满意，以重复购买，强化使用者的期望。计划定期向使用者邮寄的东西包括优惠券、介绍头发护理和定型的简报、有关使用者和皮肤科医生及其他权威人士对产品的评论。消费者只要填写并寄回产品包装内夹带的登记卡，或直接打免费电话说明，就可以加入直销计划。

Rogaine 的分销渠道将延伸至药房、食品店、杂货店、头发护理部，以及大商场护发专柜。作出这样的渠道选择和安排，是由于经过市场调研发现，消费者预期将在这些地方购买到这种产品。非处方 Rogaine 的价格大致为处方 Rogaine 的一半。Rogaine 的建议零售价为：一瓶装为 29.50 美元，两瓶装为 55.00 美元。三瓶装在部分商店销售，建议零售价为 75. 00 美元。零售商销售 Rogaine 的毛利约为建议零售价的 20%。在谈到这种扩展的分销渠道和定价的时候，法玛西亚 & 普强公司一位高级管理人员说道："对于有遗传性脱发的消费者，非处方 Rogaine 是一个好消息。

他们无需去医生的办公室，只要步入食品店、杂货店，或者大型商店，不用处方就可以买到 Rogaine。这样更方便，价格更低，人们更能买得起”。法玛西亚 & 普强公司官员向经营保健和美容辅助产品的零售商宣称，Rogaine 品牌一年的潜在零售额为 2.5 亿美元。

1996 年 4 月 5 日，法玛西亚 & 普强公司得到美国食品药品管理局的通知，关于为期 3 年的非处方 Rogaine 独家营销权的申请被否决了。同时，截至 1996 年 4 月 9 日，美国食品药品管理局已经批准了三种 Rogaine 的同类产品（Generic Product），包括含有 2% 米诺西定，无需处方即可销售。这些同类产品，应该与品牌产品具有相同的医疗效果，但是价格要低 25% ~ 50%，并且不做广告。1996 年 4 月 12 日，法玛西亚 & 普强公司在密执安（Michigan）大急流域向联邦地区法庭提出起诉，要求法庭推翻美国食品药品管理局关于非处方 Rogaine 独家营销的决定，并命令美国食品药品管理局推迟批准含米诺西定竞争性非处方产品。1996 年 4 月 15 日，法庭发布一个临时性命令，阻止美国食品药品管理局的行动。初步的听证会在 1996 年 4 月 30 日举行，听取法玛西亚 & 普强公司的请求，在法院作出裁决之前，不得解除初步禁令。Rogaine 从处方药到非处方药的身份转变，使得美国食品药品管理局可能拒绝 Rogaine 为期 3 年的独家经销权，以及同类竞争产品获得销售批准，这些因素结合在一起，提出了许多相关的市场和营销问题。

法玛西亚 & 普强公司认为，根据市场营销计划和假设，如果没有竞争产品和品牌，那么在不需要处方的情况下，在未来 5 年内 Rogaine 的销售额可能达到 10 亿美元。那么，失去了美国专利保护和独家销售权，以及竞争性同类产品的出现，对 Rogaine 品牌的销售将会有何影响？在美国制药行业，还没有出现过类似的情况，可以作为参考来回答这个问题。例如，制药行业分析家估计，有专利的处方药，在专利期满后 6 个月的时间内，由于出现同类产品的竞争，通常销售量会减少 60%。对处方药而言，这是典型的情况，但是不一定发生在处方药在专利期满后转变为非处方药的情形。一个相反的例子是尼古丁口香糖（Nicotine Gum），这是一种帮助戒烟的产品，在1994年6月失去独家营销权。但是，由于增加了广告投入，并且没有品牌产品及同类产品的直接竞争，1995年，尼古丁口香糖销量增长了差不多6%。与尼古丁口香糖不同，如果Rogaine失去独家营销权，那么就会在1996年面对同类产品或其他品牌的直接竞争。这些产品由Bausch&Lomb公司、Alpharma公司、Lemmon公司生产和制造。Bausch & Lomb公司的发言人表示："我们确实看到米诺西定市场有发展前景，并非常愿意参与市场竞争"。生产同类药品和私有标签产品的Lemmon公司宣布：1996年6月~7月，将拥有一种含米诺西定的私有标签同类产品。Lemmon公司已经与其他公司商讨提供一种有品牌产品的计划。此外，默克公司（Merck）正在试验可以刺激头发生长的前列腺素药品——Proscar。Proscar将会是一种片剂，在一年内会提交给美国食品药品管理局审批，并计划在1999年推向市场。

1996年4月30日，联邦地区法庭作出了有利于美国食品药品管理局的裁决。这意味着：Rogaine将失去为期3年的独家销售权。两种竞争性同类产品可以不需要处方就能在美国销售。法玛西亚 & 普强公司原本认为，在垄断的情况下，Rogaine是市场上惟一含2%米诺西定的头发生长药品，该产品预期5年内的销售额可达到10亿美元。现在，Rogaine失去了独家销售权，同时出现了竞争产品，Rogaine已经不再是市场上惟一含2%米诺西定的头发生长产品了，因而失去了垄断地位。原来的潜在使用者，现在可能会尝试竞争产品，而现有的顾客可能转向其他产品和品牌。非处方头发生长产品类别的销售，以及Rogaine在其中占有的份额，在很大程度上取决于非处方Rogaine的营销计划。在预计FDA对为期3年的独家营销权的申请会作出积极反应的条件下，法玛西亚 & 普强公司制订的计划已经开始实施。现在的问题是这个营销计划是否应该进行修订。

【案例】从营销计划上来看，法玛西亚 & 普强公司已经把一切竞争因素都考虑在内了。唯一显得不同的是法玛西亚 & 普强公司计划于 1996 年 6 月启动的营销方案被提前启动了。而提前启动营销计划，本来就是营销计划的一个组成部分，因为法玛西亚 & 普强公司需要为自己争取更多的时间资源，即在 1996 年 6 月 27 日第一个竞争性产品出现之前，让 Rogaine 抢先占领人们的心智，从而对迟于自己出现的竞争品牌形成压制态势。对于 Rogaine 这个品牌来说，其所选择的定位视角（战术），所投入的作战兵力（资金），所运用的营销武器（传播），不但在战术上具有独特的针对性，而且在战略上会产生强大的进攻性。但是，赢得营销胜利的决定性因素并不在于战术和战略这两个方面，对于 Rogaine 来说，争取获得更多的时间资源，则成为赢得营销胜利的关键所在。

法玛西亚 & 普强公司对时间资源的积极获取在多个方面得到了体现。①在 Rogaine 导入市场的 6 个月时间内，营销费用预算为 7500 万美元。②创造一个称为“头发再生”的产品类别。③Rogaine 定位为惟一经过医学证明的头发再生产品。④在非处方 Rogaine 进入市场 4 周内，保证 92% 的目标顾客 7 次看到产品广告。⑤通过印刷广告，保证 77% 的目标顾客接触到产品信息。⑥4 万名医生将接收到说明 Rogaine 非处方身份的信件，2 万名药剂师将收到邮寄的药箱。⑦直接针对消费者的邮购直销计划。⑧覆盖几乎所有可能的消费者购买地点的销售渠道。⑨低于处方药超过 50% 的产品销售价格。所有这些行动，只有一个目标，即在竞争产品出现在市场上之前，在 6 个月的时间之内，让 Rogaine 以非处方药的身份，抢先进入消费者的心智，并成为人们心智中唯一的可信品牌。

对于 Rogaine 来说，所拥有的时间资源并不算匮乏。在 Rogaine 还是处方药的阶段，法玛西亚 & 普强公司就已经获得传播 Rogaine 这个品牌的批准。在从 1990 年到 1995 年六年的时间内，Rogaine 作为处方药的广告和宣传，已经积累起了一定的品牌认知。当然，那时的广告宣传重点是引导消费者去看医生，而不是Rogaine这个品牌本身。但是Rogaine这个品牌名称依然成为广告传播的内容之一。实际上，这种做法不乏先见之明，为Rogaine积累了后来起关键竞争作用的时间资源。如果没有这个时期的品牌认知积累，那么在转变为非处方药之后，Rogaine所拥有的时间资源仅为6个月，在6个月之后，就会有竞争品牌出现在市场上。在6个月的时间内，Rogaine所能发挥的空间非常有限，毫无疑问，Rogaine所面对的市场竞争将十分惨烈。

如果Rogaine获得了为期3年的独家营销权，那么Rogaine定会成为米诺西定生发药市场的领导品牌。因为法玛西亚 & 普强公司申请为期3年的米诺西定生发药独家营销权，不仅仅是获得独家垄断业务那么简单。为期3年的独家营销权，足以让Rogaine牢牢站稳脚跟，在人们的心智中成为绝对的领先品牌。并且，在3年的时间内，Rogaine可以进一步开发出新一代生发药品，进一步将潜在的竞争对手甩在身后。而如今，法玛西亚 & 普强公司失去了Rogaine为期3年的独家营销权，公司所能做的最积极的营销战略选择，就是在Rogaine以前所积累的品牌认知基础上，在6个月的时间内，进一步强化人们对Rogaine的品牌认知，对即将出现的竞争品牌形成领先优势。反之，如果等到1996年6月再启动市场营销计划，那么Rogaine所拥有的时间资源优势将被大幅度地缩减，Rogaine获得领先地位的机会将大幅度地被减少。正因为如此，法玛西亚 & 普强公司作出了积极应对最坏情况下的营销计划，包括提前启动这个营销计划。

【结语】 对于认知战争而言，时间是一种极其特殊的竞争资源。这不仅仅是因为将一个品牌植入人们的心智需要时间，而且还因为时间这种资源不完全由己方品牌单独决定，还在极大程度上由竞争对手所决定。这意味着：一方面，在定位的过程中，时间资源不可或缺；另一方面，在定位的过程中，时间资源不由己方所决定。这就是时间这个要素的独特性之所在。那么，如何获得尽可能多的时间资源，或者，如何利用十分有限且又无法确定的时间资源，在人们心智中构建起品牌的价值地位？答案就是：行动的速度和行动力度。这就是说，要想抢在竞争对手之前占领人们的心智，必须在较短的时间内投入尽可能多的兵力，用以形成攻占人们心智的强大力量，从而尽可能在竞争对手作出反应之前，在人们心智中初步构建起领先地位。这就是定位理论的领先法则。从本质上来看，这样一种做法所产生的实际效果就是以资金资源换取时间资源。以资金资源换取时间资源的过程，实际上就是把战术开发、转化、提升为战略的过程。在这个过程中，强调速度与力度所发挥的时间替代作用，因为我们无法预知竞争对手会在何时采取相应的反制行动。

第 4 章

战术形式：选择限制性的定位思维框架

【题义】营销战争获胜的关键在于针对竞争对手的地位和强弱，结合自身的地位和力量，选择恰当的战术和战略，而不能按照主观好恶自由地选择战术和战略。在市场竞争的格局之中，采用什么战术和战略形式，取决与企业及其品牌在竞争格局中所处的相对位置，以及由此所引起的相对力量。进一步来说，在一个既定的竞争格局之中，企业及其品牌所能选择的竞争或者定位思维视角（战术），受到了企业及其品牌所处的相对竞争地位的制约。或者说，在一个既定的竞争格局之中，企业及其品牌所能采取的竞争或者定位思维视角（战术），受到了企业及其品牌所拥有的规模实力的制约。这就是说，在一个既定的竞争格局之中，处在不同位置上的企业及其品牌，或者拥有不同规模实力的企业及其品牌，应该根据自己所处的相对地位，以及所拥有的相对力量，选择完全不同的战术，即更加适合自身地位与力量的竞争或者定位思维视角（战术），以在自己的潜在能力范围之内取得某种最大程度的战术效果（结果）。在一个既定的竞争格局之中，企业及其品牌的相对地位和力量，制约、限定了企业及其品牌寻找、选择竞争或者定位思维视角（战术）的框架和范围。这种限制性的框架和范围，体现在拥有不同地位和力量的企业和品牌身上，产生了所谓的战术形式。或者说，所谓战术形式，就是拥有不同地位和力量的企业和品牌，在寻找、选择竞争或者定位思维视角（战术）的时候，所应遵循的框架性或者范围性的思考方向。进一步来说，在一个既定的竞争格局之中，针对处于不同竞争地位上的企业和品牌，定位理论提出了四种不同的战术形式，即防御战、进攻战、侧翼战和游击战，分别适用于既定竞争格局中处在不同位置上的企业和品牌。这四种战术形式对处在相应位置上的企业和品牌起到了限制作用，限制着寻找、选择竞争或者定位思维视角（战术）的思考范围和行动方向。因此，如果战术本质是某种独特性的竞争思维视角，或者某种竞争性的定位思维视角，那么战术形式则是对这种竞争或者定位思维视角的限制性框架。这种限制性框架的作用和意义，则完全是为了使处于不同位置上的企业和品牌能够找到更加恰当的、更加有效的竞争和定位视角。

4.1　防御战

【释义】 守住顶峰容易，还是攻上顶峰容易？答案是：守住顶峰容易。贯穿整个战争的历史，防御战被证明是一种更加强有力的作战形式。在一场关乎生死存亡的攻防战斗中，人们愿意选择守在山头上向山下射击，还是愿意选择从山下向山上发起冲锋？答案毫无悬念，当然选择守在山头上向山下射击。处在战局之外的旁观者，或许更加喜欢看到从山下向山上发起冲锋的场景，因为进攻方总是表现得更加勇敢，进攻的场面总是显得更加壮烈。然而，亲身处在战局之中的人们，那种感觉就完全不一样了，除非这场战斗的力量对比足以让冲锋者感到胜券在握。如果防御如此有利，那么为什么还要发动进攻呢？原因在于“胜利的果实”。假如在营销战中获胜，并成为某一行业中的领先者，那么就可以长期享受胜利的果实。营销人员常犯的最大错误，就是意识不到防御的力量。“英雄主义”的病症常常在营销人员中蔓延。进攻的魅力和胜利的诱惑，使得一些营销人员急于操起长矛发动进攻，冲向固守在战壕中的敌人。这些营销人员急于建功立业，甚至作出牺牲。但是，小乔治·史密斯·巴顿（George Smith Patton Jr.）将军曾经说过：“现在我要你们记住，没人能仅凭为国家牺牲就能打胜。要想打胜仗，得让敌人为他的国家牺牲。

第1条防御战原则

——只有市场领先者才应该考虑进行防御

【观点】 谁是领先者？所谓领先者，意指顾客头脑里品类的领跑者，即顾客头脑里购买倾向的引领者，顾客心智中购买选择的首选者。许多企业都自认为自己就是领先者。但是，其所谓的“领先者地位”，往往是建立在自己心智里营造的概念基础之上，而不是建立在顾客头脑的认知基础之上。事实上，企业自己并不能造就领先者，只有顾客才能造就出领先者。只有顾客头脑中的领先者，才是真正具有营销价值的领先者。优秀的营销人员，必须弄清顾客头脑中的真实形势，即谁才是顾客头脑中的真正领先者，然后才能作出正确的判断，制定出有效的竞争策略。企业可以愚弄敌人，但是千万不要愚弄自己，仅在自己的头脑里充当领先者。成为了人们心智中的领先者，意味着成为了人们心智中的品类代表者，成为了人们购买选择的首选对象，从而必然成为市场份额的领先者。那么，什么是防御？所谓防御，就是保持在人们心智中的领先者地位，从而在市场上保持所拥有份额的领先优势，进而在市场竞争中形成压制性的优势。这就是防御的意义所在。为什么只有市场领先者才应该考虑进行防御？如果不是领先者，那么竞争策略的重心就不应该在防御上，而是应该在进攻上，因为只有针对领先者的进攻，才能取得更大的营销战果——市场份额。否则，即使眼前所控制的阵地恐怕也难以长期守住，因为落后者的处境更为艰难，犹如逆水行舟，不进则退。因此，如果不能成为某一行业的领导者，不能成为某一品类的主导者，或者不能成为某一方面的领先者，那么防御就没有多大积极意义，相反则完全是一种消极的策略行为。但是，如果反过来看，那么情况则完全不同。对于领先者来说，防御则是一种积极的策略行动，即阻止、解除、防御竞争者对领先者构成威胁。从这个角度上来看，只有市场领先者才应该考虑进行防御，以保卫自己在人们心智中的领先地位。如果领先者不进行防御，那么就等于为竞争者提供了进攻的机会。如果领先者不巩固已经取得的领先地位，那么就等于为竞争者敞开了进攻的大门。

【诠释】 《孙子兵法·谋攻》：以虞待不虞者胜[1]。《百战奇法·忘战》：凡安不忘危，治不忘乱，圣人之深诫也。《司马法·仁本》：故国虽大，好战必亡；天下虽安，忘战必危。《孙子兵法·军形》：昔之善战者，先为不可胜[2]，以待敌之可胜[3]。不可胜在己，可胜在敌[4]。故善战者，能为不可胜[5]，不能使敌之可胜[6]。故曰：胜可知[7]，而不可为[8]。《孙子兵法·军争》：以近待远，以逸待劳，以饱待饥，此治力者也[9]。㊣ 在营销战争中，在取得领先地位之后，领先者应该做好防御工作，以应对挑战者随时发起的攻击。这就是“以虞待不虞者胜”的防御道理。对于领先者来说，尽管取得了行业领先地位，但是妄于入侵其他领域，对其他领域的领先者发起直接进攻，难以逃脱“好战必亡”的结果。然而，领先者又不可忘战“天下虽安，忘战必危。”领先者不忘战的含义是：做好应对战争的准备，对挑战者可能发动的攻击进行积极防御。领先者常犯的错误之一，就是“妄于攻，怯于守”的战略性错误。领先者经常盲目对其他领域的领先者发起直接进攻，同时又没有很好地做好阵地防御工作，没有持续巩固已经取得的领先地位，结果是“未有不败者。”因此，对于领先者来说，首要任务是“先为不可胜”，以此立于不败之地。领先者掌握着“不可胜”的主动权，这是因为领先者具有顾客心智地位上的防御优势：以近待远，以逸待劳，以饱待饥。这就是“不可胜在己”的道理。反之，如果领先者不做好防御工作，那么就等于给竞争者提供了“可胜在敌”的进攻机会。

注解：

〔1〕李筌、杜牧：有备预也。孟氏：虞，度也。左传曰“不备不虞，不可以师”，待敌之可胜也。陈皞：先为不可胜之师，待敌之可胜也。梅尧臣：慎备非常。王皙：以我之虞，待敌之不虞也。张预：常为不可胜以待敌，故吴起曰：“出门如见敌。”士季日：“有备不败”。

〔2〕张预：所谓“知己”者也。

〔3〕张预：所谓“知彼”者也。梅尧臣：藏形内治，伺其虚懈。

〔4〕王皙：不可胜者，修道保法也；可胜者，有所隙耳。张预：守之故在己，攻之故在彼。

〔5〕张预：藏形晦迹，居常严备，则己能焉。

〔6〕杜牧：敌若无形可窥，无虚懈可乘，则我虽操可胜之具，亦安能取胜敌乎？梅尧臣：在己故能为，在敌故无必。王皙：在敌不在我也。张预：若敌强弱之形不显于外，则我岂能必胜于彼？

〔7〕杜牧：知者，但能知己之力，可以胜敌也。陈皞：取胜于形，胜可知也。

〔8〕杜牧：言我不能使敌人虚懈，为我可胜之资。贾林：敌若隐而无形，不可强为胜败。杜佑：敌有备也。已料敌，见敌形者，则胜负可知；若敌密而无形，亦不可强使为败。故范蠡曰：“时不至，不可强生；事不究，不可强成。”张预：已有备，则胜可知；敌有备，则不可为。

〔9〕李筌：客主之势。杜牧：上文云“致人而不致于人”是也。杜佑：以我之近，待彼之远；以我之闲佚，待彼之疲劳；以我之充饱，待彼之饥虚。此理人力也。梅尧臣：无困竭人力以自弊。王皙：以余制不足，善治力也。张预：近以待远，佚以待劳，饱以待饥，诱以待来，重以待轻，此谓善治己之力，以困人之力者也。

【案例】 1959年，施乐公司（Xerox）推出第一台自动复印机——施乐914。这台重达650磅的复印机，被《财富》（Fortune）杂志称作“美国有史以来最成功的产品”。在1968年，施乐公司营业收入突破了10亿美元。当时，这是一个非常了不起的数字。

1970年，施乐公司首席执行官彼得·麦科洛（Peter McColough）采用了管理咨询公司新推崇的“多层级战略规划”，宣布施乐公司将依次进入“电脑”以及“办公自动化”领域。为执行该战略，施乐公司花了10亿美元，收购了科学数据系统公司（Scientific Data Systems），又花了至今无法统计的巨资投资建造可与“贝尔实验室”（The Bell Labs）比肩的科研中心——帕罗奥多研究中心（Palo Alto Research Center）。在第一个5年规划结束时，科学数据系统公司（Scientific Data Systems）宣告失败，而帕罗奥多研究中心则取得了无比辉煌的科研成果。帕罗奥多研究中心虽然发明了诸如鼠标、图形界面、平板显示器、以太网、激光打印机等突破性产品，并一度取代“贝尔实验室”成为科研人员的新圣地，但问题是这些成果没有一样被施乐公司所享用，而是让其他公司大发其财，自己则白白赔上了几十亿美元。

1985年，“多层级战略规划”全面开花，施乐公司陷入一团混乱。在电脑和办公自动化方面，施乐公司不但赔进几十亿美元，而且复印机市场的主导地位亦开始松动。IBM公司、佳能公司和理光公司等企业先后凭借高速复印机和小型复印机，成功地对施乐公司发动了侧翼战，并开始进入施乐公司的大本营。1984年，惠普公司（HP）杀入了激光打印机这一新生市场。早在1977年，施乐公司就推出了第一台施乐9700激光打印机，但是由于向“办公自动化”挺进的大量投入，致使主营业务严重投入不足，这让施乐公司陷入了大麻烦。

施乐公司应该怎么办？解决之道十分简单。施乐公司的发展战略必须从施乐公司的既有位置开始。施乐公司的既有定位是复印机，施乐公司不可能让顾客接受施乐这个品牌既是复印机同时还是电脑品牌。同样，施乐公司不可能让顾客接受施乐这个品牌是一体化自动办公系统。这种形象上的不一致，不但是施乐公司在新领域受阻的原因，而且还是施乐公司主业受损的原因。施乐公司应该回到既有的定位上，在核心业务上打一场防御战，以封杀日本企业的小型复印机，以及 IBM 公司的高速复印机。同时，施乐公司真正应该启动的第二个事业单位，不是电脑，更不是自动化办公系统，而是封杀惠普公司侵入的激光打印机。施乐公司启动激光打印机项目，可以借用复印机在顾客心智中所形成的品牌认知，即“信息输出”类产品定位，而 IBM 公司与惠普公司的电脑，在顾客心智中都是属于“信息输入”类产品。企业的多元化经营，应以既有的定位认知优势为基础，才能产生相应的乘数效应。施乐公司一样应该如此，何况施乐公司本来就是激光打印机的发明者。

不幸的是，施乐公司不愿意承认一个事实，即自己努力多年且耗费数十亿美元的“多层级战略规划”是个错误。这显然十分困难。当人们突然被告知，他们所干的事情实际上毫无意义，其结局可想而知。结果，施乐公司只能任由惠普公司一路高歌猛进，毫无阻挡地主导了激光打印机的市场。如今，惠普公司成为一个营业额高达 800 多亿美元的巨无霸，依靠打印机及其相关的打印设备赚取了丰厚的利润。施乐公司不但在电脑与办公自动化系统方面彻底失败，其复印机业务的主导地位也已不复存在。

【案例】 互联网为小企业提供了一种与行业巨头竞争的独特方式，一个小企业可以直接与顾客打交道，不需要担心零售商的货架，以及商业大街昂贵的铺面租金。亚马逊公司（www. Amazon. com）就是这样一个成功的案例。与大多数有网站的企业不同，亚马逊公司 100% 的业务通过互联网完成交易。亚马逊公司是第一个以网络为基础开展业务的企业，其市场前景十分广阔。1997 年 5 月，亚马逊公司公开发行股票，结果大获全胜。即使当时仍然处于亏损状态，投资者对亚马逊公司的热情仍然极为高涨，以至于当日开盘价比初始价高出了63%。单单18美元/股的初始价，就已经使亚马逊公司的市场价值超过了4.2亿美元，远远高于大多数赢利的传统企业。

在经过四年的运营之后，亚马逊公司就成为世界上最大的网络书店。亚马逊公司成功的关键在于其运营方式与传统方式存在着显著差异。与传统的书店不同，亚马逊公司只囤积了一定数量的畅销图书，大多数图书都是在顾客订购之后，然后再由批发商处进货，货到之后打包递送给顾客。这样就避免了高昂的图书存货成本，还不需要一砖一瓦地建设零售网点，更避免了昂贵的商业网点租金费用。亚马逊公司的关键资产不是图书和商店，而是支持其运营系统的网络技术。网络爱好者对亚马逊书店的热情如此高涨，以至于人们纷纷认为，亚马逊公司不仅对于美国图书销售商，乃至对整个世界的图书销售商都构成了威胁。此外，人们还预言，互联网将成为大部分人订购图书的一种新方式，传统的书店会将会大批关门。实际上，亚马逊公司起初开展了一场侧翼战，集中瞄准当时的被传统书店忽略的，或者没有顾及到的新领域，即打算或者愿意在互联网上购书的消费者。

亚马逊公司引人注目的业务增长，以及在华尔街（The Wall Street）所获得的成功，很快吸引了传统图书销售业务领先者的关注。1997年6月，美国最大的图书销售商巴诺公司（Barnes & Noble）开始进行网上书店业务。巴诺公司终于意识到：接受网上订单和设计网站，实际上要比老式的融资、进货和运货更加容易。巴诺公司相信，凭借其在传统业务中积累的专业技能，一旦掌握了所需要的新技术，自然会比亚马逊公司更加具有优势。巴诺公司首席执行官斯帝文·瑞格（Steve Riggio）说道："有人鼓吹在网上开展业务有多难，好像多么神秘，实际上很容易掌握。"巴诺公司发起了正面进攻战，旨在以自己的游戏规则攻击亚马逊公司。亚马逊公司的防御反击方式十分简单：紧跟着降价，储备更多的图书，努力从批发商那里节省送货时间。但是这么做就要冒风险，可能增加其曾经引以为荣的运营成本。巴诺网站的问世，似乎可以作为一个例子，说明一个大竞争者决定反击小规模竞争者时会发生什么事情。

一些行业观察家认为，一旦这两个企业在相似的基础上运营，亚马逊公司很难占有优势。二者都跟其他网站合作，都给上网浏览者提供搜索引擎——亚马逊公司使用雅虎（YAHOO）网站，巴诺则使用《纽约时报》（The New York Times）的“书评周刊”网站，在两个网站上都可以买到任何出版商的图书 。这二者之间没有什么差别，即使最小的图书销售商都可以这么做。除此之外，巴诺公司似乎有许多优势：在新泽西（New Jersey）有一个中心货舱，储备了大约40 万种经常被订购的图书，这使其能够以最快的速度拿到图书，大部分图书的送货速度就能使许多竞争对手望尘莫及。巴诺公司还直接与出版商交易，降低批发价格，这样就能够获得更划算的价格，其网上所有精装图书都能以 30% 的价格销售。从表面上来看，这个年销售额30 亿美元的图书销售巨头，应该可以不费吹灰之力就能在竞争中获胜。

行业观察家不明白防御战的威力。巴诺公司的网站作用不大，因为www. Amazon. com 网站已经成为一个品牌，当人们想在互联网上购书的时候，自然就会首先起想 Amazon 这个名字。在青少年顾客的低端市场上，巴诺公司成功地获得一席之地。但是，在网络图书市场上，亚马逊公司的市场份额仍然超过了 50% 。在第一年商战中，巴诺公司损失了3000 万美元。在证交会调查的IPO 档案中，1998 年2 月至8 月期间，巴诺公司称其销售额达到2200 万美元。1998 年 1 月至 6 月期间，亚马逊公司的销售额为3000 万美元。

巴诺公司开始寻求盟友支持，1998 年底，巴诺公司将 50% 的股份以2 亿美元的价格卖给了德国媒体巨头贝塔斯曼公司（Bertelsrmann）。对于一个亏损 3000 万美元的企业来说，这个价格已经非常不错了！贝塔斯曼公司旗下拥有蓝登书屋公司（Random House）、矮脚鸡图书公司（Bantam）、道布尔戴出版公司（Doubleday）、戴尔出版公司（Dell Publishing）。贝塔斯曼公司是世界上最大的出版商，排在第二位的竞争对手只有其一半的规模。除了能够获得网上书店“原材料”，即除了图书本身之外，贝塔斯曼公司还有货舱、升降机、邮递中心等巨大的仓储和物流基础设施，这些资源能够有力地支持巴诺公司发动正面进攻战。

军事史研究者都知道防御战的威力，在营销战争中情况同样如此。在大多数人的心智中，亚马逊公司才是真正的网络书店品牌。巴诺公司、博德斯公司（Borders）、沃特斯公司（Waterstones）、史密斯公司（W. H. Smith）……这些书店永远都无法像亚马逊公司那样，能够全面投入网上商务业务。这是因为其现有的资产基础主要是由有形书店构成的。因此，大多数消费者在听到这些名字的时候，第一反应仍然是“传统书店”这个概念。相反，听到“亚马逊”这个名字的时候，首先就会想起“网上书店”这个概念。“亚马逊”似乎从一开始就注定要挑战传统业务，并能够不断地发展、壮大起来。虽然“亚马逊”只占全部美国图书市场份额的 2%，但是却占据了网上图书市场份额的 75%。或许，亚马逊公司有一天能够开始赢利。

第 2 条防御战原则

——最有效的防御策略就是挑战自我

【观点】 在人们的头脑中，领先者占据优势地位，处于防御地位上。防御者保持自己地位的有效方法是不断巩固顾客头脑中的概念，不断提高自己在顾客头脑中的地位，即不断推出新产品、新服务，取代原有的部分产品和服务，以此来巩固自己在人们心智中的地位。市场竞争的态势永远是此消彼长，竞争者总是想方设法迎头赶上领先者。移动的目标总比静止的目标难以击中，挑战自我可能会牺牲当下利益，影响眼前产品或者服务的销售。然而，让自己的新产品抢夺老产品的市场份额，要胜过竞争者抢夺了自己的市场份额。挑战自我存在着一个更大的好处，那就是保卫自己在市场上的领先地位，保卫自己的市场份额或者市场占有率，这才是营销战争的最终目标。反之，倘若在自我进攻上犹豫不决，通常就会丧失有利的防御时机，从而丧失了领先的市场份额，并最终丧失领先的市场地位。对于领先者而言，挑战自我所针对的对象，不是竞争者而是领先者自己。因此，对于领先者来说，挑战自我是一种更加积极主动的竞争策略。耐人寻味的是，这种积极的竞争策略却被用于战略防御上面。事实上，这并没有什么特别之处。纵观所有保持领先的成功品牌，无不都是把一件简单的事情做到了极致，以此保持品牌在人们心智中的绝对地位。对于领先者来说，存在着两种积极的防御方式，即正面防御和侧翼防御。所谓正面防御，就是对于自己居于主导地位的品牌和产品，领先者不断进行积极改进、主动升级、自我挑战、自我否定，以维护、巩固、强化品牌在人们心智中的领先地位；所谓侧翼防御，就是领先者在自己疏于防范的地方抢先构筑防线，以防止竞争者对自己发动侧翼突袭，进而威胁已经获取的领先地位。竞争者可能发动侧翼攻击的范围十分广泛，因此侧翼防御所包括的范围可能十分广泛，可以包括产品、价格、渠道、品牌价值焦点等常规性营销要素，亦可以包括与领先者核心业务紧密相连的新市场，或者与领先者核心业务紧密相临的新领域。这意味着领先者必须密切注意自己的侧翼阵地，一旦发现机会立即抢先构筑起领地防线。

【诠释】 ⌖ 🕮《老子》（第33章）：胜人者有力，自胜者强。🕮《孙子兵法·军形》：不可胜者，守也[1]；可胜者，攻也[2]。守则有余，攻则不足[3]。善守者，藏于九地之下；善攻者，动于九天之上，故能自保而全胜也[4]。🕮《孙子兵法·虚实》：故善攻者，敌不知其所守；善守者，敌不知其所攻[5]。🕮《孙子兵法·九变》：故用兵之法，无恃其不来，恃吾有以待也[6]；无恃其不攻，恃吾有所不可攻也[7]。㊣ 自胜者强，这个道理适用于营销战争中的领先者。或者说，领先者要想成为真正的强者，应该对自己的领先地位进行挑战，通过不断进行自我否定，使自己达到不可被战胜的地位。这就是说，要想做到“不可被战胜”，领先者就要做好积极的战略防御工作。这种积极的战略防御方式，就是指主动进行自我挑战、自我攻击、自我否定，以此巩固自己在人们心智中建立起来的领先地位。不可胜者，守也。这不是指消极的等待性防御，而是指积极的进取性防御。或者说，对于领先者来说，积极的防御就是进攻性防御，进攻的攻击目标不是竞争者，而是领先者及其自身的领先地位。这就是“守”的含义。领先者拥有“防守”优势，因为领先者占领了人们心智的制高点。当领先者不断进行自我挑战的时候，领先者的顾客心智地位得到了持续巩固，领先者不必像挑战者一样，需要投入大量的兵力应对领先者的优势地位。对于领先者来说，防守是一件相对轻松的事情，所以说“守则有余”。对于挑战者来说，由于要克服领先者的地位优势，进攻则是一件相对困难的事情，所以说“攻则不足”。对于善于进行战略防御的领先者，挑战者难以寻找到发起攻击的战术视角，这就是“藏于九地之下，敌不知其所攻”的防御境界。因此，对于领先者来说，保持持续成功与领先的方法，不能寄希望于挑战者不来发动进攻，而是依靠领先者事先积极的战略性防御，使挑战者找不到有效攻击的战术视角。

注解：

〔1〕杜牧：言未见敌人有可胜之形，己则藏形，为不可胜之备，以自守也。杜佑：藏形也。若未见其形，彼众我寡，则自守也。何氏：未见敌人形势虚实有可胜之理，则宜固守。张预：知己未可以胜，则守其气而待之。

〔2〕杜牧：敌人有可胜之形，则当出而攻之。杜佑：敌攻己，乃可胜也。已见其形，彼寡我众，则可攻。梅尧臣：见其阙也。王皙：守者，以于胜不足；攻者，以于胜有余。张预：知彼有可胜之理，则攻其心而取之。

〔3〕《孙子兵法》“汉简本”为“守则有余，攻则不足”。“十一家注本”为“攻则有余，守则不足”。此处为十一家注本之注释。张预：

吾所以守者，谓取胜之道有所不足，故且待之；吾所以攻者，谓胜敌之事已有其余，故出击之。言非百胜不战，非万全不斗也。后人谓“不足”为弱，“有余”为强者非也。

〔4〕梅尧臣：九地，言深不可知；九天，言高不可测。盖守备密，而攻取迅也。王皙：守者，为未见可攻之利，当潜藏其形，沉静幽默，不使敌人窥测之也；攻者，为见可攻之利，当高远神速，乘其不意，惧敌人觉我而为之备也。九者，极言之耳。何氏：九地、九天，言其深微。尉缭子曰：“治兵者，若秘于地，若邃于天。”言其秘密邃远之甚也。张预：藏于九地之下，喻幽而不可知也；动于九天之上，喻来而不可备也。尉缭子曰：“若秘于地，若邃于天”是也。守则固，是自保也，攻则取，是全胜也。

〔5〕曹操：情不泄也。杜牧：攻取备御之情不泄也。梅尧臣：善攻者，机密不泄；善守者，周备不隙。王皙：善攻者，待敌有可胜之隙，速而攻之，则使其不能守也；善守者，常为不可胜，则使其不能攻也。云不知者，攻守之计不知所出耳。何氏：言攻守之谋，令不可测。张预：夫守则不足，攻则有余。所谓不足者，非力弱也，盖示敌以不足，则敌必来攻，此是敌不知其所攻也；所谓有余者，非力强也，盖示敌以有余，则敌必自守，此是敌不知其所守也。情不外泄，积乎攻守者也。

〔6〕梅尧臣：所恃者，不懈也。

〔7〕王皙：备者，实也。梅尧臣：所赖者，有备也。曹操：安不忘危，常设备也。李筌：预备不可阙也。杜佑：安则思危，存则思亡，常有储。张预：言须思患而预防之。传曰“不备不虞，不可以师”。

【案例】 1975年，比尔·盖茨（Bill Gates）从哈佛大学退学，与保罗·艾伦（Paul Allen）一起创建了微软公司（Microsoft）。最初，微软公司收买BASIC语言程序（BASIC，即“Beginners’ All-purpose Symbolic Instruction Code”的缩写，意思就是：“初学者的全方位符式指

令代码”，是一种设计给初学者使用的程序设计语言）。在哈佛大学读书的时候，比尔·盖茨就曾经为 MITS 公司的 Altair 个人计算机编写程序语言。

1977 年，微软公司为 Altair 个人计算机编写程序软件。1979 年，由于 MITS 公司倒闭，微软公司以修改 BASIC 程序为主要业务，并由此在计算机领域获得继续发展。在微软公司创立初期，主要以销售 BASIC 解译器业务为主。由于微软公司是少数几个 BASIC 解译器的商业生产企业，许多个人计算机生产商采用了微软公司生产的 BASIC 解译器。随着微软公司 BASIC 解译器的快速成长以及普遍应用，制造商开始采用微软公司的 BASIC 语法，与微软公司的 BASIC 解译器产品保持相互兼容。正是由于这种循环，微软公司的 BASIC 逐渐成为公认的行业标准，微软公司逐渐占领了整个市场。

1980 年，IBM 公司选择了微软公司，为其新型个人计算机编写关键的操作系统软件，这是微软公司发展历史上一个重大的转折点。由于时间紧迫，程序编写复杂，微软公司以 5 万美元的价格购买了 Tim Patterson——私人程序编写者所编写的操作系统（QDOS），在进行部分改写之后提供给了 IBM 公司，并将其命名为 Microsoft DOS（DOS，即“Disk Operating System”的缩写，意思为磁盘操作系统）。IBM - PC 机的普及使 MS - DOS 取得了巨大的成功，MS - DOS 在很多企业被特许使用，这是因为其他 PC 制造者希望能与 IBM 公司的产品兼容。

20 世纪 80 年代，MS - DOS 成为 PC 机的标准操作系统。1983 年，微软与 IBM 签订合同，为 IBM PC 提供 BASIC 解译器，还有 PC 机的操作系统。1984 年，微软公司的销售额超过 1 亿美元。此后，微软公司继续为 IBM 公司、苹果公司（Apple），以及无线电器材公司（RCA）的计算机开发软件。随着微软公司的日益壮大，Microsoft 公司已在许多方面成为 IBM 公司的竞争对手。1991 年，由于利益的冲突，IBM 公司和苹果公司解除了与微软公司的合作关系。但是，IBM 公司与微软公司的合作关系从未间断过，这两家企业保持着既竞争又合作的复杂关系。

从1985年到1991年，微软公司在MS－DOS操作系统的基础上，相继推出了Windows视图操作系统，即Windows 1.0、Windows 2.0、Windows 3.0、Windows 3.1，这是一次具有革命意义的新尝试。自此，Windows操作系统成为微软公司最著名的软件产品，占据了全世界几乎所有个人电脑的桌面。1995年，微软公司推出了独立于DOS系统的Windows 95操作系统，并迅速占领了全球的个人电脑市场。

微软公司早期的自我挑战

Windows 1.0 **操作系统**：1985年11月20日，微软公司发布Windows 1.0操作系统。在个人电脑操作系统领域，这是微软公司首次尝试开发“图形界面”操作系统，其中借用了不少早期图形界面操作系统OS/2的GUI概念，这是由IBM公司与MicroSoft公司共同开发的。微软公司早期开发的Windows操作系统，实际上只是基于Dos系统之上的一个图形应用程序，并通过Dos来进行文件操作。Windows 1.0最初售价为100美元。当时被人所青睐的GUI电脑操作系统平台是GEM及DESQview/X，Windows 1.0没有受到用户欢迎，用户对Windows 1.0评价不是很好。Windows 1.0的启动画面极像电脑死机时所出现的蓝屏现象。在随后的两年里，微软公司共发行四个基于Windows 1.0的操作系统版本：1985年11月发布了1.01版本、1986年1月发布了1.02版本、1986年8月发布了1.03版本、1987年4月发布了1.04版本。

Windows 2.0 **操作系统**：1987年11月1日，微软公司发布的Windows 2.0操作系统是一个基于MS－DOS操作系统开发的图形界面操作系统，看起来像Mac OS图形用户界面操作系统。Windows 2.0最初售价仍然为100美元，但是这个版本依然没有获得用户认同。之后又推出了windows 386和windows 286版本，并为其后Windows 3.0操作系统的成功做好了技术铺垫。Windows 2.0操作系统利用了Intel 286处理器提高的处理速度、扩大的内存，以及动态数据交换（DDE）技术所带来应用程序间的通信能力，从而对图形功能的支持增强，用户可以叠加窗口，控制屏幕布局，可以用组合键快速使用Windows的功能。针对Windows 2.0，许多程序开发人员编写出了有生以来第一个Windows应用程序。Windows 2.03操作系统，进一步挖掘了Intel 386处理器的保护模式和延伸内存能力。Windows的后续版本继续在处理速度、可靠性以及可用性上得到提升。

当Windows 2.0操作系统发布之时，用户图形界面与苹果公司（Apple）Macintosh计算机GUI（图形用户界面）很相似。Apple公司对这个模仿者的出现显然十分气恼，并对Microsoft公司提起了诉讼，指控其剽窃了Apple公司的创意。Microsoft 公司则声称早先曾和 Apple 公司有过一个协议，该协议给予了其使用 Apple 公司技术特征的权利。4 年之后，Microsoft 公司赢了官司。因此，Windows 2.0 操作系统得以继续在商店的货架上进行销售。但由于缺乏软件开发者的支持，Windows 2.0 操作系统的销量很不理想。毕竟，一个没有兼容软件支持的操作系统没有什么用。

Windows 3.x **操作系统**：1990 年 5 月 22 日，微软公司发布 Windows 3.0 操作系统，由于在界面、人性化、内存管理多方面巨大改进，终于获得用户认同。因此，微软公司趁热打铁。1991 年 10 月，微软公司发布了 windows 3.0 多语版本操作系统，为 windows 在非英语国家的推广起到重大作用。与 Windows2.0 操作系统相比，Windows 3.0 操作系统有很多改善，不过仍然缺乏多媒体功能和网络功能。因此，在推出之后不久，Windows 3.0 就被接踵而至的 Windows 3.1 所取代。Windows 3.x 操作系统具备了模拟 32 位操作系统的功能，图片显示效果大有长进，对当时最先进的 Intel 386 处理器有良好支持。

Windows 3.x 操作系统还提供了对虚拟设备驱动（VxDs）的支持，极大改善了系统可扩展性。在购买 Windows3.x 时计算机，用户不必再煞费苦心地查证自己的硬件是否可以被系统支持了，因为完全可以额外安装一个驱动程序。为了帮助厂商和软件企业开发 Windows 操作系统的应用程序，微软公司发布了 Software Development Kit（SDK），为 windows 程序员提供了开发时常用函数和程序调用库，加快了应用软件的开发速度。这个惯例一直延续至今。在这个方面，微软公司深谙“与人方便、与己方便”道理，这与苹果公司特立独行的风格形成鲜明对照。Windows 3.x 使用了一组新图标，这让其面貌得到很大改观，不再是一幅灰头土脸的样子了。然而，这并不是微软公司的独创设计，而是模仿了 Apple 公司的 Macintosh 操作系统。

Windows 95 **操作系统**：1995 年 8 月 24 日，微软公司发布了 Windows 95 操作系统。对于 Windows 95 操作系统，微软公司以强大的营销攻势进行发布，包括购买 Rolling Stones 公司的商业性质歌曲“Start Me Up”。在 Windows 操作系统中，Windows 95 是第一款 32 位的个人电脑操作系统。Windows 95 具有许多重要特性，带来了更强大、更稳定、更实用的桌面图形用户界面，同时结束了桌面操作系统间的市场竞争。在操作系统市场上，Windows 95 获得了巨大的成功。许多没有电脑的顾客，受到宣传影响而排队购买 Windows 95 操作系统，他们甚至根本不知道 Windows 95 究竟是什么。在发布后一两年内，Windows 95 成为有史以来最成功的操作系统。

Windows 95 操作系统获得成功之后，微软公司开始乘胜追击。在1998 年，微软公司又推出了 Windows 98 操作系统，这是其历史上影响时间最长、最成功的操作系统之一。在此基础上，微软公司推出了 Windows 98 第二版（SE 版），以及 Windows 千年版（Millennium 版，即 Windows ME 版）。2000 年，微软公司又推出了 Windows 2000 professional 版操作系统。

2001 年，微软公司结合 Windows 98 和 Windows 2000 系列的优点，推出了 Windows XP 操作系统，XP 的意思是“体验”。XP 系统重点加强了安全性和稳定性，首次在 Windows 操作系统中集成了微软自己的防火墙产品，还拓展了多媒体应用方面的功能。XP 系统主要有家庭版和专业版两种，其中专业版保留了 Windows 2000 版中的用户管理、组策略等安全特性，并使其更加易用。Windows XP 又一次成为软件发展史上的经典之作。

2007 年，微软公司又推出了 Windows Vista 版本系列操作，这是一个不太成功的操作系统版本。2009 年，微软公司推出了 Windows 7 版本系列操作系统，Windows 7 进一步巩固了微软公司的市场领先地位。微软公司计划在 2013 年推出 Windows 8 版本的系列操作系统。

微软公司 Windows 个人电脑操作系统

时 间	版 本	时 间	版 本
1985-11-20	Windows 1.0	1999-06-10	Windows 98SE
1987-11-01	Windows 2.0	2000-02-17	Windows 2000
1990-05-22	Windows 3.0	2000-09-14	Windows ME
1992-03-18	Windows 3.1	2001-10-25	Windows XP
1995-08-24	Windows 95	2007-01-30	Windows Vista
1998-06-25	Windows 98	2009-10-22	Windows 7

在服务器应用领域，微软公司先是推出了 Windows NT 系列操作系统。1992 年~1996 年，微软公司相继推出了 Windows NT 3.1、Windows NT 3.5、Windows NT 4.0 等操作系统。在此基础上，从 2000 年到 2009

年，微软公司相继推出了 Windows server 2000 系列操作系统、Windows server 2003 系列操作系统、Windows server 2008 系列操作系统、Windows server 2008 R2 系列操作系统。

微软公司 Windows 服务器电脑操作系统

时　间	版　本	时　间	版　本
1993 - 07 - 27	Windows NT 3. 1	1999 - 14 - 19	Windows Server 2000
1995 - 11 - 20	Windows NT 3. 5	2003 - 04 - 24	Windows Server 2003
1996 - 07 - 29	Windows NT 4. 0	2008 - 02 - 27	Windows Server 2008

2011 年 1 月，据美国市场研究公司 Net Applications 公布的数据显示：在全球个人电脑操作系统市场上，Windows 操作系统所占据的市场份额达到了 90%。其中，Windows XP 所占据的市场份额为 56. 72%；Windows Vista 所占据的市场份额为 12. 11%；Windows 7 所占据的市场份额为 20. 87%。

事实上，在全球个人电脑操作系统市场上，微软公司的 Windows 操作系统所占据的市场份额一直保持着超过 90% 的绝对控制地位。在个人电脑操作系统领域，微软公司何以保持绝对的领先地位？回顾微软公司的历史，不难看出微软公司所采取的策略，即不断地对自己发起挑战，不断地对产品推陈出新，以此保持自己在人们心智中的领先地位。这就是领先者所应该采取的防御策略。

【案例】 波斯华氏公司（Birds Eye Walls）隶属于联合利华公司，是英国冰激凌市场的领先者，在带包装冰激淋产品市场上达到了 3 亿英镑的市场规模。波斯华氏所占据着的市场份额达到了 70%。在带包装冰激淋市场上，马斯公司（Mars）居于第二位，雀巢公司（Nestle）排在第三位。〔1993 年，由于收购了“里昂少女”（Lyons Majd），雀巢公司从而居于第三位〕

通过建立几乎无法超越的市场入口障碍，波斯华氏公司让竞争对手很难一下子染指这个市场，确保其竞争对手永远只能居于散兵游勇的游击地位，由此在市场上取得了主导性的地位。波斯华氏公司的做法是在大多数带包装冰激凌零售店设有专卖冷柜，并签订协议，使这些冷柜只能展示波斯华氏公司的产品。直到 1979 年，该协议还声明这些零售店不得摆设其他冷柜。但是，“垄断 & 兼并委员会”（Monopolies & Mergers Commission），现在叫做“公平竞争委员会”（Competition Commission）经过调查认为，波斯华氏公司的这种排他性的做法是违法的。由此，这些零售店便可以摆放多个冷柜。但是，由于这些零售店空间狭小，很少有零售店摆放两个冷柜。

当时，“里昂少女”还仅仅是一个潜在的竞争对手。1989 年，马斯公司凭借马斯吧（Mars bar）和德芙吧（Dove bar）进入市场，将冰淇淋市场搅得天翻地覆。波斯华氏公司推出大酒瓶（Magnum）作为回应，取代“德芙吧”的产品。“大酒瓶”销售数量迅速窜升，最终成为第一品牌。马斯公司也推出了自己的冷柜，但在路旁的便利店里，虽然马斯公司的冷柜可以与波斯华氏公司的冷柜并排摆放，但是大多数路边店却没有摆放第二个冷柜的空间。“德芙吧”由于缺乏分销渠道退出了市场，这是由于波斯华氏公司的冰柜无处不在，马斯公司没有丝毫办法让“德芙吧”进入足够多的零售店。

波斯华氏公司拥有一个区域分销商网络，专门“监督”冷柜出售自己的产品，零售商不得不从分销商处进货。只能摆放一个冷柜的零售商如果从其他批发商那里进货，就会失去这个冷柜的使用权以及波斯华氏公司的货源。因此，马斯公司所面临的情况就更为复杂了。1993 年，马斯公司再次向“垄断 & 兼并委员会”投诉整个案子，结果没有得到任何好处。1995 年和 1998 年，马斯公司又分别向“垄断 & 兼并委员会”进行了两次投诉。“垄断 & 兼并委员会”作出判定：波斯华氏公司必须给予批发商和分销商同等的条件，以鼓励进行公平的市场竞争。对此，波斯华氏公司的对策是建立了自己的室内分销网络，由分销商进行承包经营。于是，波斯华氏公司这次又钻了空子。

波斯华氏公司巧妙地运用了特许经营权，即采用一个绑定的分销渠道网络，保证了其领先的市场地位几十年来无人能够撼动。同时，波斯华氏公司的各个品牌通过特许分销渠道不断推陈出新，竞争对手的品牌很难对波斯华氏公司构成实质性的威胁。

【案例】 对于一个没有处于困境的企业来说，要看清或许明天才需要的竞争力尤其困难。20 世纪 90 年代，惠普公司（HP）生产的喷墨打印机从任何角度来看都极为成功，其市场份额超过了 50%，销售规模是第二名的两倍，下属工厂全力开工，能卖出多少打印机和墨盒就生产多少产品，其产品销售如此之好，并且总是供不应求，以至于几乎要配额销售。

大多数处于这个阶段的企业都会骄傲自满，但是惠普决公司则决定进行全面整合，改变大多数生产系统和产品工艺。其原因是惠普公司认识到未来市场的增长不是来自于其历来专注的商务市场，而是来自快速增长的家庭个人电脑。尽管喷墨打印机比激光打印机要便宜一些，但是激光打印机价格正在下降，威胁着喷墨打印机的销售，同时，激光打印机非常适合家庭使用。

问题的关键在于适合商务市场的生产系统、产品工艺和服务态度，完全不适合普通消费者市场。惠普公司不得不调整运营活动系统，以抓住这一未来的市场机会。例如，在商务市场上，惠普公司的打印机几乎是最棒的产品，可以随心所欲地进行产品定价，客户购买还要看是否有存货。在这一市场上，由于惠普公司的口碑极佳，商务顾客愿意为额外的产品性能支付更高的价格，同时愿意等到有货的时候再购买产品。

但是，许多个人消费者从来都没有听说过惠普这个品牌，其他人认为这个品牌就是高价格的代名词，而且不会愿意因为产品缺货而推迟购买。如果货架上没有“惠普”打印机，那么人们就会从竞争对手那里购买一台打印机。对大多数人来说，一旦买了个人电脑，就会捎带购买一台打印机，这既不会花太多时间，亦不会花太多心思考虑。同时，人们不会因为打印机上带有“惠普”标志，就愿意支付出额外的价钱。

面对个人打印机消费市场，惠普公司必须具备的一种新能力，就是按照市场要求的方式，以具有竞争力的价格及时提供商品。这是一个全新的竞争领域，惠普公司需要从头学起。于是，惠普公司的销售人员不得不联系沃尔玛公司等零售商，承诺在一年中的某几个月进行优惠促销活动，并保证供给几千台打印机。惠普公司按照季节和地区差异，安排地区的生产数量，或者在国外建立新工厂，或者雇用合同生产商，以在旺季赶制产品订单。

惠普公司还必须具备的一种新能力，就是对产品功能要求的灵活适应性。惠普公司早已习惯了商务市场的操作模式，但是他们很快认识到需要增加打印机品种。为此，惠普公司提供了75个品种的打印机，各个品种都专门瞄准市场的某种特定需要。为了做到这一点，惠普公司设立了几种产品平台，按照顾客的要求给产品添加各种功能。这种个性化的产品平台，首先把对产品的需求传送给产品分销处理中心，在添加额外的功能之后再卖给零售商。这意味着无论需求有什么样的变化，为X产品设计的平台均可以在最后一刻变成Y产品。这样一来，如果某地区的需求量忽然增加，那么分销处理中心之间就可以通过产品公共平台来回调配、输送产品。

此外，研究显示，一般在3~5分钟的时间内，顾客就会作出购买决策。因此，商店的销售员没有多少时间“说服”顾客购买什么产品。惠普公司需要学会新的沟通技巧，即通过产品简介等小册子，迅速高效地与顾客进行信息沟通。惠普公司在自己的相邻领域——家庭和个人打印机市场，构建侧翼防御阵地，避免竞争对手抢先占领这个阵地，进而对自己的主阵地实施分割、瓦解、蚕食和渗透。这就是领先者的侧翼防御策略。

【案例】 翠丰集团公司（Kingfisher）是英国商品零售集团企业，旗下有伍尔沃斯（Woolworth）、康麦特（Comet）、休珀抓格（Superdrug），MVC和百安居（B&Q）等连锁经营公司。翠丰集团公司打算收购英国爱事达公司（Asda）此公司是英国第四大食品零售商，其背后原因是：世界最大的零售商沃尔玛公司（Wal-Mart）正在打算“入侵”英国市场。在沃尔玛公司入侵之前，翠丰集团公司打算巩固自己的防御阵地。

世界上最成功的零售商就是美国沃尔玛公司。在进军德国市场之后，沃尔玛公司已经瞄准了英国市场。在沃尔玛大型折扣货仓型超级市场，购物者几乎能以最低价格，购买到所有想要的商品。沃尔玛公司将丰富的商品、合理的价格和优良的服务结合在一起，深受美国消费者欢迎。食品零售是沃尔玛公司业务增长的核心，其原因很简单，因为沃尔玛公司为顾客提供了交通便利。大多数人一周逛一次食品店，一年逛几次电器零售店和为顾客自己组装产品提供零部件和安装工具的DlY商店。当顾客购买的食品时，可以顺便购买各种食品以外的其他货品，不用再专门去别的商店购买其他商品，这为沃尔玛公司带来了销售机会。1999年4月，沃尔玛公司的市场价值达到1310亿英镑，超过排在第二名的企业——家得宝公司（Home Depot）市场价值的两倍（家得宝公司的市场价值为580亿英镑），居于世界零售企业领先地位。

在翠丰集团公司旗下，伍尔沃斯公司本身就是大型零售商。伍尔沃斯公司所销售的商品范围十分有限，与美国郊区货仓式超级市场相比，其营业面积和规模要小很多。此外，华兹华斯公司大多数商店集中在商业区。在翠丰集团公司旗下，百安居、MVC和休珀抓格等专业连锁经营公司在专业经营领域都能够赶上沃尔玛公司。不同的是，这些公司采用专业连锁经营模式，沃尔玛公司则采用“一站式”（One-Stop-Style）经营模式。于是，翠丰集团公司在爱丁堡（Edinburgh）开设了第一个郊外超级市场，名叫“大W”，并将旗下几个零售连锁店合并在“大

W”超级市场里。但是，与沃尔玛公司不同，“大 W”超级市场没有出售食品。

收购英国第四大食品零售商爱事达公司，可以让翠丰集团公司成为全球第八大零售集团企业，市场价值可以达到 173 亿英镑。这与沃尔玛公司相比，虽然可能仍然微不足道，但是会具备打一场防御战的条件，因为收购爱事达公司可以稳固其弱点，在其最薄弱的领域抢先加强主动防御。不幸的是，翠丰集团公司宣布收购爱事达公司的消息引起了沃尔玛公司的注意。沃尔玛公司在审视了爱事达公司之后，对爱事达公司的状态非常满意。当翠丰集团公司还在慢腾腾地考虑如何操作的时候翠丰集团公司与爱事达公司之间的谈判，已经持续了好几年的时间，而此时沃尔玛公司提出了 67 亿英镑的收购价格。对爱事达公司的股东来说，这个价格比一个注定要失败的谈判要诱人得多。于是，沃尔玛公司从竞争对手眼皮底下抢走了爱事达公司。

第 3 条防御战原则

——时刻准备阻止竞争者的强大营销攻势

【观点】 假如竞争对手发起大规模的进攻，那么领先者应该怎么办？在领先者受到攻击时，大多数领先者会有什么反应呢？许多领先者所犯下的最大错误，就是对竞争者的行动不屑一顾，从而没能及时阻止竞争者的行动。传统上，领先者总是作出“等等看吧”的反应：等等看是否会影响领先者的销售量；等等看领先者是否能够坚守住阵地；等等看顾客在试用了竞争者的产品之后，是否会重新使用自己的产品。其结果就是：等到领先者打算阻止进攻时，往往一切都已经为时太晚了，局面往往已经无法挽回了。在认知战争中，如果领先者失去了领先地位，就意味着长期处于被动局面。因此，对于领先者来说，可以允许他人分享一部分市场份额，但是绝不能允许他人威胁自己的领先地位。

大多数企业只有一次获胜会机，市场领先者却有两次获胜的机会。如果领先者失去了自我挑战的机会，还可以照搬竞争者的攻击手段。因此，领先者必须在进攻者确立地位之前，迅速采取行动起来阻止竞争者的进攻。对于领先者来说，阻击行动往往非常有效，这完全由战争的性质所决定，因为战斗是在顾客的头脑中展开。对于进攻者来说，要想在顾客头脑里留下一个稳固的印象，或者在顾客心智中占有一个清晰的概念，需要花费一段较长的时间。这段时间足够领先者复制进攻者的创意，利用自己强大的资源优势和市场地位，抢先在人们的头脑中把这种创意据为己有。假如打算阻击竞争者的进攻，领先者就要马上采取行动。如果只是犹豫坐等，那么就会贻误战机。及时阻止竞争者发起的强大攻势，意味着为防御者争取足够的时间资源，并缩短竞争者所拥有的正向时间资源。实际上，及时阻止竞争者发起的营销攻势，更加像是一场时间资源争夺战。这是因为领先者发起防御反击的时间越晚，进攻者所拥有的时间资源就越多，就越有可能在人们心智中占据一种优势地位。从本质上来看，领先者对进攻者采取及时的防御反击行动，完全是为了阻止进攻者占领潜在的顾客心智，即在人们心智中形成某种具有竞争优势的价值概念。

【诠释】⌖ 🕮《孙子兵法·九变》：是故智者之虑，必杂于利害[1]。杂于利，而务可信也[2]。杂于害，而患可解也[3]。🕮《孙子兵法·军争》：军争之难者，以迂为直，以患为利[4]。故迂其途而诱之以利，后人发，先人至，此知迂直之计者也[5]。故军争为利，军争为危[6]。🕮《孙子兵法·军争》：先知迂直之计者胜，此军争之法也[7]。🕮《六韬·军势》：善战者，居之不挠，见胜则起，不胜则止。故曰：无恐惧，无犹豫。用兵之害，犹豫最大，三军之灾，莫过狐疑。善者见利不失，遇时不疑，失利后时，反受其殃。㊣ 对于挑战者发起的营销攻击，领先者应该予以及时的阻击，以避免挑战者对领先者的地位构成威胁或者动摇。领先者应该洞悉挑战者的攻击视角，从正反两个方面评估挑战者攻击视角的利害。如果挑战者抓住这个战术视角，那么将会对自己构成什么威胁；反之，如果领先者抢占这个战术视角，那么将会为自己带来什么好处。在权衡利害之后，领先者能够更加清楚地认识到阻击的竞争意义。对于挑战者发起的营销攻击，领先者应该知道“迂直之计”——挑战者占领人们心智需要一个时间过程，领先者应该利用自己的地位优势，及时复制或者模仿挑战者的战术策略，对挑战者的进入进行拦截，从而达到“后人发，先人至”的拦截效果。因此，对于挑战者发起的营销攻击，领先者应该及时采取有效的反制措施。否则，如果挑战者凭借某种策略占领了人们的心智空间，那么领先者的领先地位将受到严重威胁。这就是“失利后时，反受其殃”的道理。

注解：

〔1〕曹操：在利思害，在害思利，当难行权也。李筌：害彼利此之虑。张预：智者虑事，虽处利地，必思所以害，虽处害地，必思所以利。此亦通变之谓也。

〔2〕梅尧臣：以害参利，则事可行。王皙：曲尽其利，则可胜矣。张预：以所害而参所利，可以伸己之事。

〔3〕曹操：既参于利，则亦计于害，虽有患可解也。李筌：智者为利害之事，必合于道，不至于极。贾林：在害之时，则思利而免害。故措之死地则生，投之亡地则存，是其患解也。梅尧臣：以利参害，则祸可脱。王皙：周知其害，则不败矣。杜牧：我欲解敌人之患，不可但见敌能害我之事，亦须先以我能取敌人之利，参杂而计量之，然后有患乃可解也。

〔4〕梅尧臣：能变迂为近，转患为利，难也。张预：变迂曲为近直，转患害为便利，此军争之难也。

〔5〕曹操：迂其途者，示之远也。后人发、先人至者，明于度数，先知远近之计也。李筌：故迂其途，示不速进，后人发，先人至也。用兵若此，以患为利者。杜牧：以迂为直，示敌人以迂速，敌意已怠，复

诱敌以利，使敌心不专。然后倍道兼行，出其不意，故能后发先至，而得所争之要害也。梅尧臣：远其途，诱以利，款之也；后其发，先其至，争之也。能知此者，变迂转害之谋也。张预：形势之地，争得则胜。凡欲近争便地，先引兵远去，复以小利啖敌，使彼不意我进，又贪我利，故我得以后发而先至，此所谓"以迂为直，以患为利"也。

〔6〕曹操：善者则以利，不善者则以危。李筌：夫军者，将善则利，不善则危。杜牧：善者，计度审也。贾林：我军先至，得其便利之地，则为利；彼敌先据其地，我三军之众驰往争之，则敌佚我劳，危之道也。梅尧臣：军争之事，有利也，有危也。张预：智者争之则为利，庸人争之则为危。明者知迂直，愚者昧之故也。

〔7〕张预：凡与人争利，必先量道路之迂直，审察而后动，则无劳顿寒馁之患，而且进退迟速不失其机，故胜也。王皙：量敌审轻重而动，又知迂直必胜之道也。梅尧臣：称量利害而动，在预知远近之方则胜。杜牧：言军争者，先须计远近迂直，然后可以为胜。其计量之审，如悬权于衡，不失锱铢，然后可以动而取胜，此乃军争胜之法也。

【案例】 在高尔夫球世界里，泰特利斯（Titleist）和富得乐（Footjoy）无疑是这个品类的领导者。这对姊妹品牌分别是高尔夫球和高尔夫球鞋的领导品牌。1935 年，财富品牌公司（Fortune Brands）所属艾卡什奈公司（Achushnet Company）生产出了第一个泰特利斯高尔夫球。1985 年，艾卡什奈公司兼并了富得乐公司（Footjoy），并重新组建了一个分公司——泰特利斯 - 富得乐世界公司（Titleist and Footjoy Worldwide）。在 20 世纪 90 年代，该公司又兼并了眼镜蛇（Cobra）这个品牌。此后，泰特利斯这个高尔夫球品牌稳步成为职业巡回赛参赛者和顶级业余参赛者的首选品牌。自 1946 年以来，Footjoy 这个高尔夫球鞋品牌在高尔夫球鞋领域一直位居领先地位。即便在高尔夫球市场的萧条时期，以及面对入侵者的激烈进攻，Titleist 和 Footjoy 这两个品牌仍然继续保持着领先地位。

1988 年，耐克公司（Nike）首先开始入侵高尔夫球鞋市场，正面挑战 Footjoy 等拥有市场优势的品牌。这些品牌主要是通过运动用品专卖店销售高尔夫球鞋，而不通过职业高尔夫球参赛者进行品牌宣传。1996 年，耐克公司以 1 亿美元的酬劳为代价，与职业高尔夫球参赛者泰格·伍兹（Tiger Woods）签订品牌代言协议，大举入侵高尔夫球装备市场，推出包括以泰格·伍兹命名的专属高尔夫装备系列，以及球袋、眼镜、手套、配件等配套产品。三年之后，耐克公司入侵高尔夫球市场。泰格·伍兹平常使用的高尔夫球品牌 Titleist，被转换为自己所代言的 Nike 高尔夫球。

耐克公司高尔夫球产品线不断扩张，并与众多高尔夫球职业巡回赛参赛者签订品牌代言协议，并且使用大量广告宣传球员的赢球结果。1999 年，保罗·劳列（Paul Lawrie）穿着 Nike 高尔夫球鞋获得了英国公开赛冠军；2000 年，泰格·伍兹改用 Nike 实心高尔夫球之后，连续赢得了四大职业高尔夫球赛事冠军。〔四大高尔夫球赛事：美国名人赛（The Masters）、美国公开赛（U. S. Open）、英国公开赛（British Open）、美国 PGA 锦标赛（PGA Championship）。这四大高尔夫球赛事，分别于当年的 4、6、7、8 月份举行。〕2001 年，大卫·杜瓦（David Duval）第一次赢得高尔夫球重要赛事——英国公开赛冠军，就是使用了 Nike 第一系列高尔夫球杆。从 1999 年到 2001 年连续 3 年的时间里，英国公开赛冠军球员都使用了 Nike 高尔夫球系列产品。从此，在竞争激烈的高尔夫球产品市场上，耐克公司所占的市场份额上升到了 6%。耐克公司创始人菲尔·奈特（Phil Knight）公开表示，他想让 Titleist 变成高尔夫球业领域的 Converse——美国著名的运动服饰品牌，此公司于 1990 年开始走下坡路，2001 年申请破产保护，2003 年被耐克公司收购。

耐克公司进入高尔夫球产品领域主要依靠泰格·伍兹产生的影响力。Titleist 和 Footjoy 所面临的主要挑战是要抵消泰格·伍兹所产生的影响。在与职业高尔夫球参赛者的关系方面，Titleist 从总体上看占有更大的优势。Titleis 清醒地认识到，高尔夫球赛事不是由某个球员独自控制的比赛。Titleist 和 Footjoy 可以借助其他参赛者的力量，抵消泰格·伍兹为 Nike 所带来的营销影响力。因此，Titleist 和 Footjoy 运用“影响力金字塔”（Pyramid Of Influence），影响各个层级的高尔夫球产品消费者，对 Nike 所发起的攻击进行全方位阻截。这种“影响力金字塔”由 5 个层级构成：第一层是金字塔的顶端，包括知名巡回赛职业参赛者；第二层包括俱乐部职业参赛者、全国排名的业余参赛者，以及大学代表队参赛者；第三层包括社会和地方上的重要参赛者、大学教练，以及有前途的年轻参赛者；第四层是一年至少要打 25 场高尔夫球比赛的高尔夫球运动爱好者；第四层是金字塔的底部，包括一般的高尔夫球运动参与者。

在影响力金字塔的各个层级上，Titleist 非常努力地强化消费者心智中的地位。面向高尔夫球运动的爱好者，Titleist 传递了一个非常明确的信息：Titleist 高尔夫球是世界上顶尖高尔夫球参赛者的明智选择。然后，Titleist 再把这个信息反映到产品上，通过赢得比赛突显产品的优秀品质。例如，Titleist 的一则广告显示，世界上一流的高尔夫球参赛者，使用 Titleist Pro VI 高尔夫球赢得了职业巡回比赛。一方面，Titleist 致力于稳定品牌的忠实顾客；另一方面，Titleist 扩展其产品线，迎合不同水平高尔夫球运动爱好者的需要。最后，Titleist 的营销工作永远包括出色的服务，以及赢得所有重要俱乐部职业参赛者的支持。这是因为这些职业参赛者的意见往往能左右其他高尔夫球爱好者的购买选择。

在 Nike 与泰格·伍兹的合力挑战面前，Footjoy 依循着与 Titleist 相似的策略，抵御 Nike 所发起的营销攻击，以保持其在高尔夫球鞋市场上的领导地位。到 1998 年，Footjoy 仍然是高尔夫球鞋领域的市场领先者。1999 年，Footjoy 以创意广告对 Nike 予以回击，推出“憨小子”这个夸张品牌形象。Footjoy 的品牌形象“憨小子”是一个夸张的高尔夫球爱好者形象，在高尔夫球职业参赛者面前，总是显示出一副傻乎乎的样子。在推出这一广告活动的头 3 年，Footjoy 的市场份额节节上升，销售额增长速度超过了12%，市场份额增长超过10%。到2001年，Footjoy比Nike更进一步，再次推出“干爽”高尔夫球鞋。“干爽”高尔夫球鞋，成为任何天气条件下都表现卓越的高尔夫球鞋品牌。此外，Footjoy还推出了新的外衣系列产品。结果，与1999年相比，2001年Footjoy外衣系列产品销售量增长了259%。

Titleist和Footjoy挡住了Nike和其他品牌的挑战，依然在市场上保持着领袖地位。1998年~2004年，在高尔夫球产品市场上，尽管耐克公司投入了大量资金，但是Titleist的市场份额仍旧显著增加。哪怕面对高尔夫球产品市场的整体萧条，Titleist的市场销售额依然还在稳步提高。例如，在2003年，美国高尔夫球比赛减少了3%，但是财富品牌公司旗下艾卡什奈公司的高尔夫球品牌销售量反而增加了11%。2003年6月，塔普弗莱特高尔夫球产品公司（Top-Flite Golf Company）申请破产，该公司曾经隶属于斯伯丁国际体育用品公司（Spalding Sports Worldwide），其所生产的高尔夫球是Titleist高尔夫球的主要竞争品牌。2000年~2003年，塔普弗莱特高尔夫球产品公司的市场份额急剧下降，Titleist的市场份额却持续增长。2003年9月，卡拉威公司（Callaway）并购了塔普弗莱特高尔夫球产品公司。

在高尔夫球产品领域，艾卡什奈公司成为第一家、亦是惟一一家资产超过10亿美元的企业，拥有Titleist、Footjoy、Cobra等顶尖知名品牌。面对耐克公司所发起的猛烈进攻，Titleist和Footjoy依然保持着市场领导地位。尽管高尔夫球产品市场成长缓慢，但是艾卡什奈公司依然取得了骄人的业绩增长。2004年，艾卡什奈公司的销售额为12.1亿美元，比2003年增长了8.1%，其中，Titleist品牌的销售额接近7.34亿美元，Footjoy品牌的销售额超过2.94亿美元，Cobra品牌的销售额则超过了1.84亿美元。2005年第一季度，艾卡什奈公司的销售额达到3.426亿美元，销售收入则增长了11%，销售额达到了5670万美元。

【案例】 在日本，长力公司是最早开发电子缝纫机新品种的大企业。1976 年，长力公司研制出电子针箱式缝纫机，这使其在市场竞争中一直处于优势地位。伴随着日本经济的高速发展，人们的生活水平逐渐提高，消费能力也逐渐提高。因此，日本各电子缝纫机企业纷纷瞄准高档电脑缝纫机市场，以期在竞争中获得优势地位。

日本长力公司董事经理中山孝认为，日本人具有勤俭朴素的美德，尽管经济水平已有很大发展，但是日本人的传统观念很强，不会轻易转向高档消费品。同时，长力公司的电子缝纫机一直占据着市场领先地位，拥有很好的品牌信誉，仍有潜力可挖。此外，缝纫机已经不是耐久消费品，没有必要制造高档产品，应该继续以中、低档缝纫机产品为主要经营业务，并希望通过自己的领先地位立于不败之地。在这种错误思想的指导下，日本长力公司过高地估计自己产品的潜力，继续卖力地扩充销售网点，倾力生产 6 万 ~7 万日元一台的低档缝纫机产品，自动退出高档电脑缝纫机市场。

正是这种想法使长力公司失去了市场主动权。他们错误估计缝纫机的实际发展情况，忽略了竞争者的进攻，致使其他公司有机可乘。1979 年 4 月，蛇目公司（Janome Sewing Machine）推出记忆型电脑控制缝纫机，生产出世界上第一台电脑程序缝纫机——Memory 7 电脑缝纫机，这种缝纫机的发展势头很好。经过多年不断地努力之后，日本蛇目公司研制出一批优秀的电脑缝纫机品种，开拓了电脑缝纫机的新领域，产品很受日本消费者的欢迎，并终于挤垮了长力公司。长力公司则因为连年经营亏本，无力偿还巨额债务，不得不向地方法院申请破产。1984 年，长力公司正式宣布破产。

日本长力公司的破产原因除了缝纫机业务决策失误之外，还有一个重要原因，即盲目开展多元化经营。从 1965 年开始，日本长力公司生产通用型家用电器产品，例如电灶、洗衣机、电冰箱等家用产品，这些经营项目盈利甚微。1972 年，日本长力公司设立了经营旅馆业务的子公司；1973 年，长力公司成立了经营汽车运输的子公司。旅馆业务和运输业务均出师不利，连年亏本。日本长力公司的多元化经营业务不仅与缝纫机业务毫无关系，反而要动用本来已不景气的缝纫机业务收入，以补贴这些多元化经营业务，无怪乎最终以负债1120 亿日元而告破产。

如今，日本蛇目公司成为日本乃至在世界上都占有重要地位的缝纫机生产企业。长力公司的失败以及蛇目公司的成功，从正、反两个方面说明了领先者及时进行防御的意义。首先，长力公司在缝纫机领域已经取得了领先地位，并且领先开发出了电子缝纫机。此时，长力公司在战略上应该采取积极的防御策略，沿着电子缝纫机的方向继续开发更高级的缝纫机——电脑缝纫机。令人感到遗憾的是，长力公司放弃了主动防御的机会，而进行了多元化经营。或许，在当时并不容易看出电脑缝纫机将成为主流产品的发展方向，但是对于领先者而言，如果竞争对手抢先一步占领了电脑缝纫机这块阵地，那么一旦电脑缝纫机成为市场上的主流产品，领先者将处于十分被动的竞争地位，甚至失去原来所保持的领先地位。

其次，长力公司丧失了对挑战者及时进行防御拦截的机会，或者失去了对挑战者及时进行防御拦截的能力。如果领先者不进行自我挑战，那么竞争者就会对领先者发起挑战。相反，领先者积极主动地进行自我挑战（积极的防御策略），就是为了让竞争者难以有机会对自己发起挑战。对于蛇目公司来说，长力公司为其提供了发起侧翼攻击的机会——电脑缝纫机。但是，长力公司却不能对此进行及时的防御性阻拦，即迅速开发出电脑缝纫机，拦截蛇目公司对市场的入侵。此时，长力公司正因陷入了多元化经营陷阱而无法自拔，原本应该用于防御的力量，已经被多元化经营业务彻底分散。缝纫机业务的营业收入还被用于补贴亏损的多元化经营业务。对于蛇目公司的侧翼攻击，长力公司实际上已经无力还击，而且一旦侧翼突袭获得成功，蛇目公司便开始乘胜追击，进一步巩固阵地、扩大战果，不遗余力地开发优秀的电脑缝纫机。

蛇目公司与长力公司成功与失败正反两个方面的对比，恰当地体现了领先者疏于防御的严重后果，以及对领先者侧翼发起突然袭击的进攻成效。如果领先者不进行积极和及时的防御，那么竞争者就会乘机发起凶猛的进攻，并对领先者的地位构成严重威胁。相反，竞争者应该积极寻找、关注领先者的空虚之处，一旦找到领先者的薄弱环节，就毫不犹豫地发起有力的攻击。

【案例】 李维斯公司（Levis）是一家拥有 150 年历史的私营企业，是工装牛仔裤的创始者，其“501S”产品于 19 世纪 40 年代第一次投入生产，从此走上了牛仔裤之王的宝座。20 世纪 80 年代初，Levis 公司陷入困境之后，通过关闭工厂、扩大国外市场，以及集中核心产品而扭转了乾坤。此外，又采取了推出“Dockers”休闲牛仔裤系列，集中开拓国外市场等措施，推动了销售额和利润额的增长，并分别在接下来的十年内增长 70 亿美元和 7 亿美元。

但是，1990 年～1998 年，Levis 公司在其核心的美国市场（16 岁以上的男性消费者市场）所占的份额几乎缩小了一半，从 48.2% 下降到只有 25%。Levis 牛仔裤的封闭风格意味着其已经错过了当时所有的消极主义潮流。大型百货商店拥有的自制品牌牛仔裤的市场份额从 3.2% 飞跃至 20.4%。JC Penney 公司的 ArizonaJeans Co. 系列牛仔裤问世只有 10 年，市场价值已经超过十亿美元。Searls Roebucks Carlyon River BIues 系列牛仔裤问世只有 4 年，市场价值就达到 2.5 亿美元。美国联邦百货商店公司（Federated Department Stores）的自有品牌系列牛仔裤在 1998 年第一季度的销售额突破 1 亿美元。这些牛仔裤品牌质地优良，而且价格比 Levis 牛仔裤便宜得多。

Levis 对雇员博爱的名声，传遍了这个以毛衣店和移民学徒著称的行业！但是，其不利之处在于内在的成本结构令其陷入了成本劣势，使得其产品即使按照本国标准衡量，仍然十分昂贵。例如，Levis 在美国的零售价格为 30 美元，Wrangler 牛仔裤的零售价格只卖 20 美元。因此，Lee 和 Wrangler 牛仔裤的市场份额，从 1990 年的 22.1% 升至 1996 年的 31.9%。

然而，一些顾客并没有被更低的价格吸引，却投向了进入市场的专门设计品牌。美国的设计师汤姆黑·费格、拉夫·劳伦、凯尔文·克伦、多纳·克兰纷纷投入意大利设计师品牌旗下，阿曼尼、范思哲、多思 & 莫斯切诺都转行做休闲时装设计。1997 年，在美国百货商店业中，牛仔裤的销售额总量下降了 3%。同时，那些专门设计牛仔裤的品牌销售额却增长了 28%！

此外，Levis 公司的历史如此悠久，以至于许多青少年将其视为他们父辈穿的衣服。相反，他们把目光转向了像 Diesel 和 JNCOS 这样的品牌，这是一种大口袋牛仔裤，裤腿有 40 英寸宽，口袋有 17 英寸深，以及类似灯笼裤和闪闪发光的桔黄色尼龙牛仔裤之类的产品。美国青少年调查中心研究显示：在美国青少年男孩之中，认为 Levis“酷”（Cool）的青少年已经从 1994 年的 21% 下降到 1998 年的 7%。

灾难性的结果降临了。1997 年 11 月，Levis 公司宣布关闭其 1/3 的美国工厂，工厂总数由 33 家下降到 22 家，解雇了 7000 名雇员。在这一切发生的同时，Levis 公司发言人还侃侃而谈，声称完全控制了问题并计划让企业起死回生。Levis 公司关闭工厂被视为由于“没看好自己的球”而发生的“偶然”不幸事件。但是，事实证明并非如此。1998 年，Levis 公司的销售额下滑了 13%；1999 年 2 月，Levis 公司的一份通告宣布，将再关闭一半的工厂，并进一步解雇 6000 名雇员。

虽然 Levis 公司仍然非常赚钱，现金流的情况非常好，但是随着人们认为没有什么真正理由购买 Levis 牛仔裤，Levis 这个品牌将变得一文不值。Levis 公司的问题出在何处？Levis 公司的问题在于不吸取历史教训。20 世纪 80 年代初，Levis 公司由于偏离品牌核心业务——牛仔裤，而陷入品牌延伸的陷阱。在回归核心业务之后，又推出“Dockers”休闲牛仔裤，从而再次步入牛仔裤业务的辉煌阶段。Levis 公司的这段经历，足以为其提供一个重要的启示。

这个启示就是必须采取防御策略。Levis 作为牛仔裤的领导品牌，应该随着时代和社会的发展，推出代表不同概念的牛仔裤品牌，就像

"Dockers"这个品牌一样，代表着"非粗布"休闲牛仔裤。疏于防御而不主动进行自我挑战，甚至在竞争者发起进攻之后，仍然不能及时予以有力反击，这就是 Levis 公司的问题所在。Levis 公司应该推出不同的牛仔裤品牌，甚至推出自己的设计师品牌，以此应对竞争者发起的攻击和威胁。

第 4 条防御战原则

——给自己留下足够的战略储备资金

【观点】对于任何领域的领先者来说，总是要面对竞争者发起的一轮接一轮的攻击，即便在第一轮攻击失败之后，总会有挑战者发起第二轮、第三轮攻击。因此，领先者必须时刻保持警惕，必须时刻做好准备——做好还击的准备，应对随时都会爆发的营销战争。卡尔·冯·克劳塞维茨（Carl von Clausewitz）曾经说道："有生的后备军数量，总是双方统帅关注的焦点"。对于领先者来说，一条有效的防御措施是"给自己留下充足的储备弹药"。这并不意味着当进攻者倾力出击时，领先者总是应该把尽可能多的钱花在防御过程上。理想的状态是只投入"维持竞争"所需要的费用，从而把剩下的资金储备起来。假如竞争对手发起更大规模的进攻，拥有足够的"弹药"保卫自己的领地，无论从任何一个角度上看，领先者都需要预留出足够的防御资金。不断地进行自我挑战需要资金，不断地应对竞争者所发起的攻击需要资金，不断地维护自己在人们心智中的地位需要资金。这就是战略定位的基础法则——资源法则。无论多么锐利的"箭"，缺少了"弓"的作用都无法产生杀伤效果。无论进攻战术，还是防御战术，如果在营销战争里缺少充足的弹药，那么所有的营销战术都难以发挥作用。事实上，领先者经常对自己犯下原则错误，大量原本应该用于防御的弹药，投入到了毫不相关的阵地争夺战上。结果，本应该重点进行防御的领先阵地，渐渐开始变得疏于防范，然后竞争者乘虚而入，占领了本应该属于领先者的阵地。

【诠释】 📖《孙子兵法·作战》：军无辎重则亡，无粮食则亡，无委积则亡[1]。📖《孙子兵法·形篇》：胜兵若以镒称铢，败兵若以铢称镒[2]。㊣ 无论军事战争还是营销战争，无论防御战术还是进攻战术，兵力与资金都构成了战争的基础性支撑要素。对于进攻方来说，如果缺乏足够的资金，那么将难以产生有效的攻击效果；对于防御方来说，如果缺乏足够的资金，那么将难以进行有效的反制防御。资金对于防御具有现实性意义。第一个方面的意义是领先者需要不断对自己发起挑战，自我挑战需要足够的资金投入。如果领先者缺乏足够的资金投入，那么将难以进行有效的自我挑战。第二个方面的意义是在领先者拦截挑战者的营销攻势时，需要动用大量的资金，甚至需要投入超过挑战者的兵力，才能有效消除挑战者的营销攻势，从而实现有效防御的战略目标。概括起来说，足够的战略资金储备决定着防御和进攻的持续能力。由此可见，在营销战争中，尽管存在着战术的竞争优势作用，但是仍然无法脱离"兵力优势"这个基础原则。"兵力优势"原则发挥作用的条件不在于谁拥有更大的兵力优势，而在于谁能在有效战术上，即在进攻与防御方向上，投入了更多的兵力。

注解：

〔1〕曹操：无此三者，亡之道也。李筌：无辎重者，阙所供也。王皙：委积，谓薪蒭蔬材之属，军恃此三者以济，不可轻离也。张预：无辎重，则器用不供，无粮食，则军饷不足，无委积，则财货不充，皆亡覆之道。此三者谓委军而争利也。

〔2〕曹操：轻不能举重也。张预：二十四两为镒，；二十四铢为两。此言有制之兵对无制之兵，轻重不侔也。李筌：轻重异位，胜败之数，亦复如之。梅尧臣：力难制也。王皙：言铢镒者，以明轻重之

至也。

【案例】1994 年网景公司（Netscape）成立的时候，微软公司（Microsoft）已经完成了 MS－DOS 和 Windows95 操作系统的开发工作，于是网景公司推出了浏览器软件 Navigator（导航者），这是一种能够非常容易地搜索互联网的软件，有意快速抢占市场，并在不久之后获利。当时，互联网已经开始腾飞，不再仅仅限于在少数学者范围内运用，而是开始在大众消费者之中普及。于是，网景公司立刻成为焦点。在五个月之内，网景公司就占据了浏览器市场 70% 的份额。1995 年，网景通讯公司其他产品的收益开始滚滚而来，第一季度销售额达到了 490 万美元，第二季度销售额为 1100 万美元。1995 年底，网景通讯公司收达到了人 8070 万美元。

在互联网领域，虽然网景公司并未对微软公司构成直接竞争，但是两者之间的对比却不可避免。网景公司会成为下一个微软公司吗？比尔·盖茨（Bill Gates）是否忽视了互联网？在软件和操作系统方面，网景公司会取代微软公司第一把交椅的位置吗？网景公司被描绘成微软公司的挑战者，投资者一拥而上追捧这个 IT 产业的新企业。当时，网景公司虽然尚未赢利，但是在 1995 年 8 月公开发行股票时，华尔街（The Wall Street）已经为之疯狂。网景公司本来计划公开发行 350 万股股票，股票发行价格为 14 美元。但是，股票市场需求量如此之大，网景公司最终决定发行 500 万股股票，股票发行价格高达 45 美元。网景公司的股票在二级市场上公开交易时，其股票价格一路飙升到了 71 美元。在一夜之间，网景公司的市场价值达到了 27 亿美元。但是，为了响应股东的要求，网景公司就必须赢利。于是，网景公司开始将 Navigator 软件定价 30 美元，开始面向企业客户销售。此时，Navigator 软件仍然能从互联网上获得免费下载，但是网景公司认为企业客户会选择付款，从而享受较为完善的售后服务。此外，面向在线信息服务提供商，如美国在线（AOL）、计算机服务热线（Compuserve）时，网景公司会收取特许权费。网景公司一跃成为一匹黑马。

此时，网景公司将互联网当作未来重要的发展机会，并开始开发商业应用软件，以令其在互联网软件领域获得进一步发展。这一次网景公司要与行业巨头 IBM 公司和微软公司进行面对面的直接竞争了。然而，网景公司凭借 85% 的浏览器市场份额，信心十足地展开了直接进攻，直接与 IBM 公司、微软公司以及其他巨头争夺顾客。这样一来，一场有效的游击战，被网景公司转变成了正面进攻战。入侵者十分狂妄，开始洋洋自得了。1996 年，网景公司市场部经理说道："微软公司在市场上正追随我们，他们所做的事情，都是我们六个月之前做的事情。我们已经领导了世界上增长速度最快的市场。在这一领域，微软公司具有某种弱点。我们拥有最大的资源储备，能够完全投入竞争。所以，在我们尊称微软公司为竞争对手的同时，他们能够迎头赶上的惟一方式，就是我们开始松劲了。然而，网景公司没有搞清楚这样一个问题，即自己在与什么样的敌人作战。如果网景公司研究过军事战争史，那么就会明白兵力优势的重要性，明白自己是否拥有足够的兵力与微软公司这样的敌人展开"对攻战"。如果搞清楚了这个问题，网景公司就不会这样洋洋自得了。遗憾的是，网景公司并没有研究过军事战争史。

对于网景公司的这种威胁，微软公司严阵以待。网景公司所设计的浏览器能够在任何操作系统上运行。如果其他软件公司开始编写与之兼容，而不与 Windows 操作系统兼容的应用程序，那么 Navigator 可能会令 Windows 操作系统无法兼容，Windows 将沦为仅仅是一个商品而已。对于这种威胁，在 Windows95 问世时就出现了。舆论对微软公司的昏昏欲睡进行了无情的批评，同时微软公司的股票价格开始下滑，这些都给了比尔·盖茨很大的打击。于是，微软公司进行了 180 度的大转弯，几乎将全部的的精力集中到了互联网市场上。1995 年 12 月，比尔·盖茨公开宣布：组织 2000 名优秀的程序员开发 Navigator 浏览器的竞争产品。当天，网景公司的股票价格就下跌了 30 美元。微软公司的第一款浏览器称作探索者（Internet Explorer，简称 IE 浏览器），与 Navigator 相比差距甚远，甚至免费向使用者赠送，在浏览器市场上所获得的用户仍然只有 5%。但是，微软公司没有债务，现金储备达到 80 亿美元，不动声色地投入数百万美元开发改进的产品“探索者 -3”（Explorer 3）。Explorer 3 与 Windows95 操作系统绑在一起，提供了方便的互联网入口。

大多数互联网的个人用户通过服务器连接上网，服务商为其提供一个浏览器软件、一个电子邮件地址，以及一个当地电话号码用来连接互联网。1996 年初，大多数服务商提供 Navigator 浏览器，只有最大的互联网服务商“美国在线”使用自己的浏览器。“美国在线”意识到自己的浏览器落后，准备用 Navigator 或者 Explorer 替换，但是网景公司谈判立场十分强硬，要逐一对复制品收取特许费，而且丝毫没有让步的打算。微软公司则免费提供 Explorer 浏览器，并且愿意作出更多让步。微软公司能够将“美国在线”与所有重要的 Windows 操作系统桌面进行连接，只要轻轻点击几下鼠标，用户就能够轻松地连上“美国在线”，然后自动下载其软件。于是，“美国在线”选择了 Explorer 浏览器，这令网景公司大失所望。微软公司的防御战术，同时击中了其他商业在线服务商以及互联网入口提供商，他们纷纷选择 Explorer 浏览器，Explorer 成为顾客在网上浏览的标准工具。在浏览器“大战”开始之前，网景公司与 1000 多家互联网服务商签订了特许协议，但仅仅在两年之后，这个数字变成了零。

1997 年，微软公司又投入 20 亿美元开发 Explorer 浏览器，市场份额从微不足道的 8% 上升到了 30%，这些市场份额几乎全部来自于网景公司。1997 年的最后三个月，网景公司的销售额下降了几乎2/3。在浏览器市场上，微软公司的市场份额第一次超过了 50%。网景公司一下子发现自己倒退了，其管理层的腔调改变了，这种腔调与先前的狂妄语言大相径庭。他们说：“我们胜利不一定就是微软公司失败……那些集中于浏览器大战的人没有看清形势。真正的利润来自内部网软件，这才是我们 80% 的收入来源。我们一直说，这将是我们的主要市场。在浏览器大战中没有赢家。”微软公司的最后一击，是计划将所有的 Explorer 4 与 Windows98 操作系统捆绑在一起，这样一来两者就天衣无缝了。

网景公司的股票价格一落千丈。网景公司惟一能够反击的方式，便是诉诸美国司法部，声称微软公司滥用“垄断”地位。网景公司质问道：“微软公司组织 2000 人，用了一年的时间，耗费 20 亿美元开发的软件，怎么能免费赠送呢？”这是贼喊捉贼的典范，网景公司忘记了自己早期免费赠送产品以占据市场的事实。1998 年最后一个季度，网景公司亏损达到 8500 万美元。这一期间，网景公司股票价格下跌了 50%，一直跌到了“美国在线”能够收购的程度。对大多数人来说，花费 42 亿美元收购一个亏损企业，仍然显得出价过高了，而在一年之前，这简直是不可想像。

2010 年浏览器市场份额数据

IE 浏览器市场份额		竞争品牌市场份额	
IE6	13.06%	Firefox	21.81%
IE7	8.76%	Chrome	9.98%
IE8	33.02%	Sfari	5.89%
IE9 Beta	0.46%	Opera	2.23%

2011 年 1 月，根据 Net Applications 公布的市场调查数据显示：2010 年，Internet Explorer（IE）浏览器的市场份额达到 57.08%。由于 IE9 还处于 Beta 版阶段，距离发布 IE9 正式版还有一段时间，而且 IE9 只支持 Vista SP2 以上的 Windows 操作系统版本，这导致 IE9 在浏览器领域的市场份额暂时不会十分理想。虽然 IE9 浏览器的市场份额不高，但是仍然会慢慢上升，因为 IE9 Beta 的发布时间还不到 4 个月。2011 年，微软公司将会发布 Windows 7 SP1 和 IE9 正式版。伴随着 Windows 7 市场份额的进一步提高，IE9 浏览器的市场份额势必会大幅度提高。在浏览器市场上，微软公司今天所取得的领先地位完全来自于当初与网景公司展开“浏览器大战”时所奠定的基础。试想，如果当初微软公司不投入巨额

资金开发 Internet Explorer（IE）浏览器，并在“浏览器大战”中击败网景公司的 Navigator 浏览器，那么根本不会有今天微软公司在浏览器市场上的领先地位。相反，如果其他浏览器品牌占据了领导地位，那么还会对微软公司的 Windows 操作系统带来不利影响。

第5条防御战原则

——绝对领先者应该强调品类而非品牌本身

【观点】防御战的终极目标是为了保持所谓的“和平”。这种所谓的“和平”，实际上是保持领先者主导地位下的“和平”，即保持领先者在顾客的头脑里占据首要位置，占有优势的市场份额，使竞争者无法与其相提并论。领先者应该打防御战，就是要维持自己主导秩序下的“和平”，迫使竞争者转入零散的游击战，使领先者地位免受竞争者的威胁。在营销战争状态下，双方都强调品牌自身，而非产品类别，因为这时需要告诉人们，与其他品牌相比，自己的品牌是多么优秀。当领先者处于永久的“和平”状态下时，就可以改变策略，把矛头指向品类，而非品牌本身。这是因为此时的领先品牌本身就代表着品类，只要一提起这个品类，人们自然首先想起领先品牌。因此，如果领先者注定会分得一张馅饼上的最大一块，就不能仅仅满足于在一张小馅饼上分得一大块，而是应该设法把这一整张馅饼做得更大，这张馅饼越大，领先者分得的市场份额就越多。在两种情况下，领先者应该强调产品类别的好处而不是强调品牌本身的好处。第一种情况是在开创一个新品类之初，领先者应该强调产品类别的好处，以引导人们放弃老品类，转而选择新的产品类别。第二种情况是在取得绝对领导地位之后，领先者应该强调产品类别的好处，以引导人们更多地消费本产品类别，从而扩大本产品类别的总体消费量。无论哪种情况，领先者都会成为“做大蛋糕”的最大、最直接的受益者。这就是领先者强调产品类别的秘密所在。

【诠释】 《孙子兵法·谋攻》：善用兵者，屈人之兵而非战也[1]，拔人之城而非攻也[2]，毁人之国而非久也[3]，必以全争于天下，故兵不顿而利可全，此谋攻之法也[4]。《乾坤大略·兵起先知所向》：避实击虚，则敌骇不及图，如自天而下。乘势趋利，则我义声先大振，而远近向风。㊣ 兵不顿而利可全，孰能为之？避实击虚也。必以全争于天下，孰能为之？乘势趋利也。避实击虚，是进攻者所应该采取的策略。乘势趋利，是防御者所应该采取的策略。绝对领先者应该利用自己对人们的影响力，鼓吹、宣扬产品类别给人们所带来的好处，制造更大、更好的声势，鼓动、引导人们更多地消费领先者所代表的产品类别，扩大人们对该类产品的消费量，就是要达到"乘势趋利"的营销效果——先义声大振，则远近向风。由此所增加的市场消费量，大部分将会落入领先者囊袋之中。这就是说，对于绝对领先者而言，不但要积极进行自我挑战，还要努力扩大所在产品类别的消费规模。

注解：

〔1〕李筌：以计屈敌，非战之屈者。梅尧臣：战则伤人。何氏：言伐谋、伐交，不至于战。故司马法曰："上谋不鬬。"其旨见矣。

〔2〕李筌：以计取之。梅尧臣：攻则伤财。

〔3〕曹操：毁人之国，不久露师也。李筌：以术毁人国，不久而毙。杜牧：因敌有可乘之势，不失其机，如摧枯朽。贾林：兵不可久，久则生变。但毁灭其国，不伤残于人。杜佑：若诛理暴逆，毁灭敌国，不暴师众也。梅尧臣：久则生变。何氏：善攻者，不以兵攻，以计困之，令其自拔，令其自毁，非劳久守而取之也。张预：以顺讨逆，以智伐愚，师不久暴，而敌国减，何假六月之稽乎！

【案例】在汤食行业里，坎贝尔公司（Campbell）获得了“和平”。坝贝尔公司（Campbell）促销的是汤食，而不是坝贝尔这个品牌。在广告中，坎贝尔公司说道：“汤是一种非常好的食品，适用于任何人”。在胶片行业里，柯达公司（Kodak）赢得了“和平”。柯达公司（Kodak）推销的是摄像胶片，而不是柯达这个品牌，柯达公司在电视广告中说道“时光易逝”。

柯达公司是全球最大的感光材料的生产商。在胶卷方面，柯达公司所取得的领先地位已经不需要强调品牌本身了。那么，柯达公司应该强调什么？柯达公司更多地把拍照片和美好生活联系起来，让人们记住生活中那些幸福的时刻。柯达公司在做什么？柯达公司在强调胶卷这个产品类别在生活中的价值。通过广告对美好生活片段进行展示，吸引人们更多地留下“美好的生活片段”，拍更多的照片，买更多的胶卷。

“柯达一刻”广告场景

广告开始：“K”字上面打着光谱之七色之光，出现在电视屏幕上，并占据画面中央。

场景之一：“K”字渐变成空心，空心里面一个男孩站在洗脸池前面对镜头挤牙膏。空心“K”字镜头拉近，快速冲向屏幕，然后一下子消失掉了，屏幕里只剩下镜头拉近了的挤牙膏男孩……小男孩低头盯着牙膏口，挤呀挤，挤不出来……用力！牙膏猛然挤出，喷了男孩一脸。男孩一脸惊愕，呆立……相机“咔嚓”将影像固定。

场景之二：在公园里，一群少年滑旱冰。疾驰、转弯。前面突然出现一位学滑旱冰的少女，张开双臂，有些摇摆。面对突然出现的少女，滑在前面的少年慌忙刹车、减速……滑在前面的少年摔倒，后面的人跟着倒下，七仰八叉地冲到了穿着旱冰鞋的少女脚前……相机透过少女修长的双腿“咔嚓”将这一刻锁定。

场景之三：在舞台上，幼儿园的小朋友表演节目。扮成老虎的男孩穿着一身虎皮衣，向穿小白兔衣服的女孩蹦跳过去。突然裤带松了，虎皮裤落下，小屁股显露，“小老虎”马上提起虎皮裤。然后，“小老虎”十分尴尬，哭着脸扭头向舞台下面望去……相机“咔嚓”将这一瞬间留住。

场景之四：爷爷、孙子、奶奶依次坐于沙发，欣赏着手中的照片。爸爸、妈妈站在沙发后面一起观看照片……一幅其乐融融的家庭景象。

特写镜头：四向展开的柯达胶卷五彩包装盒，从四个方向迅速收拢起来，一家人其乐融融的景象装在了柯达五彩包装盒里。

快速定格：柯达的品牌商标。

显示字幕：www. kodak. com

任何广告都不能仅仅依靠画面传递品牌概念。广告必须借助声音语言，才能准确地传递所要表达的信息和概念。声音语言的作用在于用声音语言快速解释画面的内容，以使广告观众对品牌所要表达的概念印象更加深刻。在“柯达一刻”这则广告之中，“柯达”借助广告歌曲和旁白提醒人们应该记录下生活中各种各样的“美好时刻”，拍更多的照片，买更多的胶卷。

“柯达一刻”广告歌曲

男声歌唱：

这一刻，多温馨
甜的笑，真的心
串起了，每一刻
OH
LET IT GO
……
喔，喔噢噢
……
就让每一刻
握在你的手
别让它溜走
别让它悄悄溜走
柯达串起每一刻

男声旁白：

属于你的家庭欢乐
柯达，为你记录

“柯达一刻”这则广告，没有刻意宣扬“柯达”这个品牌拥有什么样的独特利益，而是充分突出了产品类别功能。从广告内容上来看，更像是一则品类推广宣传。广告选取了生活中的有趣场景来打动观众：可爱的小男孩挤牙膏、好动的少男少女、舞台上松了裤带的小朋友……这些都是日常生活中的有趣场景，使人感觉既可爱又可笑。广告画面只是串连起几个有趣的生活片断，渲染了欢乐温馨的家庭氛围和生活场景，以此勾起人们对“拍照”的兴趣。

“柯达一刻”广告的作用是定义产品功能，提示产品用途。在日常生活中，用相机（胶卷）记录下最有趣的生活瞬间，勾起人们对幸福家庭生活的追求与渴望，以及留住美好回忆的愿望。采用这种广告策略，比较符合“柯达”这个品牌的市场地位。这是因为在普通胶卷市场上，“柯达”这个品牌居于领导者地位，其所占据的市场份额最大。胶卷消费量的任何增加，其大部分都会落入“柯达”这个品牌的口袋里。或者说，当消费者打算购买胶卷的时候，首先会想到购买“柯达”这个品牌，“柯达”被选择的机会最大。

【结语】 当品牌在人们心智中取得了领先地位之后，这种领先地位所表现出来的营销价值和作用在于大大地提高了品牌被潜在消费者选择购买的机会和概率。实际上，几乎所有的市场营销行动都是为了提高被消费者选择购买的几率，而无法达到必然被所有消费者选择的“理想意义上”的效果，从而在市场竞争过程中能够压制住竞争对手的增长（进攻）势头，进而在业务（竞争）的循环往复过程中，不断进行自我积累和自我强化，以使品牌在竞争格局中的地位变得愈加牢固和强大。进一步来说，一旦品牌在人们心智中占据某种领先地位，成为一个产品类别里的代表品牌，或者成为某种价值属性的代表品牌，那么这个品牌就应该考虑进行某种形式的防御，以巩固、强化品牌在人们心智中所拥有的代表性意义，进而在竞争格局中形成愈加稳固和强势的地位优势。

因此，防御战是领先者所应该采取的一种战术形式。防御战这种战术形式限制住了领先者寻找、选择竞争或者定位思维视角（战术）的框架范围。或者说，领先者应该在防御战所规定的框架范围内考虑定位思维视角（战术）的问题。这是因为对于领先者来说，防御战是一种更加容易形成竞争优势的战术形式。从某种意义上看，这种限制作用就是为了保证品牌能够聚焦，并为此作出了战略性的取舍。

4.2 进攻战

【释义】 ⌖判断自己所处的市场地位是指挥营销战争最重要的基础性工作。这并不意味着判断自己所处的市场地位是一件“简单得不需要思考”的事情。品牌所处的市场地位不在企业营销指挥官的头脑里，而是在市场上顾客的头脑里。这就是说，判断自己所处的市场地位，就是要看看顾客在头脑里把自己放在了什么位置上。这意味着需要绘制出顾客心智中的品牌位置图，即谁在人们心智中占据着什么样的地位，谁是人们心智中的领先者，谁在人们心智中排在第二位、第三位。这是选择战术有效形式的基本前提，如果搞错了这个前提，就会搞错营销战的攻击方向。对于领先者而言，防御战是一种十分有效的战术，但是对于那些潜在的挑战者，那些在市场上处于第二位上的企业或处于第三位上的企业，防御战往往不会奏效。反之，适合于挑战者的策略，即那些在市场上处于第二位的企业或处于第三位的企业所应该采取的策略，对于领先者一样未必适用。因此，在运用某种策略之前，要不断地问自己一个基本问题：自己在市场上究竟占据了什么样的位置。对于大多数处于第二位或者处于第三位上的企业来说，在市场营销计划中总是要求“增加自己的市场份额”。在几乎所有的行业中，那些处于第二位或者处于第三位的企业，都会制订促进份额增长的营销计划。然而，要想实现市场份额增长计划，挑战者必须从领先者身上寻找突破口，而不是从自己身上寻找突破口。

第 1 条进攻战原则

——处在第二位抑或第三位的企业应该打进攻战

【观点】进攻战适用于潜在的挑战者。所谓潜在的挑战者，不是泛指打算向领先者发起挑战的所有企业，而是指那些在市场上处于第二位或处于第三位上的企业。或者说，只有这些企业才有资格针对领先者打一场进攻战；或者说，这些企业通常具备了针对领先者打一场进攻战的基本条件。潜在挑战者的资格和条件通常体现在两个方面：第一，无论在顾客心理地位上，还是在市场份额规模上，潜在的挑战者与领先者的相对位置都比较“接近”。因此，我们说潜在的挑战者才有资格发起进攻战。值得注意的是领先者与挑战者在顾客心智里的地位差距程度。这种地位的差距程度决定着进攻战的效果。如果顾客心智地位差距的程度太大，或者跨越品类对本品类里的领先者发起进攻战，那么挑战者所发动的进攻战则往往难以奏效。关键的原因在于，在顾客的头脑里，不会相信挑战者可以与领先者“相提并论”。第二，潜在的挑战者拥有发起进攻战的充足兵力。这就是说，潜在的挑战者往往拥有相对充足的资金资源。因此，对于可以充当挑战者的企业，如果拥有“足够的力量”向领先者发动持久的进攻战，就应该发动针对领先者的进攻战。然而，“足够的力量”到底是多少，没有人能说得清楚。在某些行业中，一些企业可能有足够的力量可以向领先者发起进攻。在某些行业中，一些企业则不具有足够的力量，难以向领先者发起进攻。有没有“足够的力量”发动进攻战，完全取决于双方相对的实力和地位。营销战是一种战争指挥艺术，而不是一门“1 + 1 = 2”的严谨科学。因此，企业必须用自己的头脑判断自己所拥有的力量是否能够支撑自己针对领先者发动进攻战。资格和条件仅仅是发动进攻战的基础，潜在的挑战者发动进攻战的关键理由在于发动进攻战所能够带来的巨大好处。对于那些在市场上处于第二位或者第三位的企业来说，要想增加自己的市场份额，必须得让其他竞争者失败，特别是要让领先者失败。这是因为，领先者市场份额的1%，相当于弱小者市场份额的10%、20%，甚至50%。因此，那些潜在的挑战者，即那些处在第二位或者第三位上的企业，应该针对领先者发动攻击，让领先者的市场份额减少，这样，挑战者所获得的收益才会最大。要想侵占领先者的领地，或者对领先者的地位取而代之，潜在的挑战者必须问自己：我们怎么才能让领先者的市场份额减少？

【诠释】 📖《孙子兵法·军形》：可胜者，攻也〔1〕。📖《孙子兵法·作战》：故智将务食于敌，食敌一钟，当吾二十钟，萁秆一石，当吾二十石〔2〕。📖《孙子兵法·作战》：善用兵者，役不再籍，粮不三载〔3〕；取用于国，因粮于敌，故军食可足也〔4〕。是谓胜敌而益强〔5〕。㊣ 逆水行舟，不进则退。对于位居第二位或第三位的企业和品牌来说，所面临的情况尤其如此。因此，位于第二位或第三位的企业和品牌更加应该具有进取精神，这就是要对领先者发起进攻。市场上位于第二位或第三位的跟随者，要想赢得更多的市场份额，就必须对领先者发起进攻。这是因为：第一，领先者的市场份额最大，要想扩大跟随者的市场份额，必须抢夺领先者的市场份额；第二，抢夺领先者的市场份额，不但削减了领先者的力量，同时增强了跟随者的力量。一减一增的竞争结果，就会产生叠加的倍增效果，即"1+1>2"，从而缩短跟随者与领先者的差距程度。因此，兵法云："智将务食于敌，胜敌而益强。"

注解：

〔1〕杜牧：敌人有可胜之形，则当出而攻之。杜佑：敌攻己，乃可胜也。已见其形，彼寡我众，则可攻。梅尧臣：见其阙也。王晳：守者，以于胜不足；攻者，以于胜有余。张预：知彼有可胜之理，则攻其

心而取之。

〔2〕李筌：将之智也，务食于敌，以省己之费也。

〔3〕李筌：籍，书也。不再籍书，恐人劳怨生也。曹操：籍，犹赋也。言初赋民而便取胜，不复归国发兵也。始载粮，后遂因食于敌，还兵入国，不复以粮迎之也。

〔4〕曹操：兵甲战具，取用国中，粮食因敌也；李筌：具我戎器，因敌之食，虽出师千里，无匮乏也。

〔5〕杜牧：得敌卒也，因敌之资，益己之强。张预：胜其敌，而获其卒，既为我用，则是增己之强。

【案例】 Intel（英特尔）公司是个人电脑芯片行业的全球领导者。在全球个人电脑芯片领域，AMD 公司一直排在第二位，始终无法超越 Intel 公司。在中国市场上，Intel 公司同样占据着绝对的市场领先地位。然而，从 2005 年开始，Intel 公司的领导地位遇到 AMD 公司的严峻挑战。2005 年，Intel 公司率先推出以 Smithfield 为代号的 Pentium D 核心处理器，Smithfield 的二级缓存采用的是各自独立的架构。这种技术方法比较原始，像是将两个 CPU 简单地叠加在一起，导致了对二级缓存的利用不充分。同年，AMD 公司率先推出 64 位处理器，64 位处理器技术让 AMD 公司获得市场成长机会。借助“64 位”处理器技术，AMD 公司在全球展开双核处理器——AthIon64 ×2 的营销攻势。2005 年，“双核”成为这两家美国公司争夺最激烈的阵地。

自 2005 年 5 月开始，AMD 公司便不断对外宣称，自己用于服务器和台式机的双核处理器在架构上与 Intel 完全不同：Intel 在一个处理器上配置了两个芯片，AMD 是一个芯片上配置了两个内核，是真正的双核处理器。AMD 的产品在架构上的优势更为明显，性能更强。为了取得双核的胜利，AMD 在全球展开了轰轰烈烈的攻势。2005 年下半年，AMD 在美国、新加坡等国家，大张旗鼓地邀请 Intel 公司“决斗双核”。

但是，Intel 公司没有理会 AMD 的“邀请”，拒绝应战。2005 年底，AMD 请几家测评机构作公开测评，并宣布在“双核”的首轮大战中，AthIon 64 ×2 以绝对优势击败对手。

从 2005 年 12 月开始，AMD 在中国北京、上海等地区相继发起了“我为双核狂，AMD 真双核体验风暴活动”的营销攻势，暗示 Intel 是“假双核”。AMD 公司全球营销高级副总裁亨利·理查德（Henri Richard）曾公开表示，Intel 的双核平台由两个置于不同晶片内的处理核心组成。从严格意义上来看，这种产品并不是真正意义上的双核解决方案。AMD 打出“真双核”的口号，在业内迅速挑起真假双核之争。在 2005 年，AMD 双核处理器出尽了风头，Athion 64 ×2 的表现优异，一直压得 Pentium D 抬不起头来。在绝大多数测试项目中，AMD 双核处理器 AthIon 64 ×2 均获得领先优势。Intel 公司是全球电脑芯片产业的领导者，AMD 则在 64 位和双核技术上长驱直入，发展迅速，尤其在双核上，AMD 让 Intel 公司感到了压力。

【案例】 对于 AMD 的双核攻势，Intel 处在一个两难的尴尬境地上。事实上，如果 Intel 公司应战，那么无疑会增强 AMD 的新闻传播效果。如果 Intel 公司不应战，那么无疑会让 AMD 的“真双核”计谋得逞。

在 AMD 咄咄逼人的“双核”攻势之下，Intel 公司终于“忍无可忍”了。2006 年 2 月 24 日，Intel 公司作出了回应，首次正面回击“真假双核论”。在接受记者采访时，Intel 公司中国北方区总经理曾明指出，AMD 在双核上制造了一个“谎言”。这是 Intel 公司第一次针对 AMD“双核”挑战表明立场。曾明说：“我们都是双核，没有真假之分”，“AMD 抨击 Intel 是假双核根本没有道理，AMD 只是单方认为自己才是真双核”。他还说：“目前双核没有标准或者定义，没有真伪之分，没有理由说别人的是假双核。”曾明还对 AMD 引用的评测机构的评测版本表示质疑。此外，曾明还拿出一家第三方的最新评测数据，称 AMD 双核产品在执行多任务时的性能较低，指出 AMD 双核有设计缺陷，在执行多任务的环境下，AMD 的双核处理器无法合理地分配 CPU 运算资源，导致在单程序运行效能方面普遍优于 Intel，但在多任务的测试中，AMD 的双核处理器则全面落后于 Intel。曾明还反复强调，Intel 是双核的“始祖”。他说：“1989 年，Intel 公司首席技术官发表文章预言，电脑芯片将进入双核乃至多核时代，这是业界首先提出的双核概念；1995 年在业界首先提供双核产品；2005 年 5 月，Intel 首先供应主流价位的双核产品。这是 Intel 引以为傲的三个第一。”曾明表示，Intel 先前没有理会 AMD 在世界各地的“挑衅”，不是我们没有产品、没有机器，而是我们是一个内敛的企业，注重提高自己的产品，不愿意跟别人去比。此前，在 2006 年 2 月 27 日，Intel 移动平台部门总经理 Mooly Eden 曾表示，与 AMD 的同期新产品相比，基于下一代微架构设计的 Intel 处理器，即 Intel 即将推出的 Conroe 和 Merom 处理器（分别用于台式机和笔记本电脑），将更加关注减少 CPU 功耗，其性能至少要高出 AMD 的 20%。

在真假双核问题的争论上，AMD 一直显得有点孤独。面对 Intel 公司的回应，AMD 方面大概有些兴奋，“独角戏”终于变成“二人转”了。Intel 的应战立即引起了 AMD 方面的强烈反响，全球两大芯片巨头之间的真假双核处理器之战开始升温。2006 年 2 月 28 日，在临时召开的媒体说明会上，AMD 中国相关负责人向记者表示，AMD 并不怕 Intel 应战，并向 Intel 发出新战书。他说：“AMD 曾在美国打广告，愿意跟 Intel 进行双核决斗，Intel 没有应战。如果 Intel 愿意的话，可以考虑通过公正的第三方评测机构，让 AMD 与 Intel 在中国进行公开的双核比试。”AMD 中国相关负责人说：“我们从来没有说 Intel 双核处理器是假双核，只是强调我们是真双核。”显然，AMD 这番巧妙的解释，让 Intel 的“谎言论”失去了市场。AMD 中国的相关负责人说：“90% 的第三方评测机构都认为 AMD 的双核性能要优于 Intel”。

对于Intel引用的第三方评测数据，AMD称Intel的说法只是引用了国外评测的部分数据，指责Intel的说法是断章取义、无稽之谈，并出示Intel所采用评测报告的完全版作为证据。AMD还拿出“釜底抽薪”的招数，即向媒体仔细讲解该评测数据。第三方评测的结论是：在耗电量方面，AMD的耗电量比Intel的低了30%；在绝对计算功率方面，当系统同时执行数个应用程序时，配备Pentium 840 EE的Intel平台胜过AMD Athlon 64 X2 4800+平台；在Windows XP上执行单一程序时，Pentium 840 EE毫无胜利的机会，Athlon 64 X2 4800+的效能比Intel的高出30%，就连超线程功能都帮不上忙。最终，AMD得出这样的结论：Intel为证明自己的观点所引用的测评报告完全是断章取义。实际上，整篇报告都在说明AMD的双核性能要优于Intel。在AMD的官方网站上，AMD还公布了它的第三方双核CPU压力测试结果。同时，AMD公司首席营销官亨利·理查德表示，Intel此前声称“Intel处理器性能比AMD处理器性能高20%”的说法不现实，“Intel处理器性能高20%”的说法，是因为当前Intel处理器比不上AMD而“大放阙词”。Intel不敢谈论当前的产品，因为众所周知，Intel当前的产品反应并不好。

2006年3月5日，Intel亮出杀手锏。在接受记者采访时，Intel公司市场部及公关部经理汪洪华强调，软件才是双核的根本。他说：“只有基于多种软件和平台的双核，才能给消费者真正的体验。这才是关系到消费者切身利益和有意义的关键之处。不知道有多少软件能够在AMD的双核上面运行?”。他还说：“从用户的体验出发，我们有三个问题需要强调。第一，AMD目前有几个软件能在双核上面运行？如果没有匹配的软件，那么双核的运行跟单核没什么差别。目前，已有50多个游戏能在Intel双核上面跑。第二，权威评测机构PC PERSPECTIVE将《魔幻世界》游戏同时在Intel和AMD的双核产品上运行，结果Intel花的时间只相当于AMD的2/3。第三，谁先提出了双核的概念？谁先推出了第一款双核产品？谁先给用户提供了主流价位的双核产品？都是

Intel。”Intel 公司市场部及公关部经理汪洪华强调：从用户应用的角度出发，我们认为这场“并无多大意义”的“真假双核”之战可以休了。Intel 中国公关经理刘捷对记者表示：“我们不会无休止地回应别人的说法，不会陷入别人为我们设下的陷阱。”

对于 Intel 与 AMD 之间的“真假双核”之争，某网站的一项在线调查显示，AMD 的支持率是 Intel 的三倍，这足以让 AMD 感到十分欣慰。尽管 AMD 不能凭借“真双核”攻势取代 Intel 的领先地位，但是 AMD 要想增加市场份额，必须对 Intel 发动进攻战。

第 2 条进攻战原则

——首先应该重点考虑领先者的强势所在

【观点】 领先者应该把精力放到自己身上，以不断向自己发起挑战，不断提高自己在人们心智里的地位。潜在的挑战者，即那些在市场上处于第二位或处于第三位的企业，则应该把精力放到领先者身上，而不应该把精力放在自己身上，要努力提供比领先者更好的产品。挑战者应该首先搞清楚领先者身上有哪些强势，在人们的头脑中占据着什么样的领先地位。事实上，在市场上处于第二位或者第三位的企业，要想做到这一点并不十分容易。在营销的战争中，挑战者所作出的第一反应往往不是关注领先者的强势，而是首先研究自身的强势，考虑自身的力量和弱点，研究自身的产品品质、销售人员、价格水平和销售渠道，想从中找出自己的强势和弱势，然后再巩固自己的强势，弥补自身的弱势。挑战者所采取的这种行动，完全是在努力做得更好，将领先者当作学习标杆，把领先者作为学习榜样，试图通过努力超越领先者。实际上，这完全是一种看似积极的行动，在竞争中却发挥着十分消极的作用。在不知不觉中，挑战者选择了只适合于领先者的战术，即以领先者为目标，对自身发起挑战。但是，挑战者无论如何进行自我挑战，都难以对领先者实现超越，只能跟在领先者的后面亦步亦趋。这就像是一个古老的比喻："叫花子"与"龙王爷"比赛，比谁的宝贝好、谁的宝贝多。结果就是，无论怎么比，不管比什么，"叫花子"都必定输掉比赛。因为在人们的认知中，如果"叫花子"的宝贝更好，或者"叫花子"的宝贝更多，那么谁还会当"叫花子"？为什么还当"叫花子"？"叫花子"这个身份使得"叫花子"所拥有的宝贝不但没有"龙王爷"拥有的宝贝好，而且没有"龙王爷"拥有的宝贝多。所以我们说，营销是一场认知战。不要指望着通过"努力做"，就能够实现对领先者的超越。在认知战争中，人们头脑中的认知决定着双方的胜负，所有进攻行动都应在此基础上进行。那么，挑战者为什么要重点考虑领先者的强势？不是要与领先者所在的强势上争高低，不是要对领先者拥有的强势发起攻击，而是要避开领先者所拥有的强势地位，避免与领先者发生"硬碰硬"的正面冲突。与领先者打"硬碰硬"的"对决战"，挑战者没有竞争优势可言，而且往往处于不利的劣势地位。领先者在顾客头脑中占据着优势地位，要想跟领先者打赢一场头脑争夺战，挑战者应避免向领先者占据的高地发起直接攻击。那些在市场上处于第二位或第三位的企业，不管在某一方面上的实力多么强大，假如领先者在这方面同样强大，挑战者绝没有胜算的机会。因此，挑战者应该首先考虑领先者的强势所在。

【诠释】 ⊕ 📖《孙子兵法·始计》：实而备之[1]，强而避之[2]。📖《孙子兵法·军形》：故善战者，立于不败之地，而不失敌之败也[3]。是故胜兵先胜而后求战，败兵先战而后求胜[4]。📖《孙子兵法·虚实》：善攻者，敌不知其所守；善守者，敌不知其所攻[5]。📖《孙子兵法·军形》：善守者，藏于九地之下；善攻者，动于九天之上，故能自保而全胜也[6]。㊣ 挑战者关注领先者的强势，首先是要避开领先者的强势之处，这就是"强而避之"的作战原则。凡是对领先者强势所发起的直线进攻，挑战者将面临着巨大的失败风险。对领先者发起进攻的作战原则，首先要保证自己能够立于不败之地，同时又能不失敌之败，寻找战胜领先者的机会。这就是说，不但要避开领先者的强势，而且还要找到领先者难以防御的薄弱环节，从而实现战胜领先者的作战目标。因此，挑战者对领先者发起营销进攻，首先要找到获胜的机会，然后才能对领先者发起进攻。反之，盲目地对领先者发起进攻，势必难以避免失败的结局。这就是“未战而先胜”的作战思想。

注解：

〔1〕李筌：备敌之实。何氏：彼敌但见其实，而未见其虚之形，则当蓄力而备之也。张预：“角之而知有余不足之处。”有余，则实也；不足，则虚也。言敌人兵势既实，则我当为不可胜之计以待之，勿轻举。

〔2〕曹操：避其所长也。李筌：量力也。梅尧臣：彼强，则我当避其锐。王皙：敌兵精锐，我势寡弱，则须退避。张预：经曰“无邀正正之旗，无击堂堂之陈”，言敌人行陈修整，节制严明，则我当避之，不可轻肆也。杜牧：逃避所长。言敌人乘兵强气锐，则当须且回避之，待其衰懈，候其间隙而击之。杜佑：彼府库充实，士卒锐盛，则当退避以伺其虚懈，观变而应之。

〔3〕李筌：兵得地者昌，失地者亡。地者，要害之地。何氏：自恃有备，则无患，常伺敌隙，则胜之不失也。立于不败之地利也，言我常为胜所。王皙：常为不可胜，待敌可胜，不失其机。杜牧：不败之地者，为不可胜之计，使敌人必不能败我也。不失敌人之败者，言窥伺敌人可败之形，不失毫发也。梅尧臣：善候敌隙，我则常胜。

〔4〕曹操：有谋与无虑也。李筌：计与不计也。贾林：不知彼我之情，陈兵轻进，意虽求胜，而终自败也。梅尧臣：可胜而战，战则胜矣，未见可胜，胜可得乎？何氏：凡用兵，先定必胜之计，而后出军。若不先谋，唯欲恃强，胜未必也。张预：计谋先胜，然后兴师，故以战则克。

〔5〕曹操：情不泄也。杜牧：攻取备御之情不泄也。梅尧臣：善攻者，机密不泄；善守者，周备不隙。王皙：善攻者，待敌有可胜之隙，速而攻之，则使其不能守也；善守者，常为不可胜，则使其不能攻也。云不知者，攻守之计不知所出耳。何氏：言攻守之谋，令不可测。张预：夫守则不足，攻则有余。所谓不足者，非力弱也，盖示敌以不足，则敌必来攻，此是敌不知其所攻也；所谓有余者，非力强也，盖示敌以有余，则敌必自守，此是敌不知其所守也。情不外泄，积乎攻守者也。

〔6〕梅尧臣：九地，言深不可知；九天，言高不可测。盖守备密，而攻取迅也。王皙：守者，为未见可攻之利，当潜藏其形，沉静幽默，不使敌人窥测之也；攻者，为见可攻之利，当高远神速，乘其不意，惧敌人觉我而为之备也。九者，极言之耳。何氏：九地、九天，言其深微。尉缭子曰："治兵者，若秘于地，若邃于天。"言其秘密邃远之甚也。张预：藏于九地之下，喻幽而不可知也；动于九天之上，喻来而不可备也。尉缭子曰："若秘于地，若邃于天"是也。守则固，是自保也，攻则取，是全胜也。

【案例】 桑德斯联合公司（Sanders Associates）是美国新泽西州最大的工业企业，在美国精密国防电子装备领域，以及用于商业方面的电脑绘图领域，桑德斯联合公司居于领导者地位。但是，在投资于商用电脑终端机时，这样一个技术力量雄厚的企业却遭到了失败。

20世纪60年代末期，商用电脑终端机市场是一个很有吸引力的商业投资领域。桑德斯联合公司决定生产用于预约业务和账务系统的商用电脑终端机。这一项投资新领域与其原来已经取得成功的雷达、电子组件及反潜战系统等业务大不相同，需要在消费者面前与IBM之类的大企业一决胜负。桑德斯联合公司的领先地位在于国防精致细密的产品领域，不在商用电脑终端机领域，这就决定了桑德斯联合公司注定要失败。此后，桑德斯公司又发展了电脑辅助设计和电脑辅助制造系统的终端机，结果都以失败告终了。桑德斯联合公司的董事长杰克·包尼斯（Jack L. Bowers）承认："我们选择了错误的行业"。

在经过几年的摸索之后，桑德斯联合公司对自己的经营进行了认真的总结分析，找到了问题的症结所在。他们认为："我们所生产的终端机确实是再好不过了，但我们缺乏营销和服务技巧。虽然我们的产品设计得很好，但是却已被别人抄袭仿冒了，而且外行的使用者对这种设计根本就不欣赏。"这就是问题的关键所在，即在使用者的心智里，桑德斯联合公司的产品敌不过那些已经居于领先地位的竞争品牌和产品。

在经历失败之后，桑德斯联合公司又重新集中力量，专心发展军事方面产品的业务，制造电子武器，例如指挥与控制体系、海洋追踪监视系统，以及电子测绘装备。此外，桑德斯联合公司用了两年时间开发了一种新型的商业产品——互动制图器。结果，与商用电脑终端机的投资情况大不相同，桑德斯联合公司很快挤进电脑绘图器市场——一个已经发育成熟的行业。1984 年，桑德斯联合公司的新策略有了收获，绘图器系列产品的年营业额达到 2.55 亿美元，纯利润达到 2500 万美元。在国防电子产品方面，年销售收入接近 5 亿美元。

在商用电脑终端机领域，桑德斯联合公司没有把注意力放在领先者的强势上，而是把注意力放在了自己身上。或者说，桑德斯联合公司没有考虑到领先者的强势地位，而是试图凭借自己认为更好的产品，而非潜在使用者认为更好的产品，与领先者的强势进行"面对面"的直接竞争（直线攻击）。这种对领先者"硬碰硬"的进攻，绝大多数都会以失败而告终。

在互动制图器领域，桑德斯联合公司成功地避开了领先者的强势所在，在一个成熟的市场里，针对竞争者所不具备的东西（空虚之处），开发出了互动制图器产品，从而对市场上既存的竞争者发动了一场侧翼攻击。或者说，桑德斯联合公司所以能够发动侧翼攻击，完全符合了

“避实击虚”这种简单的作战原则。在营销的战争中，要想赢得胜利，必须从竞争者的强势和弱势中寻找机会。

第3条进攻战原则

——寻找并且攻击领先者强势中固有的内在弱点

【观点】 无论在军事战场上还是在营销战场上，对领先者展开猛烈的正面直线进攻战，并不是优秀战术策略的标志。优秀的战术策略应该是寻找能够产生最大战术效果的攻击点上，即应该用飞快的速度打击对方的薄弱环节。这并不是说兵力或者力量不重要，而是说除非进攻方向正确，否则力量或者兵力将难以发挥有效作用。那些对领先者强势发起的直线进攻，往往都会以失败宣告结束。因此，挑战者应该避免把进攻战变成消耗战。相对于领先者而言，挑战者所拥有的兵力本来就相对不足，不应该将有限的力量耗费在攻击领先者的强势上。相反，那些市场份额达到了60%、70%、80%的领先者，往往只是貌似十分强大，事实上却存在着十分脆弱的地方。即便是看上去无比强大的垄断者，同样存在着十分脆弱的薄弱环节，同样存在着被挑战者打败的可能性。这意味着，如果领先者的市场份额超过了一定限度，那么这个领先者就不会变得坚不可破，反而会生长出一些脆弱的“死穴”。这就是说，领先者的强势中往往存在着固有的内在弱点，找出领先者强势中固有的内在弱点，就是挑战者最佳的攻击点。击败领先者的诀窍是：首先找到领先者强势中固有的内在弱点，然后对领先者强势中固有的弱势发起猛烈攻击。所谓领先者强势中固有的内在弱点，就是指领先者身上存在的、领先者自己难以克服的、与领先者强势紧密联系在一起的那种弱点。如果领先者打算克服这种内在的固有弱点，那么就学会削弱领先者已经取得的领先地位。如果领先者必须付出十分巨大的代价，才可能克服这种固有的内在弱点，以至于领先者认为根本不值得为此而改变策略，即便领先者作出了克服固有弱点的决策，领先者仍然会输在时间资源的短缺上。在领先者彻底完成策略调整之前，挑战者往往已经在市场上站稳了脚跟。这意味着如果找到领先者强势中固有的内在弱势，并以此为挑战者发动进攻的攻击点，那么领先者很难进行有效的反击。这是进攻战的关键所在。值得注意的是，寻找领先者强势中固有的内在弱点，不要在领先者的“表面弱势”中寻找弱点。在大多数时候，领先者都会存在着一些“表面弱点”，但是那仅仅是“表面弱点”而已，并不是领先者强势中固有的内在弱点。攻击领先者的“表面弱点”，领先者可以轻而易举地进行反击。对于挑战者来说，领先者的这种反击往往十分危险。但这并不意味着挑战者总是应该避免与领先者打价格战，如果价格构成了领先者强势中固有的内在弱点，而挑战者又具备了发动价格战的攻击条件，那么针对领先者所发起的价格战就会非常有效。问题的关键是，在一个均衡的市场环境中，挑战者很难具备发动价格战的优势条件。寻找并且攻击领先者强势中固有的内在弱势，意味着完全站在与领先者相对立的位置上，以借助领先者在人们心智中的地位突显己方的价值地位。实际上，这就是定位理论所强调的重要法则——对立法则。通过形成与领先者相对立的概念，在人们心智中拥有一个属于自己的独特概念。

【诠释】《孙子兵法·军形》：古之所谓善战者，胜于易胜者也[1]。故善战者之胜也，无智名，无勇功[2]。故其战胜不忒[3]。不忒者，其所措必胜，胜已败者也[4]。《孙子兵法·兵势》：三军之众，可使必受敌而无败者，奇正是也[5]；兵之所加，如以碫投卵者，虚实是也[6]。凡战者，以正合，以奇胜[7]。㊣ 对领先者发动进攻的战术要点，就是在容易战胜领先者的地方寻找突破口。这就是所谓的“胜于易胜”的战术思想。攻击领先者的必败之处，就是攻击领先者强势中固有的弱势之处。对此，领先者将难以进行有效防御。这完全符合兵法

“虚实与奇正”的概念与原则。所谓“虚实”，意指领先者的弱势与强势。领先者的弱势为“虚”，领先者的强势为“实”。所谓“奇正”，意指对领先者发起攻击的战术。对领先者的弱势发起攻击的战术策略，我们称之为“奇”；对领先者的强势发起攻击的战术策略，我们称之为“正”。所谓“以正合，以奇胜”，就是在同质化竞争的条件之下，对领先者强势中固有的弱势发起猛烈攻击，以此在人们心智中形成与领先者相对立的价值概念和优势地位。避实击虚，出奇制胜，才能达到“以锻投卵”的战术效果。

注解：

〔1〕曹操：原微易胜，攻其可胜，不攻其不可胜也。梅尧臣：力举秋毫，明见日月，聪闻雷霆，不出众能也。故见于著则胜于艰，见于微则胜于易。张预：交锋接刃，而后能制敌者，是其胜难也；见微察隐，而破于未形者，是其胜易也。故善战者，常攻其易胜，而不攻其难胜也。

〔2〕李筌：胜敌而天下不知，何智名之有？杜牧：胜于未萌，天下不知，故无智名，曾不血刃，敌国已服，故无勇功也。梅尧臣：大智不彰，大功不扬，见微胜易，何勇何智？何氏：患销未形，人谁称智？不战而服人，人谁言勇？张预：阴谋潜运，取胜于无形。天下不闻料敌制胜之智，不见搴旗斩将之功。

〔3〕张预：力战而求胜，虽善者亦有败时；既见于未形，察于未成，则百战百胜，而无一差忒矣。

〔4〕曹操：察敌必可败，不差忒也。李筌：胜于已败之师，何忒焉？杜牧：措，犹置也。忒式，差忒也。我能置胜不忒者何也？盖先见敌人已败之形，然后攻之，故能致必胜之功，不差忒也。梅尧臣：睹其可败，胜则不差。张预：所以能胜而不差者，盖察知敌人有必可败之形，然后措兵以胜之云耳。

〔5〕李筌：当敌为正，傍出为奇。将三军，无奇兵，未可与人争利。贾林：当敌以正陈，取胜以奇兵，前后左右俱能相应，则常胜而不

败也。梅尧臣：动为奇，静为正，静以待之，动以胜之。

〔6〕曹操：以至实击至虚。李筌：碫实卵虚，以实击虚，其势易也。梅尧臣：碫，石也。以实击虚，犹以坚破脆也。何氏：用兵识虚实之势，则无不胜。张预："善战者，致人而不致于人"，此虚实彼我之法也。引致敌来，则彼势常虚，不往赴彼，则我势常实。以击虚，如举石投卵，其破之必矣。夫合军聚众，先定分数；分数明，然后复习形名；形名正，然后分奇正；奇正审，然后虚实可见矣。四事所以次序也。

〔7〕曹操：正者当敌，奇兵从傍击不备也。梅尧臣：用正合战，用奇胜敌。张预：两军相临，先以正兵与之合战，徐发奇兵或捣其旁，或击其后以胜之。

【案例】 赫兹汽车租赁公司（Hertz-Rent-A-Car）是美国最大的汽车出租企业。一个企业和品牌强大到了一定程度，在强势背后必然伴随着某种难以克服的弱势。那么，对于赫兹汽车租赁公司来说，其强势中固有的弱势便是顾客要排长队等候办理租车手续。

艾维斯汽车租赁公司（Avis Car Rental）曾经是美国第二大出租汽车公司，处于第二位的企业和品牌，应该对领先者强势中固有的弱势发动进攻。在广告中，艾维斯汽车租赁公司说："从艾维斯公司租车吧，我们柜台前排的队更短。"这一点迎合了顾客的心智认知：对于赫兹汽车租赁公司的顾客来说，确实感到排队的时间太长了。对此，赫兹汽车租赁公司难以进行有效反击。

艾维斯汽车租赁公司（Avis Car Rental）广告文案（1）

艾维斯在租车行业中只占第二位，那为什么要租我们的车呢？

因为我们一直在努力。

如果不是老大，那么就只能如此。

要是烟灰盒没有清理，油箱里只有半箱汽油；

要是雨刮器坏了，汽车没有清洗，轮胎瘪了；

或者，无法调节的坐椅，不热的暖气，无法除霜的除霜器；

那么，谁还来租我们的车，我们怎么活下去。

显然，我们最想尽力做到的事情就是追求至善的服务。

让您开着一辆像福特 SUPER－TORQUE 那样的崭新汽车，脸上带着笑容上路。

我们还会让您知道……

例如，在德卢斯（Duluth）的哪个地方能买到香喷喷、热腾腾的熏牛肉三明治。

为什么？

因为怠慢了您，我们可担待不起。

下次跟我们一起上路吧！

我们柜台前排的队比较短。

艾维斯汽车租赁公司（Avis Car Rental）广告文案（2）

如果你是第二，那么你加倍努力，否则……

小鱼必须不停游动，大鱼亦从未放弃捕捉。

艾维斯深知小鱼的困境。

在租车行业里我们只是第二，如果不加倍努力，那么我们将会被吞食掉。

我们没有喘息的机会；

我们天天理清烟灰盒，在租车前保证油箱里加满了油；

电池蓄满，雨刮器检修完毕……

而且，我们所出租的汽车都不差于福特 SUPER－TORQUE。

由于我们不是大鱼，所以来我们柜台时，你不会感到自己像只小沙丁鱼。

我们不会让顾客感到难堪！

在此之前，艾维斯汽车租赁公司曾经一连 13 年都处于亏损状态。在广告播出之后，艾维斯汽车租赁公司开始盈利：第一年盈利 120 万美元，第二年盈利 280 万美元，第三年盈利 500 万美元。于是，艾维斯汽车租赁公司决定将“第二”策略进行到底，继续强调“第二”能够为顾客带来的利益。

艾维斯汽车租赁公司（Avis Car Rental）广告文案（3）

我们在租车行业，面对业界巨人只能做个第二。
最重要的是，我们必须学会如何生存。
在奋斗中，我们明白了：
在这个世界上“做第一”与“做第二”有什么基本不同。
做第一的态度是：“不要做错事，不要犯错，那就对了。”
做第二的态度是：“做对事情。寻找新方法。比别人更努力。”
“第二主义”是艾维斯的信条，这很管用。
艾维斯的顾客租到的汽车都很干净，就像崭新的一样；
雨刷完好，烟盒干净，油箱加满了汽油；
而且，艾维斯各处的服务小姐个个笑容可掬……
结果，艾维斯扭亏转赢了。
艾维斯并没有发明第二主义，任何人都可以采用第二主义。
全世界的位居第二的企业，奋起吧！

为什么承认位居第二反而会带来成功呢？首先，艾维斯承认位居第二，符合人们对艾维斯的认知，在人们心智中，艾维斯本来就位居第二，这顺应了人们的心智认知。其次，艾维斯承认位居第二（不足），并把这种不足转化成为了优点。因为我们位居第二，所以我们更加努力，这种努力的结果，就是选择艾维斯的种种好处。最后，艾维斯针对了领先者强势中固有的弱势——排队太长。因为我们位居第二，所以我们柜台前排的队不那么长。由于大胆、独创的宣传，艾维斯汽车租赁公司董事长罗伯特·汤森（Robert Townsend）被人们称为“第二先生”（Second Mr.）。

【案例】 1994 年，针对感冒药第一品牌“康泰克”，“白加黑”感冒药发动了一场进攻战，结果一举取得了成功。“白加黑”的进攻战很有指导意义，可以成为指导营销战的经典案例。

当时，“白加黑”感冒药的生产企业——盖天力公司，对“康泰克”进行了认真的研究。那么，“康泰克”存在着哪些强势和弱势呢？(1) 康泰克“正在做什么”——进行强力促销，扩大市场份额，树立品牌形象，对“竞争品牌”实施营销攻击，用“迷人”的价格获取丰厚的利润；(2) 康泰克“为何那样做”——巩固市场，建立该领域的领先地位，在消费者心智中建立起强势品牌地位；(3) 康泰克“什么做得好”——凭借药物缓释技术，进行“早一粒、晚一粒”的速效宣传和引导，从而省去了患者服药“一日三次，一次三粒”的传统麻烦，使其明显区别于“快克”、“感冒清”、“感冒通”、“重感灵”、“康必得”等竞争品牌。康泰克的广告诉求强调：当你打第一个喷嚏的时候……以此引导消费者的使用时机，即有病前“预防”的引导倾向。在感冒到来的时候，使患者很容易第一个想到“康泰克”；(4) 康泰克“什么做不好”——依旧存在着服药后“犯困”的现象，不利于在岗工作人员服用。一部分患者在服药后有“口鼻发干”的现象；(5) 康泰克“没有做什么”——广告诉求病前服用效果最佳，缺少在“重感”症状下的疗效宣传。这个定位，使其失去了很大一部分市场份额。

在对“康泰克”进行研究之后，盖天力公司确定了“白加黑”的营销进攻方案，对“康泰克”发动了一场“进攻战”。其攻击策略是：(1) 品牌名称：新产品以“白加黑”命名，这个名字易识易记，易于理解，与产品形式保持了高度一致，能够有效地传递品牌的特征和概念。(2) 产品包装：产品包装含有两种片剂——白片和黑片，“一白一黑”配对包装，这与品牌名称、品牌概念匹配一致。(3) 产品特点：白片不含扑尔敏成分，黑片保留扑尔敏成分。使用时机则强调“白天吃白片，晚上吃黑片”，这与康泰克“早一粒，晚一粒”十分相似，竞争矛头直指“康泰克”。(4) 品牌定位：“白天吃白片，不瞌睡；晚上吃黑片，睡得香。”这个定位与竞争对手“康泰克”形成明显的对立区分，针对“康泰克”固有的弱势发起了直接进攻。(5) 广告诉求：不对患者进行使用时机区分引导，不强调“感冒前或感冒后”服用，而是宣传“清除感冒，黑白分明”之疗效，对消费者进行全面的争夺，向竞争对手的“空虚之处”发起攻击。（6）强力促销：在中央电视台、地方电视台等媒体大密度展开广告攻势，同时发布了 60 余篇软文广告，营造出一种“白加黑”的营销攻势，以此在人们心智中树立起品牌定位。因此，“白加黑”以惟一的挑战者形象，向“康泰克”发起了营销进攻战。

盖天力公司通过运用进攻战策略，使“白加黑”成功地进入了市场，成为当时惟一能与“康泰克”分庭抗礼的品牌。在进入市场 180 天之内，“白加黑”向市场投放了 4 万余箱产品，销售收入达到了 1.6 亿元人民币。显而易见，“白加黑”这个品牌的成功是成功运用“进攻战”策略的一个典范。在商战中，如果缺乏有效的战术，那么就有被“吃掉”的危险。

2008 年，德国拜耳公司（Bayer）以 12 亿元人民币的价格购买了盖天力公司“白加黑”、“小白”和“信力”等三个非处方药品牌。其中，“白加黑”被认为是最具有价值的品牌。

【案例】柯达公司（Kodak）曾经是普通彩色摄影胶卷的领导企业。如今，柯达（Kodak）这个领导品牌，正在随着彩色摄影胶卷这个品类的消亡而失去价值。时间回溯到胶片摄影时代，如果要与柯达（Kodak）这样的胶卷品牌进行竞争，那么应该如何攻击柯达（Kodak）彩色摄影胶片的弱点？在美国，普通彩色摄影胶片的年购买力曾经达到了 10 亿美元的规模。在彩色胶卷这个行业中，柯达公司（Kodak）的市场份额高达 85%，据报道，柯达公司的税前利润曾经超过了 50%。显然，柯达是一个有着致命弱点的胶卷巨人。

柯达胶卷的弱点在哪里？（1）不要打价格的主意。柯达公司有高额的利润率，即使把产品降到半价同样会盈利；胶卷本身的价格，甚至还不及产品包装成本的 50%；绝大多数业余摄影者使用的彩色胶卷必须冲印，这一过程的费用比胶卷本身的价格还要高。（2）不要打质量的主意。大多数的摄影者根本看不出摄影胶卷的质量差异，就算能生产出质量极为上乘的彩色胶卷，像柯达公司这样世界上最大的胶卷制造商也能在短时期迅速生产出同样好的产品。尤为关键的是，消费者只认为柯达彩色胶卷的质量最好。

柯达摄影胶卷的强势是什么？柯达胶卷的强势是无处不在的。柯达胶卷的黄色小包装盒无处不在，这是柯达胶卷的主要强势之一。不管在哪儿，人们都会看到柯达胶卷的小包装盒。差不多在所有超级市场、杂货店、报摊和糖果店都会看到柯达胶卷的黄色小包装盒。仅在美国国内，柯达胶卷就有将近 20 万个销售点。对于胶卷使用者来说，随用随买非常便利。不管在世界上任何地方，人们总是能够买到柯达胶卷。柯达胶卷的说明书使用 8 种语言编写而成。胶卷使用者喜欢使用这一品牌，柯达胶卷成了消费者的首选品牌。要想与柯达胶卷这样的品牌竞争，必须在柯达胶卷的强势中找到固有的内在弱点。

柯达摄影胶卷强势中的固有弱点是什么？如果看一下柯达胶卷的包装盒，那么就会看到上面写着的“有效日期”。柯达普通摄影胶卷出厂时还保持着新鲜度，就像刚刚采割下来的香蕉，要在货架上慢慢变熟。但是，如果胶卷熟过头了，那么照片洗出来常常会颜色不正，略带粉色，这会让摄影者感到非常失望。柯达胶卷为“无处不在”付出了代价，不得不忍受胶卷在室温下的老化过程。彩色胶卷可以在出厂时就熟了，如果对出厂时就熟了的胶卷进行冷藏，那么就会使胶卷维持原貌。例如，柯达专业摄影胶卷出厂时就已经熟了，所以在售出之前一直需要冷藏。

对于柯达胶卷的竞争对手来说，所应选取的攻击点为：在业余摄影胶卷市场上，生产世界第一款冷藏彩色胶卷。然后为其起名“真实的色彩”，以告诉消费者胶卷售出以前没有变质。当然，不能在柯达胶卷的 20 万个销售网点销售，因为这些销售点大部分都没有冷藏装置。不仅如此，柯达公司还锁定了这些销售网点，不允许其他品牌的入侵。可以进行销售的地点是在超级市场里的冷藏区，以及设有冷藏设施的其他销售场所。对于冷藏彩色胶卷，可以进行“六盒打捆”销售，并告诉消费者把胶卷放在冰箱里冷藏，以供在需要的时候方便使用。或许，人们家里的冰箱除了“黄油”冷藏室之外，还会多出一个“胶卷”冷藏室。这种进攻策略，适用于对付那些知名而且无处不在的品牌。

【案例】 在商业战争史上，百事可乐对可口可乐成功地展开了两次进攻战略。在 1939 年之前的几十年里，百事可乐和美国其他几百家可乐生产厂商毫无区别。他们视可口可乐为学习榜样，相信可口可乐之所以能够成功，一定是代表了最好的经营实践，因此都将注意力放在自己的运营改善上。结果，在几十年的时间里，百事可乐几乎是在风雨飘摇中度过，曾经三次请求可口可乐收购，都遭到了拒绝。

1939 年，百事可乐调整了营销策略，重点考虑了可口可乐领导地位的强势所在，并在强势中寻找可以攻击的弱势。百事可乐发现，可口可乐的强势在于其 6.5 盎司的经典包装上，这种包装被人们广为接受并且无处不在。正因如此，可口可乐的这种包装无法在短期内撤换，特别是在到处密布的自动贩卖机上，很难在短期内撤换包装。于是，百事可乐利用同等价格、12 盎司“双倍装”的优势，发起了“一份钱两份货”的营销攻势。在启动这一战略时，虽然百事可乐只有能力投入 60 万美元的广告费用，但是因其攻击点选择在竞争对手强势中固有的弱点上，从而很快就把有限的资金转化成为有力的进攻战。凭借着这个有效的战术，在第二次世界大战期间，百事可乐成为第二大可乐类饮料生产商。第二次世界大战之后，百事可乐逐步缩小与可口可乐之间的差距，差距程度缩小到了 1:5 的范围。

百事可乐的第一次进攻战带有十分侥幸的成分。这是因为百事可乐“双倍装”的成功完全是建立在可口可乐战略失误的基础之上的。当时，可口可乐没有意识到打防御战的好处。可口可乐本应该推出一个类似于“双倍可乐”的新产品，直接封杀掉百事可乐发起的进攻。就当时的实力而言，百事可乐只能打一场低价侧翼战，根本不具备发动一场进攻战的资源条件。幸运的是，百事可乐碰上一个当时还不懂得如何打防御战的可口可乐。于是，进攻者的无畏与领先者的无知共同创造了营销战史上的奇迹。16 年之后的 1955 年，可口可乐终于推出了大瓶装。当然，一旦领导者能弥补自己的弱点，攻击者的竞争优势自然就消失了，百事可乐的战略亟需要重新调整。

1961 年，百事可乐发动了一场名垂商战史册的进攻战。当时，百事可乐公司已经成为位居第二的可乐生产企业，理所当然地会对可口可乐发动进攻战。尤为重要的是，百事可乐真正找到了一个“深藏于领导者强势中的弱点”。可口可乐真正的强势是什么？那就是，可口可乐是可乐饮料的发明者，是可乐饮料历史的缔造者。在人们的心智中，可口可乐是最正宗、最经典的可乐饮料。百事可乐顺势出击，将可口可乐重新定位为传统、落伍的可乐饮料，从而将自己定位为“年轻人的可乐”。

战术是独具竞争优势的定位思维视角。在 20 世纪 30 年代，可口可乐有机会通过复制的方式，封杀百事可乐“双倍装”的大瓶策略。此次，可口可乐却无法复制和封杀“年轻人的可乐”。这是因为在消费者的心智中，百事可乐本来就拥有“年轻”的特征和印象，而可口可乐留给人们的印象则恰恰相反，傲慢、正统。可口可乐无法改变人们心智中的这种印象。“年轻人的可乐”成了百事可乐历史性的转折点。自从确立了“年轻人的可乐”这个定位之后，百事可乐围绕这个定位展开了持续不断地进攻。即便是在今天，百事可乐依然围绕着“年轻人”展开对可口可乐的进攻。

“年轻人的可乐”是真正的战略性定位，战略配称活动一目了然而且又威力十足。例如，百事可乐的饮料口味偏甜，更加迎合了年轻人的口味；百事可乐的渠道主要集中在超级市场以及年轻人活动的场所；百事可乐的广告则更加鲜明地传递出定位的焦点——新一代的选择；百事可乐的形象代言人采用了年轻人心目中的偶像——迈克尔·杰克逊

（Michael Jackson）、迈克尔・乔丹（Michael Jordan）。围绕着"年轻人的可乐"这个定位，通过一系列环环相扣的运营活动，百事可乐的市场份额持续上升，甚至迫使可口可乐放弃了固有的强势，即经典配方的可口可乐，反而推出新配方可乐饮料来追随百事可乐。这将百事可乐推向了前所未有的辉煌，1985 年，在可乐饮料的历史上，百事可乐第一次超过了可口可乐，包括经典配方的可口可乐和新配方的可口可乐两种产品，取得了一年的领先战绩。

第 4 条进攻战原则

——尽可能在狭窄的战线上发起猛烈攻击

【观点】 《战争论》（On War）的作者卡尔・冯・克劳塞维茨（Carl von Clausewitz）曾经这样说道："如果无法获得绝对的优势，那么必须灵活运用现有的力量，在决定性的地点上创造相对优势。"对于挑战者来说，往往无法拥有与领先者势均力敌的力量。因此，挑战者应该在狭窄的阵地上发起进攻战。在狭小的阵地上发起进攻，才能产生兵力上的集中优势，才能充分发挥兵力优势原则，即集中自己有限的兵力，在局部上造成兵力优势，以战胜势均力敌的敌人，甚至战胜比自己强大的敌人。反过来看，对于进攻者来说，品种齐全是一种奢侈的愿望，只有领先者才能担负得起齐全的品种。如果企业在非常广阔的阵地上投入多种产品，在多条战线上同时展开进攻，试图对所有竞争者发动全面的进攻战，以图尽快占领尽可能多的领地，那么最终一定会丧失所有的领地，并且还会造成更多损失。原因十分简单，进攻者本来就十分有限的兵力，分散到了多条战线上，在哪条战线上都无法产生攻击力度。进攻者发起进攻战的效果，源自在人们心智里所形成的价值概念，即针对领先者强势中固有的弱势所形成的价值概念。这种价值概念的形成，则必须借助兵力对营销武器的有效运用。如果缺乏足够的兵力——资金，那么无论什么营销武器都难以发挥应有的作用，都难以把一个价值概念送入人们的心智。进攻者要想攻占领先者更多的阵地，必须在突破领先者的阵地之后，才能有机会横向扩展进攻方向，以进一步占领领先者的阵地。这意味着进攻者所发起的进攻战应该尽可能专注于一个进攻方向，尽可能专注于一个攻击点，该尽可能专注在一种产品上。实际上，这就是定位理论所强调的基本法则——聚焦法则。当然，进攻战所选择的定位焦点，完全集中在领先者强势中所固有的内在弱势上。

【诠释】 《孙子兵法·虚实》：形人而我无形，则我专而敌分[1]。我专为一，敌分为十，是以十攻其一也[2]，则我众而敌寡[3]。能以众击寡者，则吾之所与战者约矣[4]。《孙子兵法·九地》：凡为客之道，深入则专，主人不克[5]。《孙子兵法·九地》：凡为客之道，深则专，浅则散[6]。《尉缭子·兵令》：专一则胜，离散则败。㊣ 避实击虚的策略原则是对领先者强势中固有的内在弱势发起攻击，尽管领先者难以进行有效防御，但是这并不意味着可以摆脱“兵力优势”原则。所谓“形人”，就是知道领先者的虚实与强弱。所谓“我无形”，就是让竞争者无法找到自己的弱势所在，竞争者无法找到对我攻击的视角。在同质化竞争的条件之下，攻击领先者强势中固有的内在弱势，阻止领先者有效地进行组织反击，使得领先者找不到反击的地方与方法，这在某种程度上相当于“我无形”。如此，在挑战者所选择的攻击点上，领先者的兵力优势难以发挥作用。相反，挑战者则能集中兵力，专门攻击领先者的弱势，在这个点上形成“以十攻一”的力量对比，从而产生“以众击寡”的战斗局面。对领先者发起进攻战，旨在攫取领先者的市场份额，这犹如深入领先者的固有领地，“我为客，敌为主”。为客之道，深入则专，主人不克。因此，对于挑战者来说，必须做到专心致志，把力量集中在领先者强势中固有的内在弱势上面，否则将难以产生攻击力度和效果。这个道理就是：专一则胜，离散则败。

注解：

〔1〕梅尧臣：他人有形，我形不见，故敌分兵以备我。杜佑：我专一而敌分散。张预：敌形既见，我乃合众以临之；我形不彰，彼必分势以防备。

〔2〕杜佑：我料见敌形，察其虚实，故所备者少，专为一屯。以我之专，击彼之散卒，为十共击一也。

〔3〕杜佑：我专为一，故众；敌分为十，故寡。张预：见敌虚实，不劳多备，故专为一屯。彼则不然，不见我形，故分为十处。是以我之十分击敌之一分也。故我不得不众，敌不得不寡。

〔4〕杜牧：约，犹少也。梅尧臣：以专击分，则我所敌少也。王晳：多为之形，使敌备己，其实攻者则无形也，故我专敌分矣。专则众，分则寡。十攻一者，大约言耳。张预：夫势聚则强，兵散则弱。以众强之势，击寡弱之兵，则众力少而成功多矣。

〔5〕李筌：夫为客，深入则志坚，主人不能御也。杜牧：言大凡为攻伐之道，若深入敌人之境，士卒有必死之志，其心专一，主人不能胜我也。克者，胜也。梅尧臣：为客者，入人之地深，则士卒专精，主人不能克我。张预：深涉敌境，士卒心专，则为主者不能胜也。克者，胜也。

〔6〕梅尧臣：深则专固，浅则散归。张预：先举兵者为客，入深则专固，入浅则士散。

【案例】 联邦快递公司（Federal Express）在刚成立的时候，与艾默瑞公司（Emery Air Freight Corporation）和艾博恩公司（Airborne Freight Corporation）等航空货运企业展开了市场竞争。联邦快递公司提供了 3 种类型的服务。第一类服务：投递时间为一夜到达；第二类服务：投递时间为两天到达；第三类服务：投递时间为三天到达。在广告中，联邦快递公司说道："本公司自备飞机和卡车，更可信赖，更为价廉。”事实证明，这是一个错误的竞争策略。在头两年，联邦快递公司就亏损了2900万美元。然后，联邦快递公司进行了业务重组，投入了8000万美元的风险投资资金，并改变了营销进攻策略。

联邦快递公司改变了经营方向，把重点集中在了第一类服务上面，集中宣传“隔夜送达”投递业务，规定只投递包裹和信件，并且单件重量不超过70磅。为此，联邦快递公司重新构建了业务运营体系，成为第一家使用放射状投递方式的航空快递企业。联邦快递公司所投递的包裹和信件，从不直接投递到邮件的目的地，而是首先送到位于孟斐斯（Memphis）的中心部门处理进行分类，然后通过出境飞机运送到世界各地。在广告中，联邦快递公司说道：“只要有需要，本公司肯定在一夜之间送达包裹”。此后，这种把思路变窄的策略战果累累。结果，联邦快递公司迅速占领了小型包裹空运市场，年营业收入达到了几亿美元，超过了艾莫瑞公司（Emery）和艾博恩公司（Amirborne）的营业收入的总和。

【案例】 美国科学管理公司（Management Scienc America）是大型计算机软件最大的独立供应商。美国科学管理公司企图打入个人计算机软件业，于是收购了桃树软件公司（Peach-Tree），企图借此进入个人计算机软件行业。问题的关键在于，美国科学管理公司应该以什么样的策略应对个人计算机软件行业的激烈竞争。

美国科学管理公司以“领先者而非落后者”的方式，对桃树软件公司进行经营管理。在一次营销战役中的被称为“大爆炸”的营销行动中，桃树软件公司推出了25种不同的软件产品。美国科学管理公司总裁夸口说道：“通过推销微型计算机软件系列，桃树软件公司将会领先于莲花软件开发公司（Lotus），而这些公司主要依赖一种产品系列。”

桃树软件公司的大爆炸行动开展得轰轰烈烈，包括大规模的广告宣传计划。然而，在不到两年的时间里，美国管理科学公司宣布：对个人计算机软件的投资失败，并出售或脱离桃树软件公司的经营业务。尤为糟糕的是，在把精力全部集中到桃树软件公司的时候，美国管理科学公司正在逐步丧失大型计算机软件的领地。卡里内特软件公司（Cullinet）步步紧逼，大有赶超美国管理科学公司之势。

【案例】 《华尔街日报》（The Wall Street Journal）是美国发行量最大的报纸，其发行量早已超过了200万份，而且还是刊登广告最多的报纸。人们早已认可了《华尔街日报》的强大地位。那么，应该如何针对《华尔街日报》发动营销进攻？

《华尔街日报》在哪些方面十分强大？首先，《华尔街日报》拥有著名的作家和编辑。常规的想法认为，要启用比《华尔街日报》更好的编辑，以此对《华尔街日报》发动攻势。但是，这并不是一种好的战术思想。优秀的营销将领要想获取竞争的胜利，总是避免完全依赖人员质量，而是要在决定性的地点拥有相对优势。因此，不能只依靠在写作水平方面超过《华尔街日报》。其次，《华尔街日报》拥有大量的版面。事实上，《华尔街日报》由两种报纸合在一起构成，一种是商业报，报道商业新闻，例如新产品、新厂商、新营销战役等等；一种是金融报，包括股票、债券、公司收益等。如果将一份《华尔街日报》裁剪开来，首先把商业新闻及其广告放在一起，然后把金融新闻及其广告放在一起，那么不难发现这二者的重量几乎相等。这就是《华尔街日报》强势中固有的内在弱势。

那么，应该攻击哪种版面呢？在《华尔街日报》这个名称中，“华尔街”（The Wall Street）这个词汇，已经把《华尔街日报》定性为一种金融报纸。因此，《华尔街日报》的商业版面就变为了一个可以攻击的薄弱环节。这可以确立一个很好的目标点和立足点，即创刊、发行《商业时报》，专门报道商业新闻。这样，在那些诸多的金融新闻里面，商业读者就可以不用费劲地找出想看的商业新闻了。商业广告客户亦不用再为报纸多余的发行量多掏钱了。创刊、发行《商业时报》的策略，无疑符合进攻战的基本原则：（1）考虑的重点应该是领先者在市场中的强势。把精力集中在《华尔街日报》上，而不是集中在品牌自己身上。不要对领先者的强势发起攻击。（2）像许多垄断者一样，《华尔街日报》面向所有人的所有需求，这是强势里面蕴藏着无法克服的内在弱势。要找到领先者强势中固有的内在弱点，并对这种领先者无法克服的弱点发起攻击。（3）在尽可能狭窄的阵地上发动进攻。针对《华尔街日报》较空虚那一半领地发起攻击，而不是对《华尔街日报》全部版面都发起攻击。

若要创建一份专业的《商业时报》，是否需要投资5千万到1亿美元呢？当然需要了。在营销进攻战中，必须有足够力量并承担得起足够的资金投入。这是因为如果找到了市场的所在之处，那么必须全力以赴去占领这个市场，在这个市场上占据领先地位。

【案例】 麦当劳（McDonald's）是美国大型快餐连锁企业，是全球快餐连锁领域的领导企业，在全球市场上拥有超过20000家营业店面。这就是麦当劳这个品牌的强势所在，即无处不在，无人匹敌。然而，在这种强势之中，必然存在着某种无法克服的固有弱势。那么，对于麦当劳而言，强势之中存在着什么样的弱势？这个问题并不难回答。在人们的心智中，把麦当劳这样的快餐食品称为“垃圾食品”，经常食用“垃圾食品”会引起严重的健康问题，如由于热量摄入过多所引起的肥胖问题。在绝大多数发达国家或地区，肥胖问题已经达到相当严重的程度，人们一直都面临肥胖问题的影响，在过去20年的时间里，美国肥胖人口急剧增长，超过一半的美国成年人被认为超重或者肥胖。〔体重指数介于25～29.9之间，被定义为超重；体重指数达到30或者以上，被定义为肥胖。〕

对于麦当劳来说，“垃圾食品”就是强势中固有的弱势。关于这一点，得到了可信的实验证实。2004 年，美国资深纪录片导演摩根·斯普尔洛克（Morgan Spurlock）策划了一部著名的纪录片《超大号的我》(Super Size Me)。这个纪录片内容十分简单，摩根·斯普尔洛克以自己的身体做实验，一天 3 餐都吃麦当劳（McDonald's）食品和饮料，实验连续进行 30 天。在 30 天之后，摩根·斯普尔洛克体重增加 15 公斤，血压上升，体能下降。“麦当劳”食品成为垃圾食品的代名词。尤为不幸的是，在一年的时间之内，麦当劳公司的两任首席执行官因为消化系统疾病相继去世。对于麦当劳公司的首席执行官来说，品尝“麦当劳”食品本身就是工作的一个部分。在媒体报道的传播效果之下，人们对垃圾食品的恐惧达到了顶峰。

就像麦当劳一样，赛百味（Subway）是美国一家快餐店连锁企业。但是，与麦当劳的垃圾食品形象不同，赛百味致力于健康快餐食品概念。这就是说，赛百味的品牌概念焦点恰恰集中在麦当劳强势中固有的弱势上，从而对麦当劳发起了有力和有效的进攻战。2000 年1 月，赛百味展开了绝佳的营销攻势。贾里德·福格（Jared Fogel）是一名在校大学生，他的体重一度达到了 425 磅。贾里德·福格决定实施减肥计划，只吃“赛百味”的快餐食品，午餐吃 6 英寸火鸡肉三明治，晚餐吃 12 英寸 Veggie Delite 三明治，如此持续了差不多一年，体重减轻了 245 磅。借用贾里德·福格的减肥故事，赛百味强力推广其“7 under 6”系列低脂肪、低卡路里三明治（7 种六英寸小面包，卡路里含量都不超过300，脂肪含量全部低于 6 克）。在广告中，赛百味说：“贾里德·福格，重 425 磅，减 245 磅”。

“低脂”和“健康”是麦当劳强势中固有的弱点，充当了“赛百味”快餐食品的定位焦点，这为赛百味公司带来了丰厚的营销回报。2000 年，在启动“贾里德·福格”营销战役的这一年，赛百味公司的销售额达到了 47 亿美元，销售额增长了 47.5%。在全球市场上，赛百味自然难以超越麦当劳。2001 年，在全球市场上，麦当劳销售收入为400 亿美元；同年，在美国市场上，赛百味销售收入为 51.7 亿美元。在美国市场上，赛百味轻松超越了麦当劳。2001 年 12 月，赛百味公司报告在美国市场上，赛百味拥有 13247 家营业分店，麦当劳拥有 13099 家营业分店。快速服务餐馆业杂志《QSR》指出，赛百味的成功原因在于符合并迎合了人们对传统快餐食品危害的认知，以及人们对营养快餐食品的选择和需求。

迫于市场竞争和公共舆论所产生的压力，其他大型快餐连锁企业纷纷效仿赛百味，开始提供自己的健康快餐食品。汉堡王（BurgerKing）推出了 330 卡路里素食汉堡，并将低脂蛋黄酱加进了菜单。麦当劳推出了几种低脂产品，包括使用低卡无脂配料的摇摇沙拉（Salad Shaker），还有水果优酪果冻。此外，温迪快餐（Wendy's）提供烘烤西红柿和红辣椒，还有"花园感觉"新品系列等健康快餐食品。传统快餐食品的危害则成为出版发行界相当关注的问题。由此，诞生了摩根·斯普尔洛克策划的著名纪录片《超大号的我》（Super Size Me）。

【结语】 进攻，这两个字眼儿给人的印象似乎更像是力量最强大一方（领先者）所应该采取的作战形式。这可能是因为在人类的历史进程中，总是伴随着"恃强凌弱"的侵略战争，强大的一方总是应该进攻。人类的这种"极其恶劣"的思维本能，毫无疑问地体现在营销战争的战场上。凡是在某一品类里取得巨大成功的品牌，在其所在品类中拥有了强大的竞争地位之后，无不打算开始侵入（进攻）其他品牌主导的品类领域。企业领导人把这种行为称之为"进攻"。然而，就像人类历史上所证明的侵略战争结果一样，侵略者最终都将以失败而告终，只是时间长短不同而已。在一个品类里取得领先地位的品牌，若要入侵其他品牌所主导的产品类别，其结果往往与侵略战争的结果一样，大多数都会以"撤出"而宣布结束，除非抵御者彻底失去了抵抗能力。这往往是因为在潜在顾客的心智中，没有为来自其他领域的品牌（入侵者）预留可以容纳（接受）的位置。这就是说，尽管入侵者（品牌）

在自己原来所在领域里的地位十分强大，但是直接入侵（进入）其他品牌所主导的产品类别（领地），入侵者（品牌）原有的强大地位所能发挥的作用十分有限。因此，在与其他品类主导品牌竞争的过程中，入侵者（品牌）的竞争力量可能并不像表面上所看到的那样强大。由此可见，“进攻”这两个字眼儿并不像人们所想象的那样应该成为强势一方所应该选择的合理策略。对于绝大多数人而言，“进攻”这两个字眼儿还带有“采取某种强硬手段”的含义。对进攻策略的这种理解，同样反映在品牌的营销战争过程之中。这种强硬式的进攻措施和手段，往往表现为“硬碰硬式”的直接交战（强攻），包括产品战、价格战、渠道战、广告战。结果，无论是领先者，还是追随者，都难以成为最终赢家。这是因为，不以顾客心智地位为基础的市场竞争，或许在某个短期时段能够增加市场份额，但是终究难以保持这种增长势头。在中国古代政治哲学中，存在着“王道”和“霸道”这样两个概念。所谓“王道”，就是以“征服人心”为主要策略手段；所谓“霸道”，就是以“强硬攻夺”为主要策略手段。对于营销这种认知战争来说，要想获得长期、稳定的竞争优势，应该更多地考虑采用“王道”策略，而不要一味地使用“霸道”策略。可悲的是，如今的企业只懂得“霸道”这种方法，根本就不知道“王道”是什么东西。在定位理论中，“进攻”这个概念拥有完全不同于常规意义上的含义。定位理论认为，“进攻”并不是强势一方所应该采取的合理策略方法。相反，“进攻”是相对弱势一方所应该采取的合理策略方法，即处于第二、三位的企业和品牌所应该采取的合理策略方法。这完全是因为处于相对弱势地位的一方无法与强势一方进行直接竞争，故必须避开强势一方的强势所在，集中本来就相对不足的力量，用于攻击强势一方自身无法克服的固有弱势上。这种进攻策略的效果，就是要在人们心智中形成与领先者强烈对立的品牌概念，借助领先者在人们心智中固有的优势地位为己方品牌建立起一种独特的价值概念。

4.3　侧翼战

【释义】 无论军事战争，还是营销战争，进攻与防御都是常见的战争形态。但是，在人们的普遍认识中，似乎防御总是意味着击退前来进攻的敌人，进攻总是意味着向固守在阵地上的敌人发起冲锋。人们对进攻与防御的认识基本如此。如果说防御战的关键在于在敌人到来之前做好充分准备，让敌人的进攻难以发挥效果，进攻战的关键在于避开敌人的强势，专门打击敌人的致命性薄弱环节的话，那么恐怕只有研究过军事思想的人，才可能明白其中的意义所在。对于营销战争而言，这个道理完全一样。如果说存在什么差别，那么唯一的差别就在于营销战的防御与进攻在人们的心智中打响，防御自己在人们心智中所占据的那个价值地位，或者进攻敌人在人们心智中所占据的那个价值地位。那么，除了防御战与进攻战之外，是否存在着其他战术思想和形式？答案十分肯定，侧翼战就是一种非常具有实战价值的战术思想和十分有效的战术形式。那么，什么又是侧翼战？要回答这个问题，最好从防御战与进攻战的本质说起。防御战的核心和本质，就是所针对的目标是领先者自身，领先者“自己对自己”发起攻击和挑战，我们称之为自我攻击，或者自我挑战。防御战的目标十分明确，即通过巩固自身在人们心智中的地位，让潜在的竞争者难以撼动自己的领先地位。尽管领先者会针对竞争者的攻击行动及时采取相应的反制拦截行动，但是这已经成为一种被动条件下的防御手段，是迫不得已而为之的防御策略。对竞争者所采取的反制拦截行动不是防御战的关键核心所在。领先者针对自己所发起的进攻才是防御战的关键核心所在，因为这是一种积极主动的防御手段。因此，防御战所针对的攻击目标，首先是领先者自己的领先地位，然后才是发起进攻的挑战者。进攻战的攻击目标则完全不同，某所针对的对象完全是领先者。通过对领先者强势中固有的内在弱势发起进攻，从而在人们心智中形成与领先者完全相对立的价值概念。因此，进攻战所针对的攻击目标就是领先者强势中固有的内在弱势。那么，侧翼战的攻击目标是什么？侧翼战所攻击的目标不是领先者身上已经拥有的东西，而是领先者周边的空白地带，即与领先者密切相临、密切相关的空白领域。所谓空白领域，是指尚未被竞争者所占领的地带，在人们头脑中仍然体现为一片心智空白领域。侧翼战所要攻占的目标就是这样一个空白地带。然而，作为一种有效的战术形式，侧翼战仍然以侵蚀领先者领地为终极目标。

第 1 条侧翼战原则

——如果没有条件发动进攻战，那么就考虑发动侧翼战

【观点】 军事指挥官在接受进攻和防御任务时，可能只是将其当作正常的工作职责。但是，辉煌战绩可能来自于侧翼战。侧翼战是取得辉煌战绩的最大希望。军事指挥官会把许多时间花在制订作战计划上，他们总是试图找到发动侧翼战的方式。在营销战争中，侧翼战是最具创新性的战术方法。关键原因在于，进攻者可能会对任何一点实施突袭，这迫使防御者必须在阵地内平均配置兵力，或者根本不可能在所有可能的领域进行布防。但是，进攻者不会处处实施突袭，而防御者又不知道进攻者会在何处突然发起袭击。因此，进攻者便可在突袭点上投入较多兵力，从而取得局部上的优势和突破。这种局部上的优势和突破，对全局来说往往具有决定性的意义。从理论上来说，在顾客心智品牌阶梯上处于任何位置上的企业，都可以针对领先者发动一场侧翼战。事实上，小企业对大企业发动侧翼突袭比较容易，大企业对大企业发动侧翼突袭却不那么容易。第一个方面的原因是大企业对大企业盯得很紧，任何行动都会引起竞争对手的关注，领先者一旦发现大企业有所行动，必然预先采取相应的防御措施。第二个方面的原因是大企业行动规模较

大，行动规模越大，突袭效果就越差。在大企业的突袭行动尚未全面展开阶段，领先者就有可能加入对侧翼阵地的争夺战，以阻止强大的竞争者对自己的领先地位形成威胁。小企业的情况则完全不同，通常不会引起大企业的关注和注意，主要原因在于大企业认为小企业不会构成很大威胁，从而根本不会把小企业放在眼里，这与小企业的行动规模存在很大关系。这就为小企业发动侧翼突袭提供了成功的机会。许多营销战例中，那些最终被取代了的领先者在遭受侧翼突袭之前都曾收到过预先的警报，只是领先者忽视了这些袭击警报，根本原因就是瞧不起对手所发起的侧翼进攻，因此才会被侧翼攻击者所击败。从这个角度上来看，侧翼突袭这种战术形式更加适合那些在市场上处于第四位，或者处于第五位上的企业。这些企业往往不具备发动进攻战的力量，因此侧翼战就可能成为这些“小企业”的首选战术。

【诠释】 《孙子兵法·虚实》：进而不可御者，冲其虚也；退而不可追者，速而不可及也[1]。《孙子兵法·虚实》：吾所与战之地不可知[2]，不可知，则敌所备者多[3]；敌所备者多，则吾所与战者，寡矣[4]。故备前则后寡，备后则前寡；备左则右寡，备右则左寡；无所不备，则无所不寡。寡者，备人者也；众者，使人备己者也[5]。㊣ 在市场上处于第四位，或者处于第五位上的企业和品牌，对领先者发动进攻战的机会并不很多，关键原因在于二者之间地位与实力所存在的差距。但是，这不意味着处于第四位，或者处于第五位上的企业和品牌就不能对领先者发起攻击，争夺领先者的市场份额。事实上，大多数领先者并不总是能够保持头脑清醒，特别是取得巨大成功的领先者，在取得成功之后往往迷失了方向，要么开始变得自大自负，要么开始变得固步自封，缺少了成功之前的进取精神。这完全是缺乏竞争压力的结果。当领先者不知道谁是敌人的时候，领先者距离麻烦就不是很远了。这意味着领先者总是存在着防御上的盲点，或者根本就是疏于防御。这为进攻者提供了战胜领先者的机会，对领先者的防御盲点发动侧翼攻击，进而不可御者，冲其虚也。当领先者不知道防御战拥有什么战略价值的时候，或者领先者不知道应该在何处进行重点防御的时候，进攻者很容易找到领先者疏于防御的空虚之处。如果进攻者集中兵力，对领先者疏于防御的空虚之处发起突然袭击，那么不但会在攻击点上形成“兵力”上的优势对比，而且还会对领先者产生不知所措的打击效果。此时，领先者往往陷入被动境地：备前则后寡，备后则前寡；备左则右寡，备右则左寡；无所不备，则无所不寡，这为进攻者继续扩大战果创造了良好条件。

注解：

〔1〕曹操：卒往进攻其虚懈，退又疾也。李筌：进者，袭空虚懈怠；退者，必辎重在先，行远而大军始退，是以不可追。此以“速”字为“远”字也。杜牧：既攻其虚，敌必败；败丧之后，安能追我？我故得以疾退也。陈皞：盖言乘虚而进，敌不知所御；逐利而退，敌不知所追也。杜佑：冲突其虚空也。梅尧臣：进乘其虚，则莫我御；退因其弊，则莫我追。何氏：兵进则冲虚，兵退则利速。我能制敌，而敌不能制我也。张预：对垒相持之际，见彼之虚隙，则急进而捣之，敌岂能御我也？获利而退，则速还壁以自守，敌岂能追我也？兵之情主速，风来电往，敌不能制。

〔2〕杜佑：言举动微密，情不可见，使彼知所出而不知吾所举，知所举而不知吾所集。张预：无形势故也。

〔3〕梅尧臣：敌不知，则处处为备。

〔4〕曹操：形藏敌疑，则分离其众备我也，言少而易击也。王皙：与敌必战之地，不可使敌知之，知则并力得拒于我。曹公曰“形藏则敌疑。”

〔5〕孟氏：备人则我散，备我则彼分。杜佑：敌分散而少者，皆先备人也，敌所以备己多者，由我专而众故也。梅尧臣：使敌愈备，则愈寡也。王皙：左右前后俱备，则俱寡。张预：左右前后，无处不备，

则无处不兵寡也。所以寡者，为兵分而广备于人也。所以众者，为势专而使人备己也。

【案例】 在1988年，EMC公司有1.2亿美元的营业额，但是却亏损3000万美元，而且因产品质量出现重大危机而疲于奔命。相对于其经营规模而言，EMC公司的产品线太广了，以致无法提供技术协助和进行新产品研发。1989年，麦克·鲁杰斯（Mike Ruettgers）被任命为总经理之后，开始解决EMC公司的战略问题。麦克·鲁杰斯砍掉了EMC公司9个主要产品线，其营业额占EMC公司业务的80%，并把所有赌注放在一个单一产品上面。麦克·鲁杰斯的进攻战略是瞄准IBM公司主机计算机的侧翼阵地——IBM主机计算机所使用的磁盘驱动器，其市场占有率超过了75%，这在当时似乎显得过于大胆和冒险。然而正是这项不寻常的战略，最后却获取了全胜。

EMC公司洞察到IBM公司的空虚之处。IBM公司的存储系统产品几乎比所需的尺寸还要大10倍，同时又十分昂贵，且工作效率又差。于是，EMC公司放弃了生产大型且又复杂的磁盘驱动器产品，针对IBM大型且又复杂的单一磁盘驱动器，成功地发明了一种突破性的产品，这就是个人电脑的小型磁盘驱动器。3年之后，EMC公司从一个脆弱的跟随者变成了IBM主机的主要存储系统供货商。以此为基点，EMC公司运用多样化的方法，把产品扩展到通用的存储平台上，使其在任何一种计算机上都能使用，而不仅仅限于IBM计算机。

今天，EMC公司是高价位存储系统的领导者，在全球市场上的占有率达到了40%，并且与戴尔计算机公司形成了稳固的联盟关系。相反，IBM公司则退居到了市场第二名的位置，其所拥有的市场份额只有22%。2001年与2002年是大型系统市场惨淡的时期，存储设备产品的价格遭到重创，市场上所有的参与者都面临着营业额缩减的困境。然而，EMC公司“要发展、先缩小”战略的制定与执行，将EMC公司从跟随者的地位提升到领导者的地位。

【案例】 1979 年，英国人 William Moggridge 为 Grid 公司设计出第一款便携式电脑——Grid Compass 1109。这是人类历史上首次从扇贝上获取灵感制造的轻便电脑。Grid Compass 1109 电脑问世之后面向的对象只是美国航空航天领域，普通消费者无法与其接触。1982 年，Compaq 公司创立。1982 年 11 月，Compaq 公司推出第一台具有兼容性和便携式的电脑。这款便携式电脑拥有 9 英寸黑白屏幕，两个 1/4 英寸软盘，重量达到 20 公斤，销售价格为 3590 美元。Compaq 公司不是世界上第一个生产便携式电脑的企业，但这是第一个与 IBM 电脑兼容的个人电脑，其兼容性获得了 IBM 公司的公开认可。因此，Compaq 公司的便携式电脑很快得到了人们的认可。在便携式电脑推出的第一年，康柏电脑公司就卖出了 53000 台便携式电脑，开业第一年销售额就超过 1 亿美元，创造了在美国商业领域头三年的销售收入记录。1984 年 2 月，IBM 公司才推出了自己的便携式电脑——IBM 5155 个人便携电脑。

1982 年，Intel 公司推出 Intel 286 微处理器，IBM 公司推出了装有 Intel 286 微处理器的个人电脑，许多电脑公司推出了兼容 IBM286 计算机的个人电脑。1985 年，Intel 公司推出 Intel 386 微处理器，IBM 公司推迟了推出装有 Intel 386 微处理器的个人电脑。当时，大型计算机均采用 32 位架构，IBM 公司认为 32 位架构属于大型计算机领域，如果推出装有 Intel 386 微处理器的个人电脑，则会影响 IBM 大型计算机的市场份额，特别是低端的大型计算机会受到影响。因此，在个人电脑产品上，IBM 公司拒绝采用 Intel 386 微处理器，而希望采用自己的微处理器。于是，IBM 公司应用 CMOS 技术开发自己的 286 微处理器产品。同时，IBM 公司开发专有的 16 位操作系统——OS/2 操作系统，以应用在 286 个人电脑产品上。

1986 年，Compaq 公司乘虚而入，一马当先推出了装有 Intel 386 微处理器的个人电脑。Compaq 公司历来强调生产完全与 IBM 电脑兼容，却比 IBM 产品更好的个人电脑。Compaq 公司一直与 Intel 公司保持密切联系，对 Intel 386 微处理器充满信心。在 Intel 公司开发 386 微处理器的同时，Compaq 公司已开始着手设计兼容 Intel 386 微处理器的个人电脑。1986 年 9 月，Compaq 公司第一个采用了 Intel 公司新一代微处理器——Intel 386 处理器，这是第一种 32 位处理器，率先推出了世界上第一台 Intel 386 桌面个人电脑。顿时，Compaq 公司声望陡增，Intel 386 电脑大获全胜。从此，奠定了在个人电脑领域的重要位置。

【案例】 20 世纪 80 年代末期至 90 年代初期，美国企业纷纷购买个人电脑，在企业内部广泛安装，并将电脑联网，以完成诸如共享文件和文件打印等工作任务，且需求越来越大。IBM、惠普、DEC、Sequent 等商用计算机大企业提供高端计算机产品以及众多操作系统和应用软件，帮助美国企业完成许多复杂而又重要的工作任务。但是，这些机器太昂贵、太复杂，用来处理打印文件这样简单的工作实在太浪费，对中小企业来说就更是如此。中小企业需要共享打印机和文件，业务上却不需要花费大笔资金购买复杂的计算机系统。这为康柏公司（Compaq）发动侧翼进攻提供了机会。

1992 年，康柏公司推出了 ProSignia 个人电脑服务器产品，成功地开创了个人电脑服务器的领域。这种个人电脑服务器较其他产品大为简化，专门为最常用的文件和打印机共享功能而设计。ProSignia 剔除了对各种操作系统的兼容，因为那些从 SCO UNIX 到 OS/3 再到 DOS 的操作系统与中小企业所需的基本功能无关。个人电脑服务器拥有两倍于个人计算机的文件及打印共享能力和速度，但是价格却只有个人计算机的 1/3。对于康柏公司而言，机器大为简化可以转化为更低廉的生产成本。康柏公司推出的 ProSignia 产品，以及其后推出的三种个人电脑服务器产品，不仅大大增加了个人电脑的销售量，还使个人电脑服务器在不到四年的时间里成长为价值 38 亿美元的产业。

第 2 条侧翼战原则

——对领先者的侧翼空白地带发起突然攻击

【观点】军事指挥官不会把伞兵投到敌人的严阵以待的阵地上，营销指挥官不会把自己的产品直接送入别人已经占领的市场上。假如敌人已经开始在一个阵地上严密设防，那么要对这个阵地发动进攻，即便投入许多的兵力，付出最大的代价，恐怕仍然不一定就能够占领这个阵地。如果进攻者所面对的情形果真如此，那么这场战斗就不是侧翼战了，而是向严密防守的敌人展开正面攻坚战。相反，如果面对一个防御薄弱的山头，或者面对一处毫无设防的细分市场，那么使用少许兵力就可能将这个阵地据为己有，这就是侧翼战的好处所在。侧翼战与进攻战完全不同，进攻战是攻击敌人据守的阵地，侧翼战则是抢占敌人周边尚未布防的阵地，在敌人周边尚未设防的领域构建自己的阵地。因此，要想发动一场真正的侧翼战，必须在敌人据守的阵地周边寻找一处没有设防的市场空缺，抢先占领这个细分市场，对敌人进行侧翼包抄，从而避开敌人防御的力量，蚕食敌人据守的阵地，使敌人难以开展阻击，以此产生巨大的攻击力量。这就是侧翼战产生战术效果的方式。对领先者发动侧翼战并不意味着一定要拥有某种革命性的东西，例如，生产出不同于市场上现有产品的新产品。但是，如果想要发动有效的侧翼战，就必须要拥有某种创新性的概念，或者拥有某种独特性的概念，以便在顾客心智里形成新观念，以此在领先者侧翼（周边）地带开辟一个新领地。这又回到了定位理论的基本法则上，即抢先占领人们心智空间的某处空白领域。因此，侧翼战的战术效果经常取决于创造和维持独特风格的能力。但是，进攻者要想做到这一点，实际上并不十分容易。第一个方面的原因是防御者可能借助强大的影响力，否定新风格的存在及其价值，从而干扰在人们心智中形成新概念，挫败进攻者所发动的侧翼战。第二个方面的原因是，发动侧翼战需要具备勇敢的冒险精神，以及拥有独到的目光远见。这是因为，创新性的概念和风格，包括新产品、新服务、新方法、新概念将要面对一个空白地带，不存在现成的市场需求。在尚无市场需求的情况下，唯有依靠眼光和勇气发动一场侧翼战，才能创造需求。但是，这并不意味着对于侧翼战应该持有悲观态度。根本原因在于在顾客还没对新东西产生认知之前，谁都不知道消费者是否会认可这种新东西。因此，侧翼战要想获得最终的成功，必须用这些新东西极力影响消费者的认知，从而影响消费者对新东西进行购买选择，进而从侧翼（周边）蚕食或者瓦解领先者固守的阵地。

【诠释】 ⌖ 📖《孙子兵法·虚实》：行千里而不劳者，行于无人之地也；攻而必取者，攻其所不守也[1]。㊣ 攻其所不守，犹如行于无人之地，不存在任何抵抗和阻碍，这是侧翼战能够获得成功的基础条件。因此，侧翼战比较容易获得有效的战果，即进攻则能够必取，行千里而不劳。侧翼战的攻击意图就像进攻战一样，旨在抢夺领先者的市场份额。侧翼战的攻击目标，则不像进攻战那样攻击领先者强势中固有的内在弱势，而是占领紧挨着领先者的侧翼空白地带。所谓侧翼空白地带，就是与领先者紧密相邻（侧翼），又没有被领先者或竞争者所占领的地带（空白）。相对于进攻战而言，侧翼战所要求具备的条件显得比较宽松。进攻战需要的兵力更多，侧翼战需要的兵力较少；进攻战所要求的竞争地位较高，侧翼战所要求的竞争地位较低；进攻战往往只有唯一的一个攻击点，侧翼战拥有多种可供选择的攻击点。按照进攻战的作战原则，领先者难以进行有效组织防御反制。尽管领先者可能拥有强大的兵力优势，但是这种兵力优势难以发挥作用，陷于“有劲儿，使不上”的境地。侧翼战则不具有这种优势，领先者拥有迅速组织防御反击的条件和能力，拦截进攻者的攻击行动，迅速抢占、填补自己的侧翼地带。因此，侧翼战能够取得多大程度上的战果，取决于领先者采取拦截措施的反应速度。领先者作出反应的速度越慢，进攻者所行走的距离就越远，所取得的战果就越大，所构建的地位就越牢固。这意味着对于侧翼进攻者而言，要以尽可能快的速度，在空白地带走得更远一些。在领先者或者竞争者进入空白地带之前，在领先者侧翼地带建立起领先地位。

注解：

〔1〕曹操：出空击虚，避其所守，击其不意。李筌：出敌无备，纵孤击虚，何人之有？陈皞：夫言空虚者，非只为敌人不备也。但备之不严，守之不固，将弱兵乱，粮少势孤，我整军临之，彼必望风自溃。是我不劳苦，如行无人之地。梅尧臣：出所不意。张预：掩其空虚，攻其无备，虽千里之征，人不疲劳。

【案例】 在日本，男人理发一次大约要花上一个小时的时间。为什么呢？因为理发的过程包括一长串繁文缛节的程序：热毛巾一块又一块地递上，肩膀被按摩来按摩去，顾客们还要享用茶水和咖啡，理发师理起发来同样有一套成规，包括头发和皮肤的特别护理，比如吹干、剃须等等。结果，真正剪头发的时间只占一小部分。这些做法让等侯的顾客排起长队。整个理发程序价格在 3000 日元 ~ 5000 日元（27 美元 ~ 45 美元）。

快美发屋（QB House），英文 Quick Beauty 的缩写，中文意思为“快美”，发现了发动一场侧翼战的市场机会，并打破了日本理发行业的成规。对于许多人来说，尤其是对于上班族，不想为了理发浪费一个小时的时间。于是，快美发屋取消了复杂的服务程序，如提供热毛巾、肩部按摩、茶水和咖啡。同时，还大力削减了对头发的特别护理过程，而把力量集中在基本的剪发服务上。此后，快美发屋又进一步剔除了耗费时间的传统剪洗做法，创造了“气洗”系统，这是一只悬在理发者上方的龙头，拉下来就可以干净地吸走剪落的头发。这个新系统用起来更好更快，又不用弄湿顾客的头发。这些变化将理发时间从一小时减到十分钟。

快美发屋所有分店外面都有指示灯显示店内是否有空位，这就减少了等候时间的不确定性，还剔除了预约服务柜台。这样，快美发屋得以降低剪发的价格，从3000日元~5000日元（27美元~45美元）的产业平均价降到1000日元（9美元）。同时，因为人员成本降低，理发所需的零售空间减少，理发员单位小时工资收入提高了近50%。快美发屋创造了这样一套“没有花架子”的理发服务，又改进了卫生清洁水准。它不仅给理发座椅都配置卫生设备，还引入了“一次性”机制，为顾客提供一套新的毛巾和梳子。如今，快美发屋这个品牌的价值焦点就是：又快又美。表达品牌核心价值的口号就是：10 minutes Just Cut——10分钟就剪好！

面对传统理发行业主导的市场，快美发屋连锁理发店发动了一场侧翼战，在日本男性理发行业中开拓了一片新天地，并在整个亚洲市场上快速增长。1996年，自从快美发屋在日本东京创建之后，已经从当时的一家理发店扩展到2003年的200多家，顾客从1996年的5.7万人次增长到2003年的3500万人次。这家企业还在香港、新加坡、马来西亚等国家和地区扩展业务，并且制定了发展目标，即到2013年，在亚洲开设的分店达到1000家。

【案例】 1984年，Chrysler公司濒临破产。在李·艾柯卡的领导之下，克莱斯勒公司推出了小型厢式货车，开创了汽车行业中的新领域。小型厢式货车打破了轿车与厢式货车之间的界限，创造了一种全新的汽车品类。与普通厢式货车相比，小型厢式货车体积更小；与商旅汽车（Station Wagon）相比，小型厢式货车更加宽敞。小型厢式货车适合美国家庭使用，即一个核心家庭，载上自行车、狗和其他家庭必需品。

此外，小型厢式货车开起来更加容易，不像普通厢式货车那样复杂。小型厢式货车以 K 型底盘为基础，开起来像轿车一样。小型厢式货车内部空间更大，又能为美国家庭车库所容纳。事实上，Ford 公司和 GM 公司早就打算生产小型厢式货车，小型厢式货车的设计早已出现在画图板上。但是，Ford 公司和 GM 公司担心小型厢式货车会抢走其商旅车的市场份额。毫无疑问，Ford 公司和 GM 公司把绝好的机会让给了 Chrysler 公司。小型厢式货车推出的第一年，就成为 Chrysler 公司畅销的产品，Chrysler 公司重新跻身三巨头的行列。在不到三年的时间之内，Chrysler 公司在小型厢式货车上赚得 15 亿美元。

20 世纪 90 年代，Chrysler 公司推出"首辆"运动多功能车（Sports Utility Vehicle，SUV）。SUV 汽车采用了卡车底盘，继续从轿车向功能型汽车演变。最初，运动多功能汽车为公路外越野驾车而设计，还被用作拖拽游舟艇的拖车。运动多功能汽车的设计理念脱胎于越野车只强调通过性的局限性，主要提高了车辆的舒适性，去掉以往越野汽车沉重的非承载式车身，引用了轿车的设计理念，换成像绝大部分轿车一样的承载式车身结构，又不完全牺牲越野性能，依然拥有比较强劲的动力，采用 4X4 的驱动形式，并强调了舒适性。运动多功能汽车大受美国年轻家庭的欢迎，因为操作起来非常像轿车。相对于小型厢式货车，运动多功能汽车载客和放货的空间都变得更大。此外，运动多功能汽车内部设计又比较舒适，采取四轮驱动又安全可靠，用作拖车动力十分强劲。截至 1998 年，Chrysler 公司新型汽车销售量达到了 750 万辆，包括小型厢式货车、运动多功能汽车和工具汽车，直逼 820 万辆的新轿车销售数量。

第 3 条侧翼战原则

——从多种视角寻找侧翼战攻击方向

【观点】 ⊕ 侧翼战的诱人之处在于可以在领先者意想不到的任何

地方发起攻击。只要是领先者或者竞争者尚未设防的空白地带，均可以列入发动侧翼进攻的考虑范围。这意味着进攻者拥有非常巨大的侧翼战路径选择空间，从而可以在领先者意想不到的任何地方发起侧翼突袭战。凡是与领先者密切相关、紧密相连的相关领域，同时又是领先者疏于防范的力量真空地带，都有可能作为进攻者对领先者发动侧翼进攻的地点。有时候，进攻者可以开辟一条新的销售渠道，即从侧翼攻击领先者的销售渠道，并使这种销售渠道成为自己的一种独特风格，以此在人们心智中占据一个独特的价值地位，狠狠地打击防守中的敌人。有时候，进攻者可以运用不同的产品类型，从侧翼攻击领先者的产品线，并由此成为一个新品类的领先者，以狠狠地打击领先者的防御阵地。例如，有人喜欢大号产品，同时又有人喜欢小型产品。这为开展小型产品侧翼战，抑或大号产品侧翼战提供了机会。在许多产品领域中，产品小型化已经成为了一种趋势，原因可能是小型产品更加便于携带，所占用的存放空间或者安置空间更加狭小；或许可能是因为顾客厌烦了“大家伙”，现在人们更加喜欢“小家伙”。这都为开展小型产品侧翼战提供了机会。此外，几乎任何一种商品或服务项目都有绝佳的机会开展价格侧翼战——高价侧翼战和低价侧翼战。高价格往往比低价格拥有更多的销售机会。第一个原因是顾客向来拥有以价格衡量品质的倾向，认为应该物有所值；第二个原因是高价格有产生高利润的潜力。对于许多商品来说，高价位就意味着高利润，高利润又能为侧翼战提供必要的追加资本。反过来看，人们又普遍存在着”想省钱”这种心理倾向，这又给开展低价侧翼战提供了机会。但是，降低价格的措施并不利于赢利。降低价格而同时赢利的诀窍就是在顾客注意不到的地方，或者在顾客不关心的地方，或者在顾客不在乎的地方降低成本，然后大力强调价格实惠的好处，对于其他额外的附加价值则不动声色。可以发动侧翼战的地方还远远不止于此，即便是所有竞争者都普遍运用的销售或者促销方式，同样可以成为进攻者发动侧翼战的突袭地点。除了产品、价格、渠道、促销等常见的侧翼战突击点之外，产品或者品牌身上所拥有的某种独特属性亦可以作为进攻者发动侧翼突袭的攻击点。无论选择在什么地方发动侧翼战，无论以什么样的方式发动侧翼战，进攻者都必须遵循一个基本原则，就是以某种独特的风格或者概念，在紧挨着领先者的地方占领人们心智的空白。这样，才能分割、瓦解、蚕食、渗透领先者固守的阵地。

【诠释】 《孙子兵法·兵势》：故善出奇者，无穷如天地，不竭如江河[1]。终而复始，日月是也；死而复生，四时是也[2]。声不过五，五声之变不可胜听也；色不过五，五色之变不可胜观也；味不过五，五味之变不可胜尝也。战势不过奇正，奇正之变不可胜穷也。奇正相生，如环之无端，孰能穷之[3]？㊣ 侧翼战的优点之一就是可以发动侧翼进攻的视角选择相对较多。企业及其所能够拥有的品牌，可以根据自身所处的地位和条件，选择适合自己的侧翼进攻视角（战术）。这是因为对于领先者而言，难以对所有的侧翼空白地带进行有效防御，这就为进攻者发动侧翼战提供了多种选择机会。反过来看，如果领先者对所有侧翼地带均加以严密防御，那么领先者就会陷入全面被动境地。这是因为对于领先者而言，四处防御，就会四处空虚。这就是“无所不备，则无所不寡”的道理。这意味着，领先者的侧翼地带可能存在许多空虚之处，进攻者可以实施“避实击虚”的奇袭机会大大增加。因此，在营销战争中，“出奇制胜”的战术视角，同样就像兵法所说的那样“无穷如天地，不竭如江河，奇正之变不可胜穷也。”所谓“奇”者，就是“出其所不意，攻其所不备”的战术策略。侧翼战的基本原则完全与此相符。所谓“正”者，就是用相同或者相近的策略进行对抗竞争的方面，或者在对抗双方某些相同的方面采取相近的对抗方法和策略。所谓“奇正之变”，就是当领先者采取完全相同的策略对进攻者开始采取防御阻拦措施的时候，进攻者侧翼袭击的策略已经“无奇可言”，进攻者的“奇战”就变成了与领先者之间的“正战”。此时，进攻者应该利用已经取得的领先优势展开乘胜追击，继续扩大战果，在领先者的侧翼地带巩固已经取得的领先地位。在进攻者凭借侧翼战缩短与领先者的差距之后，或者说，当侧翼战所取得的战果稳定之后，进攻者应该寻找再次对领先者发动侧翼战的机会和视角，以进一步缩短进攻者与领先者之间的地位和力量差距。这就如兵法所说“奇正相生，如环之无端，孰能穷之?”因此，在营销战争中，侧翼战的这种战术方式是进攻者采用最多的、成效最好的战术形式。

注解：

〔1〕杜佑：言应变出奇无穷竭。张预：言应变出奇，无有穷竭。

〔2〕李筌：奇变如日月、四时，亏盈、寒暑不停。杜佑：日月运行，入而复出，四时更王。兴而复废。言奇正变化，或若日月之进退，四时之盛衰也。张预：日月运行，入而复出，四时更王，盛而复衰。喻奇正相变，纷纭混沌，终始无穷也。

〔3〕张预：引五声、五色、五味之变，以喻奇正相生之无穷。战陈之势，止于奇正一事而已。及其变而用之，则万途千辙，乌可穷尽?梅尧臣：奇正之变，犹五声、五色、五味之变，无尽也。

【案例】在日本市场上，泡泡糖这个品类曾经被一个品牌所垄断，这个垄断品牌就是“劳特”。许多泡泡糖企业都想扩大自己产品的市场份额，但是面对领先者的强大市场地位都没有获得成功。江崎糖业公司是泡泡糖的生产企业之一，其所采取的办法与其他竞争者完全不同。江崎糖业公司专门成立了研究“劳特”的机构，但不是研究“劳特”是怎样垄断市场，亦不是研究“劳特”有什么先进的生产工艺或经验，而是专门研究“劳特”的市场薄弱环节，试图以此开展侧翼进攻。

经过周密的调查和研究，江崎糖业公司总结出“劳特”的四个市场薄弱环节。（1）在当时，成年人泡泡糖市场需求正在扩大，“劳特”

却仍旧把重点放在儿童泡泡糖市场上；（2）“劳特”的产品主要是果味型的泡泡糖，消费者的需求正在向多元化方向急速发展；（3）“劳特”多年来一直生产单调的条板状泡泡糖，缺乏新式样产品；（4）“劳特”产品的价格是 110 日元，顾客购买时必须多掏 10 元硬币，让人感到麻烦。在摸准领先者的产品和市场薄弱环节的基础之上，江崎糖业公司对领先者展开了侧翼攻击，决定投入资金、设备和人力，生产功能性泡泡糖。他们深信自己的产品一定能够挤进市场，并且击败“劳特”泡泡糖。

江崎糖业公司推出了四大产品。一是司机用泡泡糖，使用浓度薄荷和天然牛黄等辅助原料，使其产生强烈刺激，起到消除司机困倦的作用；二是交际用泡泡糖，具有清洁口腔、祛除口臭的作用；三是体育用泡泡糖，内含多种维生素，有益于解除体育运动之后的疲劳；四是轻松型泡泡糖，通过添加叶绿素，使其产生改变人们不良情绪的作用。此外，江崎糖业公司又针对“劳特”泡泡糖的不足，将自己产品的包装和造型进行了合理改进。价格定为 50 日元和 100 日元两种，避免了找零钱的麻烦。江崎糖业公司的产品进入市场之后大受欢迎，很快席卷整个日本市场，市场份额迅速上升到了 25%。江崎糖业公司运用侧翼战策略，创造了足以令竞争者目瞪口呆的市场奇迹。

【案例】 ⌖ 在美国牙膏市场上，自从佳洁士牙膏（Crest）获得了美国牙医会的认证之后，牙膏市场发生了巨大的变化，宝洁公司生产的佳洁士牙膏占据了市场领先地位。此后，一些品牌借助产品属性发动了一系列侧翼进攻，并由此日益壮大起来，成为牙膏品类里面有力的竞争品牌。

20 世纪 70 年代，大部分牙膏还只是一种“膏状物”。联合利华公司（Unilever）认为，如果牙膏这种膏状物能再清澈一些，即像漱口水一样，则会使消费者产生口气更清新的感觉。但是，如果同时使产品有洁白牙齿的功效，那么就需要添加一些充当磨料的物质成分。联合利华公司的研究人员发现了二氧化硅磨料，这种原料能使牙膏成为一种半透明的胶体，这种成分从来没有在牙膏产品上使用过。

联合利华公司研制出了“Close-up”这个牙膏品牌。“Close-up”牙膏结合了牙齿增白剂和漱口水的特征，是一种透明的红色胶体，很快使“Close-up”占据了牙膏市场第三的位置。在侧翼进攻取得成效之后，联合利华公司决定在“Close-up”牌牙膏中加入氟化物，目标是适用于6~12岁的儿童。

联合利华公司用以进一步发动侧翼战的品牌是一种含氯胶体牙膏，即“Aim”这个牙膏品牌。“Aim”牙膏是一种针对儿童市场的甜味牙膏。孩子通常喜欢甜味的东西，孩子的喜好往往决定整个家庭对品牌的选择。“Aim”牙膏推出之后，销售数量直线上升，与“Close-up”这个牙膏品牌一起，在牙膏市场上所占据的市场份额达到了20%左右。

在“Aim”牙膏异军突起的几年之后，比彻姆公司（Beecham）推出了一种双重保护的牙膏——“Aqua-Fresh”。Aqua-Fresh牙膏与联合利华公司的产品有着明显区别，“Aqua-Fresh”牙膏中含有白色膏体（清洁口腔）和蓝色胶体（清新口气）。这种显著的区别，再加上双重保护效果，使“Aqua-Fresh”牙膏升至牙膏市场的第三位，领先于“Aim”和“Close-up”这两种牙膏品牌。

【案例】在高科技业务领域，几乎所有企业都希望凭借某种先进技术在竞争中获胜，在计算机行业里尤其如此。但是，这不意味着一定要拥有某种高新技术，才能在高科技领域建立自己的竞争地位。1984年，戴尔电脑公司（DELL）在创立之初，仅仅是一家销售电脑零部件的小企业。当时，戴尔电脑公司观察到了一种矛盾现象：在销售这个方面，批发商的电脑无法及时销售出去；在消费这个方面，用户又无法得到希望配置的电脑。于是，迈克尔·戴尔发现了业务扩展机会。他首先以批发价收购批发商积压的电脑产品，然后在电脑上增加一些特性化的配置，如增加内存配置和磁盘驱动器，最后在当地报纸上登出小广告，以低于零售商 10% ~15% 的价格销售这些电脑。由于电脑批发商的高价格，且用户希望得到的电脑与商家提供的产品有差距，这为开展电脑直销业务创造了机会。于是，戴尔电脑公司开始从事电脑直销业务。

通过邮购方式销售电脑及其配件，在戴尔电脑公司之前已经存在了。然而，没有人能够清楚地看到直销渠道的竞争潜力，因此没有人深入开发电脑直销业务模式。戴尔电脑公司抓住了这个机会，开创了电脑行业的直销业务模式，即大批量定制电脑，撇开了批发商、分销商或零售商等中间环节，直接把电脑销售给最终用户。相对于传统的电脑分销模式，即先从生产商到零售商，再从零售商到消费者，直销这种业务模式是从生产商直接到消费者，这毫无疑问构成了一种渠道侧翼战。相反，如果与传统生产商或销售商直接争夺消费者，那么无疑是在打一场正面攻坚战，这等同是一场商业自杀行为。与通过中间商销售电脑的方式相比，直销业务方式具有巨大的经济优势，这包括更低的成本，更短的时间、更新的产品和更高的利润。例如，直接销售只需要保持 6 天的存货量，不像传统分销渠道需要保持 70 天的存货量。建立直接销售渠道的优势不仅在于较低的成本，而且在于增加了向客户提供更多服务的可能性，关键在于向客户提供了定制的成本和服务。

戴尔电脑公司凭借直销业务模式取得了令人瞩目的竞争优势。（1）通过这种直销业务模式，不经过批发商、零售商等中间环节，戴尔电脑公司能够提供比竞争者价格更低、性能更好的电脑。（2）在没有接到订单之前，戴尔电脑公司不会生产一台计算机产品。这就是说，戴尔电脑公司的电脑库存几乎为零。这样一来就降低了运营的成本，从而在价格方面获得了竞争力。（3）戴尔电脑公司按照订单制造电脑产品，用户收到的电脑完全是根据需要规格量身定制的产品，这意味着戴尔电脑公司能够提供个性化电脑产品。（4）戴尔电脑公司把直销业务方式延伸到了网络上，成为在线大规模定制电脑业务的先驱，从而开发出了有效的采购、制造、配送等业务程序和能力。顾客可以在线提出特别定制的电脑系统规格，戴尔电脑公司则能在 30 天内交货。

1986 年，戴尔电脑公司的销售额已达到了 6 亿美元。此时，凭借在直销业务上积累起来的经验，戴尔电脑公司又一次发起了侧翼战，将销售重点转向大商业客户。戴尔电脑公司面临一次重要挑战，其所要争取的电脑市场不再是缺乏竞争的小市场，而是开始与电脑大制造商进行竞争。戴尔电脑公司开始向大客户提供个性化服务，按照客户的具体要求对电脑进行改造。同时，戴尔电脑公司仍旧坚持有订单才生产的直销业务模式，从而，有效地将低成本、个性化和大客户三个方面融合在一起，在提供个性化定制产品的同时，保持着价格方面竞争优势。从 1986 年到 1992 年的 7 年间，戴尔电脑公司不断发展壮大。1988 年，戴尔电脑公司首次公开发行股票。1992 年，戴尔电脑公司的营业额达到了 20 亿美元，利润额达到了 1.02 亿美元。

1993 年，戴尔电脑公司作出业务扩张的决定，增设“非直销”业务模式，包括增加折扣零售商业务和批发商业务。不久之后，戴尔电脑公司开始出现亏损。1993 年第三季度，戴尔电脑公司销售额达到 6 亿美元，但是亏损额达到了 3700 万美元。戴尔电脑公司迅速对问题进行诊断，所得出的结论是：企业偏离了“核心战略”，即偏离了“直销业务模式”，试图像竞争者一样通过零售渠道销售电脑产品。虽然零售渠道业务在当时只占所有业务的 10%，但是却产生了巨大的负面作用和影响，业务模式的变化毁坏了核心业务本身。正如迈克尔·戴尔（Michael Dell）所说：“这使我们的战略出现了混乱。我们为加强核心业务而作出的任何重大决策，均与不赢利的零售业务背道而驰……当我们认识到问题之后，我们就马上撤销了扩张计划。尽管这样做非常痛苦而且代价很高，但这是让我们摆脱灾难的决定性机会。”于是，戴尔电脑公司迅速回归核心业务。不管企业处于什么经营领域，聚焦核心业务都是必须遵循的基本原则。

在回归直销业务模式之后，戴尔电脑公司开始强化核心业务，产品价格比 IBM 公司代理商提供的价格低了 40%，同时仍然能够保持着盈利。由于提供了前所未有的配送速度，电脑直销业务模式广为顾客所欢迎。例如，从订货到送货上门只需要 4 天时间，而竞争者则平均需要 10 个星期的交货期。此外，顾客通过网上和电话订购系统可以按照自己的喜好定制想要的电脑。戴尔电脑公司被誉为 1990 年 ~2000 年全球代表性企业，最终年销售额超过了 300 亿美元，年利润达到了 23 亿美元，股权收益率高达了 355%。进入 21 世纪之后，戴尔电脑公司依然保持高速增长，销售额从 2002 财政年度的 312 亿美元，上升至 2003 财政年度的 354 亿美元，再上升至 2004 财政年度的 414 亿美元。在美国电脑市场上，戴尔电脑公司所拥有的市场份额从 2% 上升到了 30%。戴尔电脑公司击败了 IBM、COMPAQ 和 HP 等竞争对手，成为全球顶尖的个人电脑制造商。2005 年，戴尔电脑公司被《财富》（FORTUNE）杂志评为“美国最受敬仰的企业”。

【案例】 20 世纪 70 年代，凭借着石英手表制造技术，日本和香港手表制造企业对瑞士机械手表实施了成功的侧翼突袭。1983 年，瑞士手表生产商 Swatch 公司凭借低价、时尚的 Swatch 手表，对日本、香港的电子石英表发动了一场侧翼战。那时，日本和香港生产的廉价石英表（约 75 美元）正在夺取大众化手表市场。当时，尼古拉斯·海克（Nicolas Hayek）担任 Swatch 公司总裁，并专门设立了一个项目小组，为 Swatch 手表确定战略性定价。Swatch 公司把手表价格定在 40 美元，这样，人们可以购买好几块 Swatch 手表，并作为服饰与时装搭配在一起佩戴。问题的关键还在于日本和香港的手表制造企业无法复制如此低的价格。因此，Swatch 公司必须以如此的价格销售手表，否则，Swatch 手表就难以获得竞争优势。Swatch 公司项目小组接到指示之后，从价格开始进行反向研究，直到达到目标成本，一分钱成本都不能多。这个过程涉及到确定 Swatch 所要达到的利润率，以支持营销和服务开支并获取销售利润。

由于瑞士劳动力成本高，Swatch 公司要想达到其利润率的目标，必须对产品构造和生产方法作重大改变。比如，Swatch 公司用塑料而不是传统的金属和皮革制造手表。Swatch 公司的工程师还大幅简化了手表内部的机械设计，把零部件从 150 个减到了 50 个。此外，Swatch 公司的工程师又开发了更便宜的组装技巧。例如，表壳用超声焊接而成，而不是用螺丝拧上。设计和制造上的变化合在一起，Swatch 手表的直接劳动成本大幅度降低，从占总成本的 30% 减少到了占总成本的 10%。这些围绕着成本进行的创造性方法，形成了一个难以超越的成本结构。这个结果就是：Swatch 手表获得的制造成本，比世界上其他手表制造商的成本低 30%。从此，Swatch 公司开始统治手表行业的大众市场，并且能够获取十分可观的利润。在此之前，手表行业的大众市场完全被拥有廉价劳动力的亚洲生产商所控制。自那时起，Swatch 公司不断发展，成为有史以来最成功的腕表企业。

【案例】 1984 年，一群街头表演者创办了太阳马戏团（Cirque du Soleil）。如今，太阳马戏团成为加拿大最大的文化输出品之一。迄今为止，世界各地已经有 90 多个城市，超过 4000 万人观赏过其作品。在不到 20 年的时间里，太阳马戏团的收入水平就达到了全球马戏大王玲玲马戏团（Ringling Bros. and Barnum&Bailey）通过 100 多年的努力才取得的高度。尤为不寻常的是，马戏表演不是一个新兴产业，而是一个日渐衰落的产业。太阳马戏团成功的关键原因之一，就是在日益萎缩的马戏市场上，创造出一种完全不同于传统马戏的艺术表演形式和价值特性。

从传统战略分析的角度来看，马戏产业的增长潜力实在有限。（1）

供应方，即马戏表演明星的“议价能力”（Supplier Power）非常强大。（2）购买方，即马戏表演观众的“议价能力”（Buyer Power）十分强大。替代性的娱乐产品形式，像城市生活中的现场表演、体育比赛、家庭娱乐等等，都是马戏表演的替代竞争品。例如，孩子们吵嚷着要打Playstations游戏机，却对马戏巡回表演不那么感兴趣。如此种种，造成了马戏表演的观众日益减少，其收入和利润日益下降。与此同时，动物保护组织对马戏表演的反对情绪又日渐高涨。在马戏业中，玲玲马戏团确立了产业标准，竞争者紧随其后如法炮制，只不过规模较小而已。从基于竞争格局的角度来看，马戏业是一个缺乏吸引力的产业。

在太阳马戏团建立之时，马戏团都集中力量向领先者看齐，并且通过对传统马戏节目的小修小补，竭力扩大自己在已经收缩需求中所占的市场份额。为此，不得不努力去挖到更多著名的小丑、驯兽师等。这些向领先者看齐的策略，增加了马戏团的成本，但对马戏这种娱乐体验却没有作出重大的改变。结果是，运营成本飞速上升，收入却没有随之攀升，需求量还在不断下降。传统马戏市场的主要顾客是儿童。太阳马戏团并未与玲玲马戏团进行直接竞争，而是开拓了一个崭新的市场空间，吸引到一个完全不同的顾客群体，即成年人和商界人士，他们愿意花费高于传统马戏表演几倍的价格，享受前所未见的马戏娱乐形式。从此，太阳马戏团如入无人之境，彻底摆脱了与领先者正面竞争的局面。

传统马戏表演有四个主要因素和特性：（1）动物表演。动物表演是马戏成本中最为昂贵的元素，这不仅包括动物本身的成本，还包括动物的驯养、医疗、圈养、保险和运输上的花费。此外，对于役使动物表演这种行为，公众越来越感到不快。（2）明星表演。在马戏观众眼里，马戏明星与电影明星简直无法相提并论。尽管马戏明星是一个高成本表演因素，但是却对观众产生不了什么影响。（3）多场表演。在马戏表演现场设立了三个圆形表演场，同时进行多台马戏表演。在不同表演场地之间，观众要频频地转换视线，以致于会感到心烦意乱，还增加了所需的表演人数，因而明显提高了马戏表演成本。（4）特许销售。在马戏表演现场推行特许销售权。这看上去是一个增加收入的办法，实际上特许商品的价格让观众望而却步，观众会认为自己受骗挨宰。

长久以来，马戏业想当然地保留着传统表演元素，从未质疑过传统构成要素的重要性。太阳马戏团则把马戏表演的传统构成元素去除了。太阳马戏团认为，传统马戏表演的魅力在于三个关键元素：帐篷、小丑、杂技，如车技表演或者特技绝活。具有讽刺意味的是，越来越多的马戏团选择租用固定场地，帐篷这种标志性马戏表演元素正在消失。太阳马戏团的马戏表演形式十分与众不同：（1）保留帐篷场地。帐篷是马戏表演的独特场地形式，从象征意义上抓住了马戏的奇妙魔力。于是，帐篷外观被设计得魅力无穷、熠熠生辉。帐篷内部设计得更为舒适，马戏场地的锯末、硬板凳都不见了，这让观众在享受大型马戏表演时感到更加惬意。（2）保留小丑表演。小丑的幽默式表演，从“闹剧式”向“高雅型”表演转变。（3）保留杂技表演。保留了惊险刺激的杂技表演节目，但是削减了杂技表演的戏份，增添了艺术表演的气息和深邃奥妙的感觉，因此杂技表演变得更为高雅。

在剔除、保留、改造马戏表演要素的基础之上，太阳马戏团借鉴了戏剧表演元素，由此添加了新的非马戏表演元素，比如贯穿整场演出的故事线索、与之相辅相成的深邃奥妙的风格、富有艺术气息的音乐和舞蹈，以及多套演出作品。新添加的马戏表演元素对马戏业而言是创造性的新价值特征。实际上，从戏剧这种现场娱乐产业中，太阳马戏团中吸取了艺术表演的属性特征。例如，太阳马戏团的作品不像传统马戏那样由一幕幕互不相关的表演组成，而是像戏剧表演那样，有一个主题或一条故事线索，使得马戏表演变得和谐一体。虽然增添了令人思索回味的元素，但是并没有限制表演的潜力。太阳马戏团还借鉴了百老汇（Broadway）演出的一些构想。比如，准备了多套演出作品，不像传统马戏“仅此一套”的单调重复表演。此外，像百老汇的演出一样，各套作品都有自己独特的主题音乐和搭配组曲，并由此引领视觉表演、灯光、时间顺序，而不是反过来音乐被牵着鼻子走。演出中的舞蹈风格抽象脱俗，这是从戏剧和芭蕾中借鉴过来的风格。通过为自己的产品注入这些新元素，太阳马戏团创造出了更加高雅精妙的现场表演。

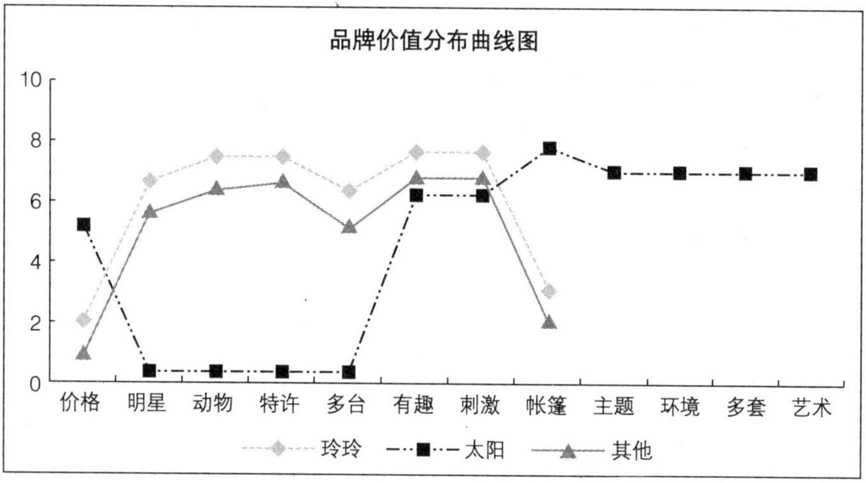

太阳马戏团结合了马戏和戏剧的价值元素，创造了一种与传统马戏和戏剧都迥然相异的、崭新的现场娱乐形式。太阳马戏团同时为观众献上马戏表演的趣味和刺激，以及戏剧表演的深奥精妙和丰富的艺术内涵，提供了一种前所未有的艺术表演价值。太阳马戏团剔除了马戏中成本最昂贵的元素，使其成本得以显著降低，这使其可以将“差异化”和“低成本”结合在一起。这种做法重新定义了马戏的概念，重建了价值和成本间的权衡取舍关系，从而开创了新的市场空间。太阳马戏团比照戏剧表演的票价而进行定价，价格比传统的马戏表演高出了好几倍，又能够为那些习惯于观看戏剧表演的大多数成年观众所接受。由于太阳马戏团引入了多套制作的概念，令人们愿意频繁光顾马戏表演场，因而使得需求有了显著的增长。

第4条侧翼战原则

——奇袭构成了侧翼战的一个重要组成环节

【观点】在军事战役中，进攻者不仅要花费时间制订突袭方案，还要花费时间将兵力部署到位。由于兵力全部到位要花上几天、甚至几星期的时间。这时，敌人很可能早已察觉进攻者的攻击动机，并足以利用这段时间进行防御。在营销进攻战中，将产品送到消费者面前不成问题，困难在于产品的信息传递上。让消费者知道产品信息，需要花上几个月的时间，甚至要花上一年的时间。这样，防御者就拥有了足够的时间资源，以各种不同的形式阻碍、破坏进攻者向消费者传递产品信息。防御者所运用的常见方法就是推出相同的产品，开始与进攻者争夺同一处空白地带。当然，双方所争夺的这个空白地带，在顾客心智里原本就是一个未被任何竞争者所占领的空白领域。在此，又涉及到了在所有定位实战过程中发挥特殊作用的时间资源问题。这是因为，侧翼战的突袭效果取决于领先者或者竞争者的反应时间，抑或对侧翼攻击的反应速度。对此，存在着三种可能的情况。第一种情况是在进攻者发动侧翼突袭之前，领先者就已经掌握了进攻者的进攻方向，抑或意识到了需要对自己的侧翼进行巩固，并及时或者抢先采取相同，或者相应的行动策略，将进攻者的侧翼突袭制止在尚未启动阶段。此时，领先者在时间资源上占据优势地位。如果进攻者继续实施原来的突袭计划，那么进攻者无疑是在对领先者发起一场正面直线进攻战，并承担正面直线进攻的风险和后果。实际上，此时战斗的性质已经发生了根本转变，由原计划的侧翼突袭战转为正面攻击战。第二种情况是在攻击者发动侧翼攻击之初，在进攻者尚未在人们心智中形成稳固地位之前，领先者意识到这种侧翼突袭对自己所构成的威胁，经过一段时间进行基本的准备之后，及时采取行动与进攻者争夺双方都想占领的空白地带。此时，侧翼战原本所具有的突袭优势已经不再像原先设想的那样显著了，至少对于领先者的突袭效果没那么显著了。但是，对于其他尚未及时采取行动的竞争者仍然具有明显的侧翼突袭优势。这是因为，即便进攻者不能在原本的空白领域获得领先地位，与其他尚未采取行动的竞争者相比，进攻者仍然拥有更大的优势和机会争得第二位置。在如此情况下，侧翼战的性质同样发生了微妙的变化，至少针对领先者的竞争更加像是一场阵地争夺战。此时，攻防双方在时间资源上的优势均等。决定胜负的关键因素发生了转移，转移到了双方对侧翼阵地所投入的兵力上，转移到了双方对侧翼阵地争夺所体现的耐力上，以及转移到了双方对侧翼阵地争夺的专注程度上。这样，侧翼战变成了消耗战。因此，领先者获胜的机会更大，进攻者获胜的机会更小。除非领先者为了应对更大的进攻，从侧翼阵地上撤回所投入的兵力。第三种情况是无论领先者在何时知道进攻者的侧翼突袭方向，对进攻者的侧翼突袭行动均不予理睬，任由进攻者在己方阵地的侧翼占领空白地带，直到侧翼进攻者在侧翼阵地上站稳脚跟，抑或扎下牢固的根基。此时，进攻者拥有了“正”的时间资源，领先者拥有了“负”的时间资源。进攻者的侧翼突袭取得初步成功。因此，侧翼战取得成功的关键在于正式发起侧翼突袭之前的隐蔽程度。侧翼战的隐蔽程度越高，进攻者就能争取到越多的攻击时间，在时间资源方面就越有优势。这是因为领先者所采取的任何反击行动，同样需要时间进行基本的准备。从本质上来看，侧翼战是一种奇袭战。侧翼战的奇袭程度越高，迫使领先者作出的反应和设防的时间就越长。侧翼奇袭还能削弱竞争者的士气，让竞争者的营销人员暂时瞠目结舌，茫然不知所措。在对领先者造成的震撼这个方面，侧翼战与进攻战或者防御战完全不同。进攻战和防御战的特征、方向完全可以预见。但是，侧翼战的方向和效果则完全无法预见。市场试验或者市场调研常常会破坏侧翼攻击行动，常常把进攻者的策略暴露给领先者和竞争者。对侧翼进攻进行市场试验同样会使进攻者处于两难的境地。如果试验失败了，那么进攻行动自然就失败了；如果试验成功了，那么往往会惊动领先者，使领先者采取相应的措施。在进攻者市场试验扩展到某个地区或全国范围之前，领先者就会对进攻者进行毁灭性的打击。或许，进攻者会十分幸运，市场试验没有引起领先者注意，没有遭受到领先者的打击，顺利地进行着产品和服务的推广，并获得巨大成功。然而，发动侧翼战的进攻者不应该把成功的希望寄托在领先者不采取行动上，这完全是一种赌博式的冒险，因为这违反了制订作战计划的基本原则，即竞争策略应该建立在敌人没有相应的能力基础之上，而不应该建立在敌人有可能不采取行动的基础之上。因此，侧翼突袭获得成功的关键不在于领先者是否采取行动上。这是因为，即便领先者的行动会对进攻者造成很大的阻碍，但是领先者是否采取行动，进攻者难以完全掌握。侧翼突袭获得成功的关键，在于进攻者突袭的隐蔽程度上，以及由此所争取到的时间资源上，还有对领先者发动侧翼突袭的行动速度上。这是因为这些因素可以完全由进攻者所掌握，至少，通过隐藏侧翼战的进攻意图，在一定程度上争取到相对更多的时间资源。

【诠释】 《孙子兵法·始计》：攻其无备，出其不意[1]。《孙子兵法·九地》：兵之情主速，乘人之不及，由不虞之道，攻其所不戒也[2]。《六韬·发启》：故道在不可见，事在不可闻，胜在不可知。微哉！微哉！鸷鸟将击，卑飞敛翼，猛兽将搏，弭耳俯伏，圣人将动，必有愚色。《孙子兵法·始计》：兵者，诡道也[3]。故能而示之不能[4]，用而示之不用[5]。㊣ 侧翼战成功的关键，在于突然性或者奇袭性，以此达到“出其不意，攻其无备”的攻击效果。这种突袭效果取决于两个方面：第二个方面就是隐蔽性，即隐蔽对领先者实施侧翼攻击的意图和目标，从而不让领先者察觉到进攻者的攻击方向，以避免领先者事先做好反击准备，或者抢先占领进攻者所要攻占的空白地带。否则，就难以实现侧翼战的攻击效果。第一个方面就是速度性，即对领先者侧翼空白地带发起迅速而又猛烈的攻击，以期在尽可能短的时间之内占领领先者的侧翼空白地带，即在领先者采取防御拦截措施之前，抢先在人们心智中建立起领先地位。这就是“兵之情主速”的道理，即“乘人之不及，由不虞之道，攻其所不戒。”侧翼战的突袭效果与时间和兵力资源有关，对领先者侧翼空白地带发起突然的猛烈进攻，需要进攻者在进攻点上投入足够的兵力资源。这种做法的意义在于：第一，占领领先者侧翼空白地带，即顾客心智的空白地带，需要投入大量的资金资源，否则难以占领人们的心智空白，在人们心智中建立起领先地位。第二，以资金资源换取时间资源。进攻者所拥有的时间资源可能很少，这是因为领先者可能作出快速防御反击。因此，在领先者进行反击之前，进攻者应该投入尽可能多的资金，对领先者侧翼空白地带发起猛烈攻击，以期在尽可能短的时间占领人们的心智空间。概括起来说，侧翼战成功的关键在于：在攻击之前，要隐蔽；在攻击开始，要迅猛。

注解：

〔1〕曹操：击其懈怠，出其空虚。李筌：击懈怠，袭空虚。杜牧：击其空虚，袭其懈怠。孟氏：击其空虚，袭其懈怠，使敌不知所以备也。故曰：兵者无形焉纱。太公曰：“动莫神于不意，谋莫善于不识。”张预：攻无备者，谓懈怠之处，敌之所不虞者，则击之。出不意者，谓虚空之地，敌不以为卢者，则袭之。

〔2〕杜牧：此统言兵之情状，以乘敌间隙，由不虞之道，攻共不戒之处。此乃兵之深情，将之至事也。陈皞：此言乘敌人有不及、不虞、不成之便，则须速进，不可迟疑也。盖孙子之旨，用兵贵疾速也。梅尧臣：兵机贵速，当乘人之不备。乘人之不备，行不虞之道，攻不戒之所也。王晳：兵上神速，夺爱尤当然也。张预：用兵之理，惟尚神速。所贵乎速者，乘人之仓卒，使不及为备也。出兵于不虞之径，以掩其不戒，故敌惊扰散乱，而前后不相及，众寡不相待也。

〔3〕曹操：兵无常形，以诡诈为道。李筌：军不厌诈。梅尧臣：非谲不可以行权，非权不可以制敌。王晳：诡者，所以求胜敌。御众必

以信也。张预：用兵虽本于仁义，然其取胜必在诡诈。

〔4〕张预：实强而示之弱，实勇而示之怯。

〔5〕李筌：己实用师，外示之怯也。杜牧：此乃诡诈藏形。夫形也者，不可使见于敌，敌人见形，必有应。传曰："鸷鸟将击，必藏其形。"杜佑：言己实能，用；外示之以不能，不用，使敌不我备也。王晳：强示弱，勇示怯，治示乱，实示虚，智示愚，众示寡，进示退，速示迟，取示舍，彼示此。张预：欲战而示之退，欲速而示之缓。

【案例】 20 世纪 50 年代中期，"泰诺"（Tylenol）——Acetaminophen 类解热止痛药产品，由强生公司（Johnson&Johnson）作为处方止痛药引入市场，其价格比阿司匹林（Aspirin）解热镇痛药高出了 50%。当"泰诺"作为处方药销售的时候，仅仅是面向批发商和医药专家进行促销，因此，对 Acetaminophen 类药品（泰诺）的认识和使用，就被大大地局限在了那些曾经接受过医生处方或推荐的病人。

由于针对阿司匹林的副作用，"泰诺"对阿司匹林类药品进行了重新定位，"泰诺"问世后销售量直线上升。到了 20 世纪 60 年代初，"泰诺"成为无须医师处方即可出售的药品——非处方药。由于向医生和批发商促销的方法非常成功，以至于当"泰诺"成为非处方药之后，强生公司决定继续推行这种营销战略，而不是投入大量直接针对消费者的广告。这样，"泰诺"的年营销费用还不到 200 万美元。到了 1974 年，"泰诺"仍然是唯一的非处方 Acetaminophen 类止痛药品牌。在解热止痛药市场上，"泰诺"所拥有的市场份额达到了 8%，分销渠道覆盖了 98% 的药品店以及 90% 的便利店。"泰诺"的零售价是 2. 85 美元，是阿司匹林类药品的两倍，100 片瓶装产品的批发价接近 1. 69 美元。

1974 年，美国解热止痛药市场规模达到了 6. 8 亿美元。解热止痛药分为两大类：阿司匹林类止痛药和 Acetaminophen 类止痛药。其中，阿司匹林类止痛药所占有的市场份额达到了90%。例如，Starling 公司生产的 Bayer 止痛药，以及布里斯托—麦尔斯公司生产的 Buffelin 和 Excadrin 止痛药，都是阿司匹林类止痛药品牌。大多数阿司匹林类止痛药是专利类药品，要求针对消费者做大量广告和展示独特的品牌价值。1974 年，在 Buffelin 和 Excadrin 两个品牌上，布里斯托—麦尔斯公司投入的广告费用达3000 万美元。

相反，Acetaminophen 类止痛药（泰诺）在最初的时候仅仅作为处方药，其广告主要针对医药专家，该类产品正在迅速获得市场份额。从1972 年到1974 年，该类产品的销售增长了125%，在同一时期，阿司匹林类止痛药产品仅增长了13%。Acetaminophen 类产品（泰诺）迅速增长的原因是：与阿司匹林类药品相比，人们认识到了 Acetaminophen 类药品（泰诺）的副作用较小。20 世纪 70 年代初，几个引人注意的营销研究项目显示：在100 个服用阿司匹林的患者之中，就有 1 个人经历过胃消化不良、胃脘胀气的折磨，或者有过敏反应。相反，在能够解除疼痛，减少发烧的基础上，Acetaminophen 类产品（泰诺）则不存在阿司匹林类药物的副作用。因此，Acetaminophen 类产品（泰诺）满足了那些饱受胃消化不良折磨的患者需求，特别是那些患有溃疡类疾病的患者。

1974 年，布里斯托—麦尔斯公司（Bristol-Myers）是美国药品和消费品市场的领导者之一，拥有包括 Windex、Drano、Excedrin、Bufferin、Vitalis、Behold 和 Clairol 等著名品牌组成的一系列产品，这些品牌产品包括药品、保健品、家庭用产品、卫生和美容类产品。1974 年，布里斯托—麦尔斯公司实现 16 亿美元的销售收入，以及 1.2 亿美元的净利润。同时，布里斯托—麦尔斯公司资产负债表显示：其销货成本为 6 亿美元，营销、销售、管理费用为 4.2 亿美元，广告、促销费用接近 3 亿美元，研发费用接近 0.5 亿美元。

1975 年初，布里斯托—麦尔斯公司打算将一种命名为 Datril 的 Acetaminophen 类非处方药，推进快速成长的 Acetaminophen 类解热止痛药市场。当时，Acetaminophen 类止痛药市场由“泰诺”这个品牌独家控制。布里斯托—麦尔斯公司所面临的主要问题是如何为 Datril 这种新品牌进行定位。对此，布里斯托—麦尔斯公司管理层趋向于两种不同的营销方案。第一种方案是重点强调 Datril 在功能上的优点；第二种方案是使 Datril 成为“泰诺”的低价替代品。

【案例】布里斯托—麦尔斯公司推出 Datril 这个新品牌，主要是为了巩固其在止痛药市场的地位，并且在迅速增长的 Acetaminophen 类止痛药市场占有一席之地。由于“泰诺”这个品牌独家统治着 Acetaminophen 类止痛药市场，因此 Datril 必须针对“泰诺”这个品牌进行定位。问题的关键是 Datril 应该如何定位，才能对市场领导者（泰诺）发起有效的攻击？第一种方法是使 Datril 与“泰诺”相比具有不同的功能利益；第二种方法是采取“模仿”策略，仅仅把 Datril 当作“泰诺”的替代品，无须强调任何品牌差别；第三种方法是低价格策略。这种策略的逻辑是：在医学功能上是相等药品，即具有相同或类似的功能，但是销售价格比“泰诺”更低。

从 Peoria，Illnois，Albany，New York 的市场测试数据上来看，第三种策略效果较为显著。1974 年初，Datril 开始进行市场测试。同时，Datril 将广告集中在功能宣传上，但是并没有达到预计效果。于是，1974 年 10 月，Datril 作为“泰诺”的低价替代品重新引入市场，广告宣传焦点主要是集中在“性价比”上面，即与“泰诺”这个品牌相比，Datril 拥有含量相同的 Acetaminophen 成分，但是 Datril 的销售价格更低。Datril 的零售价格为 1. 85 美元，“泰诺”的零售价格为 2. 85 美元。结果，在进行测试的市场上，Datril 获得了超过一半的 Acetaminophen 类止痛药市场份额。在任何止痛药品类市场上，这是布里斯托—麦尔斯公司所获得的最高市场份额。因此；布里斯托—麦尔斯公司选择了“低价格”策略，把 Datril 推向整个美国市场，对“泰诺”的“高价格”发起进攻。Datril 的“低价格”策略是：100 片的瓶装产品，其批发价为 1.05 美元，零售价为 1.85 美元。Datril 的产品成本结构是：100 粒的瓶装 Datril，其 Acetaminophen 成分成本接近 40 美分，说明书、包装等成本接近 20 美分。为了鼓励零售商销售 Datril 药品，布里斯托—麦尔斯公司作出计划，在市场导入期进行贸易促销，将批发价降为 70 美分，并提供包括卖点展示的产品促销支持。

Datril 的促销策略分为两方面。首先，使用比较性广告；其次，面向消费者促销，这与“泰诺”正好相反。布里斯托—麦尔斯公司认为，直接面向消费者做广告效果更好。这是因为，Datril 的品牌定位就是为最终消费者提供明显的好处。布里斯托—麦尔斯公司计划在 Datril 上投入 600 万美元的广告，包括在杂志、报纸、三大电视网商业节目做广告，通过电视向前 50 大消费者细分市场渗透。广告传递的信息是 Datril 与“泰诺”具有同样的功能，消费者没有必要多花 1 美元去买 100 片瓶装的“泰诺”。在其电视广告中，电视屏幕的两边各出现一个女人，一人拿着一瓶“泰诺”，一人拿着一瓶 Datril，经过有关两个产品相同功能讨论之后，拿着 Datril 的女人会指出该产品的价格更低。在杂志和报纸广告上，强调两个品牌的相同性，并指出两个品牌唯一的不同是价格。

1975 年，Datril 印刷品广告（1）

泰诺与 Datril 的不同在于价格

泰　诺	Datril
不含阿司匹林	不含阿司匹林
比阿司匹林对胃更有适应性	比阿司匹林对胃更有适应性
无阿司匹林其他的副作用	无阿司匹林其他的副作用
疗效快速	疗效快速
缓解疼痛	缓解疼痛
疗效好	疗效好
退热（受凉或感冒时）	退热（受凉或感冒时）
100 片瓶装建议零售价	
价格 $2.85	价格 $1.85

1975 年，Datril 印刷品广告（2）

成千上万曾经感受到阿司匹林类止痛药副作用的人用“泰诺”来代替阿司匹林。对那么多遭受阿司匹林副作用所带来痛苦的人来说，泰诺”更加安全，对胃不会造成什么伤害，而且与阿司匹林一样，能够缓解疼痛，且疗效快速。

医生能够告诉你：Datril 与“泰诺”的疗效完全一样，同样的疼痛缓解成分（Acetaminophen），同样的药剂量（320 毫克/片），同样的治疗功能，安全和疗效完全一样。然而，100 粒瓶装的 Datril 售价仅为 1.85 美元，这远低于同样数量的“泰诺”，价格相差高达 1 美元。

既然都是一样的产品，那就没有理由花更多的钱去购买“泰诺”。关于 Datril 的效果，问问你的医生吧。

建议零售价

泰诺		Datril	
024 片装	0.98 美元	024 片装	0.69 美元
100 片装	2.85 美元	100 片装	1.85 美元
250 片装	6.75 美元	250 片装	3.95 美元

Datril

来自布里斯托—麦尔斯公司的优质产品

1974 年 10 月 布里斯托—麦尔斯公司

【案例】 布里斯托—麦尔斯公司的市场测试活动暴露了 Datril 的攻击方向，这为强生公司的反击提供了充分的准备时间。在布里斯托—麦尔斯公司准备发动价格战的时候，强生公司抢先对“价格战”做出了积极的反应。在 Datril 推出广告的两个星期之前，强生公司已经通知布里斯托—麦尔斯公司，宣称自己将准备降低“泰诺”的销售价格。强生公司还开出了零售商库存商品贷货清单，降低零售商店存货的销售价格。在接到强生公司的降价通知之后，布里斯托—麦尔斯公司还是顽固地发动了进攻，立即马不停蹄地开始行动，进一步降低 Datril 的销售价格，甚至提前了电视广告的播出日期。

强生公司立即向广播电视、报纸杂志、专利协会和商业促进委员会进行投诉。广播电视界要求布里斯托—麦尔斯公司改变抄袭行为。于是，Datril 的广告进行了第一次修改，把“Datril 价格更低”改为“Datril 花钱更少，少得多”。强生公司又一次提出抗议，结果“少得多”被删掉了。最后，哥伦比亚广播公司（CBS）和全美广播公司（NBC）都拒绝播出 Datril 的广告。布里斯托—麦尔斯公司自食其果，苦水只能往肚子里咽。

问题的关键之处在于“泰诺”2.85 美元/100 片的定价，并不构成“泰诺”解热镇痛药的致命弱点。在 100 片（325 毫克）“泰诺”药片中，所包含的 Acetaminophen 成分还不足区区 40 美分。Datril 1.85 美元/100 片的定价难以对“泰诺”形成有效的攻击，因为“泰诺”可以把价格降到相同的水平上。因此，高价格仅仅是“泰诺”的表面弱势，并不是“泰诺”强势中固有的内在弱势。对“泰诺”的高价格发起直接进攻，Datril 必然导致惨败的结果。尤为糟糕的是，Datril 提前暴露了自己的进攻方向，这让“泰诺”有了先发制人的机会。

强生公司的阻击战非常有效，Datril 的市场份额从没有超过 1%，“泰诺”的销售数量却蒸蒸日上，达到了解热镇痛药品市场的顶峰，市场份额高达 37%，超过“安乃近”（Anacin）、“百服宁”（Bufferin）和“拜耳”（Bayer）等镇痛解热药品销售量的总和。1982 年，在美国芝加哥发生了一次悲剧，有患者吃了掺有氰化钾的“泰诺”中毒死亡。但是，“泰诺”又重新占领了大部分市场，其根本原因在于，“泰诺”一直保持着领先地位，市场上根本没有能与“泰诺”相抗衡的同类品牌。凭借这种难以替代的领先地位，“泰诺”才有了得以“东山再起”的基础。相反，假如 Datril 不直接进攻“泰诺”，而是打一场游击战，那么结果会是什么样呢？或者，假如“泰诺”不进行有效阻击，而是坐观其变，那么结果又会是什么样呢？抑或，如果 Datril 不暴露自己的攻击意图，而是突然对“泰诺”实施侧翼突袭，那么结果又会是什么样呢？在任何一种情况之下，Datril 所面临的结果都会更加好，“泰诺”所面对的局面都会更加坏。

【案例】1994年，克莱夫·门德斯（Clive Mendes）凭借其对欧盟对保险业务管制趋势的深刻理解，对意大利传统保险业务市场上的领先者实施侧翼突袭，重新制定了意大利个人保险业务市场的游戏规则。当时，意大利皇家保险公司（Lloyd Italia Spa）是英国皇家保险集团公司（Royal Insurance Group）在意大利最大的子公司，像所有大型集团企业一样，英国皇家保险集团公司正在各类市场上寻求赢利发展的机会。在观察意大利汽车保险市场的时候，门德斯·克莱夫发现了一个规模达到3000万台各种车辆的保险市场，在这个市场上，大约300家保险公司在提供保险服务。但是，三家最大的意大利著名“事业机构”SAI、RAS以及忠利保险（Generali）主宰着这个市场。

意大利保险企业的服务主要通过固定代理人（Tied Agent）进行销售，这种固定代理人是专门为某一家公司工作的自由职业代理人，即使是中等规模的保险企业都会有几千名固定代理人。同时，在意大利保险行业中有各种形式的企业，既包括一人公司，又包括具备一定规模、拥有若干二级代理人的保险企业。这种情况与大多数欧洲国家并无太大不同，但是与欧洲大多数保险企业相比，存在着两个区别。第一个区别是汽车保险费和服务政策由意大利政府设定；第二个区别是顾客对所获得的保险服务质量怨声载道。当时，在意大利发生了很多全国性的立法和文化架构变迁，改变个人保险业务市场的机会，特别是汽车保险业务市场的机会正在浮现。

在这个时期，欧盟组织正在打算对所有成员国家政府提出要求，“开放”其各自国家的汽车保险市场。这意味着企业将有权自行设定价格和服务条款。对此，门德斯·克莱夫进行了大胆预测：在遵照政府定价这种简单管理方式那么多年之后，绝大多数意大利保险企业此刻还没有做好准备转而采用更为先进、个性化的定价形式。在大多数情况之下，意大利保险企业缺乏必要的专业知识，缺乏必要的深度数据分析。尤其重要的是，绝大多数保险企业存在着根深蒂固的文化习惯，或者存在着难以在短期内进行激进变革的思维习惯。意大利传统保险企业最后总会实现改变。那时，富有创新意识的先行者已经重新设定了游戏规则，这为落后者实施侧翼突袭提供了机会和条件，因为他们拥有丰富的时间资源。

门德斯·克莱夫发动侧翼突袭的思路是建立一家类似 Direct Line 公司的保险直销企业。Direct Line 公司是英国首家利用 IT 和呼叫中心技术的公司，通过电话向客户销售汽车保险服务，并在集中的场所处理客户索赔和维修的需求。这一经营模式依靠运营效率创造了价格优势，并凭借营业时间长以及与客户的互动服务提高了服务质量。英国皇家保险集团公司就采用了这种模式，在 1988 年设立了 The Insurance Service（TIS）这家保险直销公司，还在巴塞罗那（Barcelona）设立了皇家保险俱乐部（Regal Insurance Club），这是一家规模很小但却非常成功的保险公司。TIS 和 Direct Line 公司有着十分相似的经营方式，这二者都拥有相当广泛的顾客群，并以追求卓越营运为其核心战略定位。皇家保险俱乐部则有所不同，其目标市场范围要狭小得多，只有技术最好的驾驶者且又有良好的驾驶记录，才有资格加入俱乐部，以优惠的价格享受优质的服务。不过，意大利皇家保险公司并不只是 Direct Line 公司的翻版，TIS 和 Regal Insurance Club 亦不是 Direct Line 公司的翻版。

对消费者进行的研究表明，他们认为购买强制性的第三方责任保险业务等同于缴税。从消费者的角度来看，他们深恶痛绝购买这种保险业务，并且经常有不愉快或令人沮丧的经历。由臃肿的、官僚化的事业单位负责索赔业务，保险理赔过程处理得非常慢。除了通过保险业务代理人，消费者没有任何能够影响决策者的手段，而那些代理人通常根本没有其所声称的影响力。重要的是，消费者还严厉地批评所有的保险企业。简单地说，在意大利，保险服务是一种带来怨恨的产品。门德斯·克莱夫相信有可能整合出一套做法，从而利用独一无二的差异化方法，关注消费者对意大利汽车保险业务的严重不满。因此，门德斯·克莱夫作出判断：只有创造出快乐的消费者，企业才能够取得成功。这个机会就是销售价格公道、服务优质、消费者愿意购买的保险产品，让市场上出现了与以往不同的保险服务，并让消费者把这个消息传播开来。门德斯·克莱夫还认为，如果新保险业务能够获得成功，并一如既往地给消费者带来愉悦的惊喜，那么除了向家人和朋友进行推荐之外，消费者还会对品牌变得更加忠诚。至少，意大利消费者与生俱来的保守态度，将会使其不太容易被其他竞争产品所诱惑。

意大利保险市场上的业务状况为意大利皇家保险公司提供了突破性的机会。这就是说，在保险消费过程的若干环节上，意大利皇家保险公司都存在着彻底变革性的巨大机会。这种变革性机会的方式是在购买、索赔处理以及客户服务方面减少令人不满的特征，向拥有良好风险记录的司机提供低费用保险形式，增加积极差异化特征；提供一系列可供选择的投保方案。因此，关键的挑战在于创建一个能够在客户满意和赢利性方面比竞争者表现更好的保险业务，从而使企业在竞争中能够脱颖而出。由此，门德斯·克莱夫在意大利创建了完全不同于以往的保险公司，为意大利保险业创建了第一个直接销售模式，在行业内强调原先不是首要考虑的客户满意度，并且提升了保险企业的风险分析和运作能力。2002 年 1 月，Direct Line 公司以略低于 2000 万欧元的价格收购了意大利皇家保险公司。通过这笔收购交易，Direct Line 公司获得了意大利皇家保险公司的 30 万名客户。

【案例】 为了利用意大利政府对产业管制变革的机会，对意大利传统保险行业领先者发动一场侧翼突袭战，以此快速占领意大利汽车保险业务市场，门德斯·克莱夫及其管理团队整合出了一整套针对性的进攻方案，向意大利最大的三家保险“事业机构”SAI、RAS、Generali的侧翼阵地发起了突然袭击。这套针对性的整合进攻方案包括五个方面的内容，即保险产品、服务环节、价格政策、销售方式和沟通策略。在意大利保险市场上，这五个方面的内容十分具有创新性的意义，是意大利传统保险企业所不具备的策略和方法。正是由于这个原因，为侧翼突袭获得成功提供了保证条件。这就是说，领先者和竞争者很难快速模仿、跟进这种整合性、配套性做法。

（1）保险产品。①目标市场：意大利皇家保险公司彻底重新细分了市场，以抓住其主要目标市场，即35岁以上、拥有良好驾驶记录、为了社交或上下班而驾驶私人小汽车的消费者。通过控制投保驾驶者的质量，排除易发生事故的驾驶者。这样，意大利皇家保险公司能够以比其他竞争者更低的价格，为优秀驾驶者提供高质量的服务，同时仍旧能从驾驶者身上获取更高利润。意大利皇家保险公司不对商用或交通车辆进行保险。②产品特点：针对客户选择所需的保险范围、保金额度等内容，提供个性化和模块化的产品（Personalized And Modular Product）。意大利皇家保险公司所提供的产品，其保险范围都是模块化产品，客户可以根据自己的需要选择适用政策。保险产品本身都十分简单，但是保险合同不含隐藏性条款或者强制性扣费的保险范围。与竞争者产品不同，意大利皇家保险公司更加倾向于提供所谓“标准产品”。③透明产品（Transparent Product）：在意大利保险市场上，意大利皇家保险公司率先采用平白的意大利文撰写投保政策，摒弃了复杂的法律语言。④优者受惠（Meritocracy）：采用区别性价格政策，从而使得优秀驾驶者比那些不谨慎的驾驶者支付更少的保费。意大利皇家保险公司始终贯彻一个基本原则，即根据客户风险大小付费投保的原则。正如门德斯·克莱夫所说：“在选择产品方面，消费者们都很精明并且理性。但是在情绪方面却很易波动，如果把消费者吸纳进来，那么他们将会成为企业的支持者和拥护者。”

（2）服务环节。所有的流程、产品和活动都从客户视角进行构建，优先考虑并融入了客户的看法。高度重视对客户的反馈流程，直接从客户那里获取信息。这就创造出了卓越的客户满意度，并长期将客户保留率保持在较高水平。意大利皇家保险公司是欧洲第一家，同时是意大利唯一一家向客户提供客户权利宪章（Customer Charter）的保险企业，这个宪章包括关于客户可获服务水准的书面承诺。这一承诺是极具挑战性的标准，涉及服务的获得、索赔处理，以及客户隐私权保障等多个方面。例如，承诺48小时内检查事故损害情况，3个工作日内完成保费回馈，以及7日内完成索赔支付等等。这是一种创新性的书面承诺，不但被用来强调对客户作出的承诺，同时被用来将内部注意力集中于关键质量和效率指标。进一步，这项承诺还起到了凝聚员工的作用，他们都为自己杰出的工作而感到自豪。对未能提供承诺水准的服务致歉而支付给客户一笔罚金，彰显了客户权利宪章的严肃性。意大利皇家保险公司在保持服务水平方面的绩效由普华永道（Price VVaterhouse Coopers）以及随机选出的客户组成的小组进行一年一度的调查和评估。这些随机选出的客户有权获得任何所需信息。这是一次与客户代表正式的、具有象征意义的重要营销机会。这种做法还帮助保持对客户的服务水准，帮助保持高效的企业内部绩效水平，并使得竞争者难以模仿这种做法。秉承着透明化信誉精神，调查结果会在意大利各大报纸上发布，并将调查结果邮寄给所有客户。

（3）价格政策。意大利皇家保险公司引入了一系列定价政策。①个性定价（Personalized Meritocratic Price）：通过询问某一客户一系列关于其生活方式，以及驾驶风格的问题，意大利皇家保险公司能够定量评估出顾客发生事故的可能性大小。意大利皇家保险公司提供上百万种价格组合方式，这意味着价格能够精确地适用于某一客户。驾驶者根据其风险评估结果支付高低不同的保费。②突破定价：根据“无索赔折扣”（No Claims Discount）这种创新原则和措施，优秀的驾驶者只需5年未向保险公司索赔，即可获得最低保费价格，而不是大多数竞争者规定的14年。③调整价格：运用一种先进的软件技术管理信息系统，意大利皇家保险公司能够轻松快速地监控投资绩效。意大利皇家保险公司能够进行精确的预测和快速的干预，结合市场变化发展及时采取必要的纠偏措施，只需几个小时的时间，意大利皇家保险公司就能够对价格作出调整。

（4）销售方式。意大利皇家保险公司增添了全新的销售环节。①电话销售：意大利皇家保险公司是意大利首家通过电话销售产品的保险公司，这是意大利唯一一家一周 7 天营业的电话销售中心。电话销售中心雇用大约 350 名员工（FTE），创造了所有业务量 68% 的销售业务。员工轮班工作以满足客户需要。②网络销售：门德斯·克莱夫认识到互联网将会成为有力的新销售渠道。从 1996 年起，意大利皇家保险公司设立了自己的网站。经过几年的开发之后，从 1999 年起，利用自动化程序开展在网上销售保险产品。结果，通过网站销售的新业务超过了 40%，由此带来了显而易见的成本优势，还有更高的客户满意度。意大利皇家保险公司成为电子商务领域普遍承认的行业领袖。③伙伴体系：在 1988 年，意大利皇家保险公司开发了一个用来服务商业伙伴的外部网络，被称为伙伴体系。对于意大利皇家保险公司来说，伙伴关系并非至关重要。但是，这种 B2B 工具因其质量优异吸引来了非传统伙伴，并获得了额外业务。这些伙伴包括银行、连锁店以及一些汽车制造商。

（5）沟通策略。意大利皇家保险公司知道，作为品牌影响关键委托人的重要性，这些委托人包括企业客户、员工、分销商和社会公众。因此，意大利皇家保险公司积极维护着品牌形象，并积极利用各类方法，包括广告、促销、公共关系、公共事务以及客户关系管理来确保品牌形象的一致性。意大利皇家保险公司通过各种传播媒体，包括印刷广告、电视广告、网络广告等，直接与其客户展开交流，公开表达了对客户的信任，并强调合同各方的“知识平等”。经常性沟通是意大利皇家保险公司客户关系体系的一大特色。除了采用一般的客户关系管理方法，即一年一封提醒客户需要更新保险单的信函，意大利皇家保险公司还利用其他机会与客户进行沟通，如在客户生日当天对客户表示祝贺。因此，当保险单更新时间到来的时候，意大利皇家保险公司在客户心智中依然记忆犹新。这种沟通风格是新奇并且高效的，因为对于保险产品来说，应尽可能地令人感到新奇。之所以选择“皇家保险”这一名称，则是因为消费者调查表明：“皇家保险”这个名称，在服务、质量及其稳定性方面有着积极的涵义，以培养足以匹敌意大利大型保险商的品牌形象，这是说服消费者购买所必须的要素。通过种方式，意大利皇家保险公司已成功地树立起锐意创新与传统严肃性相结合的品牌形象，并以顾客导向著称。

结果正如人们所预期的那样，在新概念逐步深入人们心智的最初几年，意大利皇家保险公司的业务保持低速增长。随之而来的是持续增长的客户满意、90%左右的客户保留、成本下降以及很好的业绩。在普遍认为生存难以为继的保险市场上，强制性汽车保险赔付率平均超过110%（衡量成本的重要指标），意大利皇家保险公司的赔付率稳定在80%的低水平上。

意大利皇家保险公司最初的计划是到2001年底构建100000份客户保单档案。实际上，到2001年底已经构建起250000份客户保单档案。到了2002年8月底，客户达到280000份客户保单档案，其中大约1/4来自网站销售。这使得意大利皇家保险公司占据了保险直销市场的领导地位，并使其做好了保持快速增长的充分准备。起初，意大利皇家保险公司设在米兰的总部雇用了45名员工，这一数字快速增加到了500名员工。

意大利皇家保险公司两度赢得了数据银行（Databank）BICSI大奖，这是表彰顾客满意度的最高评奖，并在这一方面成为保险业的公认领袖。在2002年2月，意大利皇家保险公司还被授予了表彰第一届电子商务优秀企业的数据银行奖。意大利皇家保险公司的成功，对于意大利汽车保险经营方式产生了重要影响，一系列本地和外国企业进入了直销市场，比如Linear公司，Lloyd 1885公司、RAS保险公司、Allstate保险公司。此外，直销市场凭借价格结构调整与传统市场相对抗，转向个性化价格，即任何一位客户所获的价格都不同，并修订了“无索赔优惠”的相关机制。

意大利保险市场变得更加关注留住客户的重要性，以及满足客户的必要性。法国安盛·国卫保险公司（AXA）等传统保险企业，开始应用呼叫中心和直销技术，为其代理商网络提供服务。意大利 Cattolica 保险公司，开始重组其索赔处理结构，以模仿意大利皇家保险公司的做法。一些保险企业已经引入了客户权利宪章或者发布了服务标准，而这些保险企业最初觉得难以接受意大利皇家保险公司的创新做法。意大利立法机构通过了包含“风险档案”等概念的若干部法律，“风险档案”等概念是由意大利皇家保险公司首先引入市场的。

第 5 条侧翼战原则

——乘胜追击与进攻本身一样重要

【观点】任何形式的战争都不会是短促的一击，而是一个连续不断的进攻与防御过程，直到对方彻底失去了抵抗能力。否则，进攻与防御就不可能真正停止下来。军事战争的这种特征，在营销战争里同样存在。不管采用哪种战术方式，要想获得最终的胜利成果，攻防行动的战果都不可能一蹴而就。即便以突袭为决定性要素的侧翼战，在取得初步胜利之后仍然需要乘胜追击，以利用对自己最有利的时机巩固阵地，以及进一步扩大侧翼突袭的战果。毛泽东曾经说过：“宜将剩勇追穷寇，不可沽名学霸王”。这意味着什么？这不仅仅是气势磅礴的诗词，这不仅仅是历史久远的典故，甚至不仅仅是充满智慧的道理。尤为值得借鉴的是，失败者用生命和历史，为人们提供了血淋淋的惨痛教训。由于被暂时的胜利冲昏了领先者的头脑，不肯对危险的潜在敌人乘胜追击，结果葬送了领先者及其军队的生命。更加令人感到惋惜的是，失败者错过了本来可以改写中国历史的机会。这就是应该乘胜追击的全部含义所在，即道理、意义和价值。在营销战争中，不肯乘胜追击的侧翼进攻者，是在为敌人提供战胜自己的时间资源，是在为敌人提供积蓄力量、调整部署的喘息之机，这等于是在帮助敌人战胜自己。卡尔·冯·克劳塞维茨（Carl von Clausewitz）说过同样的道理：“如果没有追击，胜利就不会有很好的效果。”对领先者发动侧翼战的目标，不仅仅是获得眼前阶段性的胜利，而应该是获取进一步巨大的胜利。不要忘记，侧翼战的终极目标是分割、瓦解、蚕食领先者的阵地。初步的侧翼突袭胜利，仅仅是实现终极目标的开始。为此，侧翼突袭者在取得初步战果之后，仍然需要对刚刚占领的阵地进行巩固，尤其要在人们心智中建立起领先的地位，为继续扩大战果创造更加有利的条件，并为抵御竞争者随之发起的市场争夺战做好准备。对于侧翼进攻者来说，建立稳固竞争地位的最有利时机是在侧翼攻击奏效的开始阶段。那时，一种具有独特风格的新东西刚刚开始引起潜在顾客的注意，对潜在顾客充满诱惑，竞争甚少且不激烈，是抢占人们头脑空间、巩固领先地位的绝好时机。对侧翼进攻者来说，这是一种不能长久享受的奢侈。一旦进攻者的侧翼突袭获得成效，必然会有大量竞争者随之而入，加入对新阵地的争夺战。因此，侧翼进攻者应该充分抓住并利用这个时机，尽最大的可能为自己积累更多的“正”时间资源，尽最大的速度抢占顾客的心智空间，尽最大的力量在人们心智中建立起领先地位。在此，又涉及到三个定位法则，即资源法则、聚焦法则和牺牲法则。卡尔·冯·克劳塞维茨（Carl von Clausewitz）曾经说道：“集中优势兵力，这是基本原则。不论在什么地方，这都是应该首先和尽量争取的原则”。这个基本原则同样适用于营销战争。因此，一旦对领先者的侧翼攻击开始奏效，侧翼进攻者必须展开乘胜追击，即在开始阶段就投入巨资，以巩固初步取得的市场地位。假如侧翼进攻者的资源不足以进行乘胜追击，无法继续维持侧翼进攻取得的胜利成果，那么应该怎么办？或许，进攻者在发起侧翼突袭之前，就应该考虑到是否拥有持续进攻的力量。在营销战争中充满了侧翼进攻失败的故事，虽然许多侧翼进攻在开始时都很成功。针对领先者发起的侧翼进攻创造了市场前景，同时吸引了强大的竞争者加入了对市场的争夺战。但是，由于侧翼进攻的发起者资金短缺，无法将侧翼进攻坚持到底，结果往往都以失败告终。古代军事格言曾经这样说：巩固胜利成果，消除失败因素。然而许多企业并不总是能清醒地意识到这个道理。

在侧翼进攻奏效之后，许多企业就停止了进一步的追击行动。企业一旦实现了最初的目标，就把资源转移走了，转移到其他事情上去了。然而，这却是一个致命性的错误。假如一个企业有几种产品或品牌在市场上处于领先地位，又有几种产品或品牌在市场上处于落后地位。那么，哪种产品或品牌能够吸引了高级管理层的更大关注，哪种产品或品牌占据了高级管理层的更多时间？肯定是落后的那种产品或品牌。实际上，合理的做法应该正好相反。应该枪毙掉哪些落后的产品或品牌，并将其所占用的资源重新进行配置，分配到正在取得最大胜利的产品或品牌上。但是，由于感情上的原因，而不是经济上的原因，许多企业浪费了大量的营销资源，用于保护居于落后地位的产品和品牌避遭失败。因此，大量的金钱和时间都用于保护落后的产品和品牌以及不断萎缩的市场份额上，很少用于巩固正在取得的胜利成果上。结果是：死守过去，忽视未来，无缘成功。

【诠释】 《孙子兵法·九地》：敌人开阖，必亟入之[1]。先其所爱[2]，微与之期[3]。践墨随敌，以决战事[4]。是故始如处女，敌人开户；后如脱兔，敌不及拒[5]。《孙子兵法·九地》：入人之地而不深者，为轻地[6]。轻地则无止[7]。《乾坤大略·初起之兵遇敌以决战为上》：兵既深入，则敌必并力倾国以图蹂荡我，恐我声势之成；此而不猛战疾斗，一为所乘，鱼散鸟惊，无可救矣！诚能出其不意，一战以挫其锐，则敌众丧胆，我军气倍，志定威立，而后可攻取以图敌。古所谓一战而定天下，其在斯乎！㊣ 侧翼战成功的根本保障在于“乘胜追击”的果敢与睿智。对于侧翼战而言，在刚刚侵入领先者侧翼地带的时候，进攻者初步建立起来的市场地位尚不牢固，因此需要巩固初步取得的营销战果。这犹如兵法所说的“轻地”，入人之地不深，进攻者不应该停止前进和攻击。相反，进攻者应该快速深入敌人领地，以取得稳固的营销攻击成效。进攻者深入领先者的侧翼地带之后，随着进攻者声势的日益强大，领先者地位将遭受严峻挑战，势必倾力组织力量进行防御性的反击。此时，如果进攻者的市场地位不稳固，或者不果敢地采取“乘胜追击”策略，那么进攻者所取得的抢先优势将会遭到严重削弱，甚至已经取得的有利形势将会不复存在。相反，在领先者的侧翼空白地带，如果进攻者建立起稳固的领先地位，那么则意味着战胜了领先者，获得“一战而定天下”的攻击成效。因此，乘胜追击就像攻击本身一样重要，这是侧翼战获取成功的根本保障。

注解：

〔1〕曹操：敌有间隙，当急入之。

〔2〕曹操：据利便也。梅尧臣：先察其便利爱惜之所也。杜牧：凡是敌人所爱惜倚恃以为军者，则先夺之也。

〔3〕曹操：后人发，先人至。杜牧：微者，潜也。言以敌人所爱利便之处为期，将欲谋夺之，故潜往赴期，不令敌人知也。

〔4〕曹操：行践规矩无常也。贾林：践，除也，墨，绳墨也。随敌计以决战事，惟胜是利，不可守以绳墨而为。

〔5〕王皙：处女，随敌也，开户，不虞也，脱兔，疾也。张预：守则如处女之弱，令敌懈怠，是以启隙，攻则犹脱兔之疾，乘敌仓卒，是以莫御。

〔6〕曹操：士卒皆轻返也。李筌：轻于退也。梅尧臣：入敌未远，道近轻返。王皙：初涉敌境，势轻，士未有斗志也。何氏：轻地者，轻于退也。入敌境未深，往返轻易，不可止息，将不得数动劳人。张预：始入敌境，士卒思归，是轻返之地也。

〔7〕李筌：恐逃。杜牧：兵法之所谓轻地者，出军行师，始入敌境，未背险要，士卒思还，难进易退，以入为难，故曰轻地也，当必选精骑，密有所伏；敌人卒至，击之勿疑。若是不至，踰之速去。杜佑：志未坚，不可遇敌。梅尧臣：始入敌境，未背险阻，士心不专，无以战为，勿近名城，勿由通路，以速进为利。王皙：无故，不当止也。张预：士卒轻返，不可辄留。吴王曰：“士卒思还，难进易退，未背险阻，

三军恐惧，则如之何?”武曰：“军在轻地，士卒未专，以入为务，无以战为。故无近其名城，无由其通路，设疑佯惑，示若将去。乃选精骑，衔枚先入，掠其六畜。三军见得，进乃不惧。分吾良卒，密有所伏，敌人若来，击之勿疑。若其不至，舍之而去。”

【案例】 20 世纪 60～70 年代，电脑业在持续演化。IBM、DEC（Digital Equipment Corporation）、Sperry 等企业相继进入电脑业并在全球范围扩展业务，同时改进和延伸生产线，增加外围设备和服务市场。1975 年，当主要电脑生产商都一门心思地建造更大型、功能更强大的商用电脑的时候，MITS 公司（Micro Instrumentation and Telemetry Systems）推出了世界上第一台家用个人电脑——Altair 8800。电脑爱好者对 Altair 期望很高，《商业周刊》把 MITS 公司赞誉为“家庭电脑行业的 IBM”。然而，MITS 公司没能开创出个人电脑市场。为什么？Altair 8800 没有显示器，没有永久性固定内存，仅有 256 字节的临时内存，还不带软件和键盘。如果用户要输入数据，需要操纵盒子正面的各种开关，程序输出结果则是通过一定规律的灯光闪烁显示在控制台上。毫无疑问，Altair 8800 还不是完善的个人电脑。问题的关键在于 MITS 公司缺乏足够的资源把个人电脑继续下去，乘胜追击，进一步开发出完善的个人电脑产品。因此，1977 年，MITS 公司出售了 Altair 8800 技术，此后业务不断萎缩，并于两年之后消亡。

1978 年，凭借 APPLE II 家用个人电脑，苹果电脑公司（APPLE）开创了一片全新的电脑市场。APPLE II 以既有技术为基础，为用户提供了全套解决方案，在塑料外壳下包含了所有常用部件，包括键盘、电源设备和图像显示，使用起来又十分方便。APPLE II 附带从游戏到商用程序的各种应用软件，如 Apple Writer 文字处理程序和 VisiCalc 数据分析软件，使得个人电脑能为买方大众所使用。APPLE II 改变了人们对电脑的看法，电脑不再被当作是为技术“呆子”设计的产品。就像此前的福特T型车一样，APPLE II 成为美国家庭的常备用品。APPLE II 问世两年之后，苹果电脑公司的年销售量就达到了20万台，仅仅在成立3年之后，苹果电脑公司就登上了《财富》杂志500强企业排行榜，这样的业绩史无前例。1980年，美国共有约24家企业售出72.4万台个人电脑，收入超过18亿美元。1981年，又有20家企业进入了个人电脑市场，市场销售量翻倍，个人电脑销售量达到了140万台，市场规模达到了30亿美元。

【案例】 新技术的出现与运用，为挑战行业领先者提供了机会。这种机会通常表现为创建一个新的产品类别或者新的服务品类，以此分割传统行业领先者的阵地。2001年1月，Vonage网络电话公司成立。在一个新兴的技术行业——宽带电话服务行业，或称“网络电话”（Voice over IP，简称VoIP）行业，Vonage公司自然取得了市场领先地位。Vonage公司借助用户现有的电缆，或者数字用户线路宽带服务（DSL），或者按键式电话机线路，提供了在互联网上使用的低价电话服务，以此作为传统电话服务的替代品。Vonage是一个抢先品牌，利用互联网获得了快速增长。Vonage这项服务产品重新定义了电信业，Vonage公司成为北美地区发展最快的电话企业。到了2004年底，Vonage公司已经拥有超过39万条电话线路。2004年第4季度，Vonage公司增加了11.5万条电话线路。据统计，到了2005年3月，Voconage公司拥有超过50万条网络线路，这使其业务增长率翻了一番。其中：超过50%的业务增长源自2004年第四季度增加的网络线路。据媒体报道，2005年，Vonage公司平均一周增加1.5万条电话线路。

在推出自有品牌的时候，Vonage公司挑战了传统的营销方法。许多新产品推出的时候，总是借助电视等传统媒体进行广告宣传，但是Vonage公司却大力依靠在线广告进行宣传。通过互联网进行广告宣传，Vonage公司以直接、经济、有效的方法，抵达了目标消费群体——宽带服务的早期用户。由于使用宽带电话的潜在用户必须有连接互联网的接口，所以网络广告给 Vonage 公司带来了显著的效益。事实上，Vonage 公司改变了传统电话服务企业的营销模式，从创办伊始便采用网络广告来取代传统媒体，为此极大地促进了业务成长。据媒体报道，在 2004 年，Vonage 公司将超过 50% 的广告预算投向了网络广告。据 TNS 媒体情报/CMR 公司（TNS Media Intelligence/CMR）调查，2004 年 1 月 ~5 月，Vonage 公司的网络广告支出就高达 2500 万美元。尼尔森市场调查公司（Acnielsen）发布的报告显示：2004 年，在电话服务企业所做的网络广告里面，Vonage 网络电话公司产生的影响占了 10%，仅次于电信业巨头 SBC 通讯公司（SBC Communications），SBC 通讯公司网络广告产生的影响占了 32%。

自从 Vonage 公司成立之后，迅速在新技术类别宽带电话服务或网络电话服务领域中取得了领先地位。但是，Vonage 公司必须乘胜追击，巩固已经取得的领先地位，继续扩大侧翼进攻所取得的战果。随着其他电信企业和网络服务商陆续进入网络电话市场，Vonage 公司所采取的营销策略之一就是用网络广告超越竞争品牌。这是因为网络广告这个媒体迅捷有效，又能瞄准适合的用户。据《BtoB》杂志报道，Vonage 公司的一部分网络广告费用瞄准了消费者的行为，即根据用户在网上的实时行为来提供广告。对 Vonage 公司来说，网络广告既是扩大知名度的方式，又是推动业务成长的动力，这使 Vonage 公司时刻处于营销互动竞争的前列。2005 年初，依仗初步营销活动所获得的业务成功，Vonage 公司开始涉足电视广告。这些广告突出了 Vonage 网络电话的低价定位，例如，一则广告画面是一个男孩不慎用垒球棒打碎了一扇窗户，广告词则是："人们经常干蠢事，比如多付电话费"。这就是侧翼战的乘胜追击原则，否则，Vonage 公司便会功亏一篑，所开创的业务领域会被竞争者所占领。

【案例】 1989 年，奥兰公司（Olam）创立。在创立之后的 14

年之间，奥兰公司实现了高速度盈利性增长。2003 年，奥兰公司营业额增长到了 12 亿美元。在此之前的 6 年时间中，奥兰公司营业额增长率达到了 28%，利润增长率达到了 31%，平均资本回报率达到了 35%。尤其值得关注的是，奥兰公司的成长都属于“自然成长”。在同一个时期，全球农产品原料市场增长率只有 2%，仅为全球 GDP 增长率的1/2。如今，奥兰公司是全球农产品原料供应领导企业，供应各种农产品原料，如可可、咖啡、腰果、芝麻、非洲坚果等等，主要供货给全球大型包装食品跨国企业，例如卡夫（Kraft）、雀巢（Nest1e）、玛斯（Mars）、莎拉·李（Sara Lee）、通用食品（General Foods），这些都是奥兰公司的客户。奥兰公司整合了供应链，包办了从农产地到客户消费市场所在地工厂的全部流程，为客户提供原料供应的全面解决方案。奥兰公司供应链管理包括原料取得、初级加工、管理物流及仓储运输、处理进出口事宜、供应渠道与农产品的风险管理等流程。

奥兰公司所选择供应的产品种植地都在发展中国家或者新兴市场，消费地则在发达市场。例如，巧克力的主要制造原料为可可，世界上 70% 的可可产量都来自西部非洲国家，如象牙海岸（Ivory Coast）、加纳（Ghana）、尼日利亚（Nigeria）和喀麦隆（Cameroon），然而巧克力的消费地区却是发达国家和地区。奥兰公司开始营运的时候，绝大多数农产品在产地的贸易，都由当地政府商品管理局所控制，或由政府组织所垄断。这些商品管理局演变成为巨大的官僚机构，决策流程不透明，有时候甚至腐败猖獗，结果是盈利所得严重流失，农民只得到产品出口价值的小部分，大约为出口价值的 33%。当时，大多农产品生产国面临严重的经济困境，被迫向世界银行与国际货币基金组织寻求帮助。国际货币基金组织坚持提出的改革要求之一，就是整顿商品管理局与政府垄断的状况。由于这些自由化措施以及其后的透明化做法奏效，农民可以分配到 70% 的产品出口价值。

奥兰公司很快就察觉到机会，政策的变迁深深地改变了农产品行业的游戏规则。奥兰公司增加了对原料在生产国的采购及物流系统的投资，迅速填补了市场上空缺的位置空间。奥兰公司向客户呼吁，如果将原料采购外包给奥兰公司，那么就不必在象牙海岸或者尼日利亚直接承担巨大的风险。奥兰公司的全球策略是抢在竞争者之前在原料产地布局，培养营销、贸易、风险、管理等控制能力，迅速在行业内建立起竞争优势。在同一个贸易地区内，以重复的管理流程取得“多种产品”的经营优势。从而，在成本方面比起经营单一产品的供应商更具有竞争优势。实际上，大多数竞争者未能开发出可重复的管理控制流程。

在建立了产地管理技能优势之后，奥兰公司立即运用这种方式进入非洲与亚洲的新兴市场。奥兰公司坚持要求部门经理都必须在生产国居住与工作一段时间，这成为部门经理任职所必须的条件。奥兰公司董事长桑尼·维西斯（Sunny Verhese）自己则在尼日利亚的乡村居住了三年半之久，直接获得了农产品供应链的运作知识。这成为奥兰公司独特的竞争优势，并且成为一种核心竞争力。例如，可可原料供应业务的扩张，就运用了可重复性的核心管理优势。可可原料供应业务始于尼日利亚，奥兰公司先从单一产品生产国开始，供应可可给巧克力制造商和可可研磨商。这些客户同时从其他国家取得可可原料，用于制造口味独特的巧克力，以强调品牌的独特价值属性。奥兰公司了解到客户的这种需求之后，利用已经形成的核心业务管理能力，将可可原料业务扩张到其他可可生产国。如今，奥兰公司可以从所有主要的可可生产国取得原料。通过可重复性的业务扩张行动，奥兰公司快速成为可可豆与可可产品的全球三大供货商之一。在咖啡豆业务上，可以看见同样的扩张原则。奥兰公司最初从印度取得罗布斯塔咖啡（Robusta Coffees），销售给几家欧洲的咖啡烘焙商。在印度咖啡的烘焙客户达到临界数量（Critical Mass）之后，奥兰公司快速进入其他罗布斯塔咖啡的生产国，以满足原始顾客群的多样化需求。结果，奥兰公司进入了 11 个罗布斯塔咖啡的生产国，成为这种咖啡的最大供货商。

奥兰公司业务增长的关键在于建立起了一种可复制的业务模式。这种业务模式就是对产地原料产品的管理技能和操作流程。在业务操作流程中，惟一的变量不是产品品种，就是地理区域。这就是说，业务首先从单一的产品开始，然后借助单一的产品进入新的国家。业务扩张至新国家带来了经营其他农产品的机会，产品扩张又带来进入新生产国的机会。“从产品到地区，再从地区到产品”，这就形成了一个循环往复、交替扩张的业务模式，构成了奥兰公司的核心能力。奥兰公司借助这种核心能力，在35个国家或地区设有独资子公司，其中，仅在非洲就有17个独资分公司。在新产品与新地区的重复循环增长过程中，奥兰公司找到了新的扩张方向，即沿着供应链的方向扩张，在目前的生产国加工既有产品。例如，从生腰果交易扩展到熟腰果交易。在世界三大腰果处理中心——印度、越南、巴西，奥兰公司设有腰果去壳与加热工厂。奥兰公司沿着产业链的方向扩张，对原料产品进行分类处理和深度加工。例如，将可可加工成可可油、可可蛋糕、可可粉与可可酒；将非洲坚果（Shea Nuts）制成牛油树脂；将芝麻分级与去壳；将咖啡豆清除残壳、划分等级、依颜色分类，制成生咖啡，生咖啡制成速溶咖啡；将花生烘干、分级与分类；将籽棉轧制成棉花。

在核心业务扩张上，奥兰公司遵循两个严格的投资标准。第一个标准是“业务指标”，包括营业额增长指标、利润增长指标及投资回报指标。第二个标准是“游戏规则”，包括关于产品产地与自身市场地位的详细标准。奥兰公司必须在这一产品上拥有全球前三位的市场地位，并且这种产品业务必须在所有主要生产国都能开展，新产品要与目前核心产品与产地存在关联性，以及在客户市场上能够到达的业务占有率水平。因此，客户需求、市场地位、成本分摊、能力共享等要素成为奥兰公司业务扩张的黄金规则。奥兰公司的扩张引来了各种各样的投资方案，桑尼·维西斯办公桌上堆满了诱人的投资建议。对此，桑尼·维西斯说道：“在经过内部诸多辩论之后，我们决定把机会让给了别人，因为我们觉得这些计划与核心业务差距太远，将使我们从核心业务上分散力量，影响我们所专注的核心业务。我们的核心业务还有足够的成长空间，可以让我们在未来5年有足够的盈利”。

【案例】 Circuit City是北美地区最大的箱式电器零售商。2000年，Circuit City的销售额和利润额都表现出强劲的增长势头。但是，Circuit City受到越来越多竞争者的挑战。在整个美国市场上，Circuit City的业务模式几乎被普遍运用，于是其增长速度开始变得缓慢。Circuit City成立了由资深经理组成的团队，以寻找、确定新的业务增长机会。Circuit City资深经理团队领导人奥廷·利根（Austin Ligon）说："我们着眼于运动产品、汽车部件、家具……试图寻找到有趣的思想。我们的标准非常简单，即寻找拥有巨大成长空间的行业。在这个行业中，没有已经取得成功的强大竞争者，但是有可以基于市场细分的竞争基础，一个巨大的消费者需求市场正等待被满足，我们的零售和管理技能能够带来竞争优势。"最初，奥廷·利根的团队考虑进入新车销售市场。但是，考虑到已有固定经销商的关系，汽车制造商不愿意把销售业务交给Circuit City，日本、欧洲、美国的汽车制造商都拒绝了Circuit City。因此，Circuit City经理人团队把注意力转向旧车交易。

旧车零售符合Circuit City经理人建立的所有标准。旧车零售种类繁多且增长迅速。在北美市场，旧车零售规模达到了40000亿美元。除了食品和服装之外，旧车成为消费者的第三大消费产品。旧车销售额多于新车销售额，旧车交易增长大于新车交易增长。旧车质量状况有一个变化趋势，即质量越来越好，麻烦越来越少。这是因为新车质量和性能在不断提高。因此，消费者不认为旧车是新车的替代品，而是把购买旧车看作正确的选择。如果花费低于新车价格30%的价钱就能购买一辆不错的旧车，即像新车一样仍处于保修期，从来没有出现过问题且仅使用了一年的汽车，那么为什么还要支付全额零售款购买新车呢？尤为关键的是，旧车交易行业充斥着可以改善、突破的业务机会。消费者认为购买旧车是困难的、讨厌的和有风险的行动，相对于购买新车要麻烦很多。人们逐渐相信旧车交易本质上是低层次的行业，一个旧车销售人员难免是一个缺少诚信的健谈骗子。

在旧车零售行业与新车零售不一样，消费者面临着许多问题。(1) 搜寻信息麻烦。搜寻旧车信息费时费力，繁琐麻烦。购车者需要浏览分类广告，汽车导购信息，或者浏览互联网查找旧车信息，绝大多数旧车信息不完整、不可靠。(2) 可选数量有限。如果想找一些特殊型号的旧汽车，那么消费者就会发现供应数量十分有限。例如，在一个大城市地区，大概仅有 20 辆或者 30 辆 Taurus 旧汽车，而且旧车销售地点非常分散，购车者必须四处奔走查看车辆。(3) 供应渠道复杂。新车零售商、旧车零售商、个人供应商都经营旧车业务。如果选择与零售商交易，有可能会发现汽车的状况不良或者价格昂贵，或者赶到现场时旧车已经卖出去了。如果选择与个人交易，则可能得到较远的地方看车，或者与一个疯子讨价还价。(4) 质量风险较大。不论消费者在什么地方购买旧车，在质量方面都存在着交易风险。汽车可能已经过了担保期，而且供应商很少有维修记录。供应商可能会提供旧车认证，但是这通常没有多大意义。一般说来，供应商认证只能确保汽车外表没有问题。例如，玻璃没有破损，照明和刹车正常，轮胎胎纹清晰，排气系统有效……对于大多数购买者来说，自己就能够检查这些事项。(5) 交易过程繁琐。寻找和购买一辆旧车是一个繁琐困难和令人不快的过程。购买者不得不出售、交易、报废或者捐赠原有的旧车，并且为新买的旧车付款、注册、购买保险。(6) 难以公平交易。在旧车交易的所有环节上，购买者几乎都要作出妥协和让步。对于能够得到车辆的多少信息，购车者没有选择权。购车者只能无条件接受卖车者提供的质量信息未知的旧汽车。人们普遍认为旧车供应商将向购买者施加压力，不说实情，争论价格，伪造期限，而且只做最有利于自己的事情。(7) 缺乏售后保障。旧车购买者非常清楚地面对一个现实问题，即如果购买的旧车出现了任何问题，那么他们几乎或者根本不能获得帮助和保障。

在追求业务成长的过程中，Circuit City 发现了旧车零售市场的销售机会。销售旧车与销售新车完全不同，零售商不必遵守新车销售的法规限制或者汽车制造商制定的游戏规则。奥廷・利根认为，Circuit City 过去为零售行业带来的革命性方法和能力，能够应用在旧车零售领域。旧车零售商可以展示所有旧车款式，告诉顾客真实的车辆价格，因此，消费者能够比较价格和汽车。这样，Circuit City 所能争取到的旧车交易量将会超出想象。因此，Circuit City 创立了旧车交易大型连锁商店——Carmax，并把旧车交易行业看作零售商而不是供应商，从此打破了消费者购买旧车时面临的困境。1993 年，Carmax 第一家折扣店在美国弗吉尼亚州的里士满市（Richmond）开业，提供大约 5000 种各式旧汽车。一个传统旧车销售商大约有 30 辆代表性的旧车销售，一个较大的新车销售商可能会有 130 辆旧车销售。Carmax 后来开的折扣店更大，有 10000 到 15000 辆旧车。因此，消费者不用驱车数百英里去看 30 辆 taurus 旧车，在 carmax 就能看到 50 辆 taurus 旧车。

Carmax 打破了传统的旧车交易惯例。（1）通过建立车辆档案信息系统，Carmax 打破了旧车交易信息不对称的行业惯例。Carmax 的零售店都配有计算机查询系统，消费者可以得到任何一辆旧车的库存信息。消费者可以通过模型或者价格从提供的库存清单或者当地零售店搜寻汽车。消费者能够核查车辆的规格、特性、附件、担保，并查到旧车的销售地点。Carmax 审查所有的汽车状况，使其通过 110 项性能和安全检查。一种车型在旧车展厅内仅摆出一辆汽车，汽车上标注箭头指出检查点，还有对各项检查的详细说明。（2）为了帮助人们改变对旧车销售人员的印象，Carmax 优先雇用准备找工作的人员，而不是有汽车销售经验的人员。Carmax 雇用的人员必须通过为期两周的培训。大多数传统零售商的旧车销售人员，最多仅能接受一两天的入职培训。与传统汽车销售人员通过销售佣金获得个人收入不一样，无论旧车销售价格是多少，Carmax 都为销售人员支付固定的工资。这样，销售人员不会为了获取佣金而去欺骗顾客达成交易。在作出购买决定之前，大多数人希望得到尽可能多的车辆信息。因此，Carmax 必须尽量消除消费者的紧张和顾虑。Carmax 导购人员穿着统一的工作服装，首要工作是向客户展示并解释如何应用计算机平台。为了进一步降低销售压力，Carmax 为旧车制定统一销售价格，并且等于或低于汽车经销商协会（Nada）蓝皮书的指导价格。（3）Carmax 帮助顾客降低购买旧车的风险。消费者可以得到五天的退货担保。如果车辆驾驶不到 250 英里，那么就可以无条件退还旧车。所有售出的旧车均有一个 30 天的担保期，购买后还可以延长担保期。Carmax 将从消费者处购买任何旧车。他们提供多种金融选择，还能够安排购买保险。Carmax 还作出服务承诺：在 90 分钟之内，顾客就能够选定、购买、开走一辆各种手续齐全的汽车。

Carmax 旧车交易业务经营得十分成功。2002 年，Carmax 从 Circuit City 分离出来，为股权投资人带来了 10 亿多美元的价值。2002 年，Carmax 销售额达到了 39 亿美元。在扣除扩张成本之后，Carmax 赚取了 9480 万美元的利润，超过了美国汽车经销商协会的平均水平。从 1993 年至 2002 年的十年间，Carmax 年平均增长速度达到 12%，行业平均增长水平则为 8%。在开业第一年，Carmax 的销售额为 2000 万美元。2003 年，Carmax 销售额达到 48 亿美元。在开业之后的十年间，Carmax 业务增长了 240 倍，员工人数从大约 100 人增长到 9000 人。2003 年，Carmax 拥有 18 家旧车交易连锁店。2009 年，Carmax 旧车交易连锁店数量达到了 100 家，销售额为 70 亿美元，利润额为 5900 万美元。由于受到金融危机的影响，与 2008 年相比，销售额下降了 15%，利润额下降了 67%。尽管如此，Carmax 单店旧车交易量还是达到了新车经销商的 7 倍。

【案例】 Carmax 的商业模式带来了竞争优势，即业务好于竞争对手，成本低于竞争对手。所在地区的销售量高于个体供应商平均销量的 14 倍，高于新车销售商的旧车销量的 8 倍。单店平均销售量达到 5000 辆旧车，为新车销售商总销售量的 5 倍。对于 Carmax 的业务模式，消费者作出了积极的反应，客户满意度持续高于竞争者。消费者认为 Carmax 提供的种类多、价值高、服务快，令人感到十分舒适。Carmax

成功的关键在于是否能够做到广泛且又迅速的扩张，以吸引更多的消费者，并建立决定性的竞争优势。如果能够在一夜之间覆盖整个美国，那么毫无疑问传统供应商将会陷入困境，至少在旧车销售方面会陷入困境。相对于传统旧车交易模式，Carmax 的销售量优势显著降低了销售成本，销售量增长一倍，销售成本就会降低 20%。

Carmax 需要极大的销售量弥补巨大的投资，仅信息系统一项就花费六亿美元。Carmax 拥有大约 12000 辆旧车存货，需要借助信息系统进行全程追踪。尽管信息系统十分昂贵，但是却带来了巨大的竞争优势。信息系统不仅使 Carmax 能够比竞争者保持更多的库存，而且提高了信息透明度和工作生产率。例如，信息系统根据汽车构造和模型追踪偶然发生的机械问题，这样有助于计划和实施汽车维修工作，提高 Carmax 检查和改善旧车状况的设备生产率，把改善汽车状况的时间降低了 40% ~50%，这意味着有更少的汽车等待维修，更多的汽车可以被出售。信息系统还显示不同国家和地区哪种类型和颜色受到欢迎，有助于更好地进行旧车库存管理。

竞争者难以挑战 Carmax 的竞争优势。传统旧车经销商很难达到 Carmax 的投资规模，即便传统经销商希望通过扩张达到 Carmax 的规模优势，但是由于历史原因和特许协议的限制，几乎没有竞争者能够像 Carmax 一样扩张。传统的经销商通常分布在曾经很好的地段，但是随着社区和环境变化而失去吸引力，并且没有管理资源或者不愿迁移销售网点。如果想迁移销售地点，还经常受到特许协议的约束，这些特许协议阻止在一个同品牌经销商的地区销售。如果想要在目前的地区扩张，那么可能没有足够的场地容纳大规模投资需要。即使能够解决这些问题，传统经销商的文化很难改变。传统汽车销售组织已经变得十分僵化，只会向消费者介绍可供销售的车辆，而不是消费者真正需要的车辆。

由于拥有管理信息系统和专业化管理的支持，Carmax 可以做出更好的购买决策，并建立一个快速调整的库存产品组合。传统旧车经销商从经销商协会、汽车租赁企业和汽车制造商的拍卖会上采购大多数库存汽车。获得竞争优势并赢得投标能力，是基于业务经验、市场信息、知识范围，以及大规模采购所需要的雄厚资金。拥有最大数量的汽车存货、最大范围的地理覆盖，以及全面掌握综合信息的投标人，在竞标过程中处于更有利的位置。例如，关于哪种汽车、数量多少和价格高低的决策信息，对采购决策起到了关键的支持作用。即使大买家偶然犯了错误，对业务产生的影响也十分有限，因为在整体业务中所占比例有限。对于那些小买家的影响则完全不同。例如，对于一家拥有 12000 辆汽车库存的企业来说，如果有 20 辆汽车的颜色不受欢迎，那么这仅仅是一个微不足道的小问题。对于一个拥有 100 辆汽车库存的经销商来说，即使 5 辆汽车出现问题都会变成一场灾难。因此，如果 Carmax 能够达到广泛的业务覆盖范围，那么就能够把竞争优势转化为决定性优势。

传统经销商的新车销售处于盈亏平衡点上，或者处于亏损状态，大部分获利来自于旧车销售、售后服务、金融保险。由于越来越多的消费者购买旧车，Carmax 开始威胁传统经销商的新车销售。经销商依赖新车销售的现金流分摊间接费用，然后从配件、金融和保险等方面产生附加利润。如果足够多的消费者选择购买旧车而不是新车，那么新车经销商可能处于亏损的边缘。传统汽车经销商几乎无力对来自 Carmax 的威胁做出反应。他们有什么选择呢？他们只能向制造商抱怨不公平竞争。但是，除了更改特许协议，或者承诺不与 Carmax 做交易之外，汽车制造商不会做太多。虽然汽车经销商尽力扩张以达到 Carmax 的经济规模，但是他们已经看到了这会有多么困难；虽然汽车经销商能把价格降到低于 Carmax 的水平，但是这将损害他们的主要经营利润。

Carmax 努力在达拉斯州实现周六和周日销售车辆，传统汽车经销商只能对此做出反应。达拉斯州蓝皮法律规定只能在周六或者周日两天中的一天销售汽车，而不能在两天都销售汽车。为了满足大多数消费者能够选择周末的一天购买汽车的愿望，Carmax 决定挑战这项法律，在周六全天和周日中午开放位于达拉斯州的旧车交易展厅。达拉斯大都市新车经销商协会（NCDA）反对 Carmax 的行动，继续支持周末限制汽车销售的法律。他们说，延长周末销售将提高间接成本而不是汽车销售量，使其难以雇佣并保留好的销售人员。据《达拉斯晨报》（Dallas Morning News）报道，得克萨斯汽车协会（TIADA）提出严厉的警告，如果法庭支持蓝皮法律的规定，那么意味着 Carmax 犯有“故意违反罪”（Willful Violation）。得克萨斯汽车经销商协会制定了反对 Carmax 的强制命令。然而，Carmax 不是“乖乖的大孩子”。Carmax 向联邦法庭提起诉讼，要求联邦法庭宣布得克萨斯蓝皮法律违法。奥廷·利根说道：“得克萨斯法律不允许我们完全竞争。在这里，我们打破了一周只给消费者提供一天的惯例。”今天，得克萨斯不再禁止周日销售汽车了。

直到 AutoNation 出现之前，Circuit City 和 CarMax 没有遇到真正的抵抗或者攻击。奥廷·利根说道：“我们知道怎样像零售企业一样进行扩张，甚至扩张得比零售企业还要快。Carmax 像麦当劳、家得宝、沃尔玛一样快速扩张。在边际利润较小的行业里，我们必须拥有细节管理的能力，要能比其他人更好地控制成本，服务工作必须比任何人做得都好。即使在业务快速增长的时候，CarMax 都必须保持 365 天这样做。我们获得了 Circuit City 所有的零售业经验，保持 20% 的增长速度达到 15 年以上。我们相信能够做得像 Circuit City 一样好，甚至还要更好。竞争者将与其观念作更长时间的斗争，我们则拥有比行业任何人都聪明的头脑。”

Carmax 遭遇的最大挑战来自 AutoNation 和 United Auto 等汽车零售联盟企业。AutoNation 对 Carmax 发起了始料未及的猛烈进攻。韦恩·休伊曾加（Wayne Huizenga）领导着这个联盟企业，他拥有迅速推行新零售模式的丰富经验，对 Circuit City 大规模旧车零售观念了如指掌。AutoNation 拥有很多资金，经销商能够从合作中得到丰厚回报，同时，华尔街非常支持 Auto Nation。Auto Nation 迫使 CarMax 在充分准备之前就投入战斗。Carmax 希望在 Auto Nation 占领市场之前，进入像达拉斯和亚特兰大这样大的成长市场。在完成策略验证之前，Carmax 扩张得太快了。结果，由于营业店太大，营业额不充分，现金流承受较大压力。但是，Auto Nation 自身同样存在着问题。

AutoNation 试图复制 Carmax 的经营模式，但是却没有复制 Carmax 的核心经营理念。就像大多数人所看到的 Carmax 一样，AutoNation 建立起较大的库存规模，并复制了 Carmax 连锁店的布局和外观。但是，他们没有努力或者不能改变固有的文化传统，难以打破传统销售过程中固有的习惯做法。AutoNation 销售人员的报价就像走路一样容易、随便。此外，AutoNation 还要依靠巨额佣金去获取新的经销商合作关系，承受着十分沉重的财务负担。由于成本高、利润低，以及初期阶段微薄的利润越来越难以向投资者解释，AutoNation 动摇了。于是，在 AutoNation 新主席上任之后，选择在已经建立的经销商关系上进行投资，并在强化品牌名称方面加大投资，而不是把资金投放在建立旧车零售模式上。1999 年底，AutoNation 宣布关闭所有的大型旧车交易市场，Carmax 赢得了胜利。在打败了 AutoNation 之后，旧车交易消退期开始，CarMax 放慢扩张速度。此时，Carmax 需要改良模式并改善信息系统。Carmax 发现不是所有的市场都能够支持大型市场的旧车交易模式，必须找到一种解决方法使其建立广泛的覆盖范围。

2005 年至 2009 年 Carmax 主要经营指标

营运指标	2005	2006	2007	2008	2009
分店数量	58 家	67 家	77 家	89 家	100 家
单股收益	$0.48	$0.63	$0.92	$0.82	$0.27
营业收入(百万)	$5260.3	$6260.3	$7465.7	$8199.6	$6974.0
营业利润(百万)	$ 101.3	$ 134.2	$ 198.6	$ 128.0	$ 59.2

【结语】 从逻辑上来看，就像“防御”与“进攻”一样，“侧翼”与“正面”构成了一对相对概念。但是，在定位理论中，并不存在“正面战”这种战术形式，这是一种限制性的定位思维框架。如果防御可以分为正面防御与侧翼防御两种形式，那么对领先者发起攻击的

策略则只有进攻战与侧翼战这两种作战形式，而不存在着“正面进攻”这种战术形式。尽管在现实中发动“正面进攻”的事例比比皆是，但是对于领先者的强势发起直接（直线）攻击，并不是定位理论所主张和支持的战术方法。否则，营销战就变成了攻坚战，相当于争夺领先者固守的制高点，而对营销战场制高点的争夺战是在竞争对手尚未占领这个制高点的情况之下才应该采取的一种抢先占领策略——领先法则。因此，在定位理论中，存在抢占人们心智制高点和空白点的根本原则，而不存在“进攻人们心智中领先者所固守阵地”的这种策略方法。对于领先者的攻击，定位理论主张攻其弱势、攻其空虚。侧翼战这样一种战术形式其基本策略原则就是攻击领先者尚未设防的侧翼阵地，出其所不意，攻其所不备，即在领先者疏于防范和无暇顾及的空虚之处抢先构建起自己的进攻阵地和领先地位。侧翼战所能取得的成效莫过于在领先者阵地的附近（侧翼）创建出不同于领先者的新品类或者新模式，并借助这种新品类或者新模式以及己方品牌所获得的领先地位，不断地向领先者的阵地进行渗透，以蚕食、分化、瓦解领先者的市场地位，甚至可能最终取代领先者的地位。侧翼战成功的关键在于进攻的突然性，或者行动的迅捷性。这完全是为了不让领先者有时间做出及时的防御反应。当领先者反应过来的时候，发动侧翼突袭的一方已经在战场上初步建立起领先地位。对于侧翼战来说，“乘胜追击”既是持续进攻，又是主动防御。这是因为“乘胜追击”既以扩大战果为目标，又以巩固地位为目标，这两个目标完全可以重合在一起，或者完全可以合二为一。由此可见，在侧翼战取得成效之后，同样需要转入某种形式的防御。在绝大多数情况下，在侧翼战获取成功之后，防御仅仅意味着积极主动的正面防御。这是因为发动侧翼战的进攻者，根本不具备足够的力量和条件同时发动一场完全不同的侧翼突袭。不难看出，针对既定竞争格局中的领先者发动一场侧翼战，在某种程度上需要具备充足的兵力（资金）。毫无疑问，对资金和地位的要求，限制了对“侧翼战”这种战术形式的使用。因此，在一个既定的竞争格局之中，那些没有力量发动进攻战的竞争者，可以考虑发动一场侧翼战。

4.4　游击战

【释义】在现实世界里，大多数企业和品牌都应该采用游击战术。在100家企业之中，通常只有1家企业应该进行防御战，2~3家企业应该打进攻战，2~3家企业应该打侧翼战，剩下93~95家企业都应该打游击战。毫无疑问，游击战术是大多数小企业的最佳战术选择。当然，大企业与小企业是相对而言的概念。这意味着，企业自己的规模固然重要，但是竞争对手的规模更加重要，要根据竞争对手的相对地位作出策略判断——是否应该采用游击战术。在一个既定的竞争格局之中，那些无力对领先者发起进攻战、侧翼战的企业和品牌，更加适合选择游击战这种战术形式，即在远离领先者的地方建立属于自己的狭小根据地。游击战的这种战术思维方式完全是因为受到了企业和品牌所处的竞争地位和力量的制约。这不仅是受到了企业资源规模的影响，更加重要的是受到了品牌竞争地位的限制。在一个既定的竞争格局之中，在人们心智中品牌阶梯上不占有地位的企业和品牌，尽管可能拥有丰富的资金资源，但是依然会受到品牌地位的制约，难以对领先者发起进攻战、侧翼战。这意味着在一个既定的竞争格局之中，资金资源仅仅是营销战争的必要条件。企业和品牌所处的竞争地位则成为选择什么战术形式的充分条件。因此，游击战这种战术形式专门为那些没有竞争地位优势的品牌提供了一种定位思维框架。

第1条游击战原则

——在远离领先者的地方开展游击战

【观点】在某些方面，游击战与侧翼战十分相似，这两种战术都是意在占领一个领先者没有涉足的领域，而且这两种战术都可以选择多样化的方向，都可以从多个方面开展游击战或者侧翼战。但是，在侧翼战和游击战之间存在着根本性的关键区别。侧翼战所选择的领域往往在靠近领先者的地方，攻占领先者周边的阵地，刻意针对领先者发起攻击，目标是夺取或削弱领先者的市场份额，以扩大自己的市场份额；游击战所选择的领域往往在远离领先者的地方，寻找一个狭小的市场缝隙，刻意避免对领先者发起攻击，目标是建立和巩固自己的市场根据地，以为自己争取生存空间。侧翼战针对领先者的攻击性较强，攻击领先者疏于防范，且不会放弃的阵地，往往因突袭而奏效；游击战针对领先者的攻击性较弱，占据领先者不屑一顾，且无意侵入的阵地，往往因市场规模狭小而获得生存空间。因此，侧翼战对领先者的威胁较大，游击战对领先者几乎不存在威胁。这就是侧翼战与游击战的最大差异所在。那么，小企业为什么要在远离领先者的地方开展游击战？或者说，采用游击战术的小企业为什么不能在保持游击地位的同时，对领先者发动侧翼进攻战？这是因为游击战并没有脱离营销战中的兵力原则。小企业打游击战的关键原因在于小企业没有足够的资源，即巨大的运营资金和复杂的组织机构，来参与到不断升级的竞争之中。有的小企业有充足的资源，但是多数小企业经常没有足够的资源。在没有充足资源的情况下，小企业要想发动一场侧翼进攻，往往要以放弃游击据点为代价。小企业往往从一开始时就力量有限，为了生存必须顽强地抵制住分散力量的诱惑，否则就会陷入顾此失彼的两难境地。如果小企业放弃了自己的根据地，转而对领先者发动侧翼进攻，那么无疑等同于一种自杀行为。从本质上讲，这仍然是一个如何集中兵力的问题。我们经常听到一些企业因为过度扩张而被分裂，却很少听说哪家企业因为把力量集中在狭小的市场上而衰败。正是由于这个原因，小企业只能在远离领先者的地方开展游击战。

【诠释】 《孙子兵法·虚实》：使敌人自至者，利之也[1]；

能使敌人不得至者，害之也[2]。📖《孙子兵法·虚实》：敌虽众，可使无斗[3]。📖《孙子兵法·虚实》：我不欲战，画地而守之[4]，敌不得与我战者，乖其所之也[5]。㊣ 小企业在远离领先者的地方开展游击战，实际上就是为了避免与领先者展开市场竞争。对于领先者而言，进入远离自己的狭小市场不是什么明智之举。相反，领先者更愿意在广阔的市场上发挥自己的优势。如果领先者把精力集中在远离自己的狭小市场上，那么领先者可能为此耗费过多的企业资源，相对于集中精力在广阔的市场上，在狭小市场上可能获得的收益有些得不偿失。因此，从利害权衡的角度上看，在狭小的市场上，领先者可能获得的收益更小，在广阔的市场上领先者可能获得的收益更大。这意味着大企业往往不会进入远离自己的狭小市场。这个道理就是："使敌人自至者，利之也；能使敌人不得至者，害之也。"这为小企业开展游击战提供了机会和条件。小企业选择游击战这种战术策略，其优点恰恰在于"敌虽众，可使无斗"这种竞争态势。小企业不想与领先者进行市场竞争，在远离领先者的地方打游击战，就是要形成"我不欲战，画地而守之"这种有利的竞争态势。这种竞争态势形成的原因在于："敌不得与我战者，乖其所之也。"

注解：

〔1〕曹操：诱之以利也。李筌：以利诱之，敌则自远而至也。梅尧臣：何能自来？示之以利。何氏：以利诱之而来，我佚敌劳。张预：所以能致敝之来者，诱之以利耳。

〔2〕曹操：出其所必趋，攻其所必救。李筌：害其所急，彼必释我而自固也。杜佑：致其所必走，攻其所必救，能守其险害之要路，敌不得自至。故王子曰"一猫当穴，万鼠不敢出；一虎当溪，万鹿不敢过。"言守之上也。梅尧臣：敌不得来，当制之以害。王皙：以害形示之，敌患之而不至。张预：所以能令敌人必不得至者，害其所顾爱耳。

〔3〕杜牧：敌兵虽众，使其不能与我斗胜也。孟氏：敌虽多兵，我能多设变诈，分其形势，使不能并力也。贾林：敌虽众多，不知己之

兵情，常使急自备，不暇谋斗。梅尧臣：苟能寡，何有斗？王晳：多益不救，奚所恃而斗？张预：分散其势，不得齐力同进，则焉能与我争？

〔4〕孟氏：以物画地而守，喻其易也。盖我能戾敌人之心，不敢至也。

〔5〕曹操：乖，戾也。戾其道，示以利害，使敌疑也。李筌：乖，异也。设奇异而疑之，是以敌不可得与我战。杜牧：言敌来攻我，我不与战，设权变以疑之，使敌人疑惑不决，与初来之心乖戾，不敢与我战也。贾林：置疑兵于敌恶之所，屯营于形胜之地，虽未修垒堑，敌人不敢来攻我也。梅尧臣：画地，喻易也。乖其道而示以利，使其疑而不敢进也。王晳：画地，言易，且明制之必有道也。张预：我为主，彼为客。我粮多而卒寡，彼食少而兵众，则利在不战。虽不为营垒之固，敌必不敢来与我战者，示以疑形，乖其所往也。

【案例】明日来公司（ASKUL）是日本办公用品提供商，一直专注于服务非常不要到位的 B2B 细分市场，即小型办公室。在日本，中小型办公室基本上被主要的文具商店忽视了。在明日来公司之前，这些中小办公室必须专门派人员去当地的小型文具商店采购，但是急需的用品却往往没有存货。明日来公司设计了一个复杂的配送网络，将当地文具店组织起来，隔日即可提供办公用品。ASKUL 这个名字的日文含义就是“明日即至”。

对于中小型办公室来说，明日来公司解决了急需文具的采购问题。如果早上打电话、发传真或电子邮件，那么所需的文具将会在当天下午送达。这样的结果是可以为中小型办公室节省一大笔钱，因为无须派某人采购急需办公用品，并且不用支付小时工资和交通费。那些更大一些的地区级办公室开始接受这一服务，因为这为他们节省了原先订单送货所需的很多时间。明日来公司的这种做法符合典型的“游击战”战术特征。

【案例】1957 年，蔡万春出任中华台北第十信用社董事会主席。在台北的金融业领域里，台北第十信用社显得有些太渺小了，小到了根本无人去理睬的地步。台北有许多信用良好、资金雄厚的大银行企业，稍微有点声望的企业都把钱存放到大银行里面。

事实上，凭借台北第十信用社的力量不可能与资金雄厚的大银行较量。因此，蔡万春决定打一场游击战。大银行虽然财大气粗，但是不可能没有“薄弱”或者“疏漏”之处，那些大银行的“薄弱”或者“疏漏”之处，就是“十信”的生存之地！蔡万春走进街头巷尾，徜徉观察，访谈居民，商榷友人……终于，蔡万春发现了大银行不屑一顾的潜在市场领域，即向小型零散客户提供金融服务业务。

台北第十信用社大张旗鼓地推出 1 元钱开户的“幸福存款”业务。一时之间，在街头、车站、酒楼门前、商厦门口，到处都是手拿喇叭、殷殷切切、满腔热忱的“十信”员工，向人们宣传“1 元钱开户”的种种好处，令人眼花缭乱的各种宣传品更是满城飞。“十信”的宣传活动令台北金融业界大笑不止，人人都在嘲讽“十信”的这种做法。“1 元钱开户”？还不够开户手续费哩！

精诚所至，金石为开。如果不能跟在别人后面走，那么就要自己开辟道路。“十信”终于创造了奇迹，小商小贩、家庭主妇、学生争先走进“十信”办理“幸福存款”业务。“十信”的门口前竟然排起了存款的长队，而且势头长盛不衰。没过多久，“十信”即名扬中华台北，存款额与日俱增。“十信”成功迈出了第一步，蔡万春对游击战的信心倍增，进一步寻找机会巩固自己的根据地。

经过仔细的观察和分析，蔡万春进一步发现了大银行没有涉足的市场——夜市。随着市场的繁荣，灯火辉煌的夜市不比“昼市”逊色多少，然而所有银行都不在夜晚营业。对此，蔡万春大胆推出夜间营业，台北各个阶层一致拍掌叫好，许多商家专门为夜市在“十信”开户，“十信”从此誉满台北。这样，“十信”汇涓涓细流以成大河，很快发展成为一个拥有 17 家分社、10 万储户、存款额达 170 亿台币的大信用社，位列台湾信用合作社之首。

1962 年，蔡万春到日本进行访问考察，日本核心商业区一座又一座的金融业高楼大厦给蔡万春留下了深刻印象。这些雄伟壮观的大厦不仅令人难忘，更给人一种坚实感、信任感。回到台北之后，蔡万春就不惜重金在繁华地段建起一幢幢高楼大厦。原先讥笑蔡万春的台湾金融界现在又开始嘲笑“十信”的疯狂举动。然而，嘲笑的声音尚未绝耳，嘲笑者就惊得目瞪口呆。“十信”的营业额直线上升，原先属于那些大银行的客户，开始一个接一个地跑到“十信”去了。

从此之后，“十信”开始跃居台湾金融业之首。“十信”由“1 元钱开户”起家，最终成了台湾金融界举足轻重的金融巨人。

【案例】 Pret A Manger（法文，其意思是：即可食用）是一家英国的快餐连锁店企业。1988 年，通过运用游击战策略，Pret A Manger 拓宽了一个市场领域。在 Pret A Manger 之前，在欧洲城市核心商业地段上班的人们常常要去入座就餐的餐馆吃午饭。入座就餐的餐馆的优势在于可以为人们提供良好的餐饮和就餐环境。然而，对健康型饮食的日益关注使人们对到餐馆就餐产生了疑虑。同时，人们并不总是有时间在餐馆坐下来吃午饭。就某些餐馆的价格而言，天天中午去那里吃饭有些太贵了。因此，越来越多的人倾向于随便吃点什么，他们要么从家里带一个餐袋，要么干脆就不吃午饭。

对于任何餐馆来说，人们上班自带午餐，或者干脆不吃午饭，无疑意味着正在失去一部分市场需求。餐馆失去这部分顾客的原因在于：(1) 人们想更快地进午餐；(2) 人们希望饭菜新鲜、有益健康；(3) 人们希望有合理的价格。对于传统意义上的餐馆而言，不可能或者很困难满足人们的这种午餐要求。

在充分了解人们拥有的共同特点之后，Pret A Manger 得到了启示，从而开启了一个未经发掘的市场需求。Pret A Manger 所采用的办法很简单：（1）选用最好的配料，天天做出新鲜的三明治，质量像餐馆中提供的一样；（2）提供食品的速度比餐馆快，甚至比普通快餐店还要快；（3）餐饮环境整洁，食品价格十分合理。

Pret A Manger 究竟如何呢？走进一家 Pret A Manger 快餐店，就像走进一家明亮的装饰艺术派工作室。靠墙的位置摆放着干净的冷藏货架，货架里面的三明治多达 30 多个品种。所有三明治的平均价格为 4～6 美元，都是在店内用早晨送来的新鲜配料当天制作而成。人们还可以选择当日制成的其他新鲜食品，比如沙拉、酸奶、寿司、冰淇淋、鲜果汁。Pret A Mangert 所有快餐店都配有自己的厨房，非时鲜的食品则来自高品质的生产商，即使在美国纽约的店内，Pret A Manger 的长棍面包都是来自法国巴黎，牛角面包来自比利时，奶品来自丹麦。任何食物都不过夜，剩下的食物当天都送给无家可归者。

除了提供新鲜、健康型三明治及其他新鲜食品之外，Pret A Manger 还简化了传统快餐店的消费程序。传统快餐店的消费程序是：排队—点餐—付款—等候—接餐—就坐。Pret A Manger 的消费程序是：浏览—取餐—付款—离开。这样就加快了购餐的速度，顾客从排队到走出快餐店平均只用 90 秒，这是因为 Pret A Manger 大量制作成品三明治及其他食物，而不是随时订随时做，且不为顾客提供就餐服务，顾客就好像在超级市场购买商品一样。

在那些入座就餐的饭馆面对需求停滞的同时，Pret A Manger 却使大多数准非顾客转变为蓬勃发展的核心顾客，人们在 Pret A Manger 购餐比以往在饭馆就餐更加频繁。此外，本来满足于在就座餐馆吃午餐的人，开始纷纷涌向 Pret A Manger 就餐。尽管这些顾客可以接受在餐馆吃午餐，但是他们与 Pret A Manger 所瞄准的顾客群体有着同样需要。所不同的是，可以接受在餐馆吃午餐的顾客从未想过去质疑自己的午餐习惯。从这里可以得出一条经验：与那些相对满足现状的顾客相比，不满足现状的顾客更能启发企业去开启和扩展新市场。

Pret A Manger 不断进行业务扩张，分别在纽约和香港开设了营业分店。Pret A Manger 表现出来的增长潜力吸引了麦当劳的战略性投资。2001 年，麦当劳购买了 Pret A Manger 美国分公司 33% 的非控股股权。在 2002 年，Pret A Manger 销售额超过了 1 亿英镑（折合 1.6 亿美元）。2005 年，Pret A Manger 在英国拥有超过 130 家营业店，一年售出超过 2500 万个三明治。2006 年，Pret A Manger 在英国拥有超过 156 家营业店。2010 年，在英国之外的国家和地区，Pret A Manger 的营业店数量达到了 38 家。其中：香港 10 家；纽约 24 家；芝加哥 2 家；华盛顿 2 家。

【案例】 20 世纪 70 年代，美国汽车租赁行业有四大巨头：赫茨汽车租赁公司（Hertz）、艾维斯汽车租赁公司（Avis）、国民汽车租赁公司（National）和预算汽车租赁公司（Budget）。1974 年，迈克尔·伊根（Michael Egan）创办了一家汽车租赁企业——阿拉莫汽车租赁公司（Alamo Rent a Car）。那么，阿拉莫汽车租赁公司如何在竞争环境中立足？

（1）市场：目标集中在一个狭小的单一消费群体上，即休闲度假旅游者，寻求那些精打细算的休闲度假旅行者，为精打细算的度假休闲者提供汽车租赁服务。这部分顾客用自己的钞票支付汽车租赁费用。

（2）网点：营业网点设在营业额较高的地点，主要集中在机场附近，还有关键的旅游目的地，如奥兰多（Orlando）、佛罗里达（Florida）。营业网点的设立与阿拉莫汽车租赁公司所选择的目标市场保持高度一致。

（3）价格：以远远低于竞争对手的价格进行竞争。以租用一辆雪佛兰轿车为例（时间：星期天；地点：洛杉矶），阿拉莫汽车租赁公司的日租金为 38 美元，且不收额外的里程费。赫茨汽车租赁公司的日租金为 51.93 美元，而且还要提前 3 天预定。此外，行驶超过 100 英里之后，还要额外收取 32 美分/英里的里程费。

（4）运营：将管理费用的支出控制在低水平上。在机场设置的营业网点，大多数服务台设在机场大厅外面的临近地点，从而避免机场大厅内天文数字一样的铺面租金。机场大厅外的出租汽车网点不能引起以短途出差为目的，对时间敏感的旅行者的兴趣，但是却非常适合以度假为目的、对价格十分敏感的家庭消费群体，这些顾客不会介意去飞机场以外的其他地方提取租用的汽车。

（5）广告：集中在旅游地目的地和出发地做广告，瞄准旅行社和关键影响人物设置专业销售人员。利用广告宣传租金低于其竞争对手的 20%，并不对超限行车里程额外收费。

在美国和英国市场上，阿拉莫汽车租赁公司拥有 105 处营业场所，赫茨汽车租赁公司拥有 5400 处营业场所。但是，阿拉莫汽车租赁公司的所有营业场所都设在客流量最大的机场。由于这种原因，尽管赫茨汽车租赁公司的营业场所超过阿拉莫汽车租赁公司的 50 倍，但是赫茨汽车租赁公司出租轿车的数量仅为阿拉莫汽车租赁公司的 4 倍。

1990 年，在 15 年之后，阿拉莫汽车租赁公司占领了休闲群体市场的主要份额，拥有的营运车辆超过了 15 万辆，营业收入规模达到赫茨汽车租赁公司、阿维斯汽车租赁公司和美国国家汽车租赁公司的 75% 左右。1995 年，在 20 年之后，阿拉莫汽车租赁公司的年营业额达到 5 亿美元，净利润水平在美国汽车租赁行业位居第二，紧紧排在艾维斯出租汽车公司之后。

第 2 条游击战原则

——寻找一个足以守得住的狭小市场

【观点】 寻找一个狭小的细分市场，要小得足以让自己守得住，要小得足以让自己成为领先者，要小得足以让大企业不屑一顾，要小得足以让大企业难以进攻。游击战术符合营销战中的兵力优势原则。采用游击战术，正是为了尽量缩小战场，以便使小企业赢得兵力优势。这就是说，小企业要尽量成为小池塘里的大鱼，把力量集中于市场中某一特定的狭小领域上，使自己成为这一狭小领域的领先者，在这一狭小的领域里创建足以令自己生存的根据地。这个“狭小”的概念，所涉及到的范围十分广泛。或者说，小企业可以根据自己的实际条件，选择在最适合自己的方面展开游击战。或者说，对于开展游击战的小企业而言，创建根据地的方式实际上可能多种多样。例如：（1）可以是行业涵盖上的“狭小”，仅为某一个特定行业提供产品或服务。把力量集中于某一种特定的行业，针对特定的行业提供独特的产品和服务，抢先占领某一种特定的行业，不断深化针对特定行业的服务，成为特定行业的最佳产品和服务提供商。聚焦特定行业的关键是必须“窄而深”，绝不能“广而浅”。这是一种典型的行业游击战。（2）可以是目标人群上的“狭小”，仅针对少数的特定消费群体提供服务。吸引某一个被大企业和其他竞争者所忽视的特定人群和消费群体，针对这些被忽视的特定人群和消费群体，提供特征显著的产品和服务，以抢先占领这种被忽视的狭小细分市场。这是一种典型的人群游击战。（3）可以是地理区域上的“狭小”，仅在某个地理区域内从事经营活动。几乎任何知名产品或者服务项目，都可能在一个地理区域上受到攻击。小企业可以选择不被大企业重视的某个地域市场，在这个区域市场上建立自己的根据地。这是一种典型的地理游击战术。（4）可以是产品范围上的“狭小”，仅提供某种单一的产品或者服务。把自己的力量集中在单一产品的狭小市场上，在一个狭窄的市场上提供专门化的单一产品。专门化的单一产品加上规模很小的市场需求，足以避免让大企业对同样的产品产生兴趣，从而以此保证自己获得生存空间。这是一种典型的产品游击战。实际上，游击战的作战方式远远不止于此。小企业甚至可以发动一场“以高价格为特征”的游击战。在营销的战争中，许多企业都有以高价格发动游击战的机会。但是，许多有机会发动高价游击战的企业总是对以高价格打入市场犹豫不决，因为他们担心人们能否接受高价位，担心所推出的产品没有什么神秘之处，不符合产品昂贵的价格特征。因此，企业经常对高价游击战作出妥协，降低价格推出了新产品，甚至还会为此减少产品特色，降低产品的品质。结果，新产品或者新品牌既无法创造出特色，又无法达到预期的销售结果。事实上，这种思维混淆了因果关系。新产品是否具有神秘之处，不在于产品本身，而是在于顾客的认知。提高需求量和销售量的关键，在于顾客如何看待新产品或者新品牌。高品质和高价位相结合，往往能够产生一定的神秘效果，从而引发人们对品牌的购买需求。高价游击战的诀窍不在于高价位本身，而是在于赋予产品创造的新特色、新概念，使顾客感到产品或品牌确实价有所值。游击战同样要遵循领先法则。要发动高价游击战，必须在行业中成为第一个高价游击战品牌。除非拥有无限的资源，以对抢先发动高价游击的领先者展开持续正面进攻，否则就必须第一个占领高价位的阵地。要想以高价位打游击战，营销将领必须有信心和勇气，要对创新产品的未来充满信心，并有勇气推出不知名的品牌。潜在的高价位游击战企业常常在品牌名称上进行妥协。人们常惯的思维模式是：既然打算用高价位冲锋陷阵，就应该使用一个知名的品牌名称，这样才会感到安全可靠，于是，便理所当然地陷入了“品牌延伸陷阱”。不要忘了定位的基本规则：一个品牌名称无法支撑两个不同概念的策略。无论采用哪种游击战方式，必须遵循游击战的基本原则，即在远离领先者的地方寻找一个小市场，否则，生存的机会和希望将十分渺茫。

【诠释】 ⌖ 🕮《司马法》：凡战：以轻行轻则危，以重行重则无功，以轻行重则败，以重行轻则战，故战相为轻重。㊣ 游击战并没有改变“兵力优势”原则。相反，游击战恰恰符合“兵力优势”原则。寻找一个足以守得住的狭小市场，恰恰是为了适应小企业自身的特点和条件，因为小企业资源有限。或者说，在一个狭小的市场上，小企业可以在兵力上形成相对优势，这种兵力上的相对优势，则完全是因为远离领先者，并且缺乏竞争者。这种兵力上的相对优势，足以让小企业抢占、守住一个狭小市场。在这个狭小市场上，小企业的资源能够得到充分利用和发挥。因此，尽管游击战是小企业采用的战术，但是依然符合“以重行轻则战”这种作战原则。反之，必然导致“以轻行重则败”的结果。

【案例】 《有限公司》（Inc.）杂志是美国头一份面向小企业为主的全国性杂志。自从 1929 年开始发行之后，《有限公司》获得了巨大的成功。在发行的头一年，《有限公司》就登载了 648 页广告，广告收入将近 600 万美元，这是杂志史上发行第一年最成功的案例。《有限公司》的成功，完全要归功于其创始人伯纳德 . A. 戈德赫什。

伯纳德 . A. 戈德赫什意识到，全国性商业报刊并不像表面显现的那样强大。例如，《商业周刊》（Business Week）其实应该叫大企业周刊，其发行量不到 100 万份，其内容更加适合大企业。但是，在美国 500 万个企业当中，有相当大的一部分属于中小企业，《商业周刊》只覆盖了全部企业中的一小部分。于是，《有限公司》成了头一家进军前人未探索过的领域——中小企业。

【案例】 市场竞争中的落后者凭借一己之力成为领先者的方式就是借助重新定义与瞄准窄小的市场区隔，通过量身订做的方式培养深厚的顾客忠诚基础，在狭小市场上取得市场区隔的主导地位之后，即可作为进一步业务扩张的战略基础。从某种意义来看，这种缩小市场范围的战略性选择是一种“要发展、先缩小”的战略。

MBNA 公司（Maryland Bank National Association）成立于 1982 年，是地区性储蓄银行马里兰国家银行（Maryland National）的信用卡子公司。由于马里兰国家银行竞争力比较弱，业务不断衰退，因此无法幸免于不动产放款危机。1989年，美国银行（Bank of America）收购了马里兰国家银行，MBNA公司这个业务部门被美国银行抛售，从而成为一家独立运营的信用卡发行企业。MBNA公司的秘密武器是瞄准经济能力最佳与最有潜力保持忠诚的客户，即以职业和亲密团体（Affinity-Group）为目标市场的信用卡客户。MBNA公司发现接触这些客户的最好方法就是通过大学及国家教育协会等社会亲密团体组织。瞄准社会亲密团体组织的做法可以追溯到1982年MBNA公司之初的核心顾客——乔治城校友协会（GUSA）。社会亲密团体组织亦是竞争者瞄准的群体。但是，在客户区隔与留住客户上，MBNA公司握有领先的关键技术。

MBNA公司将业务重心瞄准高级阶层社会亲密团体组织，从而增加了低风险信用卡客户的市场份额，并几乎完全集中于高端市场和自由支付业务。作为对社会组织的一种回报，MBNA在信用卡上印刷社会组织标识，并对刷卡消费给予一定比例优惠。MBNA公司依靠消费者账户平衡，从利息支付中获利。MBNA公司拥有严格的客户筛选流程，包括对客户账户的计算机模型分析以及人工审查，严格的客户筛选流程使其坏账率低于行业平均水平。2001年，MBNA公司的贷款注销率为4.7%，大大低于6.9%的行业平均水平。通过这种合作关系，MBNA公司创造了一个收益奇迹，贷款额达到了980亿美元，拥有美国信用卡市场份额的15%，并拥有了行业内第二低的坏账率。这一切表明：集中于低风险客户群体带来了意料之外的好处，更好地经受住了经济危机的影响。

如今，MBNA公司拥有超过4700家分支机构，成长为美国第三大信用卡公司。MBNA公司还将其业务拓展至加拿大和欧洲，在两地拥有近200家分公司。从1991至2000年，MBNA公司的营业额从13亿美元增长到79亿美元，盈利从1.49亿美元变为13亿美元。在这9年的时间中，MBNA公司的年度收益率达到了25%。MBNA公司的成功都是来自“目标集中的利基市场”。在狭小市场上建立起来的领先地位成为进一步扩张业务的核心优势和基础，这种优势被应用到新的客户群体，并为各个市场区隔开发出了为其量身订做的信用卡付款方式。

【案例】《商业周刊》（Business Week）、《财富》（Fortune）和《福布斯》（Forbes）……这些都是美国知名的商业期刊，即便在世界商业领域，同样具有强大的影响力。因此，在美国要想再推出一种全国性商业期刊，不但显得非常困难，而且所需投入亦将非常巨大，即使投入上千万美元的资金，获得成功的机会依然十分渺茫。然而，各个城市的地区性商业期刊却在迅速发展。1979 年，美国地区商业期刊协会成立之时，仅有 19 家会员期刊会员。五年之后，这个数字达到了 88 家。美国城市商业报刊有限公司（American City Business Journals）旗下拥有多家区域性报刊，总裁迈克尔・K・拉塞尔（Michael. K Russell）认为，创刊、发行一份地区性商业周刊，只需要花费 75 万美元的投入。

1978 年，克莱恩通讯公司（Crain Communication）创刊、发行《克莱恩芝加哥商业报》（Crain’s Chicago Business），用了 3 年的时间打入了芝加哥地区的黑人阶层。最后，《克莱恩芝加哥商业报》拥有了 4 万个订户，而且续订率达到了 75%，税前利润率高达 25% ~30%。或许，与《商业周刊》80 万份的发行量相比，《克莱恩芝加哥商业报》4 万份的发行量并不算什么，但是《商业周刊》在芝加哥只有 3.6 万名的订户，因此，至少在芝加哥地区，《克莱恩芝加哥商业报》击败了《商业周刊》。所以说，与既有的强大竞争对手相比，如果自己的力量距离相差太大，那么不妨选择一个狭小领域打一场游击战，因为在远离强大竞争对手的地方，他的力量就会鞭长莫及。

【案例】1976 年，新闻记者出身的日本人佐佐木明受到卫星和计算机浪潮的启示，产生了专门从事电子产品设计，并向大企业出售“智慧”的想法，于是创立了微型系统科技公司。微型系统科技公司的惟一产品就是“向用户提供某种产品的设计”，因此被人们称为“头脑公司”。

当时，日本科技开发机构多属于官方或大企业，像索尼（Sony）、松下（Panasonic）、日立（HITACHI）、东芝（TOSHIBA）等电器企业都拥有一流的人才、先进的设备和雄厚的资金，均设有开发新产品的科技研究所。微型系统科技公司能生存下去吗？能够与大企业的科研机构竞争吗？尤其是佐佐木明本人，一无专业技术，二无先进设备，三无雄厚资金，要想求得生存谈何容易？微型系统科技公司这样一家毫无经验和背景的企业，既没有计算机的科技知识，又没有雄厚的研发资本，凭什么在大企业林立的市场上求得生存？

佐佐木明决定采取游击战策略，为微型系统科技公司制定出了基本的策略原则。第一条原则是要用并不比别人高明的技术，向别人还没有注意到的社会需要探索，力求赶在大企业之前研制出新产品；第二条原则是从人们司空见惯的社会现象中寻找还没有被人发现的领地，即发掘人们日常生活中的潜在需求。概括起来，佐佐木明的经营方针就是：避开大企业的现有产品领地，瞄准大企业尚未开发的潜在产品市场，抢在大企业之前研制出新产品。这就是定位理论的类别法则。

日本国是个经济大国，要想就业并不困难。但是，要想找到一份好的工作，若无一流大学的文凭，则是痴心妄想。因此，日本人都为孩子的学习操心，许多人不惜重金聘请家庭教师，或把孩子送入各类补习学校补习功课。从这种空空见惯的现象之中，佐佐木明受到了启迪。他对日本中、小学生人数做了一个粗略的统计，发现这是一个惊人的数字——3000 万。佐佐木明找到了一个无人占领的巨大潜在市场。

在观察到社会的潜在市场之后，佐佐木明立即组织“学习机”的设计与制造。功成于思，业精于勤。经过一年半的刻苦钻研，微型系统科技公司克服了技术和经费上的困难，终于成功研制出了“学习机”。于是，世界第一台专供中、小学生使用的“学习机”问世了。“学习机”是一台类似微型计算机的设备，只要配以中、小学教材的软件，就可做成学习辅助工具，而且可以反复学习。

与送孩子去补习学校和聘请家庭教师补习相比，“学习机”的功能要方便和实惠很多。“学习机”设计出来之后，日本汤浅教育体系公司立刻买去了这种“设计”，并投入批量生产。在日本，“学习机”为中、小学生的学习助了一臂之力，同时为佐佐木明赢得了巨大财富和荣誉。从此，微型系统科技公司开始享有声誉，员工从几个人发展到十几个人。但是，微型系统科技公司仍然保持着初建时期的工作作风。

【案例】 英特斯凯滑雪公司（Interski）的企业总部设在英国诺丁汉（Nottingham），专门经营假日滑雪旅游服务业务。在假日滑雪旅游市场上，存在着许多有实力的企业，因此市场竞争非常激烈。许多参与假日滑雪旅游业务经营的企业都是十分有实力的大旅行社，无论在客源上还是在规模上，英特斯凯滑雪公司都不能与这些大旅行社相媲美。对于英特斯凯滑雪公司来说，如果把经营范围锁定在整个欧洲大陆，即法国、德国、奥地利、瑞士、意大利等国家，那么就是在面对面地挑战那些行业巨头，例如汤普森公司（Thomson），这就等于是采取了面对面的直线进攻战术。但是，这种对领先者发起直线进攻的战术注定要失败。在规模、成本、价格、资本等方面，旅游界的行业巨头都有很强的竞争力，英特斯凯滑雪公司则没有任何竞争力。因此，英特斯凯滑雪公司转而采取游击战术策略，把经营范围锁定在一个狭小的市场领域，即有组织学校的假日旅行项目。

学校假日旅游显然有些特殊的要求，比如提供更多的安全保障、更多指导、有组织的交通，以及适当的晚间活动。在这些方面，英特斯凯滑雪公司往往比其他企业做了更多精心的准备，因而获得了较好的市场评价。但是，对于英特斯凯滑雪公司而言，这些还不足以使其获得独占鳌头的旅游市场地位，因为还有很多旅行社经营学校假日旅行业务。因此，英特斯凯滑雪公司必须进一步收缩自己的经营阵地，把业务锁定在更小的范围之内，这就是意大利西部 Aosta 山谷的两个旅游景点。

虽然英特斯凯滑雪公司不再提供其他地方的滑雪旅行服务，但是在经营 Aosta 山谷滑雪业务所有的企业里面，英特斯凯滑雪公司做到了最大。这种毕其功于一役的做法存在着两个突出的优点：首先，在这两个滑雪旅游景点里，英特斯凯滑雪公司是最大的旅行社，这使其能够集中自己全部有限的资源，在局部战场上构建竞争优势，从而将旅游成本降到最低。其次，英特斯凯滑雪公司在这里拥有巨大的专业人员优势。在这里旅游一整天，要想不碰上这些专业人员简直是不可能的事情。相反，那些大旅行社在这里的员工，仅有寥寥无几的接待和服务人员，而英特斯凯滑雪公司则有超过四十名员工为游客提供服务。如此大比例的人员优势，使得英特斯凯滑雪公司能够确保为旅客提供更加优质的服务。这种游击战术的优势十分突出。英特斯凯滑雪公司保持连年高速增长的旅游业绩，使得旅游业界的许多大企业都羡慕不已。

【案例】 在汽车制造行业中，劳斯莱斯汽车公司（Rolls-Royce）是一家开展高价游击战的企业，并占领了售价在60万美元~120万美元之间的汽车市场。事实上，劳斯莱斯汽车公司已经完全占领了这个市场，甚至没有人想和劳斯莱斯汽车较量。这是因为：①市场太小，对于市场领先者缺乏足够的吸引力；②在竞争的初期，劳斯莱斯汽车拥有极大优势，这时，兵力优势原则倾向于劳斯莱斯这个品牌。实际上，劳斯莱斯这个品牌能从其他企业那里夺走生意，即与其他超级奢侈商品争夺顾客的钱包，例如别墅、游艇、古董、艺术品等等。劳斯莱斯汽车的策略并非是针对竞争者，即其他汽车品牌，并没有试图瓦解竞争者的市场地位，而是力图守住自己狭小的市场领地。因此，劳斯莱斯汽车公司是个真正打游击战的企业。

1906 年，亨利·莱斯（F. Henry Royce）和查理·史蒂华特·劳斯（Charles Stewart Rolls）合作创建了劳斯莱斯汽车公司。1907 年，劳斯莱斯公司推出了“银灵”轿车（Silver Ghost），不久便被誉为“世界上最好的汽车”。人们知道劳斯莱斯汽车，却不知道劳斯莱斯还是世界上最优秀的飞机发动机制造商。第二次世界大战之后，劳斯莱斯公司的主要业务之一就是制造航空发动机。1971 年，在英国政府的干预之下，劳斯莱斯公司被分成两个部分——汽车与航空发动机。Rolls-Royce 这个品牌名称仍然在这两种产品上使用。如今，罗尔斯·罗伊斯航空发动机公司（Rolls-Royce）挤身于世界三大航空发动机厂家之列。

曾经，劳斯莱斯汽车几乎等同于大英帝国的权力、尊贵与繁华。在经历了 100 多年的沧桑变故之后，劳斯莱斯汽车依然拥有皇者的尊贵、典雅，以及内敛的霸气，一切都仍然在延续。劳斯莱斯汽车公司的产量很少，一年只生产 1000 多辆汽车，还不到较大汽车生产企业产量的零头。劳斯莱斯轿车之所以成为显示地位和身份的象征，完全是因为劳斯莱斯汽车公司要审查轿车购买者的身份及背景条件。在劳斯莱斯汽车公司的历史上曾经有过这样的规定：唯有拥有贵族身份的人士，才有资格购买劳斯莱斯汽车。在汽车品牌的世界里，劳斯莱斯汽车是雍容高贵的唯一标志。无论其款式如何老旧，造价多么高昂，至今仍然没有挑战者。

最初，劳斯莱斯汽车具有两大特点：制造工艺简单、行驶时噪声极低，这两大特点很快就成为劳斯莱斯汽车的经典优势。第一辆真正的传奇之作“银灵”（Silver Ghost）诞生于 1907 年，首次露面于法国巴黎汽车博览会上，其金色钟顶形散热器非常引人注目，直到今天，这一造型依然是劳斯莱斯汽车不可替代的设计元素。除了独特的外观，“银灵”轿车还拥有领先于时代的技术，即强制润滑；7 升六缸发动机输出功率可达 48 马力；最高车速达 110 公里/小时，当时这是一项绝对的世界记录。劳斯莱斯公司设计制造的发动机具有“动力输出均匀”和“杰出的耐久性”这两大突出优势。1907 年，由伦敦汽车俱乐部的评委主持，对劳斯莱斯汽车进行了一次别开生面的测试，一辆劳斯莱斯汽车不间断地行驶了 24000 公里，整个过程中汽车的维修费用只有 3 英磅。四年之后，一辆”银灵”汽车又创造了一项纪录：从伦敦（London）到爱丁堡（Edinburgh）往返，以四挡行驶，百公里平均油耗仅有11.6升。正是这种朴实无华的设计制造理念，使劳斯莱斯汽车取得这些骄人的成绩。

劳斯莱斯公司对任何技术创新都持怀疑观望态度，担心不成熟的新技术会影响其产品的可靠性。例如，直到1919年，劳斯莱斯汽车才装上启动电机，而其他汽车制造商在此前5年就已经采取了这项新技术；直到1965年，劳斯莱斯汽车才开始采用承载式车身。这种谨慎态度充分表明，劳斯莱斯汽车公司更信任汽车技术中的经典，至少在外形设计上一直坚持这种做法。在其他方面，劳斯莱斯汽车公司则领先于时代。比如，劳斯莱斯汽车公司的商业负责人克劳德·约翰逊（Claude Johnson）很早就意识到了服务的重要性，为了保证本产品在市场上的领先地位，仅靠产品自身的优良品质还远远不够，必须向客户提供连续不断的售后服务，才能进一步培养他们对品牌的忠实度。早在1908年，劳斯莱斯汽车公司就作出决定：劳斯莱斯汽车公司机械师定期上门为客户进行车况检查，同时还建立了一个培训专业司机的学校。这种经营模式在英国境外同样取得了空前的成功。在5年之后，巴黎、柏林和马德里都出现了提供专业服务的维修厂。劳斯莱斯汽车的著名品牌标识——“飞翔女神”（Spirit of Ecstasy）就在这个时期诞生。

劳斯莱斯汽车高贵的品质来自于高超的质量。劳斯莱斯汽车公司创始人亨利·莱斯曾经说过：“汽车的价格会被人忘记，汽车的质量却长久存在。”劳斯莱斯汽车所获得的成功得益于一直秉承的英国传统造车艺术——精练、恒久、巨细无遗。令人难以置信的是自1904年到现在，超过60%的劳斯莱斯汽车仍然性能良好。劳斯莱斯汽车最与众不同之处就在于大量使用人工制造。在人工费相当高昂的英国，这必然会导致生产成本的居高不下，这是劳斯莱斯汽车价格惊人的原因之一。直到今天，劳斯莱斯汽车的发动机还坚持完全用人工制造。更令人称奇的是劳斯莱斯汽车的散热器格栅完全由熟练工人人工打造，不需要借助任何测量的工具。一台散热器需要一个工人一整天时间才能制造出来，然后还需要用5个小时的时间进行加工打磨。据统计，制作一个方向盘要15个小时，装配一辆车身需要31个小时，安装一台发动机要6天。正是因为如此，劳斯莱斯汽车在装配线上一分钟只能移动6英寸，制作一辆四门车要75天，任何一辆劳斯莱斯汽车都要经过5000英里的测试。所以，订购劳斯莱斯汽车的客户，一般都需要耐心地等候6个月以上的时间。

劳斯莱斯汽车车头上的品牌标志是带翅膀的飞翔女神，其产生与制造的过程，更是劳斯莱斯汽车追求完美的一个绝好的例证。劳斯莱斯汽车品牌标志的设计者查理士·赛克斯（Charles Sykes）这样描述其设计理念："风姿绰约的女神，以登上劳斯莱斯汽车车头为愉悦之泉，沿途微风轻送，摇曳生姿。"这一理念与飞翔女神的造型正是劳斯莱斯汽车追求卓越精神的绝佳体现。这尊女神像的制作过程极为复杂。首先采用传统的蜡模工艺，完全用人工倒模压制成型，然后再经过至少8遍的人工打磨，再将打磨好的神像置于一个装有混合打磨物质的机器里研磨65分钟。这样做好的女神像，还要经过严格的检验才能安装到劳斯莱斯汽车上。

对大多数汽车生产商来说，涉及中国市场的销售量都是极大的数目。从汽车销售数量上来看，中国市场的汽车销售量已经取代美国，成为全球第一大汽车销售市场。但是，对于劳斯莱斯汽车而言，所关注的却是一个极其渺小的数字。2003年，劳斯莱斯汽车公司在中国只售出了4款汽车。通过经销商举办鸡尾酒会及其他活动，劳斯莱斯汽车公司与中国的精英阶层建立起联系。显然，这种沟通策略奏效了。2008年，在中国大陆和香港市场上，劳斯莱斯汽车公司销售了106辆汽车，这是劳斯莱斯汽车公司全球汽车销售数量的10%。在继续销售价格超过60万美元汽车的同时，劳斯莱斯汽车公司（Rolls-Royce）能不能推出价值15万美元的汽车，以便从侧翼进攻奔驰汽车（Benz）？不能。因为廉价的劳斯莱斯汽车会削弱高价产品的地位，而且廉价的劳斯莱斯汽车很难销售出去。谁想买一辆廉价的劳斯莱斯汽车呢？

第 3 条游击战原则

——无论游击战多么成功，小企业都不要像领先者一样行事

【观点】 小企业在获取巨大的成功之后，总想向行业领先者发动进攻，去夺取领先者的市场领地。通常，小企业很难经受得起成功的诱惑，总想把游击战转变为侧翼战，试图靠近行业领先者，削弱领先者的地位，并以此提高自己的市场份额。然而，这可能是一个致命性的错误。这不仅仅是因为小企业本来就资源有限，而对领先者发动攻击又需要充足的资金资源，以及由此可能为小企业带来的致命性灾难，即大企业对小企业实施报复性的打击。还有一个关键内在的原因是：小企业内在的结构和运营特点，即紧凑性和灵活性，更加适合游击战这种战术方式。或者说，采用游击战这种战术方式，需要采用与大企业完全不同的运作方式，以及相应的组织结构。如果小企业象大企业一样运作，那么小企业就会患上所谓的大企业病。小企业在结构和运营上所拥有的紧凑性和灵活性将在模仿大企业的过程中丧失殆尽，从而招致灾难性的后果。对于小企业来说，游击战拥有多方面战术上的优势，这使小企业同样能够屹立于强者之林。游击战术能够充分发挥小企业的优势，即结构紧凑和反应迅速，可以快速发现、识别和捕捉市场的新变化、新机会，进而快速决断，果断作出反应，迅速抢占新出现的市场缝隙，迅速填补新发现的市场空缺。对于大企业来说，小企业的组织系统所具有的灵活性和紧凑性，使小企业拥有独特的竞争优势。这意味着在大企业里，一个创意灵感常常被滞留几个月，甚至数年之久，才可能被提上管理层的议事日程，大多数时候根本就无法被管理层所注意到，因此埋没了大量的优秀创意，错失了大量的市场机会。在大企业中，大部分员工都是在为其他员工服务，只有较少的一部分员工被指派到企业之外，直接与竞争对手（真正的敌人）进行交锋。有些员工在大企业里工作多年，却

从没有直接接待过一位顾客，亦从未见过竞争对手的任何销售员。因此，无论对于顾客，还是对于敌人，大企业里的大多数人员都对其缺乏深刻的了解。在大企业里，只有少数派可能真正理解顾客，可能真正了解敌人。但是，少数派往往远离权力核心，敌不过多数派对管理层的影响。在小企业里，真实的情况可能完全相反。优秀的创意灵感无须经历内部运作的摩擦，可以很快转化为经营行动和竞争成效。例如，推出一个新的产品，抢占一个新的位置。同时，小企业不必采用人满为患的组织方式，不用去制定流于形式的工作说明、职位系统和组织流程，不用配备那些不必要的勤务人员，从而可以把尽可能多的战斗人员投入前线战斗，而不留有任何非战斗人员。因此，无论对于顾客，还是对于敌人，小企业往往有更加深刻的了解。游击战这种简单紧凑的作战方式不但可以在作战一线投入更多的力量，而且还极大地提高了游击战的作战反应速度。相对于大企业而言，小企业的紧凑性和灵活性成为了一种独特的竞争优势。

【诠释】 ⌖ 📖《孙子兵法 · 九地》：故小敌之坚，大敌之擒也[1]。㊣ 打游击战的小企业无法像大企业一样行事，或者说不应该像大企业一样行事。所谓像大企业一样行事，就是指小企业采用像大企业一样的作战方式入侵大企业所占据的市场领地。小企业所以选择采用游击战术，就是为了能够避免与大企业进行市场竞争。采用游击战术的小企业尽管可能在一定程度上取得了成功，但是往往不具有可以挑战领先者的地位和力量。如果小企业被胜利冲昏了头脑，那么极有可能落入“成功陷阱”之中，不但不能成功入侵领先者的领地，而且还会面临着丧失“根据地”的风险。这就是“小敌之坚，大敌之擒”的道理。

注解：

〔1〕曹操：小不能当大也。李筌：敌不量力而坚战者，必为大敌所擒也。孟氏：小不能当大也，言国不量其力，敢与大邦为仇，虽权时

坚城固守，然后必见擒获。张预：敌不度强弱而坚战，必为大敌之所擒。孟氏：小固不可以敌大，弱固不可以故强，寡固不可以敌众。

【案例】 全球对真空吸尘器的需求量超过了10亿美元，并且以4%的年增长速度递增。在北美市场，吸尘器销售额达到了7000亿美元，并以3%的年增长速度递增。在北美市场的三家主要生产厂商中，Vacu公司是行业的领先者，可以提供品种齐全的吸尘器产品，从便携式吸尘器到嵌入式真空吸尘器系统全部都可以生产。同时，Vacu公司是全球吸尘器设计、生产和通用家电市场的领先者。在吸尘器行业中，存在着一些产品范围十分狭窄的企业，依靠着打游击战而维持企业生存。Sweep公司就是这样一家游击战企业。

在真空吸尘器这个领域中，所有竞争者都有一项基本业务，那就是为一部分固定客户提供标准产品，从中获得到固定的丰厚利润。Vacu公司的主要利润来源就是为零售客户提供真空吸尘器产品。吸尘器行业的竞争焦点通常是边际利润，当一个主要客户，例如大型零售商、大型批发商和大型建筑商决定进行某项业务时，通常会进行公开招标采购。在这个时候，像Sweep公司这样的小企业就会虚报低价，希望能够借此把自己的产品打人零售商业务范围。对于像Sweep公司这样的小企业来说，额外增加的销售额和利润相当具有吸引力。但是，这使Vacu公司的收益率深受损失。

Sweep公司利用低于边际收益的报价，甚至有时是损益点的报价获取大量订单。虽然Sweep公司的经营规模不大，但是足以对领先者主导的行业秩序造成一定的破坏。一些曾是Vacu公司主要利润来源的长期客户因此对Vacu公司的业务逐渐失去兴趣。Sweep公司所采取的这种入侵领先者的阵地的战略，令Vacu公司大为恼火。那么，Vacu公司该怎么做？如何制止Sweep公司的骚扰行为？

Vacu公司开始着手研究Sweep公司的业务模式，是什么让Sweep公司顽强地追逐大量低边际收益的销售业务呢？通常，此类企业有着较低的固定成本。Sweep 公司就是这样，其投资成本很低，资产完全折旧，几乎没有债务。Sweep 公司的主要成本来自劳动力，这里的职员全都是非工会成员而且多数是兼职的工人，Sweep 公司可以很容易地根据生产量调整工人数量。当赢得大量订单的时候，Sweep 公司就快速雇佣更多的工人来完成生产任务；当失去订单的时候，则可以在现金流出之前轻松解雇工人。因此，Sweep 公司保持低边际收益业务不成问题，只要适当调整工人数量保证其产品价格稍稍高于成本就能实现目标。

Vacu 公司管理层认为，Sweep 公司不可能只靠这种低边际收益的销售业务生存。Sweep 公司一定有一个利润来源的要害之处，一个足以保证其平稳度过大幅度竞争市场的高利润业务。为了找到 Sweep 公司的利润要害，Vacu 公司对 Sweep 公司做了竞争性对比分析，在 6 个维度上，对 Vacu 公司与 Sweep 公司一一进行了对比研究。

- 产品
- 技术与设计
- 销售区域以及客户优势和劣势
- 价格
- 生产、供应、销售
- 成本评估，评估订单以及工厂的产品产量

基于这种对比分析，Vacu 公司作出推测，Sweep 公司的大部分利润来自于一种单一产品——罐式真空吸尘器。Sweep 公司在美国衣阿华州（Iowa）有一个专门生产这种产品的工厂。罐式真空吸尘器底座有四个滚轴，像一个厨房用的金属垃圾桶，周围有设计精巧的胶带可以帮助缠绕在家具或者使用者的身上。在 20 世纪 60 年代，罐式真空吸尘器曾风靡一时。当轻巧的便携直立式吸尘器出现之后，罐式真空吸尘器便逐渐失去了市场。结果，罐式真空吸尘器的销售量曾一度狂跌，最后稳定在

一个较低的数量水平上。大型生产商纷纷放弃了罐式真空吸尘器生产线，留下的生意足够养活少数几个小企业。Sweep公司就是生产罐式真空吸尘器的小企业之一，在罐式真空吸尘器业务上赚了很多钱。实际上，Sweep公司的主要利润来源，就是位于衣阿华州工厂所生产的罐式真空吸尘器产品。

Vacu公司管理层决定开发自己的新型罐式真空吸尘器产品，以打击Sweep公司的此项业务，阻止其在国际订单市场竞价上虚报低价的行为。Vacu公司认为，如果减少机器零部件，那么就可以用更低的成本生产出新型罐式真空吸尘器产品。如果用更多的塑料材料取代金属材料，那么不仅可以减轻吸尘器的重量，还可以使外观看起来更具有吸引力。安装高功效的发动机可以提高吸尘效果，安装造价低廉的电子控件可以让新产品具有无法比拟的性能优势。总之，Vacu公司将要生产的新型罐式真空吸尘器将会体积更小巧、外形更美观、使用更方便、价格更便宜。新型产品将由有剩余生产能力的工厂生产，因此几乎不用追加任何常用开支就可以满足全部生产量。Vacu公司的生产成本非常低，在定价上具备相当大的灵活性，足以破坏Sweep公司的价格优势。

Vacu公司所制订的反击计划是：采用比Sweep公司更低的价格，即高于生产成本推出这种新型罐式真空吸尘器产品，并且在必要的时候继续降低价格——仍然在生产成本价之上。所幸的是，对罐式真空吸尘器业务，Vacu公司并不真正感兴趣。Vacu公司只是打算警告竞争对手，即在Sweep公司对国际订单虚报低价的时候，使用这种新型罐式真空吸尘器去反击Sweep公司，警告Sweep公司不要对本来属于自己的国际订单业务进行骚扰。

Vacu公司开始生产新型罐式真空吸尘器产品，并且稳固增加产品库存数量。Sweep公司对此毫不知情，继续对国际订单虚报低价。几天之后，Vacu公司就拜访了Sweep公司的一家主要客户。凭借先进的产品性能和低廉的价格，Vacu公司取代了Sweep公司的这笔业务，Sweep公司已经拿到的客户订单被撬走了。在多个回合之后，Sweep公司终于琢磨出了一点味道，即不要在 Vacu 公司的领地上捣乱，要是继续跟着捣乱，我们就采取报复行动，破坏你的价格优势，切断你的现金流量！对于 Sweep 公司来说，如果失去罐式真空吸尘器业务，那就意味着失去了 2/3 的利润来源。这实在是一件痛苦的事情，还是不要发生为妙。在此后几个月的时间里，对 Vacu 公司的国际订单业务，Sweep 公司几乎没有再采取任何行动。Vacu 公司开始降低罐式真空吸尘器的产量，仅保留了足够数量的库存产品，如果 Sweep 公司偶尔发起不明智袭击，那么 Vacu 公司将继续实施报复行动。吸尘器行业开始回归和平的状态。

【案例】 ⌖ 贝恩资本公司（Bain Capital）是一家美国私人股权投资公司，曾经做过许多十分成功的投资项目，卫视公司（Wesley-Jessen，简称 W. J）就是其所收购过的项目之一。贝恩资本公司仅以 640 万美元的价格收购了这家隐形眼镜制造商。4 年之后，W. J 公司公开发行股票，其市场价值达到了 2.9 亿美元，获得了将近 50 倍的投资回报率。贝恩资本公司发现：W. J 公司有一个强大的核心——特制镜片业务，但是由于扩张错误而导致核心业务开发不足，从而丧失了原本的业务优势。

贝恩资本公司总裁米特·罗姆尼指出：W. J 公司的错误决定是大规模进入可抛型隐形眼镜市场，与强大的敌人展开正面竞争，例如像强生公司和博士伦公司这样的强大敌人。W. J 公司投资了 1 亿美元建立制造厂，参与了这个高产量、低成本行业的竞争，最终导致严重亏损。事实上，W. J 公司根本不具有参与低成本竞争的品牌力量，这是一个错误的扩张策略，过于偏离其经营出色的核心业务。在贝恩资本公司的调查中，马上就发现了这个问题。贝恩资本公司收购后所采取的第一步行动，就是关闭可抛型眼镜工厂，重新聚焦到专业眼镜上。

贝恩资本公司所采取的第二步行动，就是采取返回核心业务的策略，这包括两个部分的内容：一是所谓的“被遗忘的医生策略”，即重新集中到最复杂的眼镜配置业务上，如为散光病人设计的复曲面透镜；二是利用 W. J 公司在有色眼镜上的强势，使其真正成为特色产品。例如，针对美国十几岁青少年的紫色眼镜，以及针对日本市场的其他有色眼镜，还有针对运动员的防紫外线眼镜等等。这些业务才是 W. J 公司的根本所在。

结果，这种以初始核心为基础的市场细分策略在推动赢利性增长方面获得巨大成功。W. J 公司留给人们的教训是：进入没有机会占据领导地位的市场领域，或者进入没有机会建立市场权力的市场领域，抑或进入自身缺乏影响力的市场领域，不但会消耗核心业务的资源，还会阻碍核心业务的增长。相对于强大的领先者而言，像强生公司和博士伦公司这样的企业，W. J 公司实际上只是处在打游击战的地位上，像领先者那样行事不但毫无优势可言，而且还会十分危险。

【案例】 1987 年，克莱夫·雅各布（Clive Jacob）运用游击战术创立了一家汽车租赁企业——英国假日汽车出租公司（Holiday Autos）。就像许多初创的小企业一样，假日汽车出租公司缺乏足够的力量，不足以与大的跨国企业直接竞争。因此，假日汽车出租公司只能采用游击战术，将经营重点集中在远离领先者的狭小市场上，即那些到英国旅游的旅行者。

当时，为旅行者提供假日汽车租赁服务，在操作上存在着两个较大的困难。第一种困难是针对旅行者的汽车租赁服务很难组织。例如，旅行者从英国到西班牙旅行，旅行社一般都不愿提供这种服务，因为旅行社只能收取极少的佣金。第二种困难是旅游地的汽车租赁公司更加具有竞争优势，可以抢走许多潜在的旅行者顾客。因此，假日汽车出租公司决定提供低价格、全方位的服务，为旅游者提前安排好所有手续，旅游者唯一需做的就是去飞机场提取租赁的汽车。英国假日汽车出租公司通过压低成本，以实现低价格的竞争策略，使得其与价格最优厚的竞争者相比还要便宜 5 英镑。

假日汽车出租公司通过两种简单的方式开展业务。首先，假日汽车出租公司没有任何自己的汽车，汽车都从旅游景点的租赁企业大批量租赁过来。由于所租赁的汽车数量庞大，这些汽车租赁企业愿意降低价格。其次，尽管可以通过电话推销的方式直接推广服务，但是主要的客户来源还是依靠旅行社。在旅行者预定旅行行程的时候，由旅行社向旅行者推销租车的服务，旅行社可以从中获得益处。因为旅行社可以以远远低于大企业的价格，为他们的顾客提供一种舒适的租车服务。同时，大的旅游连锁企业和大的汽车租赁企业同样被这种合作方法所吸引，因为这种方法为其带来了大笔的业务。

1988 年，在假日汽车出租公司成立一年之后，其经营业绩就达到了 1000 万美元。1989 年，英国假日汽车出租公司迅速发展成为英国假日汽车租赁市场的第一大企业。大多数企业一旦掌握了重点开辟的市场，如何进一步提高经营业绩就被提到了议事日程上。那些缺乏战略意识的企业很可能被业绩冲昏了头脑，转向对大企业发起直接进攻。克莱夫·雅各布并未被胜利冲昏头脑，假日汽车出租公司仍然采用游击战，没有转向对领先者发起进攻战。

英国假日汽车出租公司，采取了完全相反的游击战发展方向，不但没有将市场重心转向英国境内其他汽车租赁领域，相反将业务范围扩展到世界范围内的假日汽车租赁业务。假日汽车出租公司迅速在许多国家建立了分支机构，迅速抢占其他国家的假日汽车租赁业务。如今，英国假日汽车出租公司运用游击战术已经在 50 个国家和地区建立了超过 4000 个分支机构。假日汽车出租公司超过 50% 的销售额都来自国外业务。到了 1999 年，英国假日汽车出租公司的营业额超过了 1.8 亿美元。

从 1000 万美元到 1.8 亿美元，假日汽车出租公司仅仅用了 12 年的时间，而且，在出租车这个行业中，还有处于绝对优势地位的跨国公司，例如，赫兹、艾维斯、Budget 等强大的竞争者，他们都拥有强大的经济实力，拥有大量的车辆和遍及全世界的分支机构。这个案例说明，即使面对激烈的竞争，经过精心策划的游击战仍然可以使小企业迅速崛起。

第4条游击战原则

——如果出现了失败的迹象，随时准备撤出阵地

【观点】 游击战的特点就是“跑得快”，无论在占领一个市场的时候，还是撤出一个市场的时候，获胜和生存的关键都是要“跑得快”。在发现一处市场空隙的时候，小企业可以迅速填补市场上出现的空缺，凭借机动性和灵活性占据一个狭小的阵地。在局势对自己十分不利的时候，小企业则可以迅速撤出注定将要失守的阵地，以避免遭受更加惨重的损失。小企业的首要目标不是在自己的根据地上斗争到底，而是设法让自己能够继续生存下去。如果战局对小企业十分不利，那么小企业就不应该再犹豫，而是应该尽快撤出将要失守的阵地，应该赶快放弃所经营的产品项目。这是因为小企业没有那么多的财力和人力，耗费在败局已定的战斗上。在自己所创建的根据地上，当小企业开始打败仗的时候，意味着很快就会要开始走下坡路了。因此，小企业应该尽快放弃残局，继续在远离领先者的地方，寻找一个新的市场缝隙。否则，不但难以继续竞争下去，而且难以继续存活下去。因此，对于小企业而言，撤退不意味着彻底失败，从反面看意味着新的挺进。当小企业瞄准一个市场机会之后，可以运用灵活的游击战术，适时地打入新的市场缝隙，保存有生力量，打得赢就打，打不赢就走，这种机动性和灵活性，既是游击战的独特优势，又是小企业的生存之道。然而，这并不意味着在开展游击战的过程中，不应该存在防御思想和方法。那些采用游击战的企业，应该以更加积极的态度和方式，针对所占据根据地的实际情况构建防御体系。在遭遇大企业入侵的时候，选择游击战术的小企业首先

并不是要考虑立即撤退，而是要考虑如何利用自己相对的独特优势，运用恰当的策略与大企业提供的品牌有效地区分开来，以此实现对大企业入侵的有效抵抗，从而能够在自己的根据地上继续生存发展下去，并力求在自己的根据地上有所发展。例如，在顾客心智层面建立起强大的顾客心智地位，让潜在进入者难以取代这种地位，从而形成较高的顾客忠诚度。在运营活动层面，根据企业所选择的定位策略构建起相互配称的运营活动，形成独特的核心（运营）竞争能力，让潜在进入者难以模仿这种活动，从而无法在自己的根据地上立足。在核心业务层面，不断强化核心业务，避免核心焦点扩散，依靠核心业务，即核心产品的更新换代、核心服务的持续升级、核心业务的扩大推广来扩大游击战术的战果，从而积蓄起强大的入侵抵御能力。由此可见，游击战企业所采取的防御措施，必然是一种更加积极的防御措施。在敌人尚未打算入侵之前，就应该考虑如何抵御竞争者的攻击行动，而不应该等到“狼来了”的时候才去想办法。所谓随时准备撤出阵地，则完全是在面临彻底失败的情况之下，或者是在完全毫无办法的情况之下，所做出的“减少预期损失”决策，也就是糟糕状况出现之后的积极选择。或者说，只有在败局已定的情况下，才应该迅速撤出所据守的阵地，以结束毫无意义的抵抗和牺牲，以保存有生力量转战其他领域。从这个意义上看，“发现了失败的迹象，随时准备撤出阵地”这种游击战原则是在消极情况下的积极选择。企业在开展游击战的时候，就应该考虑如何进行有效的防御，这是积极状态下的积极选择。对于开展游击战的企业来说，首先应该考虑“在积极状态下进行积极防御”这种选择，然后才应该“考虑消极状态下进行积极撤退”这种选择。这种战术原则不仅应该成为游击战企业所首选的作战原则，同时应该成为采用其他战术企业所首选的作战原则。

【诠释】 《孙子兵法·虚实》：守而必固者，守其所必攻也[1]。📖《三十六计》：走为上计。〔解语〕全师避敌。左次无咎，未失常也。〔按语〕敌势全胜，我不能战，则必降、必和、必走。降则全败，和则半败，走则未败。未败者，胜之转机也。📖《孙子兵法·虚实》：进而不可御者，冲其虚也；退而不可追者，速而不可及也[2]。㊣游击战这种战术策略具有灵活的战术特点，打得赢就打，打不赢就走。因此，游击战并不是一味地撤退战术。对于打游击战的小企业来说，要立足于自己所占据的狭小市场上，首先应该力求战胜进入根据地的入侵者。只有在打不赢的情况之下，才应该迅速撤出战斗，以保存继续生存下去的实力。对于任何市场上的领先者而言，即便是在狭小市场上打游击战的小企业，都应该设法构建起自己的防御体系，以抵御潜在进入者可能发起的市场进攻。这种防御性措施就是在人们心智中建立起领先地位，并不断巩固自己建立起的领先地位。因此，面对可能出现的市场竞争，打游击战的小企业必须事先就作好防御工作，“守而必固者，守其所必攻也。”当出现失败迹象的时候，打游击战的小企业则应该迅速撤出战斗，避免在无谓战斗上耗费太多企业资源，甚至陷入“全军覆没”的危险境地。打游击战的小企业撤出面临失败的战斗，并不意味着小企业的失败。这是因为“未败者，胜之转机也。”这意味着小企业通过迅速撤出战斗而保存了实力，从而可以在远离领先者的地方再次寻找创建根据地的机会。反之，即便能够找到再次打游击战的机会，恐怕小企业亦难以具备打游击战的力量。

注解：

〔1〕陈皞：无虑敌不攻，虑我不守。无所不攻，无所不守，乃用兵之计备也。梅尧臣：守以实也，谓将能、兵精、垒坚、备严、救及、食足、心一尔。张预：善守者，藏于九地之下，使敌人莫之能测。莫之能测，则吾之所守者，乃敌之所不攻也。

〔2〕曹操：卒往进攻其虚懈，退又疾也。李筌：进者，袭空虚懈怠；退者，必辎重在先，行远而大军始退，是以不可追。此以“速”字为“远”字也。杜牧：既攻其虚，敌必败，败丧之后，安能追我？

我故得以疾退也。陈皞：盖言乘虚而进，敌不知所御；逐利而退，敌不知所追也。杜佑：冲突其虚空也。梅尧臣：进乘其虚，则莫我御；退因其弊，则莫我追。何氏：兵进则冲虚，兵退则利速。我能制敌，而敌不能制我也。张预：对垒相持之际，见彼之虚隙，则急进而捣之，敌岂能御我也？获利而退，则速还壁以自守，敌岂能追我也？兵之情主速，风来电往，敌不能制。

【案例】 企业汽车租赁公司（Enterprise Rent-A-Car）是美国第二大汽车租赁公司。1997 年，企业出租汽车公司销售额为 370 亿美元，超过了艾维斯汽车租赁公司（Avis Car Rental），在美国汽车租赁企业中居于第二位，仅仅次于汽车租赁行业领先企业赫兹汽车租赁公司。1997 年，赫兹汽车租赁公司营业额达到 380 亿美元，拥有数量最大的出租汽车和营业网点数。到 2004 年，企业汽车租赁公司拥有的出租汽车数量超过了 62 万辆，是全球最大的出租汽车企业之一。与 1962 年创业之初仅有 17 辆出租汽车相比，企业汽车租赁公司的行业地位简直不可同日而语。值得一提的是，企业汽车租赁公司凭借着“游击战”这种战术策略，集中精力专门发展那些不为大企业所重视的市场，从而获得了今天的成功。

在成立之初的 20 世纪 60 年代初期，企业汽车租赁公司羽翼尚未丰满，在飞机场附近的汽车租赁市场上难以与诸如赫兹汽车租赁公司、艾维斯汽车租赁公司之类的大企业竞争。因此，企业汽车租赁公司不得不寻求其他市场空隙，为自己的生存、发展寻找机会和空间。20 世纪 70 年代初期，美国法院开始作出裁定：承保意外险的保险企业应对投保人汽车损害或丢失而遭受的经济损失予以赔偿。因此，保险企业为争取客户，开始提供低价汽车租赁服务。企业汽车租赁公司看准了这种市场需求，决定向保险替代市场发展。

如果人们出了车祸而且车辆受损，那么很难立刻有情绪四处考察并购买新汽车，此时，汽车维修站点的建议往往有着举足轻重的作用。考虑到这一点，企业汽车租赁公司非常重视发展与汽车维修站点的关系。企业汽车租赁公司业务网点的销售人员定期带着面包圈、比萨饼等礼品到汽车维修行去联络感情。

对于汽车仍在保修期的顾客而言，如果由于遭受车祸而车辆受损，那么汽车经销商就会提供免费或者廉价的替代汽车。企业汽车租赁公司充分利用了这种新趋势，并与许多汽车经销商签订替代租车合作协议。在较大汽车经销商的营业场所，企业汽车租赁公司甚至建立起了业务网点。企业汽车租赁公司找到了方向之后，迅速建立起自己的根据地。首先在圣路易斯州（Saint Louis）开办了第一家营销点，在亚特兰大州（Atlanta）设立了第二家营销点。然后，在佛罗里达州（Florida）和德克萨斯州（Texas）等地迅速开办起营业网点。企业汽车租赁公司的营销点很快遍布整个美国。结果，企业汽车租赁公司超过 67% 的销售额都来自那些汽车刚刚被盗或刚刚被毁的顾客。

企业汽车租赁公司采用密集的营业网点构筑起了自己的防御阵地。只要一家分店的汽车拥有量超过了 150 辆，很快就会在附近再建一家分店。尽管如此，分店员工仍然乐于与附近汽车维修商和经销商保持良好关系。迄今，企业汽车租赁公司可以骄傲地宣布：在 15 分钟之内，美国 90% 居民可以在居住地附近找到企业汽车租赁公司的营业网点。企业汽车租赁公司分店之间的距离很近，客观上确实造成了一部分客源分流。然而，正是由于这种做法，其他竞争者很难在同一区域再找到新的营业地方，并建立起与自己展开竞争的营销点。对于现存的分店来说，如果因附近有新店成立而销售额有所下降，那么分店员工就要重整旗鼓，并努力超过附近的分店。

对于大多数的保险公司来说，都希望把支付给汽车租赁公司的价格尽可能压到最低。与其他大企业相比，企业汽车租赁公司不得不采取低成本运营策略。赫兹汽车租赁公司和艾维斯汽车租赁公司之类的大企业往往钟情于在地价高昂的机场附近设立营销点，企业汽车租赁公司恰恰避开了这些地点，将连锁店建在商业区附近的廉价地段。此外，位于机场附近的汽车租赁企业往往提供 3 ~6 个月之内的新汽车，企业汽车租赁公司则提供 2 ~3 年之内的汽车。通过采取压低成本的策略，企业汽车租赁公司在成本上能够低于大企业近 30%。在 20 世纪 80 年代中期，赫兹汽车租赁公司和艾维斯汽车租赁公司都曾经侵入企业汽车租赁公司的业务领地，即替代性汽车租赁市场。但是，这些汽车租赁企业很快就又退出了替代租赁市场。他们发现，保险公司乐于支付的价格，难以维持他们高成本的运营模式。

【案例】企业汽车租赁公司所以能够获得发展机会，首先是建立在所采取的游击战策略上，即在远离领先者的地方开辟自己的根据地，占据了一个领先者完全不愿意介入的市场，至少在最初的时候领先者对这个市场不屑一顾。企业汽车租赁公司所以能够立于不败之地，则完全是建立在积极的防御措施之上，从而使那些进攻的竞争者无法插足、难以立足。对于企业汽车租赁公司而言，这些防御措施包括两个方面的内容。第一种防御措施是构建运营体系，让竞争对手难以对自己进行模仿。第二种防御措施是强化核心业务，让自己在根据地上变得无比强大。

在运营活动这个层面上，企业汽车租赁公司构建起了独特的运营活动，这种运营活动与其所采取的游击战策略紧密契合，从而对打算侵入根据地的竞争者构成了很大的障碍。这就是说，那些打算侵入的竞争者很难达到同样的运营能力水平，从而很难在这个领域里立足。这体现在以下几点：（1）大量从大学毕业生中招募人才，通过使用严格又有创意的方法，筛选出最可能成功的社会新人。企业汽车租赁公司成为美国大学应届毕业生的最大雇主企业。这拥有多个方面的好处：寻找最适合本企业特征的人才；薪酬水平要比从社会招募人才低很多；充分利用年轻人的工作热情。（2）在成本低廉的郊区设立分公司营业网点，在成本方面大大低于集中在核心区域的大企业。(3) 营业网点的密集程度让竞争者难以在同一地区找到插足之地。(4) 与保险公司、汽车维修网点、汽车经销商等保持着密切的沟通或者合作关系。(5) 管理着全球最大的私营车队,拥有管理大型车队的经验、方法和技能。所有这些运营上的特点,都构成了潜在进入者的入侵障碍,从而形成一种不可复制的核心竞争力。至少,潜在入侵者在短时期内难以复制。

在核心业务这个层面上,企业出租汽车公司始终坚持着强化核心业务,即为自己的汽车正在维修的客户提供租车服务。1962 年,企业出租汽车公司开始出租车辆给那些自己的轿车正在维修的客户。此后,为商务旅行人士提供机场租车服务的业务已经成长为一个蓬勃发展的大市场。几十年来,企业出租汽车公司一直刻意避开这个市场,把企业经营重心完全放在一群与之不同的新顾客细分群体上,即替代性汽车租赁市场。企业出租汽车公司在汽车修理厂、保险公司、汽车经销商之间的市场份额已经达到居于强势的领导地位。利用核心业务所建立起来的优势地位,企业出租汽车公司在相邻业务领域构建起防御阵地。企业出租汽车公司成立了货车出租部门 Enterprise Rent-A-Truck,在 37 个地方提供商用卡车出租服务,瞄准急需处理额外订单的企业,或者需要替代卡车的企业。企业出租汽车公司开发了一个被称之为“虚拟车”(Virtual Car)的替代租车业务的新领域。企业出租汽车公司发现,除了自己拥有的汽车之外,人们还需要不同类型的汽车,以满足不同的生活形态及其交通需要。人们自己购买的汽车能满足绝大多数情况下的要求,“虚拟车”租车业务则能满足人们的其他需求。在购买汽车与保养汽车这些既昂贵又麻烦的地方,这个道理同样成立。

〔**参考资料**〕2009 年 11 月 17 日,J. D. Power and Associates 公布“2009 年美国租车服务满意度调查”,企业汽车租赁公司连续六年被客户评为美国汽车租赁行业领先品牌。企业汽车租赁公司所获得的顾客评分高出了行业平均水平 37 分(满分标准为 1000 分,行业平均分为 733 分)。国民汽车租赁公司(National Car Rental)和赫兹汽车租赁公司分别以 757 分和 747 分紧随企业汽车租赁公司之后。在发布调查结果的时候，J. D. Power JD Power 旅游业务副总裁 Paula Sonkin 特别强调：值得注意的是，2009 年排在前三名的汽车租赁企业还拥有最少的客户投诉报告。

从 2008 年 9 月至 2009 年 10 月期间，针对“在机场租车的商务和休闲旅行客户”，J. D. Power and Associates 发放了 12900 份调查问卷。J. D. Power and Associates 选择了 7 项评价标准，对汽车租赁服务商进行评估。这 7 项评价标准分别是：成本费用、取车过程、租赁车辆、还车过程、预订过程以及进出机场的接送巴士和小货车服务。对于顾客满意度的稳定性，J. D. Powerand Associates 归因于汽车租赁企业对车队的成功管理，这使得其能够更好地满足客户的需求并减少租赁费用。截至 2009 年 11 月 17 日，“美国租车服务满意度调查”已经拥有了 14 年的历史。

凭借相互配称与相互强化的运营活动，以及居于领导地位的核心业务，企业汽车租赁公司构建起了抵御竞争者进攻的防御体系。在核心业务市场上，在修车替代出租汽车业务的基础之上，先后进行了防御性业务扩张，即 Enterprise Rent-A-Truck 业务，以及“虚拟车”的替代租车业务。从而，企业汽车租赁公司在替代租车业务领域建立起领先地位。企业汽车租赁公司业务的核心基础则是围绕替代租车业务所建立起来的运营活动能力。当竞争者入侵替代租车业务市场的时候，企业汽车租赁公司独特且有配称的运营活动，为竞争者的入侵制造了严重的障碍。由此可见，“游击战”并不是不需要进行防御的战术策略。

【案例】 AT&T 公司（美国电话电报公司）一直是商业领域的巨型企业，曾长期占领美国长途电话市场。1998 年，AT&T 公司以年销售额 536 亿美元排名美国第十大企业。然而，AT&T 公司所占领的市场份额却日益减少，很多都被那些采取游击战术的小企业（相对而言）

所抢走。

对于顾客的价格折扣优惠要求，AT&T 公司提出了苛刻的折扣优惠条件。顾客要想获得低折扣的电话服务，就必须积累一定数额的长途电话费用。同时，许多其他电讯大企业都存在类似想法和做法。因此，那些很少拨打长途电话的客户群体，基本就被排除在价格折扣优惠范围之外了。这些客户往往是移民者或是老年人，他们十分在意电话服务的价格，经常在市场上讨价还价，并且不愿为了获得大企业的电讯服务而支付极少使用的长途电话费用。

由于这个市场范围相对狭小，大企业对这个市场都没有什么兴趣。提供“绕拨电话”业务的小企业注意到了这个市场。Telco 公司便是这些小企业之一。Telco 公司从 AT&T 之类的大企业批量购进长途电话服务，即成批购进带有长途拨打功能的电话服务品种，然后再以类似批发商的身份将电话服务以较低的价格出售给顾客。1996 年，电讯公司此项业务销售额上升了 99%，营业额达到了 42900 万美元。据估算，从 1997 年到 1998 年间，“绕拨电话业务”市场增长了 120%。

根据对快速消费品（FMCG）进行市场营销的经验，Telco 创立了许多“绕拨电话”服务品牌。但是，这些品牌之间并没有什么实质的差别。比如，“绕拨电话”服务品牌的营销计划重点针对某一个大学的学生进行推广。同时，这个营销计划又会以一个不同的品牌名字出现，面向另外一个大学的学生进行销售。此外，针对不同国籍的潜在消费者，Telco 公司会使用不同的品牌名字。

除了在广播和电视中不断播放广告之外，Telco 公司还面向美国家庭邮寄信件广告，广告信件邮寄规模和频率达到了 3 亿封/年，Telco 公司还将其宣传材料夹带在人们所购买的商品比如香蕉里面。这些宣传材料想让消费者知道在所要拨打的电话号码之前，如果加上一个 7 位数的号加拨码，就可以节省大量的电话费。这些材料还会出现在私人电话机上，以提醒消费者不要忘记使用这个号码。

Telco 公司所提供的“绕拨电话”业务并没引起 AT&T 公司的注意。

这是因为 AT&T 公司批发出去的“绕拨电话”业务，消费者会继续使用 AT&T 公司的电信网络。因此，从业务总量上看，AT&T 公司业务总量并没有显著下降。如果消费者转而使用竞争者批发出去的“绕拨电话”业务，例如斯普林特公司（Splinter）或者世通公司（WorldCom），那么 AT&T 公司的业务量下降就会比较明显。但是，Telco 公司仍然使用 AT&T 公司的电讯网络。因此，AT&T 公司很难作出推算，究竟有多少业务被 Telco 公司抢走。

面对股票价格不断下降的压力。AT&T 公司终于意识到了来自外界的竞争威胁，于是开始下调了通话费用。本地消费者在任何地方和任何时候拨打电话，只需交纳 15 美分/分钟的通话费用。即使如此，与“绕拨电话”业务的通话费用 9.5 美分/分钟相比，AT&T 还是难以赢得竞争优势。最终，在 1998 年，AT&T 成立了幸运儿公司。幸运儿公司提供 10 美分/分钟的通话服务，还附赠十分钟的上网时间，并且可以参加抽奖促销活动，消费者有机会获得现金和免费旅游等奖励。

这样，AT&T 公司的一部分顾客就被分流至了幸运儿公司。被自己的品牌抢走生意，要比被竞争品牌抢走生意好得多。然而，如果不知道“幸运儿”隶属于 AT&T 公司，那么许多消费者都不一定会放弃其他“绕拨电话”服务，例如 Telco 公司提供的“绕拨电话”服务，转而使用 AT&T 公司旗下幸运儿公司的电话服务。这就是所谓的“太晚太小（too little too late）”现象。尽管如此，Telco 公司仍然非常重视这种威胁。为了避免领先者 AT&T 公司的毁灭性打击，Telco 公司开始将市场目标转向了中小企业。然后，Telco 公司又把目光投向了通过批发廉价电话业务争取消费者的市场。

【案例】 面对科技的变化以及激烈的竞争，既为企业带来了机会，又为企业带来了挑战。这意味着企业一旦在竞争中落后，就会失去自己的“根据地”。特别是当遭遇行业巨头攻击的时候，一些企业通常需要寻找新的“根据地”，以为自己寻找新的生存空间和发展机会。这就是说，企业总会面对重新进行战略定位的问题。说明这种现象的最好的案例，莫过于将电子计算表带给全世界的莲花发展公司（Lotus Development Corporation）。莲花计算表软件（Lotus 1－2－3）给莲花发展公司带来巨大成功。同时，这个软件给莲花发展公司带来了大麻烦，吸引了重量级的微软公司（Microsoft）利用所推出的视窗（Windows）操作系统，并在其中应用精心设计的 Excel 计算表软件，对莲花发展公司的阵地发起攻击。

1982 年，Mitch Kapor 和 Jonathan Sachs 建立了莲花发展公司。莲花发展公司最初的产品是面向 Apple II 提供演示软件 Lotus Executive Briefing System。在建立公司之后不久，Mitch Kapor 开发了结合表计算和生成图表的程序。当时，IBM 和 VisiCorp 建立合作关系，在 IBM 的 PC 中预装 VisiCalc。由于莲花发展公司的产品比 VisiCalc 要优秀，1983 年 Lotus 1－2－3 发布之后迅速占领市场，莲花发展公司从此成为世界第一的独立软件供应商。之所以取名为 Lotus 1－2－3，是因为该软件集成三大功能，即表计算，图表生成，数据库管理。实际上除了表计算以外，其他的功能很少使用，对大多数用户来说，Lotus 1－2－3 作为强大的表计算软件而被使用。毫无疑问，莲花（Lotus）这个名字就代表着“表计算软件”，莲花公司占据着“表计算软件”这块狭小的阵地。

〔**参考资料**〕1982 年，Jim Manzi 作为经营顾问来到莲花发展公司。4 个月以之后，Jim Manzi 成为了莲花发展公司的员工。1984 年 10 月，Jim Manzi 成为了莲花发展公司的经理。1986 年 4 月，Jim Manzi 成为了莲花发展公司的首席执行官。同时，Mitch Kapor 停止了在莲花发展公司的董事长活动。同年 7 月，Jim Manzi 成为莲花发展公司董事长。直到 20 世纪 90 年代末，Mitch Kapori 都在领导着莲花发展公司。Mitch Kapori 作为莲花发展公司的管理者，经历了“起死回生”的整个过程，从占领了一个“根据地”，到失去了这个“根据地”；从重新占领一个“根据地”，再到将这个“根据地”及时卖了出去。

一旦获得了初步的成功，大多数企业便开始脱离曾经使自己获得成功的阵地。莲花发展公司的多样化经营始于 1984 年，随着个人电脑的流行，莲花发展公司快速进入了办公软件套件市场。莲花公司推出了 Symphony（1984 年）和面向苹果电脑的 Lotus Jazz（1985 年），这 2 款软件都是办公软件。然而，Lotus Jazz 并没有受到市场欢迎。为了强化产品线阵营，莲花发展公司收购了一系列的软件企业，从而推出了 Freelance Graphics、Ami Pro、Approach、Organize 等产品。20 世纪 80 年代末，集合文件管理和实用索引的 Lotus Magellan 被开发完成。与此同时，文字处理软件 Manuscript，个人情报管理软件 Agenda 和面向 NeXT 的革新性软件 Improv 都被发布了。步入 20 世纪 90 年代，莲花发展公司将几个产品（Louts 1－2－3、Freelance、Ami Pro、Approach、Organizer）捆绑为 Smart Office 来售卖。

〔**参考资料**〕Microsoft 公司基于早期的 Apple 电脑 MAC OS X（操作系统软件），开发了 Microsoft Word 1.0 版本，在 1984 年发布在最初的 Ma OS 操作系统上。Microsoft Word 适用于 Windows 和 Macintosh 两种操作系统平台，针对的主要竞争者是 Writer、StarOffice、Corel WordPerfect 和 Apple Page。Microsoft 公司的 Multiplan 和 Chart 软件，基于 Apple 电脑 512K Mac OS 操作系统开发而成，最后在 1985 年合在一起作为 Microsoft Excel 1.0 发布。Microsoft Excel 1.0 成为第一个在 Macintosh 上使用的、轰动一时的零售软件程序。Microsoft Excel 内置了多种函数，可以对大量数据进行分类、排序甚至绘制图表等，适用于 Windows 和 Macintosh 两种操作系统平台，主要针对当时占据优势地位的 Lotus 1－2－3。1989 年，微软公司推出了最初的 Microsoft Office 捆绑软件版本，包含 Word、Excel 和 Powerpoint。

在开始的时候，SmartOffice 甚至要比 Microsoft Office 还要流行。但是，软件企业的“巨兽”微软公司不会允许他人占据自己盯上的领地。微软公司借助视窗（Windows）操作系统，以及捆绑了 Excel 计算表的办公软件 Microsoft Office 对莲花发展公司的阵地发起更加猛烈的进攻。

战斗结果毫无悬念，微软公司 Excel 赢得了这场战役。莲花发展公司则陷入了进退维谷的境地，不知该继续改进试算表软件，以对微软公司发起反击，还是考虑向新的方向发展，转移战场。事实十分明显，莲花发展公司不可能与微软公司展开正面进攻。莲花发展公司要想继续生存和发展，应该选择其他种类的软件作为新的“根据地”，例如，文字处理或制图软件，但是这些领域早已被竞争者所占领。这意味着，莲花发展公司不但需要重新进行战略定位，而且还要寻找一个远离领先者的地方，否则很难在领先者的攻势下存活。

【案例】 “Lotus 1－2－3” VS. “Microsoft Excel” 战役遭遇失败之后，莲花发展公司需要重新寻找自己的根据地。剩下的问题是，莲花发展公司拥有一大堆产品：Improv、Ami Pro、Freelance 、Notes 以及 Symphony 等等，当然还有 Lotus 1－2－3。莲花发展公司重新定位的焦点究竟应该选择在哪里？既然莲花公司要转移阵地，就应该把焦点放在未来趋势上。当时，网络时代开始显现，这可以作为莲花公司从电子试算表转型的新焦点。恰好，在莲花发展公司众多的产品中，有一种可供网络同步运算使用的 Notes 软件。营销咨询专家认为，莲花发展公司应该重新定位为群组软件（Groupware），这样可以绕开单台电脑上运算强大的微软公司。事实证明，这个选择十分正确。到了 1995 年，莲花发展公司的办公软件产品 SmartOffice，已经无法及时移植到 Microsoft Windows 95 操作系统上了，莲花发展公司渐渐失去了市场份额。到了 2000 年，SmartOffice 的开发工作被冻结，软件维护工作被转移到国外。尽管 SmartOffice 仍然在销售，但是市场份额却在不断减少。

〔**参考资料**〕在 1984 年年底的时候，按照与莲花发展公司达成的协议，在莲花发展公司的资助之下，雷・奥兹（Ray Ozzie）成立了 Iris Associates Inc. 并开发出了 Lotus Notes 的第一个版本。Notes 蓝图包括在线讨论、电子邮件、电话簿和文档数据库，是促进一群人之间进行通信、协作和协调的应用程序，这就使得用户很容易与分支机构的同事交换信息，就像在同一间办公室中一样。奠基者的远见卓识很快形成了创建一个虚拟社区的设想。1986 年 8 月，Notes 产品开发基本完成，并展示了其独到的功能。当时，莲花发展公司评估并接受了该 Notes 产品。1987 年，莲花发展公司买断了 Notes 的版权，甚至在第一个版本推出之前 Lotus Notes 就已经成功了。Price Waterhouse 的总裁在观看了 Notes 的演示之后，留下了深刻的印象，并因此购买了 10000 份拷贝。这在当时是有史以来一种软件产品最大的 PC 销售量。Price Waterhouse 作为 Notes 的第一个大客户，预言 Lotus Notes 将改变未来做生意的方式。因此，在互联网普及之前，莲花发展公司积累了比竞争者更多的网络通信经验。

在进行重新定位的时候，如果能在新概念与旧形象之间找出关联性，那么将对新定位有莫大帮助，即帮助人们借助旧形象理解新概念。对莲花发展公司来说，既然他们已经成了顾客心智中“电子计算表”的代名词，那么这个概念以此为起点就再适合不过了。为了简单、直接地进入人们的心智，应该向企业内外传达出类似这样的的讯息：继电子计算表之后，莲花发展公司推出了全新的电脑群组软件，并成为这个领域里的领先者。这样的讯息没有任何花俏的词语，只是对事实的陈述。

莲花发展公司应该传递出这样的信息

莲花发展公司
第一个电子计算表软件
现在
成为第一个群组软件

在 Jim Manzi 的带领下，Notes 软件成了莲花发展公司的新焦点。为了加速 Notes 软件的拓展，在战略配称上，莲花发展公司做了一个相当漂亮的设计，网罗了 8000 个合伙公司，共同为世界各地的企业装置这种软件。莲花发展公司重新开始起步，并展开了迅速的市场抢占行动。

《财富》（Fortune）杂志报道：“在电脑群组软件的市场中，莲花发展公司占居领导地位，他们的 Notes 产品正快速地成为电脑网络中的重要角色，就像过去莲花 1－2－3 在个人电脑上所扮演的角色一样。”

〔**参考资料**〕1989 年，莲花发展公司发布了 Lotus Notes。1991 年，又凭借 cc：Mail 功能巩固了市场地位。1994 年，莲花发展公司收购了 Iris Associates。为了挑战莲花发展公司在群组软件市场上的垄断地位，1993 年微软公司还推出了 Microsoft Exchange。直到 1995 年，莲花发展公司都是企业市场的领头羊。

在 Jim Manzi 的努力下，群组软件成为莲花发展公司的新阵地。1990 年，这个软件的消费者只有 70 人。1991 年，群组软件的消费者为 400 人。1992 年，有 1300 人注册使用群组软件。1993 年，这个数字增长为 3200 人。到了 1994 年，有 5000 个机构在使用 Notes 软件。在一个机构里配置这个软件所需的时间在迅速减少。1991 年，需要 19 个月左右的时间；到了 1994 年，所需要时间还不到 3 个月。Jim Manzi 所作出的努力没有白费，1995 年 IBM 公司以 32 亿美元收购了莲花发展公司。这次，不必担心重新上演 Lotus 1－2－3 的命运，再次被微软公司夺走“根据地”。实际上，莲花发展公司把这个阵地卖给了 IBM 公司。对于莲花发展公司的投资者而言，这是一次十分及时的战略撤退转移。

【结语】 “游击战”这种战术形式的名称，可能会给人留下一个严重的错误概念，即打了就跑，随时转移；四面出击，遍地开花。人们对游击战的认识，似乎总会与“漂浮不定”联系在一起。这可能是因为人们总是用“打一枪换一个地方”来描述游击战。同时，游击战还被赋予了更加带有“进攻性”的色彩。事实上，从整体态势上来看，游击战的性质更加倾向于“防守性”，而不是“进攻性”，更加期望有“稳定性”，而不是“游移性”。在远离敌人的地方，建立自己的根据地，由于受到自身力量的限制，根据地的范围（领域）往往比较狭小，然后努力经营可能是唯一赖以生存的那块根据地，以图能够生存下去，并逐渐积累、壮大自身力量。当处于强势地位的一方入侵根据地的时候，根据地的创建者首先会考虑如何守住根据地，即运用已经占据的地形优势，对入侵的敌人展开灵活的打击。只有在确定无法守住根据地的情况之下，为了保存有生力量，才开始考虑转移到其他地方去。由此可见，游击战并不像一般人所理解的那样四面出击（攻击性），到处转移（不定性）。相反，游击战更加具有防御的色彩，更加喜欢稳定的环境。所谓“游击”这种作战特点，应该理解为“为了防御而展开的游击作战形式”，而不应该理解为“为了进攻而展开的游击作战形式”。这完全是因为游击战以生存为第一目标，主动进攻往往十分危险，会将有限的力量消耗殆尽。因此，进攻性与不定性，并不是游击战的关键特征。如果将进攻性与不定性视为游击战的关键特征，那么游击战可能遭遇彻底的失败。无论对于军事斗争，还是对于营销战争，这个结论都一样适用。那么，游击战的核心特征是什么？答案就是：第一，远离强大的敌人；第二，建立自己的根据地；第三，在自己的根据地上成长、壮大起来。如果理解了游击战这种根本特征，那么就不会把游击战简单地理解为“打一枪换一个地方”的进攻方式了。什么是游击战？游击战就是由于受到自身力量的限制，为了能够生存下去，在远离强大竞争对手的地方寻找一块狭小的领域，建立起能够据守的根据地，并努力使自己发展、壮大起来。在迫不得已的情况之下，才考虑放弃这块根据地，以保存生存下去的必要力量。因此，游击战绝不是四面出击，到处转移。无论军事战争，还是营销战争，如果游击战不能建立起相对稳固的根据地，那么游击战这种作战形式多数会以失败而告终。

卷尾语

定位战术及其战略

在《攻心战术：以逸待劳，避实击虚》一书中，讨论了四个方面的内容：（1）营销理论的前提假设；（2）认知战争的综合要素；（3）营销战争的战术视角；（4）营销战争的战术形式。其中，重点讨论了战术的视角和战术的形式，以及其他营销战争要素与战术及其战略的关系。实际上，在所有营销战争要素之中，战术作为定位的视角居于重要的核心地位。然而，战术本身并不能发挥独特的竞争优势，必须借助战略的推动作用，才能将其潜在的竞争优势发挥出来。

《定位：攻心之战》第四卷《攻心战略：求之于势，不责于人》，将介绍定位理论的战略观，即战略源于战术，要想让战术发挥潜在的竞争优势，必须把战术提升成为战略。《攻心战略：求之于势，不责于人》包括三个部分的内容：（1）战略与战术视角：开发根源性的战术思维视角；（2）战略与营销要素：形成一致性的营销活动方向；（3）战略与运营活动：构建配称性的运营活动体系。要了解详细内容，请看《定位：攻心之战》第四卷《攻心战略：求之于势，不责于人》。

参考书目

第1部分：定位著作

〔01〕（美）艾尔·里斯、杰克·特劳特著．定位．王恩冕、于少蔚译．北京：中国财政经济出版社，2002

〔02〕（美）杰克·特劳特、史蒂夫·瑞维金著．定位．李正栓、贾纪芳译．北京：中国财政经济出版社，2002

〔03〕（美）艾尔·里斯、杰克·特劳特著．营销战．李正栓、贾纪芳译．北京：中国财政经济出版社，2002

〔04〕（美）艾尔·里斯、杰克，特劳特著．营销革命．左占平、黄玉杰、李守民译．北京：中国财政经济出版社，2002

〔05〕（美）艾尔·里斯、杰克，特劳特著．22条商规．王方华、陈洁译．上海：上海人民出版社，2003

〔06〕（美）艾尔·里斯著．聚焦法则：企业经营的终极策略．王笑歌、许茜、夏菁译，梅清豪校．上海：上海人民出版社，2003

〔07〕（美）艾尔·里斯、劳拉·里斯著．品牌22律．周安柱、储文胜、梅清豪译．上海：上海人民出版社，2004

〔08〕（美）杰克·特劳特著．大品牌，大问题．莫竹芩译．海口：三环出版社、海南出版社，2004

〔09〕（美）艾尔·里斯、劳拉·里斯著．公关第一，广告第二．罗汉、虞琦译．上海：上海人民出版社，2004

〔10〕（美）艾尔·里斯、劳拉·里斯著．品牌之源．火华强译．上海：上海人民出版社，2005

〔11〕（美）杰克·特劳特、史蒂夫·里夫金著．与众不同：极度竞争

时代的生存．屈陆民译．北京：华夏出版社，2005
〔12〕（美）艾尔·里斯、杰克·特劳特著．商战．李正栓、贾纪芳译，火华强校译．北京：中国财政经济出版社，2007
〔13〕（美）艾尔·里斯、杰克·特劳特著．22 条商规．寿雯译．太原：山西出版集团/山西人民出版社，2009
〔14〕（美）杰克·特劳特、史蒂夫·里夫金著．与众不同：极度竞争时代的生存之道．火华强译．机械工业出版社，2009
〔15〕（美）艾尔·里斯、劳拉·里斯著．广告的没落，公关的崛起．寿雯译．太原：山西出版集团/山西人民出版社，2009
〔16〕（美）艾尔·里斯、劳拉·里斯著．董事会里的战争．寿雯译．太原：山西出版集团/山西人民出版社，2009
〔17〕（美）杰克·特劳特著．什么是战略．火华强译．北京：中国财政经济出版社，2004
〔18〕（美）杰克·特劳特、史蒂夫·里夫金著．简单的力量：删繁就简正确行事管理指南．金明译．杭州：浙江人民出版社，2004
〔19〕（美）杰克·特劳特著．精灵的智慧．王俭、火华强译．北京：电子工业出版社，2003

第 2 部分：相关网站

〔20〕www. trout. com. cn 特劳特（中国）战略定位咨询公司网站；
〔21〕www. rieschina. com 里斯伙伴（中国）营销战略咨询公司网站；

第 3 部分：其他著作

〔22〕（美）威廉·乔伊斯、尼汀·诺瑞亚、布鲁斯·罗布伯森著．4 +

2：什么对企业真正有效．张玉文译．北京：机械工业出版社，2004
〔23〕（美）唐·舒尔茨、史丹立·田纳本、罗伯特·劳特朋著．整合行销传播．吴怡国、钱大慧、林建宏译．北京：中国物价出版社，2002
〔24〕（美）克里斯·祖克、詹姆斯·艾伦著．回归核心，（第2版）．罗宁、宋亨君译．北京：中信出版社，2004
〔25〕（美）克里斯·祖克著．从核心扩张．曾淯菁译．北京：中信出版社，2004
〔26〕（美）乔治·斯托克、罗伯特·拉舍诺、约翰·巴特曼著．硬球战略：强势竞争，王者之道．文跃然、周禹译，罗佐审校．北京：商务印书馆，2006
〔27〕（美）艾伦·亚当森著．品牌的简单之道：最佳品牌如何保持其简单与成功．姜德义译．北京：中国人民大学出版社，2007
〔28〕（美）弗朗西斯·凯利三世、巴里·西尔弗斯坦著．抢跑品牌．袁长燕译．北京：中国人民大学出版社，2007
〔29〕（英）尼克·斯凯伦著．公司战．宋欣涛译．北京：中国社会科学出版社，2004
〔30〕（美）迈克尔·波特．什么是战略．哈佛商业评论（2004年1月号）
〔31〕（加）亨利·明茨伯格．战略手艺化．哈佛商业评论（2006年4月号）
〔32〕（美）迈克尔·波特著．竞争优势．陈小悦译．北京：华夏出版社，2002
〔33〕（美）迈克尔·波特著．竞争战略．陈小悦译．北京：华夏出版社，2002
〔34〕（美）马丁·林斯特龙著．购买学：关于我们为什么会购买的真相与谎言．赵萌萌译．北京：中国人民大学出版社，2009

第4部分：古代兵法

〔35〕(台) 钮先钟著．孙子三论：从古兵法到新战略．桂林：广西师范大学出版社，2003

〔36〕(春秋) 孙武撰．十一家注孙子校理．(三国) 曹操等注，杨丙安校理．北京：中华书局，1999

〔37〕(西周) 姜尚撰．武经七书注译·六韬．《中国军事史》编写组注译．北京：解放军出版社，1991

〔38〕(战国) 尉缭撰．武经七书注译·尉缭子．《中国军事史》编写组注译．北京：解放军出版社，1991

〔39〕(唐) 李靖撰．武经七书注译·唐李问对．《中国军事史》编写组注译．北京：解放军出版社，1991

〔40〕(明) 无名氏著．草庐经略注译：中国兵学通论．刘军保注译．郑州：中州古籍出版社，2008

〔41〕(明) 何守法撰．投笔肤谈译注．军事科学院《投笔肤谈》译注组．北京：军事科学出版社，1984

〔42〕许富宏撰．鬼谷子集校集注．北京：中华书局，2008

〔43〕(台) 钮先钟著．战略家．桂林：广西师范大学出版社，2003

〔44〕(明) 王余佑撰．乾坤大略．呼和浩特：内蒙古人民出版社，2005

〔45〕张弓译注．三十六计（秘本兵法）．太原：山西古籍出版社，1999

〔46〕(宋) 无名氏撰．百战奇法．刘彦强校释．银川：宁夏人民出版社，2008

〔47〕(明清) 唐甄撰．潜书注．《潜书》注释组注．成都：四川人民出版社，1984

第 5 部分：古典哲学

〔48〕（清）焦循撰．孟子正义．北京：中华书局，1999
〔49〕许维遹撰．吕氏春秋集释．北京：中华书局，1999
〔50〕（清）王先谦撰．荀子集解．北京：中华书局，1999
〔51〕（清）程树德撰．论语集释．北京：中华书局，1999
〔52〕（晋）杜预撰．春秋左传集解．上海：上海人民出版社，1977
〔53〕（台）南怀瑾著述．原本大学微言．上海：复旦大学出版社，2003
〔54〕（明）释德清撰．道德经释．黄曙辉点校．上海：华东师范大学出版社，2009

书系代码	书 名	作 者	定 价
经营管理			
BM001	《并购成长》(Digital Deals)	Geis	29.80
BM002	《绩效！绩效！》(企业培训版) (Coaching for Improved Performance)	Fournie	39.80
BM003	《质量无泪》(Quality Without Tears)	Crosby	39.80
BM004	《海阔天空——我在DELL的岁月》	方国健	20.00
BM005	《心时代——一个情感化的世界及其经济图景》	曹世潮	20.00
BM006	《情境领导者》(The Situational Leader)	保罗·赫塞	18.00
BM007	《EMBA 销售管理》(Sales Management)	Calvin	45.00
BM008	《EMBA 财务管理》 (Finance and Accounting for Non-financing Managers)	Weston	49.80
BM009	《EMBA 兼并与收购》(Mergers and Acquisitions)	Weston	38.00
BM010	《EMBA 公司战略》(Corporate Strategy)	Colley	39.80
BM011	《EMBA 创业管理》(Entrepreneurial Management)	Calvin	49.80
BM012	《EMBA 领导艺术》(Managerial Leadership)	Topping	35.00
BM013	《EMBA 战略营销管理》 (Strategic Marketing Management)	Parry	42.00
BM014	《EMBA 公司治理》(Corporate Governance)	Colley 等	49.80
BM015	《六西格玛是什么》(What is Six Sigma)	Pande	15.00
BM016	《六西格玛基础教材》(The Six Sigma Basic Training Kit)	Juran	80.00
BM017	《六西格玛团队实战手册》 (The Six Sigma Way Team Fieldbook)	Pande, Neuman, Cavanagh	49.80
BM018	《六西格玛团队怎么做》(Six Sigma Team Pocket Guide)	Federico	16.00
BM019	《杰克·韦尔奇领导艺术词典》 (Jack Welch Lexicon of Leadership)	Krames	32.00
BM020	《杰克·韦尔奇的29个领导秘诀》 (29 Leadership Secrets from Jack Welch)	Slater	29.80
BM021	《通用电气"群策群力"》(GE Work - Out)	Ulrich 等	39.80
BM022	《顶峰》(Million Dollar Consulting)	Weiss	48.00
BM023	《战略计划实务》(Applied Strategic Planning)	Goodstein 等	48.00
BM024	《平衡计分卡实用指南》(Balanced Scorecard)	Paul Niven	49.80
BM025	《战略物流管理》(Strategic Logistic Management)	Stock	80.00
BM026	《整合——企业并购成功之道》(M&A Integration)	Schweiger	39.80
BM027	《战略领导》(The Art and Discipline of Strategic Leadership)	Freedman	32.00
BM028	《经理薪酬完全手册》 (The Complete Guide to Executive Compensation)	Bruce R. Ellig	65.00

书系代码	书　　名	作　者	定 价
BM029	《突破困境的领导艺术》(Leadership When the Heat's On)	Cox, Hoover	39.80
BM030	《朱兰自传》(Architect of Quality)	Juran	50.00
BM031	《卓越领导》(The Extraordinary Leader)	Zenger 等	39.80
BM032	《精益六西格玛案例》(Learning into Six Sigma)	Wheat 等	18.00
BM033	《领袖魅力》(Executive Charisma)	Benton	39.80
BM034	《西南航空案例》(The Southwest Airlines Way)	Gittell	49.80
BM035	《危机领导》(Leader Shock)	Hicks	29.80
BM036	《应变》(Agile Business for Fragile Times)	麦卡锡 等	35.00
BM037	《绩效导向的领导力》(Results-Based Leadership)	Ulrich 等	49.80
BM038	《企业沟通的威力》(The Power of Corporate Communication)	Argenti 等	39.80
BM039	《贯彻执行　现在就做》(Why Can't We Get Anything Done Around Here?)	李夫顿 等	20.00
BM040	《高效能团队领导智慧》(Leadership Lessons of The Navy Seals)	坎农 等	39.80
BM041	《竞争性销售》(Hope is not a Strategy)	佩吉	39.80
BM042	《丰田汽车案例》(The Toyota Way)	莱克	49.80
BM043	《风险管理》(Risk Management)	科罗赫 等	80.00
BM044	《团队工作》(The Work of Teams)	卡岑巴赫	39.80
BM045	《通用电气案例》(GE Work-out)	Ulrich 等	49.80
BM046	《质量无泪》(修订版)	Crosby	39.80
BM047	《绩效改进 19 讲》(201 Ways to Turn any Employee Into a Star Performer)	霍利	29.80
BM048	《人性管理》(The Uncertain Art of Management)	奥斯曼	39.80
BM049	《透明管理》(The Transparency Edge)	佩格诺	29.80
BM050	《成本改进 181 法》(A Manager's Guide to Creative Cost Cutting)	大卫·杨	29.80
BM051	《直觉》(The Art of What Works)	杜根	39.80
BM052	《劣势者的优势》(The Underdog Advantage)	莫里	39.80
BM053	《精益六西格玛服务》(Lean Six Sigma for Service)	乔治	55.00
BM054	《活学活用博弈论》(Game Theory At Work)	米勒	39.80
BM055	《巅峰绩效》(Peak Performance)	卡岑巴赫	39.80
BM056	《丰田汽车:精益模式的实践》(The Toyota Way Fieldbook)	莱克 等	65.00
BM057	《什么是公司治理》(What is Corporate Govermance)	科利 等	18.00
BM058	《MBA 名校的 10 堂课》(What the Best MBAs Know)	纳瓦洛	49.80
BM059	《现代企业管理教程》(Understanding Business)	尼科尔斯 等	50.00
BM060	《领导艺术》(The Art of Leadership)	曼宁 等	50.00
BM061	《产品生命周期管理》(Product Lifecycle Management)	格里夫斯	49.80
BM062	《创新从头开始》(What customers want)	伍维克	29.80
BM063	《创新引擎》(Fast Innovation)	George	39.80

书系代码	书　　名	作　者	定 价
BM064	《苹果电脑案例》(The Apple Way)	Cruikshank	39.80
BM065	《企业外包实务》(The Manager's Step-by-Step Guide to Outsourcing)	Dominguez	29.80
BM066	《重塑创业精神》(Lead Like an Entrepreneur)	桑伯里	45.00
BM067	《顾客导向》(The Outside-In Corporation)	邦德	39.80
BM068	《定价与收益优化》(Pricing and Revenue Optimization)	菲利普斯	60.00
BM069	《笑梁山》	陈实	35.00
BM070	《价值流管理:面向全局供应链的精益方法》	多尔斯麦思卡罗	43.00
BM071	《新企业所得税法与会计准则比较分析》	张炜	68.00
BM072	《丰田产品开发体系》	摩根,莱克	60.00
BM073	《联想:中国 IT 企业国际化品牌行销之道》	周锡冰	39.80
BM074	《每秒千桶》(A Thousand Barrels a Second)	特扎基安	39.80
BM075	《活学活用丰田生产方式》	田鹏	26.00
BM076	《什么是精益》(Lean Production Simplified)	丹尼斯	35.00
BM077	《纳税会计》	张炜	46.00
BM078	《精益办公价值流》(The Complete Lean Enterprise)	凯特,劳克尔	35.00
BM079	《超越平衡计分卡》(Beyond the Balanced Scorecard)	布朗	39.80
BM080	《超越约束理论》(Beyond the Theory of Constraints)	莱文森	35.00
BM081	《精益企业文化》(Creating a Lean Culture)	曼恩	39.80
BM082	《银行供应链金融》	汤曙光,任建标	45.00
经济学			
E－001	《中国经济》(Chinese Economy)	蔡昉,林毅夫	39.80
E－002	《宏观经济学》(Macroeconomics)	Dornbusch	60.00
E－003	《经济学》(Economics)	McConnell,Brue	79.00
E－004	《微观经济学》(Microeconomics and Behavior)	Frank	65.00
E－005	《环境经济学》(Introduction to Environmental Economics)	Field 等	50.00
E－006	《财富的诞生》(The Birth of Plenty)	Bernstein	49.80
E－007	《ArcView GIS® 与 ArcGIS® 地理信息统计分析》(Statistical Analysis of Geographic Information with ArcView GIS® and ArcGIS®)	David Wong 等	58.00
E－008	《MBA 宏观经济学》(Macroeconomic Patterns and Stories: A Guide for MBAs)	里默	55.00
管理学			
MT001	《战略物流管理》(Strategic Logistic Management)	Stock	80.00
MT002	《物流战略咨询》(Supply Chain Strategy)	Frazelle	49.80
MT003	《组织人员配置》(Staffing Organization)	Heneman, Judge	
MT004	《战略管理》(Strategic Management)	Dess 等	40.00

书系代码	书 名	作 者	定 价
MT005	《数据模型与决策:运用电子表格建模与案例研究》(第1版)(Introduction to Management Science)	Hillier 等	75.00
MT006	《数据模型与决策:运用电子表格建模与案例研究》(第2版)(Introduction to Management Science)	Hillier 等	75.00
MT007	《电子商务导论》(Introduction to E-Commerce)	雷波特 等	58.00
MT008	《供应链设计与管理》(Designing and Managing The Supply Chain)	辛奇—利维 等	40.00
MT009	《管理学基础》(Management)	克尼基 等	48.00
MT010	《定价》(Pricing)	门罗	65.00
MT011	《精通战略》(Mastering Strategy)	雷格斯比 等	39.80
MT012	《战略采购管理》(Harnessing Value in the Supply Chain)	班菲尔德	39.80
MT013	《逆向管理》(Don't Oil the Squeaky Wheel)	Rinke	39.80
MT014	《跨国管理》(Transnational Management)	Bartlett 等	79.80
MT015	《运营管理》(Matching Supply with Demand)	Cachon 等	50.00
MT016	《供应链与价值网创新企业案例》	任建标	35.00
MT017	《数据模型与决策:运用电子表格建模与案例研究》(第3版)(Introduction to Management Science)	Hillier 等	79.00
MT018	《供应链管理》(Supply Chain Management)	李令遐	42.00
MT019	《服务运作管理》(Services Management)	范·路易	65.00
MT020	《儒家思想与中国商务》(Confucianism and Business Practices in China)	刘芊	116.00
MT021	《供应链成本管理》(Supply Chain Cost Management)	安克莱萨里亚	35.00
营销管理			
MM001	《定位》(Positioning)	Ries & Trout	39.80
MM002	《营销战》(修订版)(Marketing Warfare)	Ries & Trout	39.80
MM003	《营销革命》(Bottom-up Marketing)	Ries & Trout	39.80
MM004	《新定位》(The New Positioning)	Trout	39.80
MM005	《颠覆广告》(Disruption)	让—马贺·杜瑞	40.00
MM006	《创意的竞赛》(Which Ad Pulled Best?)	Purvis	39.80
MM007	《广告文案名人堂》(The Art of Writing Advertising)	Higgins	29.80
MM008	《产品经理的第一本书》(The Product Manager's Handbook)	Gorchels	39.80
MM009	《全球整合营销传播》(Communicating Globally)	舒尔茨	39.80
MM010	《整合营销传播:利用广告和促销建树品牌》(IMC:Using Advertising and Promotion to Build Brands)	Duncan	298.00
MM011	《市场战略》(The Market Makers)	Spulber	48.00
MM012	《全球营销》(Global Marketing)	乔尼·约翰逊	60.00

书系代码	书　　名	作　者	定　价
MM013	《网络营销》(Internet Marketing)	默罕默德 等	65.00
MM014	《产品经理的第二本书》(The Product Manager's Field Guide)	Linda Gorchels	39.80
MM015	《营销学基础》(Essentials of Marketing)	佩罗特,麦卡锡	60.00
MM016	《文案发烧》("Hey, Whipple, Squeeze This.":A Guide to Creating Great Ads)	苏立文	39.80
MM017	《小鱼吃大鱼》(Eating the Big Fish)	摩根	45.00
MM018	《什么是战略》(Trout On Strategy)	特劳特	29.80
MM019	《整合营销传播:创造企业价值的五大关键步骤》(IMC:the Next Generation)	唐·舒尔茨 等	39.80
MM020	《促销管理的第一本书》	Schultz	39.80
MM021	《广告箴言》(And Now a Few Words From Me)	加菲尔德	29.80
MM022	《营销计划手册》(The Successful Marketing Plan)	赫宾 等	68.00
MM023	《渠道管理的第一本书》(The Manager's Guide to Distribution Channels)	哥乔斯 等	35.00
MM024	《项目管理的第一本书》(The McGraw-Hill 36 – Hour Project Management)	库克,塔特	
MM025	《细读杰克·韦尔奇》	Krame, Slater	39.80
MM026	《品牌资产管理》(Brand Asset Management)	戴维斯	39.80
MM027	《互愿营销》(Opt-In Marketing)	罗曼 等	39.80
MM028	《小技巧　大销售》(401 Killer Marketing Tactics)	费尔藤斯坦	39.80
MM029	《作业成本管理的第一本书》(Common Cents)	特尼	39.80
MM030	《产品经理手册》(The Product Manager's Handbook)	哥乔斯	55.00
MM031	《商战》(20 周年纪念版)(Marketing Warfare)	Ries & Trout	68.00
MM032	《博客营销》(Blog Marketing)	Jeremy Wright	39.80
MM033	《品牌驱动力》(Building the Brand-Driven Business)	戴维斯,邓恩	39.80
MM034	《定价的艺术》(The Art of Pricing)	Mohammed	29.80
MM035	《营销 7 堂课》(Mastering Marketing)	罗斯金-布朗	39.80
MM036	《心战之地:存亡之道,不可不察. 第 1 卷》	刘松涛	39.80
MM037	《游击营销调研》(More guerrilla marketing research)	卡登,林达 等	55.00
MM038	《心战法则:攻城为下,攻心为上. 第 2 卷》	刘松涛	68.00
MM039	《攻心战术:以逸待劳,避实击虚》	刘松涛	49.80
销售管理			
SM001	《成功销售管理的 7 大秘诀》(7 Secrets to Successful Sales Management)	Wilner	39.80
SM002	《电话行销,轻松成交》	姚能笔	39.80
SM003	《摸透顾客心》(Ten Demandments)	Mooney Bergheim	39.80
SM004	《练就铁齿铜牙》(Secrets of Power Persuasion for Salespeople)	Dawson	39.80

书系代码	书　　名	作　者	定价
SM005	《轻松收款》(Collections Made Easy)	卡罗尔	39.80
SM006	《打倒墨菲定律　挽救我的销售》(Beating the Deal Killers)	Giglio	39.80
SM007	《增加销售的12种核心技术》(Beyond E)	Diorio	39.80
SM008	《销售管理》(Sales Force Management)	Johnston 等	49.00
SM009	《汽车销售的第一本书》	孙路弘	39.80
SM010	《终极销售力》(Ultimate Selling Power)	莫伊,洛伊德	39.80
SM011	《顶尖销售的25堂课》(Secrets of Top Performing Salespeople)	乔诺 等	29.80
SM012	《引爆销售的10大黄金法则》	Desena	39.80
SM013	《再造销售奇迹》	Eades	39.80
SM014	《攻心式销售》	Bosworth	24.80
SM015	《百万销售师》	Gardner	24.50
SM016	《成交》	Victor	29.80
SM017	《直销经理的第一本书》(Making Millions in Direct Sales)	马拉汉 等	39.80
SM018	《直销37计》(The Ultimate Guide to Network Marketing)	乔·鲁比诺	39.80
职场发展			
CD001	《外企面试宝典》(More Best Answers to the 201 Most Frequently Asked Interview Questions)	DeLuca	25.00
CD002	《人才心理测评》(Psychological Testing at Work)	Hoffman	25.00
CD003	《演讲的艺术》(Strictly Speaking)	Buckley	29.80
CD004	《五大会计师行》	周年洋 等	24.80
CD005	《职业经理自修手册》(The Manager's Self-development Guide)	Pedler	35.00
CD006	《关键对话》(Crucial Conversations)	Patterson 等	29.80
CD007	《静思录》(Finding Your Strength in Difficult Times)	David Viscott	19.80
CD008	《商务英语书信写作精益求精篇》	康宁汉 等	29.80
CD009	《商务人士日常书信写作》(Great Personal Letters for Busy People)	布赫	48.00
CD010	《销售信函》(Sales Letters Ready to Go)	贝塞尔 等	32.00
CD011	《商务信函》(Business Letters Ready to Go)	Bayse	39.80
CD012	《我爱笨老板》(How to Work for an Idiot)	胡佛	29.80
CD013	《实用英语动词短语》(Basic Phrasal Verbs)	斯皮尔斯	35.00
CD014	《赛马》(Horse Sense)	里斯,特劳特	29.80
CD015	《报刊装帧设计手册》(The Newspaper Designer's Handbook)	哈洛维	128.00
CD016	《君子善言》(Speak Like a CEO)	贝茨	32.00
CD017	《脱颖而出》(Shine)	汤普森	29.80
CD018	《量子飞跃》	谢尔顿,刘芊	29.80

书系代码	书　　名	作　者	定　价
CD019	《纳米说服力》	姚能笔	29.80
CD020	《你就是品牌》(U R a Brand!)	卡普塔	29.80
CD021	《关键 60 秒——轻松赢面试》(The First 60 Seconds)	伯恩斯	35.00
CD022	《争论的十大金律》(How to Argue)	赫林	25.00
投资理财			
IF001	《赢得"输家的游戏"》(Winning the Loser's Game)	Ellis	29.80
IF002	《向格雷厄姆学思考,向巴菲特学投资》(How to Think Like Benjamin Graham and Invest Like Warren Buffett)	Cunningham	39.80
IF003	《巴菲特怎样选择成长股》(How to Pick Stocks Like Warren Buffett)	Vick	29.80
IF004	《最后的合伙人》(The Last Partnership)	Geisst	29.80
IF005	《财务报表分析与证券定价》(Financial Statement Analysis and Security Valuation)	Penman	98.00
IF006	《技术分析》(Technical Analysis Explained)	Pring	80.00
IF007	《技术分析 A－Z》(Technical Analysis from A to Z)	Achelis	55.00
IF008	《股票价值评估》(Valuing a Stock)	Gray 等	39.80
IF009	《蜡烛图精解(第 3 版)》(Candlestick Charting Explained)	Morris	60.00
IF010	《技术分析习题集》(Study Guide for Technical Analysis Explained)	Pring	25.00
IF011	《股票市场的时机选择》(Timing the Stock Market)	亚历山大	48.00
IF012	《最佳卖出点》(It's when You Sell that Counts)	卡西迪	39.80
IF013	《股市名言》(Buy the Rumor, Sell the Fact)	麦洛	29.80
IF014	《向格雷厄姆学思考,向巴菲特学投资》(修订版)	Cunningham	39.80
IF015	《华尔街投资银行史》	Geisst	49.80
IF016	《信用风险:度量与管理》	瑟维吉尼	65.00
IF017	《财务报表分析与证券定价》(第二版)(Financial Statement Analysis and Security Valuation)	Penman	98.00
IF018	《信用评分模型技术与应用》	陈建	60.00
IF019	《现代信用卡管理》	陈建	80.00
IF020	《标准普尔教你做好个人理财》(The Standard & Poor's Guide to Personal Finance)	道尼	25.00
IF021	《标准普尔教你做好第一笔投资》(The Standard & Poor's Guide for the New Investor)	马蒂夫	25.00
IF022	《标准普尔教你做好长期投资》(The Standard & Poor's Guide to Long-Term Investing)	提格	20.00
IF023	《股市法则》(Stock Market Rules)	沙伊莫	29.80

书系代码	书　　名	作　者	定 价
IF024	《股指期货 100 问》	中国国际期货武汉研究中心	25.00
IF025	《巴菲特选股魔法》	洪瑞泰	25.00
IF026	《发现机会》(Discover the Upside of Down)	科比	39.80
IF027	《对冲基金经理笔记》(Money Mavericks:Confessions of a Hedge Fund Manager)	克罗耶	39.80

(具体数据以出书为准)

销售服务:010－88191017,88191063(FAX)
E-mail:　webmaster@ewinbook.com
邮购地址:北京市阜成路甲28号新知大厦　中国财政经济出版社邮购部
邮购费用:书价加15%
电　　话:010－88190406　88190488
邮　　编:100036